Juan Goytisolo

Die Häutung der Schlange

Ein Leben im Exil

Aus dem Spanischen
von Eugen Helmlé

Carl Hanser Verlag

Die Originalausgabe erschien 1986
unter dem Titel *En los reinos de taifa*
bei Seix Barral in Barcelona.

1 2 3 4 5 99 98 97 96 95

ISBN 3-446-17256-4

Gesamtherstellung: Clausen & Bosse, Leck
Printed in Germany

Die Häutung der Schlange

I

Der Energiendieb

Als ich fürs erste zu Monique in ihre Wohnung in der Rue Poissonnière zog, hatte ich die Absicht, durch die Gründung einer Zeitschrift sowohl den Spaniern in der Emigration als auch den im Lande gebliebenen Oppositionellen ein Diskussionsforum zu bieten, das für alle literarischen und politischen Strömungen der europäischen Kultur offen wäre. Über dieses Projekt hatte ich mit Castellet und Elena de la Souchère schon oft gesprochen. Mein erster Gedanke an jenem fünfzehnten September 1956, dem Beginn einer jahrzehntelangen Abwesenheit von Barcelona und Spanien, was ich damals allerdings noch nicht wußte, war der, Mascolo die Bildung eines Komitees antifaschistischer französischer Intellektueller vorzuschlagen, die sich einer solchen Sache verpflichtet fühlten. Wenige Tage nach meiner Ankunft wurden Monique und ich von einer Gruppe von Schriftstellern, die Mascolo über das Projekt unterrichtet hatte, in die Rue Saint-Benoît eingeladen: anwesend waren nicht nur Marguerite Duras und der engere Freundeskreis, sondern auch Autoren wie Edgar Morin und Roland Barthes, dessen regelmäßig in den *Lettres nouvelles* erschienene *Mythen des Alltags* ich einige Wochen zuvor in Garrucha verschlungen hatte. Zu meiner großen Bestürzung kreiste das Tischgespräch jedoch um die konkreten Möglichkeiten eines Attentats auf Franco. Der Tyrannenmord schien in einer Stierkampfarena machbar zu sein: einer der Anwesenden hatte einem Stierkampf beigewohnt, bei dem der Diktator in der Ehrenloge saß, und er behauptete, das Ziel sei leicht zu treffen. Die Polizei hege keinen Argwohn gegen Touristen: ein Eliteschütze mit ausländischem Aussehen könne, ohne Verdacht zu erregen, auf einer der nahen Tribünen Platz nehmen, schießen und sich dann die ersten Augenblicke der Verwirrung zunutze machen, um in der Menge zu entkommen. Auch Jean Cau, damals Sartres Sekretär, fand diesen Gedanken bestechend: einige Wochen später behauptete er im Verlauf einer politischen Diskussion in der Rue Poissonnière mit Nachdruck, fast mit Arroganz, er fühle sich imstande, innerhalb weniger Monate ganz allein den Ausbruch einer Revolution in Spanien zu organisieren. Doch die vorübergehende, durch den ausgiebigen Genuß von Alkohol begünstigte Begeisterung, die damals in der Rue Saint-Benoît herrschte, war schnell vorbei, und mein Plan, ein Komitee zu gründen, fiel am Ende ins Wasser. Die Geschichte ging rasch weiter, die Welt trat in eine ereignisreiche Phase ein, und der politische Kompaß Mascolos und seiner Freunde orientierte sich sehr bald an neuen Polen der Anziehung. Die innere Krise des Sowjetsystems in Polen und Ungarn, die Verstaatlichung des Suezkanals durch Nasser, die Offensive des FLN in Algerien lieferten den Zeitungen die Schlagzeilen, und die bescheidene Sache Spaniens wurde plötzlich zweitrangig und interessierte sie nicht mehr. Mascolo fuhr nach Warschau und kam in einem Zustand großer gefühlsmäßiger und politischer Exaltation von dort zurück. Er hatte sich in eine junge Polin verliebt, die einige Monate später vorübergehend mit ihm zusammenleben sollte und mit der Monique, Mascolo und ich ein langes Wochenende in Chartres und Chinon verbrachten: als wir ihn nach seiner Rückkehr aus Warschau besuchten, hatte der Wodka Wyborowa den spanischen Manzanilla ersetzt, und statt der Flamencos, die nach seinen Ferien in Spanien die Hintergrundmusik bildeten, hörten wir jetzt schon auf dem Treppenabsatz melancholische, fast traurige slawische oder baltische Melodien.

Der Aufstand von Budapest und seine Niederschlagung durch die sowjetischen Panzer erschütterten unterdessen die Festigkeit unserer Überzeugungen. Monique war noch in der französischen KP aktiv, während ich selbst mich in Paris weiterhin mit einigen Genossen meines Bruders Luis traf, die Mitglieder der Barceloneser Universitätsgruppe der KP waren. Das

Schauspiel Tausender von Demonstranten, die das benachbarte Büro der *Humanité* zu stürmen versuchten, fanden wir beide schockierend und schmerzlich. Das Viertel war von der Polizei abgeriegelt worden, und als ich aus Neugier auf die Straße hinunterging, entdeckte ich einen der Kampfgefährten aus Reventós und Pallach, den Gewerkschafter Ramón Porqueras, der antisowjetische Slogans rief. Seine Heftigkeit mißfiel mir: die Ereignisse in Ungarn erschienen mir unklar. Während auf der einen Seite Mascolo, Marguerite Duras und die französischen Schriftsteller, die ich kannte, ganz allgemein den russischen Imperialismus verurteilten und von einem neuen Kronstadt sprachen, behaupteten meine spanischen Freunde unerschütterlich, daß es sich um einen bürgerlichen Aufstand und die Folgen eines sorgfältig geplanten konterrevolutionären Komplotts handele. Ich weiß nicht mehr, ob Octavio Pellissa oder einer seiner Genossen zur Pressekonferenz eines der ersten Flüchtlinge aus Budapest gegangen war, eines wohlbeleibten, dekadenten, mit Ringen geschmückten Kerls mit einem französischen Akzent, den ihm Lehrerinnen oder Gouvernanten in der Kindheit beigebracht hatten, genau das Gegenteil also jener heldenhaften Milizionäre, die in *Paris Match* auf dramatischen Fotos abgebildet waren: ein reaktionärer Bock, sagten sie, den die neue Gesellschaft enteignet hatte und der es nun – nicht genug damit, daß er seine widerliche Haut hatte retten können – wagte, von Paris aus die großartigen Errungenschaften des Volkes zu kritisieren. Monique, die durch ihre Kontakte in den intellektuellen Kreisen besser über die dort herrschende Empörung unterrichtet war als ich, kam der Glaube an die Partei abhanden*: ich erinnere mich, daß ich sie in meiner Eigenschaft als Lebensgefährte zu einer Versammlung der Parteizelle ihres Viertels in der Gasse hinter der Kirche Bonne-Nouvelle, gleich neben der Treppe, die Louis Malle später in *Zazie in der Metro* filmen sollte, begleitete. Die Diskussions-

* Ihre Freunde Claude Roy, Roger Vailland und J.-F. Rolland gaben damals ihre Parteibücher an die PCF zurück.

themen waren festgelegt, wobei jede Erwähnung der ungarischen Ereignisse vermieden wurde, so daß ich den Eindruck hatte, eher an der Sitzung eines mit unbedeutenden Aufgaben beschäftigten Pfarrgemeinderats oder der Katholischen Aktion teilzunehmen als an einer Versammlung von Revolutionären. Meine Anspielung auf Chruschtschows Rechenschaftsbericht, der zwar in der bürgerlichen, nicht aber in der kommunistischen Presse veröffentlicht worden war, rief verlegenes Schweigen hervor: obgleich er einem Teil der Anwesenden mit Sicherheit bekannt war, hatte es von der Führung kein Placet gegeben, so daß er offiziell nicht existierte. Zwar gab Monique dem freundschaftlichen Druck ihrer Zellengenossen nach und ließ ihr Parteibuch erneuern, doch sie hörte auf, an den Aktivitäten der Partei teilzunehmen, und distanzierte sich nach und nach von ihr.

In den stürmischen ersten Wochen meines Aufenthalts in Paris trat ich auch mit einigen spanischen Emigranten und aus Spanien kommenden Reisenden, die damals mehrheitlich im Umkreis der spanischen KP angesiedelt waren, in Kontakt: Tuñón de Lara, Antonio Soriano, Inhaber der spanischen Buchhandlung in der Rue de Seine, Eduardo Haro Tecglen, Ricardo Muñoz Suay, Alfonso Sastre und Eva Forest, Juan Antonio Bardem. Einige Tage nach meiner Ankunft ging Mascolo mit mir zu Maurice Nadeau, dem Herausgeber der *Lettres nouvelles.* Ich wollte ihm meine Vorstellungen über eine spanischsprachige Zeitschrift näher erläutern: es war der erste einer langen Reihe von Schritten, die in der Regel nach endlosen und unergiebigen Diskussionen, Vetos, Ausschlüssen und Zusammenstößen damit endeten, daß das Projekt aus reinem Überdruß ad acta gelegt und dem Vergessen anheimgegeben wurde, nachdem es zuvor bei allen Beteiligten nur schwer vernarbende Gefühle des Grolls und der verletzten Eigenliebe hervorgerufen hatte. Obgleich Nadeau dem Plan lebhaft zustimmte, besaß er nicht die Mittel zu seiner Finanzierung und riet uns, mit Albert Beguin und Paul Flamand darüber zu verhandeln. Nachdem ich zuerst Beguin einen Besuch abgestattet hatte, ging ich anschließend mit Mascolo und Muñoz Suay zu Flamand. Flamand, damals Leiter des Verlagshauses Le Seuil, empfing uns höflich. Während ich in groben Zügen die politische und literarische Reichweite des Vorhabens darlegte, stellte ich fest, daß meine Argumente, oder besser gesagt die Lebensfähigkeit des Projekts, meinen Gesprächspartner nicht überzeugten. Das Unternehmen war so, wie es sich darstellte, eine politische Philanthropie und vermochte keinen verantwortungsbewußten Verleger zu interessieren. Nachdem ich einige Wochen vergeblich auf Antwort gewartet hatte, ließ ich das hochgestochene Projekt fallen und beschloß, auf den hypothetischen Glücksfall zu warten, daß eine günstige Entwicklung der Dinge Spanien ganz von selbst wieder in den Vordergrund spielen würde.

Um jene Zeit – Oktober 1956 – lernte ich im Deux Magots den Korrespondenten der Tageszeitung *Informaciones* kennen, Eduardo Haro Tecglen, Verfasser, wie ich später erfuhr, einer kurz zuvor ohne seinen Namen in der Zeitschrift Esprit erschienenen amüsanten Analyse der spanischen Zensur und der originellen Vorstellungen, die der zuständige Minister, Rafael Aria Salgado, hierzu hatte. Mit dem geheimnisvollen und wissenden Gehabe dessen, der im Allerheiligsten der Organisation zugelassen ist, gab mir Muñoz Suay zu verstehen, daß man Haro »vertrauen könne« – ein Zauberwort oder Sesam-öffne-dich, das mir die Freunde aus der Partei im Verlauf der Monate und Jahre immer wieder mit verführerischer, einschmeichelnder Komplizenschaft ins Ohr flüstern sollten. Einer der ersten, der diesen geheimnisvollen, fast sibyllinischen Heiligenschein trug, war zu meiner Überraschung der spanische Generalkonsul, Enríque Llovet. Ich erinnere mich, daß mir Muñoz Suay und Bardem, bevor sie uns einander vorstellten, sagten, daß ich mit ihm »ganz offen reden« könne. Unter dieser Voraussetzung trug ich dann Llovet das Projekt der Zeitschrift vor, doch seine freundliche Vorsicht entmutigte mich. Einige Monate später, am Tag vor meiner geplanten Reise nach Almería – ich hatte bereits einen Schlußstrich unter das Vorhaben gezogen –, lud er Monique und mich zum Abendessen zu sich nach Hause ein.* Seine Frau, die Tochter des Schriftstellers und Oscar-Wilde-Übersetzers Ricardo Baeza, bezog sehr viel liberalere Positionen als er, und im Gegensatz zur alten leninistischen Praxis der Infiltration des Gegners – das trojanische Pferd – befürwortete sie einen öffentlichen Bruch mit dem Regime, um damit auf eindeutige und aufsehenerregende Weise seinen zweideutigen Funktionen als Diplomat ein Ende zu setzen. Eine Art Euphorie, an der wir alle teilhatten, ließ uns glauben, die Tage von Francos Macht seien gezählt. Innerhalb eines Jahres hatte die Partei den Aktionsradius ihrer Untergrundtätigkeit auf den verschiedensten Gebieten des kulturellen Lebens vergrößert und sich dabei Positionen erobert, die sie später nie wieder erlangen sollte; allerdings beschränkte sich das Phänomen, wie die Tatsachen beweisen sollten, auf einen kleinen Teil der Intellektuellen, ohne die, wie wir damals noch glaubten, historischen Protagonisten der Revolution zu erreichen, nämlich das Proletariat und die Bauern. Die vorübergehende Annäherung einer Handvoll Beamter und Mitglieder der herrschenden Klasse Spaniens an die Partei wurde nicht als der Bruch einzelner interpretiert, dessen Zentrifugalkraft in einer direkten Beziehung zur unbeweglichen Gesellschaftsordnung und ihrer unerbittlichen Schwerkraft stand, sondern als allgemeiner Hinweis darauf, daß die innere Auflösung des Franco-Regimes sogar die Zentren der Macht erreicht hatte, die von seinem baldigen Untergang und dem Heraufkommen einer neuen Gesellschaft überzeugt waren, in der die Kommunistische Partei ganz selbstverständlich die Rolle des Katalysators spielen würde. Die spätere, fast paulinische Bekehrung von Aristokratinnen wie etwa der Herzogin von Medina-Sidonía und einiger Söhne von Ministern des Regimes sollte jahrelang das hoffnungsfrohe, aber falsche Bild aufrechterhalten, das Land sei

* Am Dienstag, dem 12. 2. 57, nach dem Notizbuch Moniques, auf das ich mich jedesmal, wenn ich später ein Datum erwähne, beziehe.

»ein kurz vor der Explosion stehender Kessel«. Ich zweifele nicht daran, daß dieser revolutionäre Subjektivismus oder Voluntarismus notwendig war für den Erhalt der Struktur und der Moral einer Organisation, die bei ihrem langen und oft entmutigenden Marsch durch die Wüste ständig verfolgt und bedrängt wurde. Dennoch wurde dieser unbegründete Glaube an einen aus taktischen oder propagandistischen Gründen ausgearbeiteten Diskurs zu einer Art Fata Morgana oder Selbsttäuschung, wie ich 1964 bei der inneren Krise der Partei, die im Ausschluß meiner Freunde Semprún und Claudín aus ihren Reihen gipfelte, zu meinem eigenen Schaden feststellen mußte. Diese Verblendung, deren Opfer wir alle mehr oder weniger waren, ließ sich zu Anfang nur schwer ausmachen. Innerhalb des kleinen Kreises, in dem wir uns bewegten, verstärkten neue Beispiele von Veränderungen täglich das Gefühl, daß sich große Umwälzungen anbahnten. In einem der Büros des Generalkonsulats am Boulevard Malesherbes hatte mich Llovet einem seiner Kollegen, dem Vizekonsul Rafael Lorente, vorgestellt: extrovertiert, großzügig, impulsiv, bisweilen diese sympathische, leichtfertig-jugendliche Extravaganz an den Tag legend, die in Spanien so häufig anzutreffen ist, zeigte Rafael ein großes Interesse, mich näher kennenzulernen. In jenem Herbst tauchte er mehrere Male in der Rue Poissonnière auf, um mir seine persönlichen Nöte und seine politischen Sorgen vorzutragen: im Unterschied zu meinen anderen spanischen Freunden war er überzeugt, daß der Kommunismus Budapest nicht überleben würde, und gab vor, mit Leuten wie mir eine neue Partei gründen zu wollen, die wir scherzhaft »Partei der sozialen Bürgersöhnchen« taufen würden. Eines Abends kam er zu mir nach Hause und bat mich um einen Gefallen: ich sollte ihn der Pasionaria vorstellen, damit er mit ihr diskutieren und einen trinken könne. Obgleich ich ihm sagte, daß ich sie nicht kennte und nicht einmal wisse, ob sie in der Sowjetunion oder heimlich in Frankreich lebe, sah ich, daß er mir nur halb glaubte. Dann, etwas angeregt von dem Cognac oder dem Calvados, den ich ihm eingeschenkt hatte, unterbreitete er mir seinen Plan, mit einer Handvoll Freunden in Fernando Póo zu landen und die Republik auszurufen: wenn wir einige Tage der Belagerung durch Francos Armada widerstehen würden, könnten wir dort die Exilregierung und die im Exil lebenden Abgeordneten zusammenbringen und die diplomatische Anerkennung durch die Länder des sozialistischen Lagers erreichen. Obgleich wir später nicht mehr über dieses Thema oder über sein Treffen mit der Pasionaria sprachen, verkehrte ich auch weiterhin noch mehrere Monate mit ihm, bis er versetzt wurde und daraufhin den Entschluß faßte, die diplomatische Laufbahn aufzugeben, und sich, angesteckt von meiner Begeisterung für Almería, in dem kleinen Küstendorf Aguas Amargas niederließ, um sich dort der Verwaltung seiner Ländereien zu widmen.

Doch Rafael Lorente war eine seltsame und angenehme Ausnahme in dem Kreis von Spaniern, die ich in Paris kannte und die wie ich von einem primitiven, plumpen Marxismus durchdrungen waren, zu dem sie fast immer auf dem Umweg über die doktrinären Simplifizierungen Politzers und einer linearen, auf angeblich wissenschaftlichen Beobachtungen begründeten Auffassung von Geschichte gelangt waren. Alfonso Sastre, der von der Idee des Engagements besessen war, hatte zu jener Zeit noch Bedenken, ob er um die Aufnahme in die Partei nachsuchen sollte, doch seine Unschlüssigkeit dauerte nicht lange: kaum war er nach der Geburt seines Sohnes nach Madrid zurückgekehrt, trat er in die Partei ein und wurde sehr bald schon ins Zentralkomitee katapultiert. Antonio Soriano und Tuñón de Lara, die eine lange, aber diskrete Vergangenheit als aktive Parteimitglieder hatten, vermieden es, über ihre politischen Bindungen zu sprechen, und nahmen eine tolerante und offene Position ein. Der zukünftige Publizist und Populärhistoriker hatte gerade ein Buch über Spanien in Druck gegeben, das er zusammen mit einer Hispanistin geschrieben hatte, der meine französischen Freunde vorsichtig aus dem Wege gingen und die Dominique Aubier hieß. Diese Frau, die Jahre später in meiner Adoptivprovinz als die *Dame de Carboneras* bekannt werden sollte, trug einen indischen Sari, unternahm auf dem Rücken eines Kamels, in die kabbalistische Lektüre Cervantes' vertieft, Spazierritte, zeigte bereits damals eine überschäumende Leidenschaft für Spanien, übersetzte die Chronisten Indiens und empfing, wie ich persönlich feststellen konnte, die Besucher in ihrer Wohnung in der Rue de Seine mit einem Torerohut auf dem Kopf, der, wie sie sagte, die sprudelnde Quelle ihrer stilistischen Inspiration war. Tuñón und Soriano ertrugen den Sturzbach ihrer unerbittlichen Beredsamkeit, so gut es ging, ich jedoch, nicht so geduldig wie sie, beschloß sofort, sie in Zukunft zu meiden: sie war über mein Zeitschriftenprojekt informiert und hatte die Absicht geäußert, die Sache in die Hand zu nehmen, über den Inhalt der Zeitschrift zu entscheiden und darüber hinaus zu bestimmen, wer für sie schreiben durfte und wer nicht. Ihre Einmischung machte viele kopfscheu und war wahrscheinlich der Hauptgrund für meine Verzagtheit und den darauf folgenden Wunsch, das Handtuch zu werfen.

Erst viele Jahre später führte die Hartnäckigkeit, mit der ich die Idee einer Zeitschrift verfolgte, zu einem Ergebnis, und zwar zu einer Zeit, als ich bereits zahlreiche Illusionen verloren und viele Federn gelassen hatte. Obgleich mein spontaner Hang zur Geselligkeit mit der Zeit nachließ und mich die Vorstellung einer Teamarbeit nicht mehr interessierte, nahm ich an dem Unternehmen der *Cuadernos de Ruedo Ibérico* teil und gehörte auch von Anfang an zur Mannschaft von *Libre*, obwohl ich wußte, daß ich weder bei dem einen noch bei dem andern Zufriedenheit finden würde, zumal sie auch nicht meinem wirklichen Charakter entsprachen. Wie schon bei anderen Gelegenheiten in meinem Leben sollte ich das so heftig verfolgte Ziel zu einem Zeitpunkt erreichen, zu dem es seinen früheren Reiz verloren und meine Interessen und mein Geschmack eine neue Wendung genommen hatten. Da ich mich zur Unzeit und gegen die Geschichte bewegte, überraschten mich Wechsel und Neuheiten nicht allzusehr, sondern ließen mich eher kalt – wie etwa dieser unzeitgemäße und absurde Leichnam von Franco, an dessen Tod ich schon nicht mehr geglaubt hatte.

Was mich am meisten überrascht, wenn ich von der Warte eines fast dreißigjährigen Abstandes aus dem Stegreif über meine ersten Monate in Frankreich berichte, ist die unterschiedliche politische Haltung oder, um genauer zu sein, der unterschiedliche Reifegrad und die andere Erfahrung der in diesem Buch erwähnten französischen und spanischen Freunde: während die letzteren Mitglieder oder Sympathisanten der KP waren, sich in die Lektüre der *Humanité* vertieften und deren Thesen und Erklärungen über die strahlende Gesellschaft der Zukunft billigten und guthießen, hatten die ersteren diese Phase bereits hinter sich, sprachen voller Ekel oder Verachtung von der UdSSR und legten eine nuancenreiche, vielschichtige politische Aktivität an den Tag, die in meinen Augen zwar unwirksam und sogar lächerlich wirkte, jedoch viel klarsichtiger und ehrlicher war als die Farbenblindheit und die moralische Taubheit, durch die sich meine Landsleute und ich selbst hervortaten und auch weiterhin hervortun sollten. Von wenigen Einzelfällen abgesehen, wie Soriano und Muñoz Suay, verurteilten alle meine Freundschaft mit diesen »Renegaten« und Ausgeschlossenen aufs strengste. Die Freundschaft, die mich mit der Clique aus der Rue Saint-Benoît, mit Roger Stéphane – den ich schon bald durch Monique kennenlernte – und Elena de la Souchère verband, wurde von meinen Genossen mit großem Vorbehalt aufgenommen und mit Warnungen bedacht, bis zu dem Tag, an dem sie ihre Haltung revidierten, weil sie die bürgerlichen Informationsorgane wie *France-Observateur* oder *L'Express* brauchten, um die neue Politik der »nationalen Versöhnung« oder die Amnestiekampagne zugunsten der politischen Gefangenen des Franco-Regimes bekannt zu machen und zu unterstützen, und folglich meine Verbindungen und meinen Einfluß für ihre Interessen und Ziele nutzen konnten. Doch in der Zeit, von der ich hier erzähle – es war die Zeit der Nachwirkungen auf den Rechenschaftsbericht Chruschtschows und auf die Intervention in Ungarn –, zogen »Verantwortungslosigkeit«, »Widersprüche«, »doppeltes Spiel« und »anarchistischer Geist« der französischen Schriftsteller der Linken wie ein Magnet Kritik und beißende Bemerkungen meiner Landsleute an: »Was soll diese morbide Sorge um die Menschenrechte in Polen und Ungarn? Sehen sie denn nicht, daß die unvermeidlichen kleinen Unvollkommenheiten der neuen Gesellschaft in den Ländern der Volksdemokratien ein winziger Strohhalm sind verglichen mit den Gebrechen und sozialen Ungerechtigkeiten der angeblichen bürgerlichen Demokratien und ihrem Mangel an echten Freiheiten? Beteiligen sie sich nicht dadurch, daß sie die UdSSR kritisieren, an einem niederträchtigen, direkt oder indirekt von den Agenten des Imperialismus gesteuerten Ablenkungsmanöver?« Tatsächlich bot sich die wirkliche Frivolität der Pariser Intellektuellen der Rive gauche, ihr nicht zu Unrecht von Genet bespöttelter Hang, unter dem Einfluß der Schlagzeilen von *France Soir* ihre Meinung zu ändern oder gar die Seite zu wechseln, oft für solche Angriffe und Spötteleien an: einige Monate später rief einer der Autoren, mit denen ich damals wegen des Komitees für die Solidarität mit Spanien Kontakt aufgenommen hatte, dessen Interesse an dem Projekt dann aber völlig erlosch, im Anschluß an die chinesische Invasion Tibets zu meiner großen Überraschung zu ebenso vergeblicher wie esoterischer Hilfe für den Dalai-Lama und die buddhistischen Mönche auf. Doch neben den Aufwallungen und Protesten von unfreiwilliger Komik dieser *animaux malades de la pétition* (petitionssüchtige Viecher), wie einer ihrer engsten Freunde sie einmal zärtlich nannte, äußerten sich die Großzügigkeit und die Gerechtigkeitsliebe Mascolos und seiner Kollegen – die sowohl gegen die Rechte als auch gegen die Partei, gegen den Moralismus Camus' und gegen den Philokommunismus Sartres waren – zwar nicht gegenüber Spanien, wohl aber im Hinblick auf den Algerienkrieg auf eine sehr wirksame, riskante und konkrete Weise, womit sie im schroffen Kontrast zur vorsichtigen und zweideutigen Haltung der Partei standen. Zu den ständigen Gästen in der Wohnung Marguerite Duras' in der Rue Saint-Benoît – Robert Antelme, Louis-René des Forets, Maurice Blanchot, Edgar Morin und so weiter –

gehörte auch Madeleine Alleins, die Frau eines angesehenen Arztes und eine leidenschaftliche Verteidigerin der Belange der dritten Welt: die zukünftige Romanautorin, die von Anfang an zu einer der Untergrundgruppen gehörte, die sich für den FLN einsetzten, und zwar zur berühmten Gruppe von Francis Jeanson, versteckte Geld, Propagandamaterial, Waffen und sogar Mitglieder des algerischen Widerstands in den Wohnungen von vertrauenswürdigen Freunden. Wenige Wochen nach meiner Ankunft kam sie auf Mascolos Rat hin zu uns und fragte, ob wir bereit seien, die Gelder der Organisation zu verwahren. Monique sagte, ohne zu zögern, zu, und einige Tage darauf tauchte Madeleine mit einem großen Koffer wieder auf, den wir im obersten Fach eines Wandschranks neben der Tür verstauten. Fast ein ganzes Jahr lang ließ sich unsere Verbindungsfrau von Zeit zu Zeit bei uns blicken, um sich das im Augenblick benötigte Geld geben zu lassen, nachdem sie zuvor bei Monique im Verlag angerufen und in verschlüsselter Sprache die Summe genannt hatte. Ich öffnete darauf den Koffer, der voller Fünftausend-Franc-Noten der damaligen Zeit war, steckte die angegebene Menge in einen Umschlag und übergab ihn unserer Freundin, wenn sie zur festgesetzten Zeit pünktlich an der Tür klingelte. Da ich damals sehr dürftig lebte – meine Einnahmen beschränkten sich auf das Honorar für die Verlagsgutachten, mit denen ich gerade begann –, bedauerte ich oft, ebenso wie Monique – die vom Schauspiel dieser wunderbaren Höhle des Ali Baba gleichfalls geblendet war –, daß der Schatz den Kämpfern des FLN gehörte und uns nicht irrtümlich von einem Agenten Francos, Trujillos oder Somozas anvertraut worden war, so daß wir ihn, den Spuren Phileas Foggs folgend, fröhlich auf Reisen um die halbe Welt hätten ausgeben können.

Dieser erste politische Kontakt mit dem Maghreb, der über den Entkolonialisierungsprozeß lief, intensivierte sich noch im Verlauf des Algerienkrieges und seiner widerwärtigen Nachwirkungen in der Metropole: Rassendiskriminierung, Verfolgung der nordafrikanischen Einwanderer, abendliches Glokkenläuten, Morde, Razzien. Etwas mehr als drei Jahre später war Monique eine der ersten Unterzeichnerinnen des *Manifests der 121*, das die Rekruten des Expeditionskorps zur Fahnenflucht aufforderte, was ihr zusammen mit einem Dutzend befreundeter Schriftsteller eine Anklage wegen »Anschlags auf die Moral der Armee« und »Anstiftung der Soldaten zur Befehlsverweigerung« einbrachte: *On dirait que j'ai fait le tapin devant une caserne!* (Man könnte glatt meinen, ich sei vor einer Kaserne auf den Strich gegangen!) rief sie vergnügt, als sie die gerichtliche Vorladung bekam. Als später einmal die Rede auf die Wechselfälle jener Zeit und auf meine spätere Anziehung durch die arabische Welt kam, meinte sie lachend, daß sie zwar in keiner Weise ihre Unterschrift und die sich daraus ergebenden Komplikationen bedauere – Vorladungen, telefonische Drohungen, Prozesse –, daß sie sich aber vielleicht mit etwas weniger Eifer und Begeisterung für »meine« Algerier einsetzen würde, wenn sie das Geschehene noch einmal durchleben müßte.

Doch ich entferne mich von der strengen Chronologie der Erzählung. Im Januar 1957, bei unserer Rückkehr von einer kurzen, anstrengenden Reise nach Italien, erschien die französische Ausgabe meines Romans *Die Falschspieler* mit einer ausführlichen und überzeugenden Einführung des Übersetzers Maurice-Edgar Coindreau. Ein Roman, der nach fünfzehnjährigem Schweigen aus Franco-Spanien kam, war eine solche Neuheit, daß er bei der Kritik, von der *Humanité* bis zum *Figaro*, sofort auf maßloses Interesse stieß. Die Tageszeitungen und die Wochenzeitschriften der Linken unterstrichen logischerweise seinen rebellischen, nonkonformistischen Charakter, meine stillschweigende, aber unbestreitbare Feindseligkeit gegenüber den offiziellen Werten. Trotz seiner großen Fehler, seiner Grenzen und seiner Einflüsse entsprach das Buch einer Erwartung und wurde mit übertriebener Begeisterung aufgenommen: keines meiner späteren Werke, von *Identitätszeichen* bis zu den heutigen Büchern, sollte je wieder eine so massive

Zustimmung erfahren, was ganz deutlich die Abhängigkeiten und Unwägbarkeiten dieser journalistischen Pseudokritik aufzeigt, die in Paris wie sonst überall einem Amalgam von Vorurteilen, Moden, Interessen und Kumpanei unterworfen ist, was ihre Funktion widerlegt und sie in einen Jahrmarkt der Eitelkeiten verwandelt, der allen Ekstasen und allen Lächerlichkeiten gewogen ist. Wenn der Rummel um meinen Roman mich auch ganz eindeutig in die Schußlinie der Franco-Behörde brachte, so verlieh er mir gleichzeitig auch eine gewisse Immunität: da das Regime nach europäischer Respektabilität strebte, war es nicht ratsam, einen Schriftsteller zu verfolgen, der sich auf Grund einiger Werke und kultureller Aktivitäten »einen Namen« gemacht hatte, die in keinem demokratischen Land als Vergehen angesehen würden.

Bei meiner Ankunft in Paris hatte ich mit Monique ausgemacht, daß ich nach drei oder vier Monaten für eine gewisse Zeit nach Spanien zurückkehren würde, um mich über die Situation der intellektuellen und universitären Kreise auf dem laufenden zu halten sowie ohne die übertriebene Eile meiner früheren Reisen durch die Dörfer im Süden Garruchas zu streifen. Am vierzehnten Februar nahm ich an der Gare d'Austerlitz den Zug, ziemlich selbstzufrieden und stolz auf den Erfolg meines Buches. Zwar machte die äußere Sicht der Dinge für Optimismus und selbst Euphorie empfänglich, doch die Unerbittlichkeit der Fakten holte mich sofort wieder in die Wirklichkeit zurück. Nach glücklichen Monaten voller Anregungen in der Rue Poissonnière war die Rückkehr in die Calle Pablo Alcover entmutigend: Verfall der Personen und der Dinge, Kälte, spärliches Licht, ängstliche Fragen meines Vaters, Schweigen des Großvaters, pathetisches Lächeln Eulalias, unbestimmtes Gefühl der Beklemmung, schmerzliche Erinnerung, Angst, Kummer, Reue. Zu den Sorgen, die mich in diesem mit Phantomen und Erinnerungen bevölkerten Rahmen heimtückisch überfielen, kam noch die Angst wegen eines am Tag vor meiner Ankunft eingetretenen Ereignisses: die Verhaftung Octavio Pellissas. Sein Fall brachte die von Sacristán gegründete Universitätsgruppe in Gefahr, und als unmittelbar Bedrohter übertrieb Luis seine Vorsichtsmaßnahmen. Ich erinnere mich, daß kurz nach meiner Rückkehr jemand sehr früh am Morgen klingelte, während wir beide in unserem gemeinsamen Zimmer auf der Rückseite der Villa schliefen. Eulalia ging in den Garten, und als sie, die über unsere neuen Freundschaften zutiefst beunruhigt und voller Vorahnungen war, zurückkam, teilte sie uns mit, daß ein Mann nach Luis frage. Die Nachricht erschreckte uns zunächst, doch zu unserer Erleichterung stellte sich heraus, daß der Besucher nicht der gefürchtete Inspektor der Präfektur war, sondern ein alter Bekannter von mir aus Paris, der Kunstkritiker Arnau Puig, den die KP-Führung geschickt hatte, um sich nach dem Grund und dem Ausmaß der Verhaftungswelle zu erkundigen, bei der auch Pellissa ins Netz gegangen war. Dieser etwas unvorsichtige und stümperhafte Auftrag mit dem Ziel, daß sich mein Bruder mit den »Führungskräften« der Organisation in Verbindung setze, beunruhigte Luis zu Recht: der völlige Mangel an Vorsicht gerade in Augenblicken, in denen er möglicherweise beschattet wurde, stand in keiner Weise im Einklang mit der Strenge und Disziplin, die jede Untergrundtätigkeit verlangt. Obwohl Octavio den »Verhören« mutig widerstand und er der einzige verhaftete kommunistische Student war, wurde die polizeiliche Säuberungsaktion in den folgenden Tagen auf alle Kreise der Opposition ausgedehnt, von den Monarchisten und den Anhängern eines unabhängigen Kataloniens bis hin zu den Sozialisten von Pallach und Joan Reventós.

In dieser bedrückenden Atmosphäre voller Fragezeichen und Bedrohungen gelang es uns, nach außen hin ein normales Leben zu führen: wir gingen zum Abendessen mit Freunden aus, die weniger kompromittiert waren als wir, zogen durch die Bars von Escudillers und den Ramblas und kamen am frühen Morgen nach Hause. Doch die ursprüngliche Erregung, die ich bei meinen früheren Streifzügen durch die Unterstadt verspürt hatte, war verschwunden: die Fröhlichkeit war erzwungen, die durchzechten Nächte im La Venta und im Cádiz mit Huren und

Tunten waren monoton, wir füllten lustlos eine Leere, gingen einem faden Ritual nach. Monique rief täglich an, und unsere langen Gespräche auf französisch beunruhigten Papa geheimnisvollerweise. Eine instinktive Angst hielt ihn wach, bis wir heimkamen: wenn wir auf Zehenspitzen durch den Flur gingen, hörten wir, wie er mit seinem Löffelchen in einem Medikament oder einem Joghurt herumrührte, den Lichtschalter suchte, hörten, wie er uns unweigerlich nach der Uhrzeit fragte. Auf Grund der Umstände gab ich meine Reisepläne nach Almería auf: im Falle einer Gefahr oder einer neuen Verhaftungswelle schloß mein Aufenthalt in dieser fernen, entlegenen Provinz jede Möglichkeit der Hilfe oder der Information aus. Monique machte sich allmählich Gedanken über die Auswirkungen der Pariser Politisierung meines Romans, und schließlich beschloß ich, überzeugt davon, daß ich außerhalb des Landes nützlicher sein würde als innerhalb, meinen Besuch in Barcelona abzukürzen und auf schnellstem Weg nach Paris zurückzukehren.

In dem Glauben, daß mich die erste Paßkontrolle zwischen Massanet und Gerona unnötig der Gefahr einer Anfrage der Polizeibeamten bei den Zentralbehörden der Präfektur aussetzen würde, kam ich auf den Gedanken – den ich heute kindisch und absurd finde –, den Zug erst in Figueras zu nehmen. Jaime Gil de Biedma, den ich bisweilen bei seinen nächtlichen Streifzügen über die Ramblas begleitet hatte*, bot sich an, mich mit dem Auto dorthin zu bringen, und ich erinnere mich, daß das Auto unterwegs, es war der sonnige Nachmittag des zweiten März, das Rad eines Fuhrwerks streifte, das wir überholten – ob wegen der Nervosität vielleicht angesichts der überstürzten Reise, die eher nach Flucht aussah, oder weil wir in ein ernstes Gespräch über das gramscistische Engagement vertieft waren, weiß ich nicht mehr –, und daß Biedma nur mit Ach und Krach vermeiden konnte, daß wir ins Schleudern kamen und einen

* Vgl. Gil de Biedmas *Diario del artista seriamente enfermo,* Barcelona 1974.

Unfall bauten. Nachdem wir uns beim Fuhrmann entschuldigt hatten, setzten wir unsere Fahrt nach Figueras fort und verabschiedeten uns bei der Ankunft des Zuges voneinander. Die Paßkontrolle auf dem baufälligen Bahnhof von Port Bou verlief ohne Zwischenfälle: schweigend stempelten die Beamten meinen Paß, und einige Minuten später war ich auf französischem Gebiet.

Das Grenzsyndrom, das sich bei meiner ersten Ausreise aus Spanien gezeigt hatte, schwächte sich allmählich ab, je häufiger ich die Reise zwischen den beiden Ländern machte und mich zu beherrschen lernte, ohne daß es jedoch bis zum Tod des Diktators völlig verschwand. Wenn ich in den Jahren, die auf die Zeit folgten, von der ich hier erzähle, unter Umständen die Grenze überschritt, die theoretisch sehr viel risikoreicher waren, so tat ich es mit einer Mischung aus Gleichgültigkeit, Fatalismus und Kaltblütigkeit sowie einem irrationalen Vertrauen auf meinen guten Stern, die meine Umgebung immer wieder überraschte. Dieses Verhalten hatte ich bereits im Lager der Universitätsmilizen festgestellt, wo ich die ersten Monate meines Militärdienstes ableistete, als ich beschloß, mich, so gut es ging, zu drücken und mich von jenen Praktiken und Übungen fernzuhalten, die ich am meisten verabscheute, ein Verhalten, das in meiner Umgebung Bewunderung hervorrief, da es für Mut oder Dreistigkeit gehalten wurde. In beiden Fällen jedoch handelte es sich um etwas ganz anderes, und zwar viel Bescheideneres: um die persönliche Unfähigkeit, die Möglichkeit einer eventuellen Strafe ins Auge zu fassen, und um meinen irrwitzigen Glauben an ein Sonderschicksal. Auf diese Weise geschützt, handelte ich, ohne die Gefahren in Betracht zu ziehen. Hier von Mut zu reden würde nicht die wahren Gefühle wiedergeben, mit denen ich meine Reisen von 1960 und 1961 antrat; aber wenn ich auch in den entscheidenden Augenblicken mit einer Sicherheit auftrat, die mich mit Stolz erfüllte, war die Bedrohung, die in allem enthalten war, was mit Spanien zusammenhing, doch so stark, daß ich nachts davon träumte. Die frühe Assoziation meines Vaterlandes mit einer undeutlichen Vorstellung von

Gefahr, mit dem Ort, an dem ich grundlos und willkürlich eingesperrt werden könnte, erklärt vielleicht den zweideutigen Charakter meines späteren Verhältnisses zu ihm. Während meine europäischen Kollegen mit unschuldiger Gelassenheit in der Welt umherreisten und sich bewußt waren, daß sie damit ein unveräußerliches Recht ausübten, tat ich es jahrelang in einem Zustand verborgener Spannung, mit der hartnäckigen und zum Glück irrtümlichen Vorahnung, mich wie Luis leichtsinnig in Gefahr zu begeben, mich einer kannibalischen saturnischen Gottheit zu opfern, die unerbittlich ihre besten Kinder frißt. Die Familien- und Kindheitserfahrungen verstärkten den Eindruck noch, verhängnisvollerweise einer Nation anzugehören, die für allezeit im Bürgerkrieg lebte und deren blutige Abrechnungen sich unausweichlich weitervererbten. Spanien symbolisierte für mich bis zu meinem vierzigsten Lebensjahr kein beschützendes, gütiges Land, das für meine Arbeit im Dienst seiner Kultur und seiner Sprache empfänglich war, ihr wenigstens gleichgültig gegenüberstand, sondern einen Bereich der Feindseligkeit und der Zurückweisung, der heimtückischen Drohung mit Sanktionen. Die Narben, die die Diktaturen und die totalitären Regime hinterlassen, sind schwer auszulöschen. Der Heilungsprozeß dauert lange und ist Zufällen unterworfen: in meinem Fall zeigt dies die in Wahrheit sehr beredte Tatsache, daß ich mich noch zehn Jahre nach dem Tod Francos in Paris, Marrakesch, New York oder Istanbul wohler fühle als in den Städten, Orten oder Schauplätzen, wo sich im Guten wie im Schlechten die Trugbilder und die Ängste meiner Kindheit und meiner Jugend abspielten.

Bei meinen kurzen Reisen nach Spanien im Februar und August 1957 hatte ich den wenigen befreundeten Journalisten, die mit der offiziellen Presse zusammenarbeiteten, die Verlagspläne Gallimards erläutert, nämlich in Frankreich die interessantesten der in den letzten Jahren in Spanien erschienenen Romane herauszubringen. Die Liste der unter Vertrag stehenden Werke umfaßte ein gutes Dutzend repräsentativer Autoren der verschiedensten literarischen Strömungen Nachkriegsspaniens – Cela, Delibes, Ana María Matute, Sánchez Ferlosio, Fernández Santos usw. –, doch diese Initiative, die in einem anderen, nicht so kainshaften Land wie dem unseren ein Grund für Lob und Anerkennung gewesen wäre, wurde in Madrid, wie vorherzusehen war, mit Mißtrauen und Vorsicht aufgenommen. Einige nicht ausgewählte Schriftsteller, die einflußreiche Posten in der offiziellen Hierarchie des Regimes innehatten, brachten bald schon ihre Verstimmung und ihren Groll in den Zeitschriften der Falange zum Ausdruck. Die Übersetzung eines verbotenen Buches, *Das andere Gesicht* von José Corrales Egea, diente als Vorwand für eine Verleumdungskampagne, die von Aparicio, dem Generaldirektor des Pressewesens, und seinem Kollegen von der Zeitung *Pueblo*, Emilio Romero, geführt wurde. Das Ausscheiden Aparicios aus seinem Amt im Jahre 1958 eröffnete mit dem Erscheinen von Zeitschriften wie *Acento* und dem schüchternen und spärlichen Auftauchen des einen oder anderen bislang geächteten Namens zwar neue kulturelle Freiräume, doch es veränderte die Dinge nur unwesentlich.* Als dann in der Zeitschrift *Ínsula* ein Manifest oder Pamphlet mit dem Titel »Für eine nationale und volkstümliche Literatur« von mir erschien, wurden die Angriffe von *Pueblo* und *Arriba* sofort wieder heftiger: Emilio Romero, der sich vielleicht durch die Tatsache beleidigt fühlte, daß keine der Hervorbringungen seines Genies in der von mir betreuten Reihe berücksichtigt wurde, startete über seine Anhänger eine Offensive gegen den »in Frankreich lebenden Nacheiferer Blasco Ibáñez'«, dessen unheilvolle Funktion als »Zollbeamter« seiner Meinung nach die Kenntnis unserer wahren literarischen Werte verhinderte.

Das Manifest in *Ínsula*, Ergebnis einer gierigen Lektüre Gramscis und nicht meiner eigenen, noch bescheidenen erzäh-

* Aparicio setzte zeitweise die Veröffentlichung der Zeitschriften *Ínsula* und *Índice* aus, trotz der Vorsicht der einen und der bekannten Zweideutigkeit der anderen.

lerischen Erfahrung, verursachte einen kleinen Sturm in den ruhigen Gewässern, in denen die Zeitschrift in der Regel zu segeln pflegte, weil ich darin eine etwas schiefe und ungerechte Kritik an Ortega y Gasset übte und ungeschickt, aber deutlich einige ausgesprochen marxistische Thesen vertrat. Was mich heute beim Wiederlesen am meisten erstaunt, ist nicht die Tatsache, daß ich Thesen aufgegriffen habe, die längst verbraucht und von den Profis des »Fortschritts« bis zum Erbrechen wiederholt worden waren, sondern die völlige Trennung zwischen den vorgebrachten Ideen und Losungen einerseits und meiner literarischen Persönlichkeit und meinen Romanen andererseits: zum Glück hat keines meiner Jugendwerke – *Die Falschspieler, Trauer im Paradies, El circo, Das Fest der anderen* – etwas mit der müßigen und schematischen nationalen Volksliteratur zu tun, die ich verfocht, und die sensationsheischende und marktschreierische Werbung meiner europäischen und nordamerikanischen Verleger für meine Bücher ließ sich mit dem leicht von Barrès angehauchten Gramscismus nicht in Verbindung bringen. Guillermo de Torre hob in seiner ätzenden Erwiderung auf das Pamphlet zu Recht die Schwächen meiner Prämissen und, ohne sich lange bei Argumenten ad hominem aufzuhalten, meine in die Augen stechende Zusammenhanglosigkeit hervor. Das Enfant terrible des Barceloneser Bürgertums, das mein New Yorker Verleger in seiner schrillen Werbekampagne mit Françoise Sagan verglich, die damals sehr in Mode war, paßte in Wahrheit nicht so recht in die Ritterrüstung des Provinzideologen, der die nichttranszendentale und seichte Dekadenz, die Entmenschlichung und die Literatur des Experiments geißelte. Die Kritik traf voll ins Ziel, als sie die Doppelzüngigkeit meiner Persönlichkeit ins Licht rückte, oder besser gesagt den Abgrund, der zwischen der Wirklichkeit und meinem Betrug klaffte: während mein Werk Zeugnis ablegte vom Einfluß Gides, Malraux', Faulkners und der jungen Romanciers aus den Südstaaten, verurteilte mein Pamphlet unausgesprochen gerade diese Autoren und verteidigte Grundsätze und Normen, die genau im Gegensatz zu ihnen standen.

Ohne nun in meinem verletzten Stolz die von meinen Gegnern angegriffenen Schwächen und Antinomien zu akzeptieren, bemühte ich mich später, wenigstens eine Zeitlang, zwischen meinem Schreiben und den mehr oder weniger marxistischen Postulaten, die ich öffentlich vertrat, eine gewisse Übereinstimmung herzustellen: nach dem fehlgeschlagenen Versuch, mit *Strandgut* einen Gesellschaftsroman zu schreiben, wagte ich mich an die erzählende Reportage und die Kurzgeschichte, die ich, auf den Spuren Rocco Scotellaros, Elio Vittorinis und Cesare Paveses, mit mehr oder weniger großem Erfolg von *Campos de Níjar* bis *Pueblo en marcha* fortentwickelt habe. Dennoch berechtigten mich die unzeitgemäßen Reaktionen meiner anderen Gegner – Julián Marías mit seiner üblichen Plumpheit hatte meinen Artikel indirekt einer internationalen Anti-Ortega-Verschwörung zugeschrieben und in diesem Zusammenhang das Gespenst der »Mao-Kommunen« beschworen –, die ganze Polemik als die Folge einer Gegenoffensive der Rechten umzudeuten und damit die unerläßliche Auseinandersetzung mit mir selbst zu vertuschen. Die Tatsache, daß Corrales Egea, Juan Nuño und andere Marxisten zu meiner Verteidigung antraten, enthob mich der Notwendigkeit, über die Dichotomie meines Verhaltens und meine verkappte moralische Schizophrenie nachzudenken: diese Haltung ist auch heute noch bezeichnend für zahlreiche Intellektuelle in unserem Sprachraum, nämlich dem Erfolg hinterherzulaufen und die Vorteile der bürgerlichen Demokratien zu nutzen, Arbeitsstipendien anzunehmen und an den nordamerikanischen Universitäten zu lehren, gleichzeitig aber auf politischem und doktrinärem Gebiet starre, jakobinische, extreme Positionen einzunehmen.

Was mich betrifft, so wurde diese Kluft zwischen Leben und Schreiben erst einige Jahre später aufgehoben, als der Nahkampf mit dem Schreiben, die Erforschung neuer Ausdrucksräume und die Eroberung einer subjektiven Authentizität allmählich das Leben in einen weitgespannten Textzusammenhang hineinzogen, in dem die Welt als ein immer wieder aufs neue geschriebenes Buch gesehen wurde, in dem Auflehnung, Kampf, Exaltation in dem Maße zu einer Verzahnung von Leben und Schrift führten, in dem ich mich in die Wonnen, die Glut, die Qualen bei der Abfassung des *Don Julián* vertiefte.

Die Reise nach Almería, durch die Verhaftung Octavio Pellissas aufgeschoben, machte ich sieben Monate später mit Monique. Wir hatten ihre Tochter in dem valencianischen Dorf Beniarjó zurückgelassen und waren nach Garrucha zurückgekehrt, um unsere Freunde aus der Pension Zamora zu besuchen. Einige Tage lang fuhren wir mit einem kleinen Renault 4 durch die Dörfer und Gemeinden der Umgebung: Huércal Overa, Cuevas de Almanzora, Mojácar, Palomares, Villaricos. Das Elend und die Verlassenheit, denen wir dort begegneten, beeindruckten Monique sehr stark: da sie nicht die persönlichen Motivationen und die geheimen Affinitäten hatte, die mich magnetisch zu diesem Landstrich hinzogen, erschreckte sie der Gedanke, hier mit der reptilienhaften Gleichgültigkeit einer Schwedin Ferien zu verbringen, sich zu sonnen, das Leben in einer prachtvollen, hellen, jedoch dürftigen und rauhen Landschaft zu genießen. Es war der Ausgangspunkt für unsere häufigen Diskussionen über dieses Thema: Monique wirft mir von nun an meine ästhetische Faszination angesichts Orten, Regionen, Landschaften vor, deren Lebensbedingungen jeden Menschen mit einem Minimum an sozialer Sensibilität notwendigerweise beleidigen müßten. Abgebrühter als sie gegenüber dem Schauspiel der Armut und auf geheimnisvolle Weise von menschlichen Qualitäten und Charakterzügen angezogen, die von der gleichmachenden Merkantilisierung des Fortschritts unweigerlich hinweggefegt werden, erzürne ich sie natürlich durch die Zweideutigkeit meiner Haltung. Die Gefühle der Unmittelbarkeit, der Herzlichkeit und der Zuneigung, die ich in Almería entdecke, führen in meinem Inneren zu einem unlösbaren, heftigen, ausweglosen Kampf. Meine auf die Wirklichkeit einer Erfahrung gegründete moralische Unruhe beginnt nun: kein oberflächliches, mimetisches Produkt meines schuldbewußten Klassenbewußtseins oder der Lektüre marxistischer Schriften, sondern die Folge eines eingehenden Nachdenkens, das von Sympathie und Solidarität geprägt ist. Meine Absicht anzuklagen erfährt zugleich durch eine vorweggenommene Sehnsucht nach der angeklagten Sache eine Differenzierung: der Kampf, der in Almería herrschenden ruchlosen Situation ein Ende zu setzen, schloß meine zwar oberflächliche, aber reale Überzeugung nicht aus, daß die notwendigen ökonomischen und sozialen Veränderungen zugleich auch die Aufrichtigkeit, menschliche Wärme und Spontaneität hinwegfegen würden, die der Keim oder Kern meines Engagements waren. Ohne mich von der Antinomie lähmen zu lassen, kehre ich mit der festen Absicht, Zeugnis abzulegen, allein in die Provinz zurück. Die Ästhetik des Südens prägt von nun an meine Streifzüge in diese Gegend und spiegelt im Gegenlicht eine innere Zerrissenheit, einen Bürgerkrieg zwischen dem Erlebnis der Schönheit und dem der Unterentwicklung: wie ich später bei einer meiner ersten Bemühungen um Klarheit begreife, kämpfen wir Intellektuellen, die wir nicht aus einem Stück sind, sondern aus verschiedenen, disparaten, antithetischen Wesenszügen bestehen, für eine Welt, die für uns wahrscheinlich unbewohnbar wäre.

Anstatt unseren Weg nach Sorbas und Carboneras fortzusetzen, wie wir es ursprünglich geplant hatten, bogen wir auf der Suche nach größerer Bequemlichkeit und Komfort in Richtung Granada und Málaga ab. Im August 1958 und im März 1959 kehre ich ohne Monique nach Almería zurück, erforsche zu Fuß, mit dem Lastwagen und dem Autobus die erschütternde Region von Níjar, und bevor ich in Paris das Manuskript des Buches abschließe und dabei aus Gründen der erzählerischen Wirkung die Zwischenfälle, Erlebnisse und Begegnungen der verschiedenen Fahrten zu einer einzigen Reise verdichte, durchkämme ich im Auto noch einmal die ganze Gegend, um zusammen mit dem Filmregisseur Vicente Aranda die in der Erzählung beschriebenen Orte zu fotografieren. Meine späteren Reisen in diese Gegend verlaufen unter schwierigen und meinen Absichten zuwiderlaufenden Umständen. Einerseits machten die Verhaftung Luis', die Mailänder Angelegenheit und der von der Presse um unseren unglücklichen Familiennamen entfesselte Skandal meine scheinbare Bewegungsfreiheit wieder illusorisch, andererseits hatte das Erscheinen von *Campos de Níjar* trotz des *nihil obstat* der Zensur beim Bürgermeister dieser Stadt und den Regierungsbehörden der Provinz eine zornige Reaktion hervorgerufen. Während es mir 1959 noch gelang, unter dem Vorwand, nach den Angehörigen eines nach Grenoble ausgewanderten Freundes zu suchen, inkognito im Höhlenviertel von La Chanca Nachforschungen anzustellen, ohne den Verdacht der Bewohner oder die Aufmerksamkeit der Polizei auf mich zu lenken, konnte meine Anwesenheit ein Jahr später nicht unbemerkt bleiben, was mich dazu zwang, meine Vorsichtsmaßnahmen zu vervielfachen: in Begleitung von Vicente Aranda besuche ich Almería zunächst mit Simone de Beauvoir und Nelson Algren, dann mit dem Cineasten Claude Sautet, ohne mich der Gefahr auszusetzen, meine Nachforschungen in Níjar und in La Chanca fortzusetzen oder auch nur zu erwähnen. Die Furcht, meine Informanten zu kompromittieren, ist in keiner Weise imaginär, wie ich später in den Stiergehegen von Albacete festzustellen die Gelegenheit habe; doch mein Aufenthalt in Almería verliert ohne diese Motive und Verlockungen schnell seine Berechtigung. Wie die Einwohner Almerías, die in einer diffusen Atmosphäre überwachter Freiheit gefangengehalten werden, habe auch ich das Gefühl, in eine Reuse geraten zu sein: mit schwer auszudrückender Bitterkeit und Melancholie verzichte ich darauf, dorthin zurückzukehren, womit ich mich zugleich um diese Wärme, Vertraulichkeit und Zugehörigkeit bringe, die ich instinktiv, als Kompensation gewissermaßen, im Maghreb suchen und finden werde.

Die Niederschrift von *Campos de Níjar* schließt ein Kapitel meiner mit Spanien zusammenhängenden Erzählprosa ab. Mit äußerster Sorgfalt geschrieben, um die Klippen der Zensur zu umschiffen, ist es ein Buch, dessen Technik, Struktur und Einstellung vor allem durch die Zensur zu erklären sind: Gebrauch der Ellipse, der Gedankenassoziationen, der stillschweigenden Schlußfolgerungen, die zwar einem Publikum verborgen bleiben, das daran gewöhnt ist, sich frei zu äußern, nicht jedoch jenen, die lange Zeit die Fußschellen einer eisernen Zensur tragen mußten und, wie Blanco White scharfsinnig beobachtet, »die Geschicklichkeit von Taubstummen erwerben, um sich mit Zeichen zu verständigen«. Ein ausgezeichneter Schüler in der Kunst, sich an jene zu wenden, die die Stimme verloren haben, gelang mir die großartige Leistung, ein Werk voller Augenzwinkern und chiffrierter Botschaften für wache Leser zu schreiben, ohne daß die biederen Beamten des Informations- und Touristikministeriums – die Information im Dienst eines für den Tourismus günstigen Bildes – sich an irgend etwas Konkretes halten oder mir die Leviten lesen konnten. Obgleich dies einen Triumph bedeutete, auf den ich damals stolz war, überzeugte mich eine spätere Überlegung davon, daß es sich hier um eine zweischneidige Waffe handelte oder, wenn man so will, um einen Pyrrhussieg. Um die Netze und Fallen der Zensur zu umgehen, hatte ich mich selber in einen Zensor verwandelt. Gezwungen, die Spielregeln zu beachten und im begrenzten Raum der Möglichkeiten zu operieren, hatte ich den Zerberussen des Regimes einen widerwärtigen Tribut gezahlt. Wie die Verteidiger dieser Strategie zu Recht bemerkten, war die Grenze zwischen dem Verbotenen und dem Tolerierten nicht starr oder ein für allemal festgelegt: der Zeitgeist, die Hartnäckigkeit der Schriftsteller, durch die Umstände bedingte Entwicklungen und Veränderungen erlaubten kleine Fortschritte, die die Öffnung lange Zeit eingefriedeter Räume ermöglichten, Teilerfolge zwar nur, die jedoch tröstlich waren. Dennoch erlegte diese Übung dem Schriftsteller eine grausame Selbstverstümmelung auf, deren verheerende Wirkungen sich später noch zeigen sollten: erzwungener Gehorsam gegenüber der herrschenden Norm, Angst vor eigenen Ideen, heimtückischer Konformismus, Niedergeschlagenheit, Sterilität. Wenn sich der Autor den Regeln der Zensur unterwirft, kann er nicht sicher sein, heil davonzukommen, er weiß nie, ob er später nicht die Zeichen seiner melancholischen Narben und Spuren behalten wird. Die Vorstellung, das Terrain abzustecken, den Zensor seine Arbeit machen zu lassen und, ohne mich um seine Existenz zu kümmern, der meinen nachzugehen, bahnte sich langsam ihren Weg. Die Praxis, fünf Jahre mit dem zu spielen, was möglich war, hatte mich gezwungen, allzu viele Kröten zu schlucken, und, wie mein Freund Fernando Claudín in einer Situation sagen sollte, die der gerade beschriebenen ziemlich ähnlich war, alles hat seine Grenzen, sogar der Verzehr von Kröten. Dieser befreiende Entschluß löste natürlich einen erbarmungslosen Krieg gegen meine Person und mein Werk aus: nach der Salve von Anschuldigungen und Schmähungen, inszeniert vom Generaldirektor des Pressewesens, Don Adolfo Muñoz Alonso, wird, was ich in den nächsten dreizehn Jahren schreibe, bis zum Tod des Diktators in Spanien verboten.

Die absurde Allmacht, die die aggressiven Regime von rechts und links der Literatur zuschreiben – eine in Wirklichkeit völlig unverdiente Ehre –, indem sie ihre Verbreitung verbieten und ihr jede Art von Hindernissen in den Weg legen, ruft in jenen Oppositionskreisen, die sie kultivieren, einen merkwürdigen Reflex hervor: den Glauben, ein Text – sei es ein Gedicht, ein Roman oder ein Theaterstück – wirke sich allein schon deshalb, weil er verboten werden könnte, unmittelbar auf die Wirklichkeit aus und besitze die wunderbare Fähigkeit, sie ganz nach Belieben zu verändern; natürlich eine alberne Annahme, da der Einfluß des literarischen Textes auf den Geist des Lesers von Zufällen abhängt und sich in der Regel langsam und auf lange Sicht entwickelt. Trotzdem hatte mich ein Freund aus der Partei, den mein Buch *Campos de Níjar* mit Begeisterung erfüllte, kurz vor einer meiner Reisen zu überzeugen versucht, daß die Erzählung »das Bewußtsein« – dies waren mehr oder weniger seine Worte – »der Volksmassen in der Provinz wachrütteln« würde; mit unerschütterlichem Optimismus und überschwenglich hinsichtlich meiner Fähigkeiten als Aufklärer, redete er mir zu, die Buchhandlungen und

Kulturzentren von Almería zu besuchen, mich dem Personal oder den jeweils Verantwortlichen vorzustellen und mit ihnen eine nützliche Diskussion über die gesellschaftliche Tragweite des Buches zu beginnen. Obgleich ich seine Illusion nicht teilte, beschloß ich, seinem Rat zu folgen, und so ging ich, als ich in der Stadt war, in die Buchhandlung, deren Schaufensterauslage mir am besten ausgestattet zu sein schien, und mit dumpfer Stimme – wegen der Schüchternheit, die mich immer dann überkommt, wenn ich von meiner Arbeit reden soll – fragte ich die Verkäuferin, ob sie *Campos de Níjar* hätten. Die Antwort, die sie mir mit verdutzter Liebenswürdigkeit und weit aufgerissenen Augen gab, zerstörte auf einen Schlag die Luftschlösser meines Freundes.

»Verzeihung«, sagte sie. »Was für Campos?«

Außer meiner Reise nach Almería ragen zwei politisch-kulturelle Ereignisse, an denen ich auf die eine oder andere Weise teilnahm, wegen ihres Interesses aus dieser unruhigen und bisweilen auch bitteren Zeit des Jahres 1959 heraus: die Huldigung an Machado in Collioure und der friedliche nationale Streik in Spanien vom achtzehnten Juni, der nach Ansicht seiner Organisatoren den Anfang vom Ende der Franco-Diktatur markieren sollte.

In seinem Aufsatz zum Gedenken an diese Versammlung zu Ehren Machados * schreibt mir Claude Couffon großzügig die Initiative dafür zu: »Es war die Idee Juan Goytisolos, der damals in Paris lebte, wo er nach dem Erfolg der von M.-E. Coindreau besorgten Übersetzung seines Romans *Die Falschspieler* das spanische Programm des Gallimard-Verlages auf den letzten Stand brachte. Machado war der Gott und das Vorbild der gesamten Widerstandsdichtung Spaniens geblieben. Goytisolo legte mir sein Projekt dar, ein Ehrenkomitee zu bilden und in Collioure die beiden Spanien zusammenzubringen.« Um der Wahrheit die Ehre zu geben: der Vorschlag kam nicht von mir,

* »L'Espagne au cœur. Souvenirs à propos d'une anthologie«, Paris 1981.

sondern von meinen Freunden aus der KP. Der Freund und Mentor Pellissas, Benigno Rodríguez – ein kleiner Mann mit Brille, häßlich bis zur Unverschämtheit, doch eine charismatische Persönlichkeit, die unweigerlich Sympathie ausstrahlte –, hatte mich von der günstigen Gelegenheit und von der Wichtigkeit überzeugt, des zwanzigsten Todestages des Dichters zu gedenken und an seinem Grab regimefeindliche Schriftsteller und Intellektuelle aller Strömungen zu versammeln, um seiner politischen und literarischen Gestalt zu huldigen. Da man mich zum Sprecher der Idee gemacht hatte, organisierte ich mit Hilfe Couffons, Elena de Souchères und anderer Freunde das Komitee der illustren Persönlichkeiten, die die Schirmherrschaft für die Feierlichkeiten übernehmen sollten: nach einem Besuch bei Bataillon im Collège de France bringe ich die Unterschriften Marcelle Auclairs, Cassous, Mauriacs, Sarrailhs, Queneaus, Sartres, Simone de Beauvoirs, Tzaras und vieler anderer zusammen, während meine Kameraden von der Partei die Unterschriften Picassos und Aragons bekamen. Bei dieser ersten und einträglichen Ernte berühmter Namen – eine Tätigkeit, bei der ich mich während einer Reihe von Jahren hervortun sollte – bekam ich nur eine einzige Absage und erntete einen halben Mißerfolg: der Direktor des Spanischen Instituts in der Rue Gay-Lussac, den ich für den Beitritt zum Komitee gewonnen hatte, wollte zuvor die Liste der Mitglieder sehen und wurde plötzlich rot vor Zorn: »Was zum Teufel«, rief er, »haben denn Sartre und Simone de Beauvoir mit Machado und Spanien zu tun?« Albert Camus, dem Elena de la Souchère einige Zeilen mit der Anrede *Cher Maître* schickte, ließ mich durch seine Sekretärin wissen, daß ihn die Anrede zwar sehr ehre, daß er aber, obgleich er an der Feier für den Dichter teilnehme, nicht einem Komitee angehören wolle, dessen Zusammensetzung ihm mißfalle.

Am zwanzigsten Februar nahm unsere Gruppe von über hundert Personen abends an der Gare d'Austerlitz den Zug. Bei unserer Ankunft in Collioure trafen wir uns gegenüber dem Hotel Quintana mit jenen, die aus Madrid, Barcelona, Genf und anderen Orten gekommen waren: Blas de Otero, Gil de Biedma, José Ángel Valente, Costafreda, Barral, Castellet, Caballero Bonald, Senillosa, mein Bruder José Agustín... Die Gruppe begab sich zum Grab des Dichters, das zu diesem Anlaß mit Blumen bedeckt war, und Don Pablo de Azcárate las inmitten des gespannten, erregten Schweigens einige Worte. Nach einem Mittagessen mit zahlreichen Gästen, Trinksprüchen und Hinweisen auf Machado und Spanien zerstreute sich die kleine Menge. Es gab Umarmungen, fromme Wünsche, Erinnerungsfotos, Abschiede. Dann die Rückreise in einem Abteil zweiter Klasse mit Benigno, Isidoro Balaguer, Octavio Pellissa, bei der wir stundenlang über Kunst, Politik und Literatur diskutierten. Ich erinnere mich an das leidenschaftliche Interesse Benignos für die Literatur und an seine heftige, tiefgehende Abneigung gegen Cernudas Homosexualität und Arrabals erste Theaterversuche. Benigno, immer umringt von jungen Parteimitgliedern, halb Pygmalion und halb Teiresias, war ein Kommunist, der sich in vielerlei Hinsicht von den anderen unterschied und der bis zu seiner Krankheit und seinem Tod eine anregende persönliche Beziehung zu mir unterhielt.

Ende Mai reiste ich zu den ersten literarischen Gesprächen von Formentor mit Monique nach Spanien, anschließend hielt ich mich einige Tage mit meinem Übersetzer Maurice-Edgar Coindreau in Torrentbó auf, bevor ich am neunten Juni nach Paris zurückfuhr. In Barcelona hatte ich an den Vorbereitungen für den Streik teilgenommen, der von der Partei mit der oft nur symbolischen Unterstützung durch andere francofeindliche Gruppierungen organisiert wurde: die Stimmung in den Kreisen der Opposition war euphorisch, und ich fuhr mit dem Eindruck zurück, daß sich große Veränderungen anbahnten. In den Arbeitervierteln und sogar in einigen eingemeindeten Stadtteilen sah man immer häufiger Streiklosungen und das »P« für Protest: angesichts der Unmöglichkeit, sie jeden Tag wegzuwischen, verwandelte die Polizei den Buchstaben in Haken und Gekritzel à la Miró und machte damit Barcelona zu einer merkwürdigen Hauptstadt des abstrakten Graffitos. Ein von der gesamten Opposition – mit der bemerkenswerten Ausnahme von Llopis' Sozialistischer Partei – unterzeichnetes Manifest, das auf postalischem Weg verteilt oder nachts von einigen mutigen Autofahrern an die Häuserwände geklebt wurde, forderte dazu auf, gegen die Korruption des Regimes und seine Wirtschaftspolitik zu protestieren, verlangte ferner eine allgemeine Gehaltserhöhung, eine Amnestie für die politischen Gefangenen und die Emigranten, den Rücktritt Francos und die Ausschreibung freier Wahlen. Luis und seine Freunde hatten sich mit verschiedenen Mitteln aktiv an diesem propagandistischen Kraftakt beteiligt: während einige Studenten von der Kuppel des Kaufhauses El Águila Flugblätter herabwarfen, wiederholten andere, angeführt von Ricardo Bofill, diese Tollkühnheit von der Kolumbusstatue am Ende der Ramblas herab. Gleichzeitig unterschrieben Intellektuelle, Schriftsteller und Persönlichkeiten des Systems, die man nicht als Sympathisanten des Kommunismus tadeln konnte, wie etwa Menéndez Pidal, Marañón, Azorín und sogar General Kindelán, der Oberbefehlshaber der Franco-Luftwaffe während des Spanischen Bürgerkriegs, in einem an das Justizministerium gerichteten Brief, der unterderhand die Runde machte, die Petition für eine Amnestie. Obgleich die Presse und die anderen Informationsmedien völliges Schweigen bewahrten, strahlte der Sender Unabhängiges Spanien von Moskau aus die feurigen Aufrufe der Pasionaria aus. Angesichts dieser Vielfalt feindseliger Akte setzte die Diktatur schließlich das riesige Arsenal ihrer Überredungsmittel in Gang: Julio Cerón, der Führer des FLP, wurde unter dem Vorwand einer Routinebefragung nach Madrid gelockt und verhaftet, als er in Barajas aus dem Flugzeug stieg; eine Welle präventiver Verhaftungen in Arbeiter- und Intellektuellenkreisen verursachte Ausfälle in den Reihen der KP, der Volksbefreiungsfront und des Sozialistischen Studentenbundes; die Zeitungen brachen ihr Schweigen und reagierten hysterisch auf die Gefahr, wobei sie den »kommunistischen Revolutionsversuch« anprangerten und Erinnerungen und Fotos von sechsunddreißig ausgruben, die die Verbrechen und Grausamkeiten der Roten illustrieren sollten.

Das herrschende Klima der Konfrontation rief schließlich die Aufmerksamkeit der französischen Presse hervor. Zwar hatte ich meine Freunde vom *Express* und von *France-Observateur* gleich nach meiner Ankunft in Paris über das informiert, was sich da anbahnte, doch ihre Antwort war lau und vorsichtig: in Spanien geschah ja sowieso nie etwas, also war es im Augenblick das beste abzuwarten. Meine Überraschung war daher sehr groß, als Florence Malraux am Tag vor dem angesetzten Streikdatum anrief und mich fragte, ob ich daran interessiert sei, als Korrespondent für *L'Express* nach Spanien zu fahren. Ich sagte sofort zu, und nachdem ich ins Reisebüro geeilt war, um mir ein Flugbillet zu besorgen, nahm ich die erste Maschine nach Barcelona. Mein Aufenthalt in Barcelona und Madrid dauerte kaum drei Tage, danach kehrte ich mit dem niedergeschlagenen Ausdruck eines Toreros nach einem mißglückten Stierkampf* nach Paris zurück, um die »P wie ›Protest‹« betitelte Reportage zu schreiben, die mit einer Einleitung veröffentlicht wurde, in der man lesen konnte: »Ein getarnter Berichterstatter des *Express* aus dem Untergrund hat in Spanien den großen Tag des Protests und des Widerstands gegen Franco miterlebt.« Um meine Autorschaft zu verschleiern, war der Artikel unter dem Pseudonym Thomas Lenoir erschienen. Als Augenzeuge des gescheiterten Streiks – Läden und Geschäfte geöffnet, Transportmittel gerammelt voll, Fabriken offenbar normal arbeitend – bemühte ich mich, zu den Ursprüngen zurückzukehren und die Gründe dafür zu erklären. Ohne mich jetzt lange bei dem Bericht über meine Streifzüge in der Umgebung der Industriekomplexe ENASA und España Industrial aufzuhalten, will ich mich darauf beschränken, einige Passagen des Artikels wiederzugeben, die trotz aller journalistischen

* Das sagten hinterher Kindelán und Girbau, die auf dem Flughafen auf die Nachrichten eines anderen Fluggastes warteten, der als Geheimkurier des Sozialistischen Studentenbundes entsandt worden war.

Oberflächlichkeit auf die tieferliegenden Ursachen hinweisen und auch heutige Leser interessieren können.

Beide Lager belauern einander, und ein ausländischer Beobachter wie ich lebt in diesen Tagen vor dem Streik in einer merkwürdigen Spannung. Zwei Gegner: der eine, das Regime, zeigt deutlich seine Stärke und seine Trümpfe. Tageszeitungen, Rundfunk und offizielle Medien verkünden unaufhörlich ihre Stärke; die Trümpfe heißen Angst, Armee, Polizei. Doch die Leute um mich herum, alle in der Opposition, übertreiben Bedeutung und Tapferkeit des Gegners. Hätte ich ausschließlich unter ihnen gelebt, wäre mir das Datum des 18. wichtig und entscheidend erschienen: Untergrundbewegungen vermitteln diesen Eindruck der Unruhe und der Überspanntheit, als triebe das innere Bewußtsein der eigenen Schwäche die Menschen dazu, auf dem Höhepunkt ihrer Hoffnungen zu leben (...)
Das äußere Bild von Barcelona und Madrid, durch deren Straßen die Polizei patrouilliert, der immer schrillere Ton in den Regierungsblättern beruhigen die Anführer des Streiks paradoxerweise. In der Stärke, die das Regime nach außen zeigt, glauben sie den Abguß ihrer eigenen Kraft zu sehen. Sie sind isoliert, in Grüppchen zersplittert, kennen einander nicht und haben nur einen Spiegel, in dem sie sich sehen können: den gegen sie gerichteten Machtapparat. Außerdem stelle ich einen zweiten Irrtum fest, der allen Untergrundbewegungen gemeinsam ist: der nämlich, ihre – imaginäre – Kraft mit der zu messen, über die der Gegner – *in der Wirklichkeit* – planmäßig verfügt (...)
Die Führer der Opposition, die ich in Madrid habe sehen können, waren wie ich bereit, das Scheitern des Streiks anzuerkennen. Die Erklärung, die sie dafür hatten, war folgende: In den vergangenen Jahren führten die Arbeitsniederlegungen in Barcelona, Madrid, Asturias und im Baskenland zu Teilsiegen, weil sie spontan von der Basis ausgingen. Diesmal kam der Befehl von oben, und der Streiktag wurde von

den Generalstäben der politischen Organisationen nicht wegen der allgemeinen Situation in Spanien, sondern wegen des Datums, auf das sie sich endlich einigen konnten, festgesetzt (...) Die Idee eines landesweiten Streiks war von phantastischem Optimismus. Wegen des in Spanien herrschenden politischen Analphabetismus reagieren die Massen nur auf konkrete Vorschläge (Boykott der Straßenbahnen zum Beispiel) mit begrenzten Zielen (Senkung des Fahrpreises) (...) Die Angst vor Entlassung und Beschäftigungslosigkeit – in einer Zeit der Krise, wie Spanien sie gerade durchmacht – hat der Bewegung die Flügel gestutzt (...) Vor allem aber steht hinter den taktischen Gründen die Wirklichkeit eines Landes, dem zwanzig Jahre Franco-Diktatur jegliche Lust an der Politik genommen haben. Wenn der Faschismus, um ein Wort Valérys abzuwandeln, die Kunst ist, die Leute daran zu hindern, sich mit dem zu beschäftigen, was sie interessiert, so ist Franco, viel mehr noch als Hitler, ein Künstler auf diesem Gebiet.

Im Gegensatz zu meinen anderen Texten aus jener Phase, deren doktrinärer Ballast schwer verdaulich ist, überrascht mich die Lektüre dieser Reportage nach mehr als einem Vierteljahrhundert wegen ihrer Klarsicht sehr angenehm. In einem Zug geschrieben, ohne daß ich meine Freunde zu Rate gezogen hätte, frei von jeglichem ideologischem Filter, rief sie bei meinen Kameraden von der KP, die sie als pessimistisch und kurzsichtig verhöhnten, natürlich Widerspruch hervor. Einige Wochen nach ihrer Veröffentlichung wurde ich über Octavio Pellissa von zwei Mitgliedern der Führungsspitze in eine Kneipe an der Place de la République bestellt. Die beiden Genossen, die den Auftrag hatten, mit mir über meine Schlußfolgerungen zu diskutieren und mich in aller Freundschaft ins Gebet zu nehmen, waren Jésus Izcaray und Fernando Claudín, den ich zum erstenmal sah. Als wir darüber diskutierten, ob man den Streik als einen Fehlschlag ansehen könne oder nicht, war ich, wie ich mich erinnere, äußerst überrascht, wie empfänglich

Claudín für meine Beobachtungen war, ganz im Gegensatz zu der Sicherheit, die der ihn begleitende Hüter der Wahrheit zur Schau trug: in einer streng hierarchisch gegliederten Bewegung, wie es alle vom leninistischen Modell beeinflußten sind, verläuft die »korrekte« Version immer von oben nach unten und nie umgekehrt oder gar von der Peripherie zum Zentrum. Wie mir Claudín einige Jahre später eröffnete, rannte ich mit meinen Beobachtungen und Argumenten bei ihm offene Türen ein, da er sich zur Streikvorbereitung heimlich in Madrid aufgehalten hatte und die Unzulänglichkeiten und Mängel der geleisteten Arbeit aus eigener Anschauung kannte. Seltsamerweise hatte ich Pilar und Eduardo Haro Tecglen in ihrer Wohnung aufgesucht, ohne zu wissen, daß sie einige Tage zuvor Claudíns Versteck gewesen war, was mir im nachhinein die vorgetäuschte Unkenntnis meiner Gastgeber erklärte, als ich sie um Informationen über die Situation bat, da mir der Gedanke, daß mir die Polizei gefolgt sein könnte, völlig fremd war. Bei dem Katz-und-Maus-Spiel des Regimes mit den Oppositionellen gab es zum Glück auch Unterbrechungen und Ruhepausen: deshalb konnten wir, die Mäuse, gefahrlos umherlaufen, wenn die Katze anderswo jagte, und uns, vorübergehend wenigstens, die Mausefalle oder das Stück Käse aussuchen, das die anderen in ihrer gelassenen Allmacht für uns bestimmt hatten.

Ein altes aktives Mitglied der Partei, dessen Frau meine Manuskripte abtippte, vertraute mir drei oder vier Jahre nach dem Zeitpunkt, zu dem der Bericht spielt, eine Kopie der Protokolle über die Beschattung durch die Regionalbrigade für Sozialforschung von Valencia an, zu denen der Verteidiger eines kurz zuvor verhafteten und angeklagten Kommunisten Zugang hatte. In einem der Räume des Gerichts konnte er sie heimlich auf Mikrofilm ablichten: ein außergewöhnliches Dokument, wirklich gehaltvoll und bedeutsam, weil es wie mit einer Sonde die Methoden, die Organisation, die Sprache und selbst die bisweilen überraschend feinsinnigen kulturellen Referenzen eines Gegners erkennen ließ, der zwar allgegenwärtig, unerbittlich und absolut, doch außerhalb seiner Machtäußerungen und plötzlichen Tatzenhiebe unbekannt und abstrakt war. Es war Zusammenfassung und Gemälde des donquichottesken, ungleichen und von vornherein zum Scheitern verurteilten Kampfes der Kerntruppen der Untergrundopposition, die Tag und Nacht, selbst bei ihren leisesten Seufzern und Ausrufen, von einem verborgenen, aber allgegenwärtigen Geflecht von Spitzeln, Spähern, Spionen überwacht wurde, deren Beständigkeit und Eifer alle Vorsichtsmaßnahmen und Anstrengungen, sich unsichtbar zu machen, zu rührender Lächerlichkeit verurteilten. Die Unmittelbarkeit, diese Intimität fast zwischen Verfolgern und Verfolgten, ihre verfehlten Begegnungen und Treffen in Bars, Kneipen, auf Avenuen, an Straßenecken zeichnen filigranartig das Bild des Katz-und-Maus-Spiels nach, an das ich vorhin schon erinnert habe, und verleihen diesem unpersönlichen Dokument, dem jegliche Subjektivität fehlt, eine zugleich allgemeine und symbolische Bedeutung, wie sie den strengsten Regeln der behavioristischen Erzählung entspricht. Als ich in *Identitätszeichen* den ungleichen Wettkampf der Freunde meines Alter ego Mendiola mit der Polizei zeigen wollte, fand ich hierzu nichts Besseres, als diese Beschattungsprotokolle in den Roman einzubeziehen; ein reales Dokument, das auf die gleiche Weise in den literarischen Text integriert ist, wie es gelegentlich beim Maler geschieht, wenn er seine Leinwand mit Materialien und Elementen wie Algen, Muscheln oder Eisenstücken versieht, anstatt die äußere Welt nachzuahmen und sie zu malen. Schicksale und Wechselfälle der Romanfiguren bekamen damit einen repräsentativen Charakter, der über den nationalen Rahmen der im Buch wiedergegebenen Handlung und Situation hinausging: Abriß meiner persönlichen Geschichte und der meiner Familie, meiner Freunde und meiner Bekannten und darüber hinaus die Geschichte aller Arbeiter, Intellektuellen und Akademiker, die als Kämpfer gegen das Franco-Regime im Verlauf von Jahren geduldiger Arbeit und vergeblicher Hoffnungen –

ständig neu gewebtes und wieder aufgetrenntes Leichentuch der Penelope, durch die Schritte oder den Besen einer fernen, hartnäckigen, boshaften Gottheit zerstörtes Spinnennetz – früher oder später in die Netze der Polizei gegangen sind.

Die im vierten Kapitel beschriebenen Überwachungen, Verfolgungen, Hetzjagden und Verhaftungen geben getreu meine Erfahrungen jener Jahre wieder. November 1958: Einkerkerung der Führer des Sozialistischen Studentenbundes, zu denen Francisco Bustelo, Juan Manuel Kindelán und der Diplomat Vicente Girbau gehören; Juni 1959: Verhaftung, Prozeß und anschließende Verurteilung Julio Ceróns, Juan Geronas und anderer bekannter Gesichter der Volksbefreiungsfront. Die geduldige Verfolgung der kommunistischen Intellektuellen und Studenten von Barcelona wurde immer deutlicher, und die geringste Schwäche, der kleinste Irrtum in den Sicherheitsvorkehrungen der Partei konnte automatisch einen Tropismus, eine reflexartige Bewegung der Polizei auslösen. Seit März 1958 hatte die Häufigkeit von Luis' Reisen nach Paris, allein oder zusammen mit María Antonia, auf beunruhigende Weise zugenommen. Moniques Notizbuch weist darauf hin, daß er im Mai, Oktober und zu Weihnachten da war und vorübergehend bei uns wohnte, und eine seltsame, schockierend häßliche Toilettentasche aus Eidechsenimitat, die genau im Gegensatz zu seiner Person und seinem Geschmack stand, überzeugte mich schon durch ihren bloßen Anblick davon, daß sie das Versteck war, in dem er seine Botschaften und Informationen für die Parteileitung verbarg. Aus seinen Gesprächen mit Pellissa schloß ich, daß er Carrillo gesehen hatte, was seiner Aktivität und der Bedeutung seiner Kontakte noch größeres Gewicht verlieh. Ich erinnere mich auch an seine Ankunft in der Rue Poissonnière am dreizehnten Dezember 1959, am Vorabend der Reise, die ihn in Gesellschaft Solé Turas, Isidoro Balaguers und anderer Bekannter von mir zu dem unseligen Prager Kongreß bringen sollte, während ich mit Monique und Florence Malraux aufbrach, um Genet und Abdallah in Amsterdam zu besuchen und mich mit ihnen am Schauspiel der Kanäle, Brükken und Museen, an Nachmittagen im verblassenden Licht, an majestätischen Lastschiffen, langsam wie Kaimane, an einem zerbrechlichen Zustand des Glücks und der Verzückung zu ergötzen.

Ein paar Wochen später, am siebten Februar, bekam Monique in ihrem Büro bei Gallimard einen Anruf von Barral aus Barcelona: Luis war plötzlich krank geworden, alles wies auf eine Epidemie hin, und sein Zustand schien ernst. Die dunkel befürchtete Nachricht hat mich nicht nur wegen der augenblicklichen Schwierigkeiten meines Bruders bedrückt, sondern wegen der zu Hause herrschenden familiären Situation völlig niedergeschlagen: dieses gespenstische, Angst einflößende, hinfällige Universum der Villa in der Calle de Pablo Alcover mit drei greisen Menschen – meinem Vater, Eulalia und dem Großvater –, die von der Katastrophe, die über sie hereinbrach, sicherlich vernichtet wurden; Schuldgefühle und Gewissensbisse, weil ich weit weg von ihnen lebte und somit vom Anblick ihrer Angst, ihrer Trostlosigkeit von Waisenkindern verschont blieb. Die Bilder von ihnen und Luis quälten mich unerträglich heftig, und ich machte mich auf die Suche nach Pellissa, um durch ihn und die Partei in Erfahrung zu bringen, was passiert war, und eine Orientierungshilfe zu bekommen. Einige Stunden später teilte er mir mit, daß die Parteiführung nichts von Verhaftungen wisse und daß sie, solange sie keine zuverlässigen Informationen besitze, auch keine Maßnahmen ergreifen oder irgendwelche Ratschläge erteilen könne. Auf meine eigenen Möglichkeiten beschränkt, arbeitete ich mit Monique einen Aktionsplan aus: wir wollten Tageszeitungen und Wochenzeitschriften, mit denen ich zu tun hatte, von der gegen einen oppositionellen Schriftsteller wie Luis gerichteten Polizeiaktion in Kenntnis setzen. Luis' Roman *Auf Wegen ohne Ziel* war gerade ins Französische übersetzt worden, und die Veröffentlichung durch den Verlag Le Seuil stand kurz bevor. Ferner wollte ich, wie bei der Huldigung an Machado, diesmal jedoch als Protest, die Unterschriften bekannter Persönlichkeiten sammeln. Instinktiv wußte ich, daß nur lautes Geschrei, am besten aber ein Skandal internationalen Ausmaßes Luis und die anderen, wie etwa Isidoro Balaguer und den Maler Joaquín Palazuelos, die mit ihm geschnappt worden waren, vor einem langen Gefängnisaufenthalt retten konnte. Von zu Hause und von Moniques Büro bei Gallimard aus nahmen wir telefonisch mit einer großen Anzahl von Schriftstellern und Künstlern Kontakt auf, denen wir einen Text zur Zustimmung vorlegten, in dem sie ihre Besorgnis über die Verhaftung meines Bruders zum Ausdruck brachten und die Ausübung seines in der Charta der Vereinten Nationen festgesetzten und anerkannten Rechts auf Verteidigung verlangten: Picasso, Sartre, Paz, Mauriac, Senghor, Genet, Peter Brook, Gabriel Marcel, Marguerite Duras, Butor, Robbe-Grillet, Queneau, Claude Simon, Nathalie Sarraute und andere Persönlichkeiten unterzeichneten den einige Tage später in *Le Monde* veröffentlichten offenen Brief. In Italien bekamen wir durch die Vermittlung Vittorinis die Unterschriften Moravias, Pasolinis, Carlo Levis und etwa zwanzig anderer Berühmtheiten. In Mexiko organisierten Max Aub, Carlos Fuentes und die Mitglieder der Spanischen Bewegung 1959 Versammlungen und ließen Unterschriftenlisten herumgehen. Dank meiner Freunde in Caracas und der Zeitschrift *Marcha* schlossen sich auch zahlreiche Schriftsteller Venezuelas, Chiles und der La-Plata-Länder dieser Verurteilung an.

Da ich die Vorsicht und den Argwohn der »bürgerlichen« Medien gegenüber allem, was auch nur entfernt auf Kommunismus schließen ließ, berücksichtigte, versuchte ich, Luis' Fall und den seiner Freunde von ihrer Teilnahme am Prager Kongreß zu trennen. Jacques Grignon Dumoulin, ein auf spanische Themen spezialisierter Journalist von *Le Monde*, schrieb einen Artikel, in dem er auf meine Anregungen und Bitten hin die Verhaftungen als eine Warnung der Behörden an die als »regimefeindlich oder lau« beurteilten Intellektuellen darstellte und interpretierte; eine so unzeitgemäße Maßnahme, fügte er hinzu, lege wieder einmal den Verdacht nahe, daß die Franco-Regierung, trotz ihrer Entwicklung auf diplomatischem Gebiet,

»im Innern nicht ein Jota ihrer Intoleranz verloren« habe. Andere Kommentare, die auf der gleichen Linie lagen, erschienen in *L'Express* und im *France-Observateur* und gaben den Unterschriften und Solidaritätsbekundungen neuen Auftrieb.

Die Nachrichten über Luis, die ich von José Agustín bekam, waren nicht ermutigend. Von der Präfektur ins Cárcel Modelo, das Zentralgefängnis Barcelonas, verlegt, wurde er einige Wochen später nach Carabanchel gebracht, was die regelmäßigen Besuche erschwerte. Die Atmosphäre zu Hause war bedrükkend, und mein Vater gab jedem, der ihm zuhören wollte, eine Version sui generis der Fakten, wobei er mit Nachdruck auf unsere strenge religiöse Erziehung und die traditionelle Bindung unserer Familie an die Rechte hinwies: als Zielscheibe der giftigen Vorwürfe einiger meiner Tanten verteidigte er sich, so gut er konnte, und beteuerte feierlich unsere Unschuld. Eines Tages rief er mich beunruhigt in Paris an: er hatte gerade den Besuch eines Polizeiinspektors erhalten, eines sehr gut erzogenen Menschen, Kavalier vom Scheitel bis zur Sohle, der ihm tröstliche Nachrichten von Luis gebracht hatte; der Fall sei nicht so schlimm und könne gelöst werden, sagte er, doch ich sei im Begriff, die Angelegenheit vom Ausland aus durch Unterschriften und Artikel zu politisieren, was dazu führe, der Sache Luis' zu schaden und seine Probleme zu verschärfen. Mit zitternder Stimme bat er mich, ich solle mich dafür verwenden, daß in der französischen Presse nicht mehr über ihn gesprochen werde, wobei er, um Luis zu verteidigen, die gleichen Argumente vorbrachte, die er, wie ich sehr viel später erfuhr, schon in einem an die Behörden gerichteten Schreiben benutzt hatte. Zwar besaß ich damals noch nicht meine heutige Erfahrung mit Diktaturen, die ständig in dem Dilemma waren, Abtrünnige durch Zwangsmethoden zum Schweigen zu bringen und zugleich eine Fassade der Respektabilität aufrechtzuerhalten, doch intuitiv wußte ich, daß das Schweigen der beste Komplize von Unterdrückungssystemen ist und daß einzig und allein die ständig wiederholte Anklage und die Verurteilung ihrer Mißbräuche diesen ein Ende setzen konnten. In dieser

Meinung wurde ich durch den Vorfall, den mein Vater mir berichtete, noch bestärkt. Wenn die Polizei einen ihrer Beamten zu uns nach Hause schickte, damit mein Vater Druck auf mich ausübte und mich zum Stillhalten bewegte, zeigte mir dieses Verhalten ganz deutlich, daß meine Aktivitäten als störend empfunden wurden und daß ich folglich weitermachen mußte. Diese Beweisführung a contrariis für die Wirkung der aus dem Ausland kommenden Mobilisierung zugunsten von Luis' Freiheit wurde noch deutlicher, als die spanische Tageszeitung *Pueblo*, das offizielle Organ der von Emilio Romero geleiteten sogenannten Vertikalen Gewerkschaften, das Schweigen der spanischen Presse über diesen Fall brach und in zwei Leitartikeln mit den Überschriften »Die französische Mode der jungen spanischen Literatur« (29. 2. 1960) und »Winkelzüge« (15. 3. 1960) ihre Unzufriedenheit zum Ausdruck brachte.

Der anonyme Verfasser wunderte sich über die seltsame Schwärmerei der französischen Presse für den neuen Autor von *Auf Wegen ohne Ziel* und verurteilte den Erfolg einer spanischen Literatur im Ausland, die nicht auf Grund ihres literarischen Wertes übersetzt werde, sondern als »Zeugnis der Opposition gegen das heutige Spanien«, und schrieb dann, wobei er ganz deutlich auf mich anspielte: »Es gibt sogar einen Zoll, der Ausreisegenehmigungen ausstellt und dem so leicht keiner entgeht; der Schriftstellerzöllner trägt den gleichen Namen wie der beweihräucherte junge Schriftsteller.« Zwei Wochen später unternahm der Leitartikler, als Antwort auf eine kurze Pressenotiz im *L'Express*, die zwar auf mich zurückging, für deren sensationsheischende Bebilderung ich jedoch nicht verantwortlich war, einen neuen Vorstoß, wobei er das Interesse der Wochenzeitschrift für unseren Namen dadurch erklärte, daß wir, wie er sagte, »in einer bestimmten ausländischen Presse eine Vorzugsbehandlung« genössen, die »nicht so sehr auf unsere literarischen Aktivitäten zurückzuführen sei, durch die Autoren für gewöhnlich in den Buchhandlungen bekannt werden, als vielmehr auf gewisse politische Aktivitäten, bei denen die Chancen, unsere Namen in den Polizeikommissariaten zum Klingen zu bringen«, weitaus größer seien. Am vierundzwanzigsten März antwortete ich in einer französischen Wochenzeitung* auf die Anschuldigungen Emilio Romeros im *Pueblo* mit einer Verteidigung des Realismus im spanischen Roman, die mir aus heutiger Sicht nicht ganz abseitig zu sein scheint. Einige Tage später schickten José Agustín und ich auf Grund des Rechts auf Gegendarstellung, das durch das vom Regime selbst erlassene Pressegesetz anerkannt wurde, zwei Glossen an den Herausgeber des *Pueblo*, während etwa vierzig Kollegen aus Madrid und Barcelona in einem offenen Brief, der allerdings nur im Ausland verbreitet werden konnte, gegen den Stil der politischen Verunglimpfung protestierten, wie er in den Angriffen der Tageszeitung zum Ausdruck gekommen war. Sie drückten ihre menschliche und berufliche Solidarität mit mir aus, verlangten die Veröffentlichung meiner Antwort und qualifizierten meine literarische Arbeit bei Gallimard als »ungemein nützlich für die Verbreitung unserer Literatur im Ausland«. Nach mehreren Wochen des Schweigens widmete der Sprecher der Vertikalen Gewerkschaften dem Fall eine Doppelseite, die unsere Richtigstellung und einen neuen, ausführlichen Angriff auf meine politische Haltung und meine kulturellen Aktivitäten enthielt (»Die junge Welle und andere Dinge«, 22. 4. 1960): Stil, Klischees und persönliche Angriffe

* *»Pueblo« et la littérature.* In dem Text, der auch in Mexiko unter dem etwas provokanten Titel »Der Realismus der spanischen Romanciers irritiert die Inquisitoren Francisco Francos« veröffentlicht worden ist, heißt es unter anderem: »In einer Gesellschaft, in der die sozialen und gesellschaftlichen Beziehungen zutiefst irreal sind, ist der Realismus eine Notwendigkeit. Vom Aufstehen bis zum Zubettgehen glaubt der spanische Intellektuelle, einen Traum zu erleben. Um ihn herum trägt alles dazu bei, ihn aus der Zeit herauszureißen, in der er lebt, und führt schließlich dazu, daß er sich wie der Bewohner eines anderen Planeten fühlt, der irrtümlicherweise in sein Land geraten ist. Diese Entwurzelung ruft eine Leere hervor, die gefüllt werden muß und die jeder auf seine Weise füllt. Für uns spanische Schriftsteller ist die Realität unsere einzige Ausflucht.«

des Leitartiklers – ich weiß nicht, ob es sich um den Herausgeber selbst oder einen anderen Redakteur handelte – nahmen bereits das vorweg, was ein Jahr später in Presse, Rundfunk und Fernsehen aufs massivste gegen mich vorgebracht werden sollte. Vier Tage nach der Veröffentlichung dieser ungewöhnlichen Kontroverse, die von Romero in einer ins Französische übersetzten Broschüre unter die Leute gebracht wurde, um *L'Express* auf Gewerkschaftskosten zurechtzuweisen, reiste ich mit Monique nach Spanien, wo unter etwas kafkaesken Umständen das zweite literarische Treffen von Formentor stattfinden sollte.

Im Gegensatz zu dem, was man in Anbetracht der heftigen verbalen Angriffe auf mich hätte glauben können, führte meine angebliche Vergangenheit als vom Franco-Regime verfolgter Widerstandskämpfer weder zu Mißhandlungen noch zu einer Verhaftung. Außer einem Verhör durch die Guardia Civil von Albacete während der *encierros* (Stierhetze) von Elche de la Sierra war mein einziger Aufenthalt in einem Polizeikommissariat, im August 1958, apolitisch, zufällig und für mich nicht sehr ruhmvoll: zusammen mit Jaime Gil de Biedma und einem seiner Freunde wurde ich bei einer präventiven Razzia im Barrio Chino geschnappt, worauf wir die Nacht zusammen mit einer Handvoll Individuen – Betrunkenen, Streunern, Tagedieben und sogar einem eleganten blonden jungen Mann, der des extravaganten Vergehens beschuldigt wurde, »Französinnen zu begleiten« – auf einer schlecht beleuchteten Polizeiwache verbrachten und darauf warteten, daß man uns im Streifenwagen auf die Polizeipräfektur in der Vía Layetana brachte, wo wir ein für allemal als Taugenichtse registriert und einige Stunden später dank einer wirksamen Intervention von Jaimes Vater in die Freiheit entlassen wurden – offenbar, ohne daß irgend jemand merkte, wer wir waren, und den Zwischenfall auszuschlachten versuchte. Das Abenteuer war alles andere als erhebend, und würde ich eine offizielle Hagiographie oder ein schmeichelhaftes Selbstbildnis anstreben, wäre es wohl besser, es zu verheimlichen, statt mich mit tölpelhafter Ungeschicklichkeit seiner zu brüsten, und das in einem Augenblick des Berichts, in dem mein öffentliches Verhalten, ohne daß ich es darauf anlegte, lobend erwähnt und als Beispiel angeführt werden könnte.

Als wir jedoch am Sonntag, dem sechsundzwanzigsten April, auf dem Flughafen von Barcelona landeten und der Polizei unsere Pässe übergaben, hielt der kontrollierende Beamte den meinen zurück und verschwand damit in einem Büro, wahrscheinlich, um den Fall mit seinem Vorgesetzten zu besprechen. Monique, die direkt hinter mir in der Schlange stand, hatte kühn den Kopf durch die halbgeöffnete Tür gestreckt und lächelte dem Inspektor zu, der, meinen Paß in der Hand, mit der Polizeipräfektur telefonierte. »Ist was?« fragte sie mit geheuchelter Unschuld. Aber es war nichts, und der Ausweis wurde mir ohne Erklärung und ohne Entschuldigung zurückgegeben. Während wir im Transitraum auf den Anschlußflug nach Palma warteten und den Zwischenfall kommentierten, kam der von Monique beobachtete Beamte zu uns und sagte mit einem Ausdruck, als wolle er sich dafür entschuldigen, in flagranti ertappt worden zu sein, daß er mein Werk mit großer Aufmerksamkeit verfolge und mich willkommen heiße: nachdem er höflich um die Erlaubnis gebeten hatte, sich an unseren Tisch zu setzen, bestellte er beim Kellner einige Getränke, erkundigte sich nach Luis' Situation und der Polemik mit *Pueblo* und plauderte mit mir über Romane und Literatur, bis die Lautsprecher uns zur Ausgangstür riefen und wir erregt und froh zu den anderen Schriftstellern stießen, die mit uns das Flugzeug nach Formentor bestiegen.

Während der literarischen Diskussionen und Arbeitssitzungen über den künftigen Internationalen Literaturpreis Formentor ließen wir eine Petition für Luis herumgehen, die von allen Teilnehmern unterschrieben wurde. Die Anwesenheit berühmter Schriftsteller und Persönlichkeiten verlieh mir vorübergehend eine Immunität, die ich mir ganz offen zunutze machte. Mit einem Instinkt und einer politischen Berechnung, über die ich heute nur staunen kann – die größere Reife oder ganz einfach der Überdruß machten mich später wieder ungeschickter oder plumper –, paßte ich meine Taktik dem Manövrierrahmen der Umstände an, ohne mich zu tollkühnen Aktionen oder Taktlosigkeiten hinreißen zu lassen. Da mir die christliche Neigung zum Opfer fehlt, umgab ich mich mit Geländern und Schutzwällen. Die beste Art, Luis' Schicksal zu entgehen, bestand darin, den Gegner in die Zwangslage zu bringen, entweder zu drastischen, seinem Erscheinungsbild jedoch abträglichen Maßnahmen zu greifen oder Nadelstiche hinzunehmen, ohne die Haltung zu verlieren, so daß sich die Waage zwischen beiden Optionen logischerweise der zweiten zuneigte. Obgleich ich nicht den geringsten Zweifel habe, daß die Anhänger der harten Linie innerhalb des Regimes den Wunsch hatten, mir einen anständigen Denkzettel zu verpassen, bot ich ihnen hierzu keine Gelegenheit; die Nachteile, die eine solche Entscheidung mit sich gebracht hätte, wogen immerhin schwerer als die Vorteile.

Nach dem Kolloquium fuhren wir nach Barcelona, wo wir eine Nacht in unserem alten Schlupfwinkel im Hotel Cosmos verbrachten, nachdem wir zuvor voller Nostalgie über die Ramblas flaniert waren. Danach zeigte ich mich wie ein schuldbewußter verlorener Sohn, der sich schämt, in der Villa in der Calle Pablo Alcover: Luis' erzwungene Abwesenheit hatte den Verfall der Personen und der Dinge sichtlich beschleunigt – das Bild der drei Alten erfüllte mich mit Angst und Betroffenheit. Papa sprach geradezu besessen von einer angeblichen Falle, die die Kommunisten Luis gestellt hatten, der Großvater schwieg, und Eulalia streichelte aus unerforschlichen Gründen den Ledermantel und die Geschenke, die wir ihr aus Paris mitgebracht hatten. Bevor wir nach Mallorca fuhren, hatte ich mit Monique vereinbart, daß ich, während sie ihre Arbeit bei Gallimard wiederaufnehmen würde, noch einige Wochen in Spanien bleiben sollte, um Luis im Gefängnis zu besuchen, die für seine Freilassung notwendigen Schritte zu unternehmen und mit Simone de Beauvoir nach Andalusien zu reisen. Am achten Mai verabschiedete ich mich am Flughafen von ihr, und nach einer unruhigen, im Dämmerschlaf zugebrachten Nacht, unterbrochen von den schlimmsten Alpträumen, wie ich in einem späteren Brief berichtete, fuhr ich nach Madrid, wo ich drei Tage später mit Florence Malraux verabredet war. Erinnerung an einen Besuch in Carabanchel: die Warteschlange von Verwandten der Gefangenen, in der ich auf die Frau des Dichters Celaya traf, die ein Eßpaket für einen ihrer Brüder brachte, sowie auf die Mutter von Luis und Javier Solana; die Begegnung mit meinem Bruder, getrennt durch zwei Gitter; sein heiteres, jedoch wegen des Hungerstreiks, an dem er teilgenommen hatte, kränkliches Aussehen; mein Gefühl der Ohnmacht und der Leere, als die Glocke ertönte und wir gezwungen waren, die Unterhaltung abzubrechen.

Am dreizehnten Mai holte ich Florence in Barajas ab und quartierte mich mit ihr in einer veralteten, aber bequemen Suite des Hotels Victoria ein, deren Balkone auf die Plaza del Ángel gingen. Die Tochter des Schriftstellers und damaligen Kulturministers unter General de Gaulle hatte Luis ein Jahr zuvor in Formentor kennengelernt, und mit einer Großherzigkeit und einer Zuneigung für Monique, Luis und mich, die ich nie vergessen werde, erklärte sie sich bereit, nach Madrid zu fahren, um sich dort in der Botschaft ihres Landes um eine Intervention zugunsten meines Bruders zu verwenden. Florence' Aufenthalt war kurz und mit vielen Laufereien verbunden: meine Erinnerungen an ihn beschränken sich auf eine wirre Aufeinanderfolge von Momentaufnahmen und Stichworten. Vierundzwanzig Stunden lang liefen wir im Regen vom Prado bis zum kleinen Palast in der Calle de Serrano, wo Florence vor einem glanzlosen und tristen Abendessen mit einer Gruppe von Freunden kurz vom Botschafter empfangen wurde. Der Diplomat versprach ihr, sich im spanischen Außenministerium diskret für meinen Bruder einzusetzen, und seine Worte flößten uns vorsichtigen, aber beruhigenden Optimismus ein. Am Tag ihrer Abreise traf sie kurz mit Simone de Beauvoir und Nelson Algren zusammen, und ich brachte sie in einem Zustand schwer zu beschreibender Ergriffenheit und Dankbarkeit zum Flughafen Barajas.

Unsere Abreise aus Madrid sollte erst zwei Tage später stattfinden, damit die Neuankömmlinge noch schnell einige Denkmäler und Sehenswürdigkeiten der Stadt besichtigen konnten. Da ich vergessen hatte, was für einen Horror sowohl Sartre als auch »Castor« vor Schalentieren hatten, ging ich mit ihr und Algren zum Mittagessen ins Hogar Gallego; doch der Anblick der rosigen Panzer und der einziehbaren Gelenke der Langusten, Hummer und Krebse war ihr so unerträglich, daß sie darum bat, wir sollten uns in eine abgelegene Ecke setzen, weitab von den Aquarien und Körben, in denen der Wirt stolz seine Leckerbissen und Köstlichkeiten zur Schau stellte. Ich weiß nicht mehr, ob es an diesem Abend oder am darauffolgenden war, jedenfalls veranstaltete ich ihr zu Ehren mit meinen Schriftstellerkollegen von der Partei ein kleines Abendessen. Da alle sie kennenlernen wollten und die Zahl der Bewerber und Anwärter auf beunruhigende Weise zunahm, faßten die Genossen den heroischen, aber unbesonnenen Entschluß, an dem Empfang ohne ihre Frauen teilzunehmen, um Simone de Beauvoir nicht mit den Widerwärtigkeiten und Unannehmlichkeiten eines offiziellen Banketts zu belästigen. Ein krasser, unverzeihlicher Irrtum! Kaum saß sie in dem reservierten Nebenraum eines an der Plaza Mayor gelegenen Restaurants, als einer der Gäste das ungeheure Interesse seiner Frau für *Das andere Geschlecht* erwähnte. Wie! Er war verheiratet und hatte seine Frau nicht mitgebracht? »Castor« blickte zu mir herüber und fragte mich, ob auch die anderen eine feste Partnerin hätten. Ich sagte, ja, mit ein oder zwei Ausnahmen. *Mais voyons«*,rief sie aus, *vous dites que vous êtes des antifascistes et vous laissez quand même vos femmes au foyer comme s'il s'agissait des bonnes. C'est vraiment incroyable!* (Ja wie, ihr behauptet, Antifaschisten zu sein, und laßt dennoch eure Frauen zu Hause, als seien es eure Dienstmädchen. Das ist einfach unglaublich!) Weder die Entschuldigungen und verlegenen Erklärungen der Anwesenden noch ihre späteren instruktiven Darlegungen und Analysen der in Spanien herrschenden Situation vermochten im geringsten den schlechten Eindruck ihres gutgemeinten Macho-Verhaltens zu verwischen. Mit der profihaften, kartesianischen, unversöhnlichen Unfreundlichkeit, die sie auszeichnete, sagte mir die Schriftstellerin hinterher, daß meine Freunde sie zwar, politisch gesprochen, angenehm beeindruckt hätten, daß ihre Unreife, was die Situation der Frau und die Partnerschaftsprobleme angehe, ihre Befürchtungen jedoch bestätige, daß der Kampf gegen die Makel und Laster der patriarchalischen Gesellschaft bei uns ganz besonders schmerzlich und schwierig sei.

Es ist nicht meine Absicht, über die Umstände, Stationen und Einzelheiten einer Reise zu berichten, die uns drei in Gesellschaft Vicente Arandas innerhalb von acht oder zehn Tagen nach Granada, Almería, Almuñecar und Málaga brachte. Simone de Beauvoir beschreibt diese Tage in lockerer Form im dritten Band ihrer Memoiren, doch mit mehr Humor und größerer erzählerischer Fähigkeit – bisweilen bis an die Grenzen zum Erdichteten und Absurden – zeichnete Nelson Algren eine Reihe von Bildern oder Gemälden dieser Reise, die einige Monate später in einer nordamerikanischen Zeitschrift abgedruckt worden sind. Ohne eine Schlußfolgerung daraus ziehen zu wollen, beschränke ich mich auf eine schlichte Beobachtung: die in *Die Mandarins von Paris* minutiös beschriebene Leidenschaft schien vorüber zu sein, und wenn Algren »Castor« auch aus einer freundschaftlichen Treue heraus begleitete, so lebte diese im Geist schon wieder mit dem Autor von *Das Sein und das Nichts* zusammen, auf den sie sich mit ihrem unvermeidlichen *Ah, il faut absolument que je raconte ça à Sartre!* (Ach, das muß ich unbedingt Sartre erzählen!) immer dann bezog, wenn sie etwas hörte oder sah, was ihn interessieren konnte.

Nachdem wir uns in Málaga voneinander verabschiedet hatten, kehrte ich mit Aranda nach Madrid zurück, während die beiden in Richtung Sevilla weiterfuhren. Die Eltern meines Schwippschwagers Luis Carandell hatten mir angeboten, in ihrer Wohnung in der Calle Libertad zu wohnen, und dort überraschte mich dann auch, gerade als ich mich anschickte, Luis wieder in Carabanchel zu besuchen, die Nachricht von seiner Freilassung. Ich erinnere mich nicht mehr genau, ob mein Vetter, der Notar Juan Berchmans Vallet, ihn am Gefängnistor abholte oder ob mein Bruder und ich ihn später aufsuchten, um ihm für seine fortgesetzte und wertvolle Hilfe zu danken. Das lange, informative Gespräch hingegen, das wir in unserem gemeinsamen Zimmer bei der Familie Carandell hatten, ist mir ebenso im Gedächtnis haftengeblieben wie der Besuch von Señora Solana, deren Sohn weiterhin im Gefängnis war. Um nicht offen einzugestehen, daß sie der um die Person von Luis veranstalteten Protestkampagne nachgegeben hatten, ließen die Behörden auch jene Teilnehmer am Prager Kongreß frei, die am wenigsten belastet waren, darunter Isidoro Balaguer, während andere Häftlinge wegen der gleichen Anklagepunkte Monate und sogar Jahre hinter Schloß und Riegel blieben: eine überzeugende Illustration jener Regel, der zufolge Schweigen immer der größte Komplize von Mißbräuchen und Ungerechtigkeiten der Diktaturen bleiben wird. Von allen Geschichten und Anekdoten, die uns in jenen Tagen von unseren Madrider Freunden berichtet wurden, will ich nur eine einzige wiedergeben: die jenes Romanciers, der es sich in seinem Sessel im Café Gijón bequem machte, nachdem er mit seiner volltönenden und weit hörbaren Stimme eines passionierten Bürokraten des Regimes laut einen Leitartikel über meinen Bruder vorgelesen, dabei dessen antipatriotische Haltung »in dieser von polemischen Unruhen erfüllten Stunde« gegeißelt und, angesteckt von den giftigen Behauptungen des Artikelschreibers, ihnen die Kraft seiner schleimigen Autorität verliehen hatte: »Es steht eindeutig fest, daß seine Handlungen an ein gemeines Verbrechen grenzen.«

Nachdem ich Luis nach Barcelona begleitet hatte, wo ich Zeuge seiner freudigen Wiederbegegnung mit der Familie und María Antonia wurde, kehrte ich am achten Juni nach Paris zurück.

Die durch unseren bescheidenen Triumph hervorgerufene Euphorie hatte mich in meinem Entschluß bestärkt und mein Vertrauen in die Möglichkeit eines bevorstehenden radikalen Wandels der spanischen Gesellschaft durch »einen demokratischen, antifeudalistischen und antikapitalistischen Bruch«, den die Partei propagierte, noch vergrößert. Vierzehn Tage nach meiner Rückkehr nach Paris waren Monique und ich zusammen mit Carole, Florence Malraux, dem Cineasten Claude Sautet und anderen Freunden wieder in Spanien: wir wohnten in dem alten Haus unserer Familie in Torrentbó, wo wir Luis und María Antonia, Ricardo Bofill, Castellet, Barral, Gil de Biedma und andere Intellektuelle und Schriftsteller empfingen, die bald darauf die sogenannte *Gauche divine* (göttliche Linke) bilden sollten; oft trafen wir uns mit ihnen in Barcelona, und nach dem Abendessen im Amaya oder in der Barceloneta irrten wir durch die Calle Escudillers oder das Barrio Chino, besuchten das Cádiz und La Venta, vielleicht, weil wir in der Armut und im Schmutz jenes Weltausschnitts die Bestätigung für meine vernichtenden Voraussagen suchten. Da Luis noch nichts von der Lungenkrankheit wußte, die er sich im Gefängnis zugezogen hatte, schien er von einer heftigen Lebensgier besessen und wollte die verlorene Zeit nachholen; was mich angeht, so hatten meine unterschwellige Krise mit Monique und die Spannungen der letzten Monate ebenfalls meine Neigung zum Trinken und zur Nachtschwärmerei verstärkt. Dieser Hang zum Alkohol, dem meine beiden Brüder und ich zu verschiedenen Zeiten unseres Lebens erlagen, stand im größten Gegensatz zum eingefleischten Antialkoholismus, den mein Vater uns von Kind an eingetrichtert hatte. Was mich angeht, so war dieser Hang Ausdruck einer allmählichen Verzweiflung angesichts meiner eigenen Widersprüche und meiner Unfähigkeit, sie zu kontrollieren oder sie zu lösen. Diese Dichotomie zwischen bürgerlichem Leben und kommunistischen Ideen, zwischen Liebessucht und sexuellen Trieben – unter deren plötzlichen, zerstörerischen Anfällen ich bei meinen nächtlichen Streifzügen dann und wann zu leiden hatte – könnte, wie ich glaubte, nur im Strudel einer revolutionären Zuspitzung überwunden werden, in der sie ihre Daseinsberechtigung verlieren würde. In Erwartung des Erdbebens und des Heraufkommens einer neuen Moral, die aus den Trümmern und Ruinen entstehen würde, wurde mir die stumpfe Blindheit der Realität mit ihren Vorzeichen der Katastrophe immer unerträglicher. Meine Briefe an Monique aus diesen Jahren – sowohl die aus Spanien als auch die aus Kuba – spiegeln eine kaum zu zähmende Ungeduld wider angesichts eines Prozesses, der mir auf Grund dessen, was sich beim Sturz Batistas auf der Insel zugetragen hatte, bereits illusorisch nahe zu sein schien. Die langsame, aber tiefreichende Veränderung der spanischen Gesellschaft, die in jenen Jahren begann, sollte mich, wie so viele andere, völlig unvorbereitet treffen. Ich erinnere mich an meinen letzten Besuch in Almería im September 1960 mit Aranda und Sautet und an unsere zufällige Begegnung mit einer Gruppe französischer Cineasten und Schauspieler, die geblendet waren von der Schönheit der Landschaft und den künftigen Möglichkeiten, die sie bot: sie sprachen von Hotelkomplexen, von Studios auf Rädern, Einrichtungen, die einer neuen Cinecittà oder eines Mini-Hollywoods würdig gewesen wären. War das der Wechsel, die Veränderung, für die ich mich eingesetzt hatte? Konnten Wohlstand und Fortschritt von der Erlangung der Freiheit und der Gerechtigkeit getrennt werden? Mit ängstlicher Besorgnis und innerlich zerrissen sollte ich dieses noch arme und doch schon begehrte, dieses ausgeblutete und dennoch Appetit machende, an Gaben reiche und dennoch verwaiste Land verlassen, um erst sechzehn Jahre später dorthin zurückzukehren, zu jemand völlig anderem geworden; anonym wie irgendein x-beliebiger Ausländer durchstreifte ich die heimlich in meinen Träumen beschworenen Orte, wünschte mir heftig, auf vertraute Gesichter oder auf Freunde zu stoßen, und lauschte, allein wie in der Fabel, dem anklagenden Gebell der Hunde.

Der Ausbruch von Luis' Krankheit, sein symbolischer Rückzug nach Viladrau, die Komplikationen und Aufregungen deiner letzten Spanienreisen hatten deine Pläne zunichte gemacht, Weihnachten zu Hause zu verbringen. Da du zwei Monate später anläßlich des Werbefeldzugs für eines deiner Bücher nach Italien fahren solltest, hattest du beschlossen, deine Reise nach Barcelona um einige Monate zu verschieben und von Italien aus dorthin zu fliegen. Am elften Februar 1961 warst du in Rom, und nach einigen Tagen, die der Absatzförderung für dein Buch und der Begegnung mit befreundeten Schriftstellern gewidmet waren, fuhrst du nach Mailand, wo Feltrinelli im Teatrino del Corso einen Kulturabend veranstaltete. Sein literarischer Berater, Valerio Riva, hatte deine Anregung gutgeheißen, das in *Strandgut* dargestellte Thema – dessen Handlung du in die von Zigeunern und Andalusiern bewohnten Elendsviertel von Barcelona verlegt hast – durch einen Dokumentarfilm über die Auswanderung aus Spanien zu illustrieren, der ohne Erlaubnis mit einer Sechzehn-Millimeter-Kamera von zwei deiner Bekannten, die an der Genfer Architekturschule bei Ricardo Bofill studiert hatten, gedreht worden war. Deinen Anweisungen folgend, waren die Filmemacher Paolo Brunatto und Jacinto Esteva Grewe durch zahlreiche Dörfer und Gegenden von Murcia, Almería und Granada gestreift, hatten halb entvölkerte ländliche Gebiete fotografiert und sich dann in der Schweiz mit einigen aus diesen Teilen Spaniens stammenden Einwanderern unterhalten; andere Sequenzen zeigten die Hütten und Felsenhöhlen, die damals den Industriegürtel deiner Heimatstadt prägten. Der Film *Notes sur l'émigration* (Anmerkungen über die Auswanderung) war mit Sicherheit sehr amateurhaft und ließ sich außerdem zu historisch-gesellschaftlichen Vereinfachungen hinreißen, doch Riva fand wie du, daß er höchst interessante Szenen und Bilder enthielt und verbreitet zu werden verdiente. Zum Abschluß des Abends hatte der Verlag ein Konzert mit spanischen Liedern mehr oder weniger politischen Inhalts organisiert, die in den antifaschistischen Kreisen Italiens noch aus der Zeit des Bürgerkriegs populär waren.

Am achtzehnten Februar sollte der Film nach einer kurzen

Einführung von Riva und einigen erläuternden Worten, die du zu deinem Roman sagtest, in dem überfüllten kleinen Saal gezeigt werden. Doch kaum war der Film angelaufen, als du zwei dumpfe Explosionen hörtest und der Saal sich plötzlich mit Rauch füllte. Es kam zu einer vorübergehenden Panik, die Anwesenden liefen zum Ausgang, und jemand begann zu schreien. »Ein Verwundeter, es gibt einen Verwundeten.« Plötzlich – alles geschah mit ungewöhnlicher Schnelligkeit – tauchten wie durch ein Wunder, niemand wußte, woher, zwei Sanitäter mit ihrer Hilfsausrüstung und einer Krankenbahre auf und brachten das mutmaßliche Opfer, über das man eine Decke gebreitet hatte, fort. Obgleich die Szene absurd war, kam niemand auf den Gedanken, die Sanitäter zurückzuhalten oder ihnen bis zum Krankenwagen zu folgen. Während ihr euch von eurer Überraschung erholtet, kehrten die Zuschauer nach und nach zu ihren Sitzen zurück, überzeugt davon, daß es sich um eine faschistische Provokation gehandelt hatte. Brunatto und Esteva Grewe kamen aufgeregt aus dem Vorführraum: irgend jemand hatte sich die allgemeine Verwirrung zunutze gemacht, die Filmrollen entwendet und sich dann auf und davon gemacht. Die Explosion der Knallkörper und das Auftauchen der Sanitäter wurden nun völlig klar: die Ausführenden des Diebstahls hatten mit der Effizienz und der Meisterschaft von Profis ihren Auftrag erfüllt. Am nächsten Tag berichtete die italienische Presse in großen Schlagzeilen über den Vorfall und beschuldigte die eng mit ihren Gesinnungsgenossen in Spanien verbundenen faschistischen Gruppen Mailands der Missetat: die polizeiliche Untersuchung sollte am dritten März zur Verhaftung von vier Individuen führen, einem ehemaligen Schwarzhemd und drei Fallschirmjägern, die für ihre politischen Aktivitäten in den Kreisen der Rechtsextremisten von Mailand bekannt waren und des Diebstahls sowie der Störung einer öffentlichen Veranstaltung verdächtigt wurden. Die wahre Identität der Anstifter – immerhin durch die Tatsache nahegelegt, daß die entwendete Filmrolle kurz darauf in Spanien gezeigt wurde – solltest du jedoch erst

Jahre später herausfinden. Darauf bedacht, diplomatische Verwicklungen zu vermeiden, beeilten sich die örtlichen Behörden, die Angelegenheit niederzuschlagen: das Verhör der Verhafteten führte zu keinem Ergebnis, so daß man sie kurz darauf wieder freiließ.

Diese Episode, vor allem aber die Reaktion der italienischen Presse darauf, hatte dich mögliche unmittelbar bevorstehende Auswirkungen in Spanien befürchten lassen. Deine Befürchtungen, die du Monique und einigen Barceloneser Freunden zum Zeitpunkt der Ereignisse telefonisch mitgeteilt hast, wurden bald darauf auch bestätigt. Am zweiundzwanzigsten Februar veröffentlichten sämtliche spanischen Medien eine Depesche der Presseagentur Efe, die sich auf den Vorfall bezog und ihn heimtückischerweise mit einem terroristischen Attentat der FAI auf das spanische Konsulat in Genf sowie einer »antispanischen Propagandakundgebung« unter dem Vorsitz von Waldo Frank und Álvarez del Vayo im Theater Barbizon Plaza in New York in Verbindung brachte. Während einige Zeitungen über diesen dreifachen Angriff mehr oder weniger diskret berichteten, titelte *Arriba*, das offizielle Organ der Falange, auf der ersten Seite: »CNT-FAI, Álvarez del Vayo, Waldo Frank, Goytisolo: eine neue Formel des Molotow-Cocktails gegen Spanien«, und die Zeitschrift *Pueblo* verkündete in einer dreispaltigen Schlagzeile: »J. G. versucht einen verlogenen und beleidigenden Dokumentarfilm über Spanien zu zeigen, doch eine Gruppe von Zuschauern protestiert und wirft eine Rauchbombe.« Der Text von Efe hebt den kommunistischen Charakter des »Meetings« von Mailand hervor, schreibt dir indirekt die Urheberschaft des inkriminierenden Dokumentarfilms zu, behauptet, die Knallkörper seien von ehrlichen und anständigen italienischen Patrioten geworfen worden. »Die kommunistische Presse«, schließt der Artikel, »zeigt sich über den Zwischenfall empört, verurteilt das Verschwinden des Films während des Streits und geht sogar so weit zu behaupten, Agenten des spanischen Konsulats seien für den Zwischenfall verantwortlich.« Zum gleichen Zeitpunkt geißelte ein Leitartikel in der Zeitschrift *El Español,* der wahrscheinlich aus der Feder ihres Herausgebers Juan Aparicio stammte, deine würdelose, »diffamierende« Arbeit in Europa, und ein unsäglicher Bericht des römischen Korrespondenten der Zeitung *Diario de Barcelona* mit der Überschrift »Der letzte Purzelbaum des J. G.« beschuldigte dich, du hättest dich »mit vorsichtigem Getue und berechnender Taktik öffentlich eingemischt, nicht etwa«, um dich »politisch mit dem spanischen Regime auseinanderzusetzen, sondern um (dein) Vaterland zu diffamieren«; nachdem er dich einen »Gangster des Fotoapparats oder der Filmkamera« genannt hat, zieht der Autor des Artikels gegen »den sauren Cocktail aus Worten, Bildern und Liedern sowjetischer Machart« zu Felde, »der Spanien unter dem Vorwand beleidigt, das Buch eines Spaniers vorzustellen, von dem man weiß, daß er behaglich und von den kommunistischen Parteien beweihräuchert im Ausland lebt«.

Doch dieser ungewöhnliche Sturzbach gedruckter Schmähungen und Anschuldigungen war nur ein Anfang. Am achtundzwanzigsten Februar teilte mir José Agustín telefonisch mit, daß der in Mailand gestohlene Film am Abend zuvor im spanischen Fernsehen gezeigt worden war, versehen mit einem überzeugenden Kommentar von José Antonio Torreblanca, in dem er dich einen Betrüger nannte, einen Söldner und was dergleichen Nettigkeiten mehr sind. In Wirklichkeit handelte es sich, wie du sofort feststellen konntest, um eine verstümmelte und geschickt bearbeitete Version mit einem Tonband und Kommentaren, die hier und da vom Original abwichen. Da die ausgestrahlte Kopie ganz entscheidend Inhalt und Absichten des Films verfälschte, hast du an die Efe und an die Verantwortlichen der Fernsehanstalt Einschreibebriefe geschickt und dich dabei auf das dir zustehende Recht der Berichtigung berufen. Doch deine Proteste blieben diesmal unveröffentlicht. Die Verbreitung des Films von Esteva Grewe und Brunatto durch das spanische Fernsehen sollte die Jagd einer schrillen Meute von Jägern auf einen stummen Gefangenen eröffnen. Wenn du heute die Presseausschnitte wiederliest, die du aufgehoben* und deren du dich bedient hast, um im ersten Roman deiner Erwachsenenepoche das Selbstgespräch der Stimmen zu schreiben, kannst du nur noch lächeln, während du ein Vierteljahrhundert zuvor mit einer Mischung aus Niedergeschlagenheit, Trauer und Ungläubigkeit reagiert hast. Manchmal ist die Häufung herabwürdigender Worte und absurder Anschuldigungen derart übertrieben, daß sie ins Groteske umschlägt und zum Pastiche oder zur Karikatur zu werden scheint. (»Bei dieser Serie aggressiver Handlungen gegen die Iberische Halbinsel springt die Beteiligung eines jungen Gigolos namens J. G., gewöhnlich wohnhaft in Paris, als ›Reisegefährte‹ geradezu in die Augen«); manches, emphatisch im Stil, erkennst du wieder, weil du es ganz offen in dein Buch *Identitätszeichen* eingearbeitet oder parodiert hast (»Weil er länger in Frankreich gelebt hat als in Spanien und eher französischen Sitten folgt als spanischen, einschließlich der wilden Ehe [...], tut er das, worum ihn jene bitten. Bilder von Vororten herzustellen ist die einfachste Sache der Welt. Als Guardias Civiles verkleidete Statisten können ›einen Arbeiter verprügeln‹. Ein Kind ausziehen, es mit Kohle verschmieren und auf einen Misthaufen setzen kann jeder x-beliebige Flegel. Doch wer das tut, beweist damit eine solche moralische Gemeinheit, daß es besser ist, sie gar nicht zu erwähnen, obgleich uns zwei Substantive und eine Präposition dafür genügen«). Die Goldene Palme in diesem erbärmlichen Wettstreit holte sich vielleicht der Herausgeber von *La Vanguardia*, Manuel Aznar, mit seinem »Feltrinelli oder das Festival der Beleidigungen« betitelten Leitartikel vom 16.3.1961, einem ausgesprochenen Monument der Demagogie, der Heuchelei und der Großmäuligkeit, das, weil es nicht in einer eventuellen Ausgabe der »Geschichte der besonderen Niedertracht« stehen konnte, ebenfalls die verdiente Belohnung erhielt, nämlich in dein Buch aufgenommen zu werden.

* Eine noch vollständigere Sammlung dieser Presseausschnitte findet sich im Archiv der Bibliothek der Boston University.

Doch die Liste der Beispiele ist lang, und um die Geduld der Leser nicht über Gebühr zu strapazieren, will ich sie hier abbrechen.

Du hast damals den dumpfen Groll kennengelernt, der »tief in den von ewiger Galle durchsetzten Eingeweiden des grausamen Spaniens« nistet und den Cernuda so wunderbar beschrieben hat. Die Beleidigungen, die in jenen Tagen über dich ausgegossen wurden, und ihre Folgen zu Hause – fassungslose Briefe und Besuche deines Vaters bei den Herausgebern der Nachrichtenmedien, sein donquichotteskes Bemühen, den guten Namen der Familie zu retten – hinterließen bei dir einen bitteren Nachgeschmack, verliehen dir dafür aber gelegentlich eine Art Immunität und machten aus dir jenen abgebrühten Schriftsteller, der du heute bist, unempfindlich für das ständige Angespucktwerden, die ewigen Schimpfworte und Anzüglichkeiten. Um die Wahrheit zu sagen, die Reaktion auf den Zwischenfall in Mailand ging symbolisch deiner Beziehung zu den Gesetzen deines Stammes voraus: was nun kommen sollte – Skandale, Verleumdungen, Verfemung –, machte auf dich nur noch den Eindruck des *déjà vu*. Du konntest dich pünktlich von der Richtigkeit der Erfahrungen überzeugen, die andere Freischützen oder Widerspenstige Jahrzehnte oder Jahrhunderte zuvor gemacht hatten: jene, die in Spanien an einem Tag von rechts angreifen, tun es später von links, wobei sie nur auf die Gelegenheit warten, es wieder von rechts zu tun – und die Angegriffenen sind immer die gleichen. Dies zeigte dir schon früh – und es sollte für dich eine ganz wesentliche und wichtige Entdeckung sein –, daß in diesem Land nur der tote Schriftsteller oder das tote Werk wert sind, mit Lorbeeren bekränzt zu werden. Werke, die sich lebendig erhalten, sind störend oder werden so empfunden und fordern zu jener Art indirekten Lobes heraus, das eher nach einer Beleidigung aussieht. Der Ekel und die Bewegung des Zurückweichens, die du in Zukunft hervorrufen wirst, sind manchmal nur das Echo von wortwörtlichen Ausdrücken und Wendungen, die Jahrzehnte zuvor gedrechselt worden sind und die dich kaltlassen; wenn du sie rückwärts liest, wie es der Dichter Cernuda melancholisch empfiehlt, wird dein Stolz darin höhere Formen des Lobes entziffern. Zwar hast du erst viele Jahre später gelernt, mit den Sitten und Gebräuchen deines Volksstammes umzugehen und fertig zu werden, doch die Lektion von damals war eine Warnung, die sich dir für immer einprägen wird.

Während die Franco-Presse die Redlichkeit der Informationspolitik des spanischen Fernsehens hervorhob, weil es der Neugier deiner Landsleute ein Filmdokument zu sehen gab, »das dazu bestimmt war, Leichtgläubige zu täuschen« – sich aber wohlweislich davor hütete, den Leuten zu erklären, wie ihnen deine angebliche Mißgeburt in die Hände gefallen ist –, blieben die von der italienischen Presse gestellten Fragen unbeantwortet. Daß die spanischen Behörden in diesen Fall verwickelt waren, daran bestand kein Zweifel; dennoch wäre das Rätsel auch weiterhin in Nebel gehüllt geblieben, hätte dir nicht die prahlerisch-geschwätzige Indiskretion eines der Protagonisten dieser Tat spät und unfreiwillig den Schlüssel dazu geliefert. Im Oktober 1965, während deines ersten, fruchtbaren und prägenden Aufenthalts in Tanger, verriet Eduardo Haro Tecglen – der seit seiner Berufung zum Herausgeber der inzwischen eingegangenen Tageszeitung *España* seinen Wohnsitz in dieser Stadt hatte –, daß sich der Generalkonsul von Tetuán im Verlaufe eines Abendessens, an dem auch er teilgenommen hatte, mit seiner höchst merkwürdigen Rolle in dieser Angelegenheit gebrüstet habe; seinen Behauptungen zufolge sollen ihm die Urheber der Rauchbomben-Explosion im Teatrino del Corso die Kopie des Films anvertraut haben, und gemäß den aus Madrid erhaltenen Anweisungen habe er es übernommen, sie im Diplomatengepäck wohlbehalten am Bestimmungsort ankommen zu lassen. Diese so verdienstvolle Tat hat ihm die herzlichsten Glückwünsche seiner Vorgesetzten eingetragen, und der frühere Vizekonsul in Mailand zitterte immer noch vor Begeisterung bei der Erinnerung an die vergnüglichen und aufregenden Sequenzen seines James Bondschen Fernsehfilms.

Obgleich seine traurige Rolle in einer Polizeiintrige, deren

Dreckspritzer dazu beitrugen, die letzten Jahre deines Vaters zu vergiften, es in jeder Hinsicht rechtfertigen würde, ihn mit Namen und Vornamen öffentlich an den Pranger zu stellen, erfüllt dich der Schuß, mit dem er in Argentinien seinem Leben ein Ende setzte, mit Mitleid. Als treuer Diener eines Systems, dessen Instrument und Geschöpf er war, erhob er sich schließlich tragisch und unerbittlich zu seinem eigenen Richter. Das heilige Entsetzen, das dir der Selbstmord einflößt, zwingt dich zum Respekt: gewähre ihm das Schweigen, und laß ihn in Frieden.

Das Ziel jener widerrechtlichen Kampagne schien klar zu sein: die Behörden hatten die Absicht, mich dadurch einzuschüchtern und mir ein Zwangsexil aufzuerlegen, daß sie den francofeindlichen Kulturabend von Mailand als eine rote Kundgebung darstellten und meine Mitwirkung an dieser Veranstaltung mit terroristischen Aktivitäten in Verbindung brachten, die vom »internationalen Marxismus« gefördert wurden. Mein zweideutiger Status als Abtrünniger, meine Reisen auf die Halbinsel, mit denen ich Zeugnis ablegte, meine prokommunistischen Sympathien und meine Verbindungen zur französischen Presse hatten die Bonzen des Regimes schließlich gegen mich aufgebracht, und sie sahen sich vor die Alternative gestellt, mich entweder verhaften zu lassen oder weiterhin ein Verhalten dulden zu müssen, dessen Beispiel auf andere Schriftsteller und Künstler übergreifen konnte. Indem sie mich mit einer Lawine von Beleidigungen und verschleierten Drohungen überschütteten, versuchten sie, die Türen vor mir zu verschließen, einen fernen und damit harmlosen Verbannten aus mir zu machen. Da ich von dieser Absicht überzeugt war, bediente ich mich einer Taktik, die der des Pokerspielers ähnlich war: es ging mir darum, den Gegner mit einem falschen Anschein von Stärke zu täuschen, ihn davon zu überzeugen, daß ich nur zurückkam, um mich verhaften zu lassen, und ihm damit eine Falle stellen wollte. Während ich in dem Jahr zuvor, als Luis im Gefängnis saß, im Schutze bekannter Persönlichkeiten durch

Spanien gereist war, beschloß ich diesmal, es offen und unbewehrt zu tun, mit der vorgetäuschten Sorglosigkeit oder Leichtfertigkeit dessen, der sich fröhlich in die Höhle des Löwen begibt. Da auf mein Berichtigungsbegehren keine Reaktion erfolgt war, nahm ich, wie schon bei anderen Gelegenheiten, die guten und selbstlosen Dienste meines Vetters, des Notars Juan Berchmans Vallet, in Anspruch: mit dem Phlegma und dem Gleichmut, die ihn auszeichnen, gab er mir den Namen eines Rechtsanwalts seines Vertrauens an, der sich nicht im mindesten um Politik kümmerte und der auf seinen Rat hin eine Beleidigungsklage gegen den allmächtigen Generaldirektor des Pressewesens anstrengen sollte. Das Unternehmen schien absurd, und meine Möglichkeiten, den Fall vor Gericht zu bringen, waren ganz eindeutig gering; allerdings lenkte ich durch diesen Schachzug die Aufmerksamkeit meines Feindes von meinem Hauptziel ab, nämlich ungestraft nach Spanien zurückkehren zu können. Am einundzwanzigsten April, eine Woche vor Moniques Reise zu den literarischen Begegnungen von Formentor, nahm ich das Flugzeug nach Madrid, wo mich mein Vetter am Flughafen Barajas erwartete. Die Einreiseformalitäten bei der Polizei verliefen ohne Zwischenfälle. Am selben Abend noch hatte Juan Berchmans Vallet ein Treffen mit dem Rechtsanwalt arrangiert, um vor meinem angekündigten Besuch im Ministerium eine passende Strategie auszuarbeiten. Ich erinnere mich sehr gut an unsere morgendliche Ankunft im Ministerium und an das riesige Wandgemälde in der Vorhalle mit den Figuren der Verkündigung Mariä durch den Erzengel. Wenn die Informationsmenge, wie Umberto Eco einmal zeigte, die eine Kommunikationseinheit vermittelt, von ihrer Wahrscheinlichkeit abhängt und ihr informativer Gehalt um so größer ist, je geringer letztere ist, dann hätte das Informationsministerium des Franco-Regimes wohl kein besseres Symbol finden können: der blonde, pausbäckige, heilbringende Gesandte des Herrn, der der errötenden Jungfrau die unwahrscheinliche und deshalb substantiell so informative Kommunikationseinheit über die unerwartete Wohltat des Besuchs einer

Taube verkündete, die wegen ihrer Dicke, ihres strahlenden Weiß und ihres Glanzes beim frommen Betrachter des Freskos eine verzeihliche Verwechslung zwischen dem von der opulenten Mahalia Jackson angerufenen Holy Ghost und dem Huhn auf der bunten Avecreme-Reklame aufkommen läßt, ein Bild, das in meiner Erinnerung nie verblassen und in meiner Literatur im *Don Julián* wieder zutage treten sollte.

Der Generaldirektor für das Pressewesen, der Philosoph Professor Don Adolfo Muñoz Alonso – der in jenen gesegneten Zeiten bei allen Podiumsdiskussionen über Wissenschaft und Denken Spanien ruhmreich zu vertreten pflegte: ein leuchtender und tiefschürfender Beitrag, dessen fortdauernde Wirkung man einmal in aller Ruhe glossieren sollte –, empfing uns ungewöhnlich schnell. Er war ein schmieriger Mensch mit leutseligem Gehabe, überzeugt davon, im Besitz der Wahrheit zu sein, und sich seiner Bedeutung wohl bewußt. Auf dem Tisch hatte er ein umfangreiches Dossier mit Artikeln der ausländischen Presse liegen, die, wie er sagte, meine politischen Aktivitäten betrafen. Er wisse über alles Bescheid, sagte er noch: meine fortgesetzte, systematische Feindseligkeit gegenüber dem Regime und den Werten, die es verkörpere, könnte nicht klarer und offener sein. Da ich nun einmal außerhalb der Legalität handelte, dürfte ich mich nicht über die Heftigkeit der durch mein bedauerliches Verhalten hervorgerufenen mißbilligenden Reaktionen wundern. Er verstehe durchaus die politischen Sorgen der Jugend, sagte er, doch diese sollten innerhalb der vorgezeichneten Wege zum Ausdruck gebracht werden. Sich an einen seiner Sekretäre wendend – einen jungen Mann mit Brille, der mit sehr geschäftigem Gesicht im Büro ein und aus ging –, stellte er mir den Schriftsteller Jaime Capmany vor und pries ihn mir als gutes Beispiel. »Auch er ist beunruhigt, doch er äußert dies auf verantwortliche, konstruktive Weise, anstatt wie Sie mit dem guten Namen Spaniens Geld zu machen. Wenn der harte, beißende Ton einiger Antworten und Angriffe der Presse Sie schmerzt«, schloß er, »müssen Sie die Schuld bei sich selbst suchen; die Beleidigungen des Vaterlandes mit Schweigen zu übergehen wäre ein Mangel an Männlichkeit und eine Belohnung der Unmoral.« Als der Rechtsanwalt, mein Vetter Juan Berchmans Vallet und ich unsere Forderungen darlegten, hörte er uns schweigend zu. Das Thema sei ernst und vielschichtig, antwortete er schließlich und bat um Bedenkzeit. Nach einem Austausch von Bemerkungen über die Legalität oder Illegalität meiner Handlungen bestellte er uns für den nächsten Tag in sein Büro.

Zur festgesetzten Zeit begaben wir uns wieder ins Ministerium, und Professor Muñoz Alonso empfing mich mit einem Lächeln: »Heute nacht«, sagte er, »habe ich viel für Sie gebetet.« Ich muß gestehen, daß ich bei dieser Vertraulichkeit, so unerwartet wie der Liebesantrag eines himmlischen Geschöpfes, wie ein junges Mädchen errötete. Unfähig, eine Antwort hervorzubringen, starrte ich die Wand, den Fußboden oder die Decke an, ich weiß es nicht mehr. Die engelhafte List des Philosophen hatte mich mit einem Schlag in den unbestimmten Nimbus der Irrealität katapultiert, in dem ich im Verlaufe unserer mühsamen Unterredung sanft schweben sollte. Der Text meines Briefes, mit Hilfe meines Vetters und des Rechtsanwalts aufgesetzt, stritt meine Feindseligkeit gegenüber dem Franco-Regime, wie das der berühmte Denker, nachdem er die Sache überschlafen hatte, behauptete, nicht ab; er beschränkte sich lediglich darauf, die schlichte Wahrheit der Fakten wiederherzustellen. Nach einem Tauziehen, an dem ich, in meinem jähen Nirwana schwebend, nicht so recht teilzunehmen vermochte, gab der Generaldirektor seine Zustimmung zu einer kurzen erklärenden Pressenotiz, in der es hieß, meine Mitwirkung bei der »in Mailand abgehaltenen Kulturveranstaltung« sei rein literarisch gewesen und ich hätte in ihrem Verlauf zu keinem Zeitpunkt eine »beleidigende, unhöfliche oder despektierliche Haltung gegenüber dem spanischen Regime« eingenommen. Diese Richtigstellung sollte in *Arriba* und *La Vanguardia* erscheinen, während ich im Gegenzug meine Beleidigungsklage gegen das Informationsministerium zurückziehen würde. Wir verabschiedeten uns höflich und freundlich voneinander, und wie vereinbart erschien mein Brief unmittelbar darauf in beiden Zeitungen. Was Professor Muñoz Alonso betrifft, so weiß ich nicht, ob er, in seine vielfältigen offiziellen Geschäfte und seine subtilen augustinischen Reflexionen vertieft, über die Zeit verfügte, an mich zu denken und mich in seine Gebete einzuschließen, wie er mir beim Abschied gütigst versprach. Zur leuchtenden Fackel des spanischen Denkens geworden, starb er fünfzehn Jahre später aus Trauer oder Müdigkeit, als die Stunde des Untergangs und endgültigen Abgangs seines Wohltäters schlug.

Obgleich zu jener Figur Chamissos geworden, die ihren Schatten verlor – Staatsbürger auf Abruf, zum Schweigen verurteilt, in einer moralischen Quarantäne lebend, Gegenstand diskreter, doch effizienter Überwachung durch die Behörden –, setzte ich meine Streifzüge durch Spanien fort. Die Furcht vor einem Sprung ins Leere – das Durchschneiden der Nabelschnur, die mich mit dem Heimatstamm verband – und gewisse Gefühle der Solidarität und des Patriotismus, die mir sehr bald schon zutiefst fremd werden sollten – wie hätte ich auch mit den andern solidarisch werden können, wenn ich es, wie ich nach und nach feststellte, nicht einmal mit mir selbst, mit der offiziellen Person, die ich verkörperte, sein konnte? –, führten dazu, daß ich meine Anwesenheit als Zeuge, als Pestkranker oder als Gespenst noch eine Zeitlang fortsetzte. Im Mai 1961 werde ich an den literarischen Begegnungen in Formentor teilnehmen, ohne daß mein Name dabei irgendwo auftauchte, während Jaime Salinas, damals der Sekretär der internationalen Jury, die den Preis an Beckett und Borges verlieh, von zwei Inspektoren aufgesucht wurde, die lebhaft an dem interessiert waren, was Feltrinelli und meine bescheidene Person sagten und taten; zum vorletztenmal bis zum Tode Francos verbringen Monique und ich im Juli Ferien in Torrentbó, treffen Florence Malraux und unsere Barceloneser Freunde; zwischen dem siebten und dem achtundzwanzigsten September werde ich mit Aranda und Ricardo Bofill nach Albacete fahren, gefesselt von dem düsteren

Glanz der Sierra von Yeste und der faszinierenden Brutalität der Stierkämpfe in dieser Gegend; im April 1962, nach meinem mit überschwenglicher Begeisterung erlebten Aufenthalt in Kuba, werde ich als steinerner Gast an der letzten in Formentor – von einer gewissen Presse bereits als »Kommunistennest« bezeichnet – abgehaltenen internationalen Begegnung und am Verlegerkongreß in Barcelona teilnehmen, in dessen Verlauf ein kleiner portugiesischer Verleger mit beispielhafter Unerschrockenheit und Ironie die Verheerungen der Zensur auf unserer unglücklichen Halbinsel anprangert; dort erfahre ich auch durch die Presse und den Rundfunk des Auslandes, daß sich der Bergarbeiterstreik in Asturien langsam, aber unaufhaltsam auf die benachbarten Regionen ausweitet und daß die ersten Anzeichen einer Ansteckung des Industriegürtels der Stadt erkennbar sind.

Obgleich ich am zwölften Mai nach Paris zurückkehrte, war ich zehn Tage später wieder in Spanien. Das Ausmaß der Streikbewegung und die Herausforderung, die sie für das Regime bedeutete, belebten plötzlich von neuem meine Illusion, der Endkampf stehe bevor. Von der Zeitung *France-Observateur* nach Spanien geschickt, um über die Ereignisse zu berichten, durchstreifte ich die Madrider und Barceloneser Arbeiterviertel, kam jedoch nicht bis nach Asturien, wie ich es ursprünglich vorgehabt hatte, da der Innenminister, Camilo Alonso Vega, den Ausnahmezustand über die Provinz verhängt hatte. Meine Kontakte zu den politischen Führern des Streiks waren spärlich: in diesen Zeiten war Vorsicht geboten, und die meisten von ihnen schliefen außer Haus. Ich erinnere mich allerdings, daß mich López Salinas in ein Café an der Promenade La Castellana mitnahm, auf dessen Terrasse uns Federico Sánchez erwartete, der seine Rolle als unbekümmerter, dem Müßiggang ergebener Bürger vollkommen spielte: sein unglaubliches, tollkühnes und sicheres Auftreten in einer Zeit, in der er der meistgesuchte Mann Spaniens war, beeindruckte mich ungemein, da es genau mit seiner Legende als ungreifbarer, höhnischer Roter Bibernell übereinstimmte. Meine Reportage »Durch das streikende Spanien«, die am 31. 5. 1962 mit dem Hinweis veröffentlicht wurde, daß ihr Autor seine Anonymität wahren müsse, da er sich noch in Spanien aufhalte, gibt ziemlich getreu das politische Klima jener Tage wieder. Einige Abschnitte – der Besuch auf dem Friedhof francotreuer Märtyrer in Paracuellos del Jarama – habe ich wortwörtlich in *Identitätszeichen* aufgenommen. Andere Passagen, aus dem Abstand der Zeit gelesen, spiegeln die Zweideutigkeit und die Widersprüche wider, die zwischen einer verkürzten Sicht der Dinge und ihrer »ideologisierten« Deutung bestehen.

> Wenn es stimmt, daß der Streik ganz spontan begann und ausschließlich aus arbeitsrechtlichen Gründen, so verriet die Entwicklung der Streikbewegung doch vom ersten Augenblick an das Vorhandensein eines politischen Rahmens und einer politischen Koordination (...) Wenn die Kommunistische Partei, wie das Scheitern des Tags der Nationalen Versöhnung vom 5. Mai 1958 und des Pazifistischen Nationalen Streiks vom 18. Juni 1959 dies bestätigt, auch nicht die notwendigen Mittel und die Kraft hat, auf kaltem Wege einen Streik auszulösen, so hat sie jetzt doch bewiesen, daß die in zwanzig Jahren Untergrundtätigkeit erworbene Disziplin und Erfahrung ihr genügend Einfluß verschaffen, um den Protest der Massen zu kanalisieren (...) Angesichts der Diszipliniertheit und Gelassenheit der Streikenden greift die Regierung mal zum Mittel der Stärke, mal zu dem der Besänftigung, jedoch mit einer Unentschlossenheit, die die tiefe Krise ihrer Institutionen und Strukturen offenbart (...) Dem Ausland gegenüber bemüht sie sich, aus dieser Situation Nutzen zu ziehen, indem sie die augenblickliche Bewegung als einen Beweis für die »Demokratisierung« hinstellt, die für den Beitritt Franco-Spaniens zum Gemeinsamen Markt notwendig ist. Es ist durchaus vorhersehbar, daß die spanische Diplomatie sich dieses Themas in den nächsten Monaten annehmen wird. Der Plan, den reinen Arbeitsstreik zu legalisieren, ist bereits ein erster Schritt auf diesem

> Weg (...) Ein Zug hat sich gerade in Gang gesetzt, und Ridruejo gibt dem Bürgertum den Rat, noch schnell aufzuspringen, bevor es zu spät ist.* Die Anhänger eines liberaleren Systems laufen Gefahr, überrannt zu werden, wenn sie nicht heute schon die Verantwortung übernehmen, die ihnen zufällt.

Nach dieser maßvollen Darstellung der Lage, die ich auch heute nicht zurückzunehmen brauche, fügte ich einige Schlußfolgerungen hinzu, die lediglich Ausdruck meiner damaligen Ungeduld und abgrundtiefen Feindseligkeit gegenüber dem langen und schmerzlichen, wenn auch vorhersehbaren europäischen Ausweg waren:

> Die Staatsmacht, der ihre Anhänger nach und nach davonlaufen, scheint isolierter denn je. Jedenfalls sind ihre Tage – wie das Verhalten der Jungen beweist – gezählt (...) Das Regime ist in einer Phase der Auflösung angelangt, und nach dreiundzwanzig Jahren des Dahindämmerns steht das Land vor bedeutenden Änderungen.

Doch die sozialen Unruhen fielen nach einigen wesentlichen Konzessionen der Arbeitgeberseite, deren Auswirkungen sich erst viele Jahre später zeigen sollten, in sich zusammen. Nach der Rückkehr mit Monique und ihrer Tochter von einem Ferienaufenthalt auf Capri – wo wir uns mit Semprún und seiner Frau getroffen hatten, die beide Gäste des damaligen Herausgebers von *L'Unità* waren – fuhr ich am elften September enttäuscht wieder nach Spanien, um meine Nachforschungen über die Ereignisse von Yeste im Mai 1936 abzuschließen und am wilden Sühneritual der *encierros* teilzunehmen. In Begleitung von Ricardo Bofill und Vicente Aranda besichtigte ich den Staudamm, an dem die Tragödie ihren Ausgang genommen

* Anspielung auf ein berühmtes Interview des Dichters, das Wochen zuvor im *Figaro* erschienen war.

hatte, durchstreifte die Gemeindebezirke und die Waldwege, wo das Massaker an den Bauern stattgefunden hatte, kletterte die Bretterwände hinauf, lief über die Plätze und durch die Gassen, durch die mich zwanzig Jahre später eines der Tiere schleifen sollte, sprach lange und ausführlich mit einem Dorfbewohner über das, was vor und nach dem Krieg an diesem Ort geschehen war, amüsierte mich bis spät in die Nacht an den Buden und Jahrmarktsständen, um schließlich heftig an zwei Polizisten der Guardia Civil zu geraten, die in einem Gäßchen, das an den Gasthof angrenzte, in dem wir wohnten, auf unsere Rückkehr gewartet hatten. Das nächtliche Verhör – wozu wir hierhergekommen seien, aus welchem Grund ich mich so ausführlich mit einem Individuum mit Vorstrafenregister unterhalten hätte, dessen Gegnerschaft zum Regime allgemein bekannt sei, wer ihn mir und unter welchen Umständen vorgestellt habe? – fand in einem Torweg, fast in der Dunkelheit, statt, als wollte man uns einschüchtern. Obgleich die Sache nicht weiter verfolgt wurde und wir uns, nachdem wir uns ausgewiesen hatten, zurückziehen durften, wurde die Angelegenheit ruchbar: die Ankunft einiger aus Barcelona gekommener »roter Bürgersöhnchen« wurde im Dorf mißtrauisch und feindselig beobachtet. Wie ich erst kürzlich erfuhr, als ich wieder zu den Fiestas von Elche de la Sierra kam, wurde meine zufällige Unterhaltung mit einem nach dem Krieg eingekerkerten Sozialisten von zwei Repräsentanten der lebendigen Kräfte des Vaterlandes beobachtet – einem Tierarzt und einem Apotheker, beide inzwischen verstorben –, die die Geschichte nicht nur in der Kneipe weitererzählt, sondern sich in ihrem Patriotismus derart übertroffen hatten, daß sie mich bei der Guardia Civil verpfiffen. Nur ein einziger Pensionsgast – ein Mann mittleren Alters, abgemagert, kahlköpfig, mit asketischen kastilischen Zügen – wagte es, mit uns zu lächeln und mit mir ein freundschaftliches Gespräch über das anzuknüpfen, was bereits in aller Munde war. Nachdem er vorsichtig meine Meinungen ausgelotet hatte, zeigte er, wie ich mich erinnere, auf das rote Auto Bofills und fragte, ob mein Freund aus einer vermögenden

Familie stamme. Na ja, sagte ich, sie gehört zum Bürgertum. Zum nationalen oder zum monopolistischen? Zum nationalen, zum nationalen, beruhigte ich ihn. Mit diesem Identifikationsschlüssel, der so klar war, als hätte er mir seinen Parteiausweis gezeigt, erriet ich mühelos, daß der Ort, an dem er mit einem sehr netten Pariser Maler zusammengewohnt hatte, das Gefängnis und der Künstler Pepe Ortega war. Woher wissen Sie das? rief er bewundernd. Ihre Art zu reden ist eine Visitenkarte, gab ich zur Antwort. Der KP-Aktivist, einer jener Leute mit einem Gesicht, als hießen sie Ramiro, Prudencio oder Casto, hatte einen Spielzeugstand auf dem Jahrmarkt, und dorthin gingen wir, um ihm auf Wiedersehen zu sagen, als wir das Dorf verließen. In seiner bescheidenen Kabine thronend, pries er mit Hilfe eines primitiven Lautsprechers die Vorteile einer hübschen Gliederpuppe an.

Dieser Zwischenfall, der meinen Versuch, die Nachforschungen vor Ort fortzusetzen, zum Scheitern brachte, gab den endgültigen Ausschlag für meine Streifzüge durch den Südosten Spaniens, zu dem ich später ein Gefühl der Affinität oder Zugehörigkeit entdeckt hatte und von dessen Unterdrückung und Elend ich Zeugnis ablegen wollte. Von nun an komme ich nur noch sporadisch nach Spanien, widerwillig und gezwungenermaßen, da ich mich immer mehr diesem Land entfremde, das zwar auf dem Weg zum Fortschritt ist, doch moralisch und politisch stillsteht, das zwar stark und gesund ist, doch hartnäkkig stumm bleibt. Wie viele Spanier meines Alters habe ich auf etwas gewartet, was nie eintreffen sollte, und eine Zeitlang habe ich das schmerzliche Gefühl, betrogen worden zu sein. Die Aussichten, die ich vor mir habe, sind so klar wie unerträglich: das Regime würde so lange dauern, wie es die hassenswerte Figur seines Gründers geben würde. Ein Jahr nach dieser melancholischen Einsicht suche ich, zum Ausgleich gewissermaßen, in Kuba die Flamme einer wunderbaren Revolution mit ihren Verheißungen von Freiheit und Gerechtigkeit. Im Verhältnis zu Spanien und zu mir selbst eine *Flucht nach vorn*, die mich schließlich zu einem anderen Schreibstil führen sollte:

Häutung, Ende des Betrugs, allmähliche, befreiende Klärung einer riskanten und ungastlichen Identität.

In diesem Jahr 1962, in dem die Erzählung in Schleifen und Brüchen abläuft, wurde deine politische Aktivität intensiver, ging über den engen spanischen Rahmen hinaus, um sich neuen und radikaleren revolutionären Unternehmen zuzuwenden. Sie fiel mit einer Periode des literarischen Ruhms zusammen, der in keinem Verhältnis zum Umfang deines Werkes und seinen wirklichen Verdiensten stand und mit Sicherheit das Ergebnis deiner einträglichen und angepaßten Haltung als Mitläufer der Partei war, einer Zeit, die zugleich auch, wie du später noch zu zeigen versuchen wirst, die unglücklichste deines Lebens war. Die ungelösten Probleme deiner sexuellen Identität, die Ungewißheit deiner Verbindung mit Monique, der dumpfe, korrosive Eindruck, dich in deine Widersprüche zu verstricken, dich immer weiter von einem Ausweg zu entfernen, haben dich allmählich zur Neurasthenie und zum Alkohol geführt, die dir kurze Intervalle der Euphorie und der Inbrunst und dann wieder schraubenförmige Zyklen voller Depressionen und Selbstmordobsessionen bringen. Deine Begeisterung für das kubanische Abenteuer hatte nicht nur damit zu tun, daß du darin eine Abrechnung mit der verabscheuungswürdigen Vergangenheit deiner eigenen Familie sahst, sondern es war für dich zugleich auch die prophetische Verheißung einer möglichen gesellschaftlichen Revolution, die auf rimbaudsche Weise dein Leben verändern sollte. Der siegreiche Kampf einer Handvoll Männer gegen die angebliche Trägheit der hispanischen Völker und ihren traditionellen Fatalismus war in deinen Augen der unwiderlegbare Beweis dafür, daß sich die Dinge in deinem Lande radikal ändern ließen, unter der Voraussetzung allerdings, daß man Phantasie und Mut mit Wille und Opfergeist zu verbinden verstand.

Das kubanische Beispiel war zwar das spektakulärste, doch nicht das einzige: auch in Paris, wo du lebtest, zeigte ein anderes Volk, das algerische nämlich, täglich von neuem, daß

Würde und Gerechtigkeit sich gegen die brutale Gewalt durchzusetzen vermochten. Nächtliches Ausgehverbot, Verhaftungen, verschleierte Morde, Folter, Drohungen, Gewalttaten hatten es nicht vermocht, Zigtausenden von Einwanderern, die gegen Mitternacht auf wundersame Weise in einer Haltung gelassener und ernster Provokation aus den Metroschächten der Stationen Saint-Michel, Opéra oder Concorde auftauchten, Furcht einzujagen: betroffen, voller Ekel und Empörung gegen die *Weißhäute*, wohntest du den Verhaftungen und Razzien bei, wenn sie, ohne den geringsten Widerstand zu leisten, mit Kolbenschlägen in die Gefangenenwagen getrieben wurden oder in dichten Bataillonen aneinandergereiht auf der Place de l'Étoile standen, die *tout à coup était devenue jaune* (die plötzlich gelb geworden war), und dort standhaft stehenblieben, gespenstig, traumtänzerisch, brutal angestrahlt von den kreisenden Scheinwerferbündeln der Polizei. Dein augenblickliches Mitgefühl mit ihnen entsprach nicht nur deiner natürlichen Sympathie für die Randgruppen und die Unterdrückten und hatte auch keine ausschließlich politischen Gründe. Ein heimlicher, intimer Faktor – du warst fasziniert von der physischen Schönheit der algerischen Einwanderer – verband dich unlösbar mit ihnen. Ihre Gesichter verkörperten jene, die dir intuitiv, aber deutlich in deinen fernen Phantasien und Träumen erschienen waren, und deine Faszination wurde zur Leidenschaft: bereits nahe, obgleich immer noch verboten, wartete die männliche Welt, die blendend wie ein Licht vom Himmel in dein Leben einbrach, auf eine günstige Gelegenheit, dich niederzuschmettern und zu Boden zu reißen.

Eine konfuse Mischung aus Angst und persönlicher Unzufriedenheit, unerfüllter revolutionärer Sehnsucht und Solidarität mit einer kulturellen und menschlichen Landschaft, die dich bald fesseln sollte, erfüllt die Seiten deiner damals geschriebenen Bücher und Artikel. Während du dich später bemüht hast, die Dinge einzukreisen und die kritische Sicht der Wirklichkeit von deinem geistigen Bühnenbild und deiner Libido abzugrenzen, spiegelt dein Essay »Spanien und Europa«

schmerzhaft die widersprüchlichen Spannungen, Verkrampfungen, sublimierten Triebe und Ansprüche wider, mit denen du damals zu kämpfen hattest. Die an der Oberfläche des Textes zensierten Schattenzonen und Undurchsichtigkeiten infizierten ihn schließlich mit einer heimtückischen Irrationalität, und unter dem trügerischen Raster der marxistischen Ideologie tauchte hier und da der Faden einer traumtänzerischen revolutionären Phantasie auf. Im Spagat zwischen der Außenwelt und der subjektiven Authentizität war deine Analyse zumindest verworren und zusammenhanglos. Die fehlende Klarheit dir selbst gegenüber drückte sich unweigerlich auch in einer fehlenden Klarheit aus, was dein Verhältnis zur Welt und zu den anderen betraf.

Der Artikel, den ich, wenn mich meine Erinnerung nicht trügt, auf Bitten Simone de Beauvoirs oder eines anderen Redaktionsmitglieds der Zeitschrift *Les Temps modernes* geschrieben habe, gab vor, die Antwort auf einen Essay Enrique Ruiz Garcías zu sein, der einige Monate zuvor erschienen war und in dem der Autor, nachdem er sorgfältig das Für und Wider eines künftigen Beitritts Spaniens zur Europäischen Gemeinschaft erwogen hatte, zu dem Schluß kam, daß dieser Beitritt für die Nation einen historischen Fortschritt bedeuten würde und daß es auf Dauer keine Alternative dazu gäbe. Obgleich seine Analyse nicht die Probleme verheimlichte, vor die das besagte Ereignis die verschiedenen Klassen der spanischen Gesellschaft vom Standpunkt des Liberalismus und der Demokratisierung aus stellen würde, war sie den politischen Vorstellungen der Kommunistischen Partei diametral entgegengesetzt, die nach wie vor in das Dilemma des unerschütterlichen Status quo des Franco-Regimes oder einer angesichts der wachsenden Verelendung der Massen notwendig gewordenen demokratischen, antifeudalistischen und antimonopolistischen Revolution verrannt war. Während sich deine These nach außen hin den Positionen deiner Freunde anglich, entwarf dein Text in groben Zügen die Geschichte vom Scheitern des nach Europa ausgerichteten spanischen Liberalismus, um dann zu dem etwas paradoxen Schluß zu gelangen, daß Europa im Lichte der neuesten antikolonialistischen und antiimperialistischen Erfahrungen die tote Vergangenheit, die dritte Welt hingegen eine üppige und glänzende Zukunft repräsentiere:

> Über eineinhalb Jahrhunderte lang haben die fortschrittlichen spanischen Intellektuellen versucht, die Pyrenäen zu überwinden und die Schranken niederzureißen, die uns von Europa trennten, während der Konservatismus unserer herrschenden Klassen alle ihre Anstrengungen zunichte gemacht hat. Wenn uns heute nun ausgerechnet die alten Totengräber die Vereinigung mit diesem Europa vorschlagen, dürfen wir weder in die Falle einer vorgespiegelten Konzession gehen noch uns von ihrer hohlen Rhetorik verführen lassen. Antworten wir einfach: »Zu spät.« (...) Heute müssen wir unsere Blicke nach Kuba und auf die Völker Amerikas, Asiens und Afrikas richten, die für ihre Unabhängigkeit und ihre Freiheit kämpfen. Historisch symbolisiert Europa bereits die Vergangenheit, den Stillstand. Es ist vielleicht an der Zeit, daß wir uns afrikanisieren, wie Unamuno sagen würde, und den abgedroschenen Witz, daß »Afrika hinter den Pyrenäen anfängt«, zu einer Forderung erheben.

Wenn auch die Fakten deine Solidarität mit der von den »zivilisierten Nationen« ausgebeuteten und unterdrückten Welt durchaus rechtfertigten, so war die Identifizierung Spaniens mit dieser Welt dennoch abwegig und zeigte ganz deutlich deine damalige unglückselige Neigung, deine Ungeduld zu einem Gesetz der Geschichte zu erheben und deine Wünsche für die Wirklichkeit zu halten. Die tiefe Krise, in der du lebtest, schimmerte jedoch, wenn auch verzerrt durch ein politisches Engagement und eine wundervolle revolutionäre Schwärmerei, in einigen Zeilen durch, die sich durch ihre schmerzliche Aufrichtigkeit von dem düsteren prosaischen Magma deiner wirren Gefühle und Ideen unterscheiden: »Der Leser muß voller Mitleid verstehen, daß in Spanien zu schreiben weinen bedeutet und daß es keine schlimmere Strafe gibt, als unserer Wirklichkeit ohne Ausreden oder Ausflüchte ins Gesicht zu sehen. Der spanische Intellektuelle ist das Opfer einer tiefgehenden Neurasthenie. Die Verzweiflung Larras verfolgt ihn wie ein Gespenst, doch wie soll er ihr entgehen, wenn alle Tage grau sind? Man verzeihe uns also unsere selbstmörderischen Triebe. Es ist eben schwierig, zu leben und immer die Ruhe zu bewahren.«

In einer krankhaften, hinfälligen geistigen Verfassung, in einem aufgewühlten Zustand bist du mit Monique nach Sizilien gefahren, um dich dort einige Wochen zu erholen: dort überraschte euch dann die Oktoberkrise – der Gegensatz Chruschtschow–Kennedy in der Raketenfrage –, die die Welt an den Rand des Krieges brachte. Moralisch davon überzeugt, daß die Revolution Castros auch die von dir vertretenen Werte der Gerechtigkeit und der Freiheit verkörperte, brachst du abrupt die Reise ab und kehrtest nach Paris zurück. Einige Stunden später bist du zur kubanischen Botschaft geeilt, um der Revolution deine Dienste anzubieten, bereit, mit dem ersten Flugzeug, das die Blockade durchbrechen würde, nach Havanna zu fliegen. In jenen Tagen, in denen die Zukunft völlig ungewiß war und ausländische Sympathisanten und Gäste überstürzt die Insel verließen (unter ihnen ein weltberühmter kommunistischer Dichter), schien dein Entschluß abenteuerlich, um nicht zu sagen tollkühn. Trotzdem hast du ihn ohne Zögern und ohne Furcht gefaßt. Zum ersten und einzigen Mal in deinem Leben hast du das Risiko auf dich genommen, es wegen einer Sache zu verlieren, die du für wert befunden hast: du bist dann nach einer endlosen, von Aufenthalten, Wartezeiten, Registrierungen und Durchsuchungen in verschiedenen Flughäfen unterbrochenen Reise im belagerten, von der übrigen Welt abgeschnittenen Kuba an Bord einer alten, von nordamerikanischen Abfangjägern streng überwachten Kiste angekommen. Schließlich bist du auf dem Flughafen Rancho Boyeros gelandet und hast, mit einer Uniform bekleidet, die dir Carlos Franquí besorgt hat, deine erste Nacht auf einem Luftstützpunkt verbracht, der von nutzlos gewordenen russischen Artilleriegeschützen strotzte. Von dort aus hast du dann mit einigen Offizieren und Heerführern die »Säuberungsoperationen« an der Schweinebucht verfolgt. Im nachhinein findest du deine damalige Naivität jener sehr ähnlich, die Dichter und Schriftsteller vom Kaliber Cernudas, Spencers oder Audens dazu brachte, sich der spanischen Republik genau in dem Augenblick zur Verfügung zu stellen, in dem die Ideale, die sie unterstützten und verteidigten, sowohl den faschistischen als auch den stalinistischen Angriffen zum Opfer fielen – eine sympathische Haltung, von der du dich auch nicht distanzierst. Doch deine apokalyptische Sicht der Dinge und der unbewußte Wunsch, deine Probleme in einem Akt selbstmörderischer Aufopferung zu lösen, sind durch Übertreibung und Emphase gezeichnet und deuten auf eine *pathetic fallacy* hin, die dich stört und dir peinlich ist. Obgleich aufrichtig, war deine Geste übertrieben und verbarg in einem theatralischen Akt die Auseinandersetzung mit dir selbst und deiner Wahrheit. Dein Aufenthalt in Kuba, gerechtfertigt durch deine Arbeit als Drehbuchschreiber für das ICAIC (Institut der kinematographischen Künste und Techniken), war reich an politischen und persönlichen Ereignissen, die diesmal allerdings nicht deinen Erwartungen und deiner Begeisterung entsprachen: die allmähliche Degeneration des revolutionären Prozesses, die Sorgen der Schriftsteller und Intellektuellen, mit denen du befreundet warst, die ersten Ratten als Vorboten der Pest, die einige Jahre später jede Art von Nonkonformismus, jede abweichende Haltung befallen sollte, waren allzu sichtbar, als daß du sie hättest ignorieren können. Voller Zweifel über die Möglichkeiten und die wünschenswerten Bedingungen des kubanischen Modells im Hinblick auf die spanische Gesellschaft bist du nach Europa zurückgekehrt, wo du dich in Paris mit einer harten, aber gerechtfertigten Antwort auf deine windigen Dritte-Welt-Vorschläge konfrontiert sahst.

Der Essay von Francisco Fernández Santos, »España, Europa y el Tercer Mundo« (Spanien, Europa und die dritte Welt), für die *Tribuna socialista* geschrieben, wies die Schlußfolgerung deines Artikels zurück und legte deine Fehler, Unwahrheiten und Unstimmigkeiten bloß. Das Europa, dem wir uns heute gegenübersehen, argumentierte er, ist vielfältig und vieldeutig: die Meinung eines Linksintellektuellen über seine Kolonialpolitik in der dritten Welt ist eins, die Frage nach den strukturellen Auswirkungen eines Beitritts zu diesem Europa auf die spanische Gesellschaft ganz allgemein und auf das Franco-Regime im besonderen etwas völlig anderes.

> Aber ist es nicht so, daß Spanien in seinen häßlichsten Aspekten schon sehr afrikanisch ist? (...) Kann man im Ernst annehmen, daß eine auf die Afrikanisierung gegründete Politik (falls sie überhaupt mit einer gewissen Kohärenz formuliert werden kann, woran ich allerdings zweifle) nicht sofort die spöttische oder empörte Verwunderung des spanischen Volkes hervorrufen würde? Kann man diesem Volk etwas als Ziel vorgeben, was es gerade flieht? (...) Es scheint mir ganz klar und eindeutig, daß heute, unter der feudalistisch-kapitalistischen Diktatur, die die spanischen Massen unterdrückt, dieses Volk keinen anderen Ausweg, keinen anderen, realeren, wirkungsvolleren Anziehungspunkt hat als Europa. Die fortschrittlichen kapitalistischen Völker Europas erscheinen in den Augen der Spanier wie eine nahe, greifbare, verführerische Wirklichkeit, zu der eine immer größer werdende Anzahl von Menschen Zutritt verlangt. Unter diesen Umständen (...) ist eine reale Annäherung an Europa *in der Praxis* ein revolutionäres Projekt.

Die gut aufgebaute, in sich logische Argumentation deines Gegners und der strenge Ton, den er dir gegenüber anschlug, verletzten deine Eitelkeit und deine Eigenliebe. In aller Eile schriebst du eine Gegenreplik, in der du zwar einige unklare Punkte deines vorherigen Essays differenziert und klargestellt hast, ansonsten jedoch hartnäckig bei der Behauptung geblieben bist, daß es neben einer konkreten, verführerischen und bei der Mehrzahl der Spanier sicherlich auch populären europäischen Lösung noch andere gäbe, unter denen die kubanische trotz aller Schwierigkeiten und trotz ihres minoritären Charakters die dialektische Überraschung des Neuartigen heraufbeschworen habe. In Wirklichkeit war dir sehr unbehaglich zumute, als du dich gegen die Kritik Fernández Santos' zur Wehr setzen mußtest, denn dadurch warst du gezwungen, öffentlich einige jakobinische Positionen einzunehmen, an die du auf Grund deiner Erfahrungen mit der kubanischen Polizeibürokratie und angesichts des deutlichen Aufschwungs und wachsenden Wohlstands des spanischen Bürgertums schon eine ganze Weile nicht mehr so recht glaubtest. Um deinen plötzlichen Schwenk einige Monate später zu verstehen, muß man wissen, daß er sich bereits nach deiner zweiten Reise nach Havanna angebahnt hatte und daß dich lediglich die unglückliche Polemik, in die du dich verstricktest, dazu zwang, nach außen hin einen durch die Umstände bedingten Radikalismus zur Schau zu stellen.

Als Fernández Santos deine Haltung als die typische »revolutionäre Ausflucht oder die Pseudorebellion« eines Bourgeois mit schlechtem Gewissen definierte, legte er den Finger auf die Wunde; allerdings irrte er, als er darin den Ausdruck von moralischem Opportunismus und den Wunsch nach einer politischen Karriere sah. Was als reine Konfrontation von Ideen begonnen hatte, endete sehr spanisch mit einem giftigen Austausch persönlicher Disqualifizierungen, grober Schmähungen und verächtlich machender Beschuldigungen. Zwar beruhigte sich »das zornige Geschlecht der Poeten«, für das du ein Beispiel abgegeben hast, schon recht bald, so wie auch dein Gefallen am literarisch-mondänen Leben schwand, doch die Lektion, die dir damals erteilt wurde, sollte entscheidend und zugleich beschwörend sein. Ein Essay, der praktische Vorschläge enthielt, mußte absolut klar sein und schloß daher eine Infizierung mit Kompensationsphantasien ebenso aus wie eine durchsichtige Zurschaustellung deiner Libido. Wenn du in Zukunft in deinen Artikeln Meinungen und Ideen zum Ausdruck bringen würdest, sollte die der Literatur eigene irrationale Komponente – diese rein poetische Wahrheit, die, in die Sphäre des Realen gehoben, ihren Sinn verliert und sogar irrig erscheinen mag – nicht mehr in den Bereich des Konkreten eindringen und arglistig ihre maldororischen Grenzen überschreiten.

Im Anschluß an ein Abendessen bei Gisèle Halimi mit Jorge Semprún und Teresa de Azcárate trafen Monique und ich uns immer öfter mit dem mythischen und scheuen »Federico Sánchez«. Bis dahin hatte sich mein Kontakt mit ihm auf meine fast immer schweigsame Teilnahme an den Kulturseminaren beschränkt, die im Atelier des Bildhauers Báltasar Lobo stattfanden und bei denen er mit jenem ein wenig überlegenen Ernst, den ihm sein Amt verlieh, sich kurz und präzise in die Diskussionen oder Gespräche einschaltete, wobei er stets den Eindruck erweckte, als hätte er weit fort eine andere, dringendere Verabredung und bedauere innerlich diese ungeheure Verschwendung von Zeit und Worten: verstohlene Blicke auf die Uhr, professionelles Wohlwollen gegenüber dem Wortschwall der Spanier, kurzes, gezwungenes Lachen, wenn er aufstand und den leninistischen Stammtisch beendete. Obgleich mich niemand über die Identität Semprún–Federico Sánchez aufgeklärt hatte, brauchte ich nicht lange, um eine Verbindung herzustellen und diese Identität zu erraten. Monique teilte meine Faszination für den Menschen Semprún und sein Janusgesicht: im Unterschied zu jenen langweiligen und kleinkarierten Landsleuten, die meine Exilgefährten waren und deren ewiger nostalgischer Diskurs über das Vaterland mit den Jahren zu so etwas wie einer alten, unerträglichen und verkratzten Schallplatte wurde, war Jorge gebildet, verführerisch, ungezwungen und brillant, bewegte sich im intellektuellen französischen Milieu wie ein Fisch im Wasser und brachte seine Kühnheit als Mann der Aktion mit einer verschütteten Leidenschaft für die Literatur in Einklang. Wie ich später feststellte, schrieb er gerade mit Unterbrechungen an *Die große Reise*, hütete jedoch eifersüchtig das Geheimnis einer Beschäftigung, die mit seiner verantwortungsvollen Stellung und dem Todernst eines »Kaders« nicht in Einklang zu bringen war und offen gestanden auch im Gegensatz dazu stand. Erst einige Monate später, während meines zweiten Aufenthalts in Kuba, gelang es Monique, ihm die Zunge zu lösen und etwas über sein geheimnisvolles Manuskript in Erfahrung zu bringen; sie gab nicht eher nach, als bis er ihr das Manuskript lieh. Der Roman war großartig, wie sie mir sofort voller Begeisterung nach Havanna schrieb. Hinter seiner Fassade eines Ideologen und städtischen Robin Hood entpuppte sich Jorge plötzlich als bemerkenswerter und ambitionierter Schriftsteller: zwei oder drei Monate später verlieh die internationale Jury von Formentor, die sich in Korfu versammelt hatte, seinem Buch den verdienten Preis, während die *paparazzi* eiligst die sensationelle Meldung verbreiteten, daß der Preis dem öffentlichen Feind Nummer eins der Franco-Polizei zuerkannt worden sei.

Fernando Claudín, ein Genosse Jorges aus der Führungsmannschaft der Kommunistischen Partei Spaniens, erwies sich trotz seines langjährigen Aufenthalts in der UdSSR und einer befremdlichen, auf den ersten Blick beunruhigend wirkenden Physiognomie, die als russisch oder sowjetisch zu bezeichnen ich zögere, bei näherer Bekanntschaft als offener und einfacher Mensch, der an kulturellen und künstlerischen Problemen interessiert und meilenweit von dem Monolithismus und der Engstirnigkeit entfernt war, durch die sich seine politischen Glaubensgenossen besonders auszeichneten. Seine Frau Carmen und er kamen oft mit den Semprúns zum Abendessen in die Rue Poissonnière: an die Strenge, Härte und Vorsicht eines Untergrunddaseins im Industriegürtel von Paris gewöhnt, wurden sie durch die freie, ungeordnete und bohemehafte Atmosphäre, die sie bei uns zu Hause fanden, angezogen. Zum erstenmal in meinem Leben freundete ich mich enger mit einigen Kommunisten und – was noch bemerkenswerter war – mit einigen Führungskadern der Partei an, in deren Gesellschaft ich mich ganz spontan wohl fühlte, ohne diesen lästigen Eindruck, mit den Vertretern einer festgefügten, starren Gruppe zu diskutieren, zu plaudern oder zu lachen, die, wie alle religiösen Sekten, die sich im Besitz der Wahrheit wähnen, ihren Mitgliedern eine Art sakramentalen Charakter verleiht und ihr Gesicht zeitweise in eine steife, undurchdringliche Maske verwandelt. Das war auch der Grund, weshalb ich ihr Angebot vorbehaltlos annahm, als beide mir mitteilten, daß sie die Leitung der Kulturzeitschrift der Partei übernehmen sollten, und mich baten, dem Redaktionskomitee anzugehören: trotz meiner Unfähigkeit, doktrinäre Ochsen und ihre ephemeren Bekundungen schlangenhaft zu verdauen, entsprach die offene, antidogmatische Linie, die meine Freunde vertraten, voll und ganz meinem Geschmack und Temperament. Ein Beweis für den neuen Weg, den *Realidad* einschlug, war der lange Essay Claudíns über die bildenden Künste, ein Essay, der für einen westlichen Leser lediglich Elemente weiterentwickelte und Fakten erklärte, die von niemandem oder fast niemandem angezweifelt wurden, die für den Sowjetblock und die von ihm ideologisch und territorial Abhängigen jedoch ein subversives Manifest darstellten, das noch durch den Umstand potenziert wurde, daß es in der offiziellen Zeitschrift einer »Bruderpartei« erschien und darüber hinaus das Werk eines Mitglieds ihres Exekutivausschusses war. Die Wirkung dieser ketzerischen Thesen in der geschlossenen, selbstgenügsamen Sphäre des Dogmas trat auf der Stelle ein und war äußerst heftig: Alfredo Guevara, der Direktor des ICAIC, damals mit den Galionsfiguren der ehemaligen Sozialistischen Volkspartei wegen der Verbreitung »bürgerlicher« und »dekadenter« Filme in eine rüde Polemik verstrickt, ließ den Artikel pro domo in Kuba nachdrucken, da er in ihm einen ideologischen Regenschirm sah, der ihm gelegen kam. In den Reihen der spanischen Partei erhob sich allmählich ein empörtes und schrilles Protestgemurmel, das – obgleich zu Anfang aus heiligem Respekt der Basis vor allem, was die Autorität und die Hierarchie betraf, nur gedämpft zu vernehmen – bald von Santiago Carrillo und seinen Getreuen ausgeschlachtet werden sollte, um seinen Genossen an dem Tag politisch und ideologisch zu vernichten, an dem seine Divergenzen mit ihm offen zum Ausdruck kamen.

Die Freundschaft, die uns mit den Sempruns und den Claudíns verband, festigte sich im Verlaufe des Jahres 1963: das lange, grausame Sterben der Mutter von Monique in einer Zeit, in der meine Beziehungen zu ihr auf dem Tiefstpunkt waren; unsere Ohnmacht angesichts der Parodie eines Prozesses und des legalen Mords an Julián Grimau, als wir beide um Mitternacht ins Gebäude des »Secours Populaire Français« liefen, wo Jorge, Carrillo und andere Führer oder bekannte Mitglieder der KP vergeblich auf eine wundersame Intervention des Papstes hofften, die das Urteil aufheben würde; die Aufregung und Freude über den Preis für Sempruns Roman hatte mich den beiden, trotz meiner häufigen Depressionen und der beängstigenden Bewußtseinsspaltungen, politisch und menschlich nähergebracht. Ihre treffende, differenzierte Sicht Spaniens und der demokratischen Perspektiven, die die schnelle Entwicklung unserer Gesellschaft eröffnete, beeinflußte sicherlich auch die meine in dem Maße, in dem ich meine außerhalb der Wirklichkeit liegenden theoretischen Traumtänzereien, Luftspiegelungen und *trompe-l'œils* aufgab. Ende Dezember begann ich mit der Ausarbeitung eines Artikels, in dem ich, von einigen weniger subjektiven, wackligen und trügerischen Prämissen ausgehend, wieder das Problem der Beziehungen zwischen Spanien und Europa aufgriff. Das Thema war für mich äußerst wichtig, nicht nur aus rein politischen Gründen, sondern vor allem wegen seiner persönlichen und literarischen Interferenzen. Solange ich an die Möglichkeit eines radikalen, gewaltsamen Wechsels unserer Gesellschaft glaubte, hatte ich meine Feder in bisweilen bornierter und didaktischer Weise in den Dienst dieses Ziels gestellt. Meine nationalistisch-patriotische Haltung jener Jahre kam aus der irrigen Überzeugung, daß die spanische Revolution eine wünschenswerte und nahe bevorstehende Alternative sei; als mir jedoch klar wurde, daß sich das Land unter dem Regime modernisierte und verbürgerlichte und daß sich dieses Regime so lange an der Macht halten würde, wie Franco lebte, ließ mein Eifer nach. Wie ich einige Jahre später, als ich diesen Umschwung analysierte, in einer knappen Zusammenfassung feststellte, konnte das Spanien, das 1960 auf Grund einer günstigen europäischen Konjunktur und der friedlichen Invasion von Millionen von Touristen einen Neuanfang erlebte, weder die leidenschaftliche Liebe seiner Intellektuellen sein noch die mystische Glut des Engagements entfachen: »Daraus folgt jedoch keineswegs«, schrieb ich, »daß die Intellektuellen sich nun nicht mehr auf vernünftige und praktische Weise für die Belange ihres Landes interessieren: ich meine nur, daß ihre Leidenschaft, falls es sie gibt, sich auf andere Bereiche erstrecken wird.«* Ich verglich die spanische Situation der sechziger Jahre mit der britischen zu Anfang des 19. Jahrhunderts – als die Schriftsteller und Künstler nach der Durchsetzung der politischen Freiheiten, der Lösung der religiösen Konflikte und nachdem das Land in eine wilde Industrierevolution gestürzt worden war, die seine moralische und physische Landschaft zerstörte, sich nicht mehr von den nationalen Problemen inspirieren ließen –, wies darauf hin, daß das Herz dieser Schriftsteller und Künstler, auch wenn sie sich in das politische und gesellschaftliche Leben Englands einmischten, dennoch für andere Dinge schlug, wie das im Juli 1936 bei Ausbruch des Spanischen Bürgerkriegs noch einmal geschah. Unser Land, der Schlußwagen Europas, war im Begriff, seine Kontraste sowie die dramatischen Züge seines pittoresken Äußeren und seiner Rückständigkeit zu verlieren, ohne daß es damit auch die materiellen und moralischen Vorteile der reicheren Nationen erlangt hätte. Der Kampf für die politischen und gewerkschaftlichen Freiheiten, für die Aufhebung der sozialen Ungerechtigkeit und die Abschaffung der Zensur mußte zwar fortgesetzt werden, doch solche Ziele vermochten schwerlich die gleiche Heftigkeit und Inbrunst hervorzurufen wie etwa die vietnamesische oder palästinensische Sache. Das Bild Spaniens näherte sich immer mehr dem Bild der übrigen Länder Europas, und so wie kein französischer Linksintellektueller für

* Interview mit Julio Ortega, einige Jahre später in *Dissidenten* nachgedruckt, Suhrkamp, Frankfurt a. M. 1984.

Frankreich, kein Holländer für Holland und kein Engländer für England irgend jemanden in einen Zustand der Begeisterung versetzen konnte, so verlor auch unser Einsatz für ein Spanien, das weder utopisch noch revolutionär war, sondern besonnen und bürgerlich, seine Daseinsberechtigung. Die Axt eines anachronistischen Nationalismus mußte begraben werden, es galt, sich der Wirklichkeit anzupassen. Diese Metamorphose veränderte die Strategie des Schriftstellers und selbst die Natur seines Diskurses: sein geistiger Adressat war ein anderer geworden. Als ich auf die meiner früheren »engagierten« Literatur innewohnenden Werte verzichtete, tat ich es natürlich in dem Bewußtsein, nicht einer schwachen oder verfolgten Kultur anzugehören, sondern einer starken, weitgespannten, reichen und dynamischen, wie es die spanische Kultur in ihren beiden Einzugsgebieten Spanien und Iberoamerika ist. Die Tatsache, daß ich mich von einigen unterdrückenden, sterilen Identitätszeichen frei machte, öffnete mir den Weg für einen pluralistischen Literaturraum ohne Grenzen: vom Franco-Regime verboten, konnten meine Bücher in Mexiko oder in Buenos Aires Asyl finden. Von nun an würde die Sprache – und nur die Sprache – mein wahres Vaterland sein.

Von meinen neuen Gewißheiten beseelt, versuchte ich, sie in verkürzter, klarer und überzeugender Form darzulegen. Das Regime hatte durch seine repressive Politik gegenüber der Arbeiterklasse, die Aufrechterhaltung der alten Produktionsweisen auf dem Agrarsektor sowie dadurch, daß es die falangistische Rhetorik in den Dienst der Monopole stellte, die Grundlagen für die moderne kapitalistische Akkumulation gelegt: während auf der einen Seite der Erfolg des Stabilisierungsplans dem Bürgertum eine unerwartete Perspektive bot und ihm die Sicherheit und das Vertrauen gab, die ihm vorher fehlten, verbesserten die massive Auswanderung nach Europa und die spektakuläre Zunahme der Stellenangebote auf dem inländischen Arbeitsmarkt die Situation der spanischen Arbeiterklasse ganz entscheidend, so daß ihre Lohnforderungen sich eher denen annäherten, die die französischen oder italienischen

Arbeiter bei ihren Arbeitgebern durchsetzten, als denen des spanischen Proletariats zehn Jahre zuvor, als es sich wehrlos einer monolithischen, brutalen, von einem verängstigten und horizontlosen Bürgertum unterstützten Macht gegenübersah. Der Strom der Touristen einerseits und der der Auswanderer andererseits fegten die traditionelle, an die althergebrachten Produktionsweisen gebundene Mentalität hinweg. Auf diese Weise entdeckte das spanische Volk die volkswirtschaftlichen Werte der »fortschrittlichen« Gesellschaften und paßte sein Verhalten und sein Streben mimetisch den calvinistischen Grundsätzen der Modernität an. Nur die republikanischen Exilspanier und insbesondere die Kommunistische Partei, die ich allerdings nicht erwähnte, hielten eine Stellung hoch, die mehr und mehr von der Wirklichkeit entfernt war: das Franco-Regime würde nicht durch den revolutionären Kampf der Massen zugrunde gehen, sondern durch eine gesellschaftliche Dynamik, die seine Substanz aushöhlen und es zu einem leeren, nutzlosen Panzer machen würde:

> Die Tatsache, daß die begonnene Evolution nicht die ist, die 1951, 1956 oder 1961 vorausgesehen wurde, ist kein ausreichender Grund, sie zurückzuweisen oder so zu tun, als ob es sie nicht gäbe. Die Analysen und Programme müssen sich den Fakten anpassen und nicht umgekehrt. Es besteht nicht der geringste Zweifel, daß die Veränderung äußerst schmerzliche moralische, politische, soziale, wirtschaftliche und sogar ästhetische Anpassungen mit sich bringt; wir müssen jedoch die Intelligenz und den Mut besitzen, den Dingen ins Auge zu schauen.
> Auf das verführerische und ein wenig romantische Traumbild des heldenhaften Spaniens von 1936 ist eine triviale, undankbare und zweideutige Wirklichkeit gefolgt. Ein Zug hat sich nach zwanzig Jahren Immobilismus in Bewegung gesetzt, und die Parteien und Intellektuellen von links, die nicht darauf gefaßt waren, stehen weiterhin auf dem Bahnsteig. Doch es ist sinnlos, die Wirklichkeit des Zuges zu leug-

nen oder einen Strick am letzten Waggon anzubringen, um ihn in die entgegengesetzte Richtung zu ziehen. Das Problem besteht eher darin, auf den fahrenden Zug aufzuspringen und seine Geschwindigkeit soweit wie möglich zu erhöhen.*

Mein Artikel war im Januar 1964 fertig, und ich zeigte Semprún und Claudín das Konzept; ich erinnere mich, daß beide anderer Meinung waren und mir Änderungen und Erläuterungen vorschlugen und mit mir über konkrete Punkte sowie über Fragen der Nuancierung diskutierten. Dieser Meinungsaustausch beeinflußte die endgültige Form meines Artikels nur unwesentlich; jedenfalls war er im Gegensatz zu dem, was später gesagt wurde, in keiner Weise entscheidend. Obgleich ich den Text bereits Anfang des Jahres beim *Express* abgegeben hatte, wurde er erst drei Monate später gedruckt: der Chefredakteur der Zeitschrift hatte zu seiner Veröffentlichung auf einen geeigneten Anlaß gewartet und kam schließlich zu dem Schluß, daß der erste April, der fünfundzwanzigste Jahrestag von Francos Sieg, das geeignetste Datum sei. Der Umfang des Essays und sein nachdenklicher, von den Anekdoten der Tageschronik losgelöster Charakter machten eine solche Verzögerung möglich, ohne daß die Aktualität darunter litt. In der Zeit zwischen Ablieferung und Veröffentlichung führten die theoretischen und strategischen Meinungsverschiedenheiten zwischen Semprún und Claudín einerseits und ihren Genossen im Vorstand der Partei, die bereits im Sommer 1963 während eines Lehrgangs für »Kader« in der Nähe von Arras klar zutage getreten waren, zu einer Reihe von Diskussionen mit der von

* Daß dieser strukturelle Wandel in Spanien bereits in den sechziger Jahren wahrgenommen wurde, kann man sowohl in »Carta de España« (Brief aus Spanien) aus dem Band *El pie de la letra* (Buchstäblich) von Jaime Gil de Biedma als auch in einigen schönen und bissigen Gedichten von José Ángel Valente, wie etwa »Melancolía del destierro« (Melancholie der Verbannung) und »Ramblas de Julio, 1964« aus dem Band *La memoria y los signas*, Madrid, Revista de occidente, 1966, feststellen.

Carrillo angeführten Mehrheit. Ich stand völlig außerhalb dieses Streits, mit dem ich nichts zu tun hatte, und meine beiden Freunde brachen nicht ihr Schweigen, das ihnen wegen des geheimen Charakters dieser Auseinandersetzung auferlegt war; aus ihren einsilbigen Anspielungen auf gewisse Probleme schloß ich jedoch, daß sie beunruhigt waren. Wie ich später herausfand, hatte eine erste Reihe von Gesprächen mit den in Frankreich lebenden Mitgliedern des Exekutivkomitees zu keiner Übereinstimmung geführt. Dazu gedrängt, ihre Kritiken schlicht und einfach zu formulieren, stimmten Semprún und Claudín schließlich zu, dies schriftlich zu tun und sie einige Wochen später in Gegenwart der Pasionaria mit ihren Genossen zu diskutieren. Die Sitzungen des Redaktionskomitees der Zeitschrift *Realidad* wurden vorübergehend eingestellt, und Claudín widmete sich mit seiner üblichen Energie und Gelassenheit der Darstellung und Verteidigung seiner Positionen. Ende März fuhren beide nach Prag und verabschiedeten sich von uns bei einem gemeinsamen Abendessen in der Rue Poissonnière als Schauspieler, die ihre Rolle und den unglücklichen Ausgang der Geschichte genau kannten: gut gelaunt und mit einem Funken melancholischer Resignation. Was sich bei dieser entscheidenden Vollversammlung zugetragen hat, sollte der spanische Leser einige Jahre später anläßlich der Veröffentlichung von *Federico Sánchez – Eine Autobiographie* erfahren. Während dieser anfänglich harten, bald jedoch hitzigen Auseinandersetzung war ich in Paris, tausend Meilen von dem sich anbahnenden Sturm entfernt. Am zweiten April erschien mein Artikel »Man stirbt nicht mehr in Madrid« im *Express*, zusammen mit einer zugkräftigen kurzen Einführung über den im Laufe der letzten Jahre in Spanien eingetretenen »entscheidenden Wandel«. Zwei oder drei Tage später besuchte mich ein befreundeter Schriftsteller, der kürzlich aus Madrid gekommen war und dem gerade jemand den Inhalt meines Essays mit sehr unfreundlichen Worten kommentiert hatte. Obgleich der Schriftsteller ihn noch gar nicht gelesen hatte, teilte er mir doch seine Sorge über meine möglicherweise revisionistischen und verbürgerlichten Positionen mit. Etwas verärgert über seine Voreingenommenheit, sagte ich ihm, er solle den Artikel erst einmal lesen, bevor er ihn verurteile, da ich sehr daran zweifelte, daß er so negativ sei, wie er ihm geschildert worden sei. Ich fügte noch hinzu, daß ich ihn Semprún und Claudín zu lesen gegeben hätte und daß sie ihn bis auf einige Einwände und bestimmte, abweichende Ansichten weder unbegründet noch defätistisch gefunden hätten. Mein Kollege versprach, ihn aufmerksam zu lesen und vor seiner Rückreise nach Spanien mit mir darüber zu diskutieren. Dieses Gespräch fand jedoch nie statt, dafür bekam ich einen Anruf von Gregorio López Raimundo, den ich nur vom Sehen kannte und der mich dringend zu treffen wünschte. Ich verabredete mich mit ihm noch für denselben Nachmittag bei mir zu Hause, da ich auf seinen Besuch neugierig war und mich auch über die Eile wunderte, die er an den Tag legte. Kaum hatten wir uns begrüßt, als er mich auch schon fragte, ob es stimme, daß ich meinen im *Express* erschienenen Artikel seinen beiden Kollegen gezeigt hätte. Ich sagte ja, allerdings sei dies im Rahmen unserer persönlichen und freundschaftlichen Beziehungen geschehen, so wie ich ihn auch jedem anderen Bekannten aus der Partei hätte zeigen können, Sastre zum Beispiel oder Teresa de Azcárate. Ich wies ausdrücklich darauf hin, daß beide Einwände vorgebracht hatten, die ich nicht immer in Betracht gezogen habe, und daß folglich die Verantwortung für den Text ausschließlich bei mir liege. López Raimundo verhehlte mir nicht, daß er die Angelegenheit für sehr ernst halte: sie gehöre, wie er mir sagte, zu einer weitaus umfassenderen Offensive gegen die politische Linie der Partei. Seine Pflicht sei es, seine Genossen in der Führung über den Inhalt unseres Gesprächs zu informieren: er oder ein anderer seiner Genossen würde mich dann später anrufen und mit mir über das Problem diskutieren.

Nach ihrer Rückkehr aus Prag hatten meine beiden Freunde in groben Zügen von der Vollversammlung in der alten Burg der böhmischen Könige und ihrem Ausschluß aus dem Exekutivkomitee berichtet. Ich erzählte ihnen von meiner Unterredung mit López Raimundo und seinem Interesse für ihre mögliche Mitwirkung an meinem Artikel im *Express*, doch in der Lage, in der sie sich im Augenblick als Opfer eines Vernichtungsprozesses oder einer Rufmordkampagne befanden, in reinster stalinistischer Tradition des Revisionismus beschuldigt, maßen sie der Sache keine allzu große Bedeutung bei. Ihre frühere Erfahrung mit den Methoden der Partei, wenn es galt, Trotzkisten oder Abtrünnige auszuschalten, auch physisch, verlieh ihnen die strahlende Unerschrockenheit des zum Tode Verurteilten, der bereits alles verloren hat, außer seiner Ehre. Meine Sorge wegen des *Express*-Artikels war dennoch gerechtfertigt. Ich bekam wieder einen Anruf, diesmal von Juan Gómez, der mir seinen unmittelbar bevorstehenden Besuch ankündigte. Der Mann von Teresa de Azcárate, damals der größte Experte der Partei in Wirtschaftsfragen, fragte mich mit aufgeregter Stimme, ob es wahr sei, daß ich López Raimundo gesagt hätte, seine Frau kenne den Artikel. Ich sagte ihm, daß dem nicht so sei: López Raimundo, der leicht schwerhörig war, hatte mich falsch verstanden. Einigermaßen erleichtert, kam Juan Gómez nun zum Kern des Problems: ob mit oder ohne Hilfe der beiden Abtrünnigen geschrieben, enthielt mein Artikel eindeutige Irrtümer, bezog reformistische Positionen, stand im direkten Widerspruch zur Partei und müßte von ihr in der Zeitschrift *Realidad* entschieden zurückgewiesen werden. Die Aufgabe, diese Antwort zu schreiben, sei ihm zugefallen, und sie würde, wie er mir mit ernster Stimme voraussagte, sehr hart sein. Da die französische Fassung des Artikels leicht gekürzt worden war und einige Ungenauigkeiten enthielt, händigte ich ihm das kurz zuvor in Mexiko veröffentlichte spanische Original aus. Juan Gómez verabschiedete sich höflich von mir, nicht ohne mir zuvor die Zweckmäßigkeit einer Begegnung mit Carrillo nahezulegen, um ihm gegenüber meine Rolle in der Angelegenheit klarzustellen, die er ganz offensichtlich für ein gut eingefädeltes Komplott mit vielfältigen Verzweigungen hielt.

Doch Moskau, Rom oder Santiago hatten bereits ihr Urteil

gefällt, ohne meine Zeugenaussagen und meine Proteste in Betracht zu ziehen. Am neunzehnten April berief die illegale Kommunistische Partei Spaniens in einem Lokal der kommunistischen Gemeinde Stains eine Versammlung ein, in deren Verlauf Carrillo, der sich illegal in Frankreich aufhielt, zum erstenmal das Wort ergriff, um in einer Rede voller kryptischer Anspielungen und verschleierter Angriffe die beiden Abwesenden, deren einzige für nicht informierte Parteigenossen lesbare Spur zu mir führte, der finstersten Konspiration gegen die Partei anzuklagen: die in den Reihen der Partei im Hinterhalt liegenden Revisionisten und Kapitulanten könnten sich in Zukunft im *Express* zu Wort melden, aber nicht mehr in der *Realidad*! Wie mir Semprún und Claudín sagten – denen mehrere Teilnehmer an der Veranstaltung Carrillos Worte hinterbrachten –, hatte Carrillo beschlossen, die interne Polemik der Parteiführung vor der Basis zu erörtern, und bediente sich meines Artikels als scharfer Waffe gegen sie beide, indem er ihnen infamerweise die Verantwortung dafür zuschob. Da er ihre Namen noch nicht nennen konnte oder wollte, richtete er seine Angriffe auf meinen Artikel und machte ihn so zum Sündenbock für jegliche Zensur, zu jenem Punchingball, auf den wochen- und sogar monatelang die Schläge niederprasseln sollten.

Obgleich mich dieses Vorgehen nicht im mindesten überraschte, versetzten mich der darin erkennbare Zynismus, die Verachtung der Wahrheit und der völlige Mangel an Respekt gegenüber Menschen – in allem dem so ähnlich, was im verschanzten Lager des Regimes gang und gäbe war – in große Bestürzung. Die elementarsten Regeln der Demokratie und der Redefreiheit wurden fröhlich mit Füßen getreten; der Ideenkampf verwandelte sich in einen armseligen Zweckprozeß, dessen höchstes Ziel die Zerstörung oder Verteufelung des Gegners war. Wie ich später von Francesc Vicens, einem Mitglied des Redaktionskomitees der Zeitschrift *Realidad*, erfuhr, fand die Einberufung des besagten Komitees hinter dem Rücken der drei Pestkranken statt, und ohne sich zu irgendeiner Erklärung für eine so auffallende Abwesenheit bereit zu zeigen, verkündete Juan Gómez, daß der Leitartikel in der dritten Nummer von *Realidad* der Widerlegung meines unglücklichen Artikels gewidmet sei. Vicens und andere Anwesende schalteten sich ein und schlugen vor, mich, da ich ebenfalls zum Redaktionskomitee gehörte, einzuladen, damit ich mit den anderen Redakteuren der Zeitschrift über die Angelegenheit diskutieren konnte. Dieser Vorschlag, obgleich von der Mehrheit unterstützt, wurde nicht befolgt; statt dessen wurden die, die ihn befürworteten, rücksichtslos aus der Redaktion ausgeschlossen. Doch dies alles war bloß ein Auftakt, und während die Krise zwischen den Anhängern Carrillos in der Führung und den Ausgeschlossenen sich verschärfte, fiel ich von einem Schrecken in den nächsten. Eines Tages erfuhr ich, daß meine Vorstellungen bei allen Zellenversammlungen »diskutiert« wurden, gewissermaßen als Horsd'œuvre zu einem gehaltvolleren und perfideren Angriff auf meine Freunde. Wie zwei Intellektuelle der PSUC (Sozialistische Einheitspartei Kataloniens), der Labour-Anwalt August Gil und der Ex-Architekturstudent Javier Martín Malo, in einem langen, am dritten April 1978 in der Wochenzeitschrift *Mundo* erschienenen Interview erklärten, wurden beide Ende Mai 1964 zu einer illegalen Parteiversammlung des Parteikomitees von Barcelona, dem sie angehörten, geladen: im Verlauf dieser Versammlung informierte sie der Sprecher der Pariser Parteiführung, Josep Serradell alias »Román«, über den Ausschluß Claudíns und Semprúns aus dem Zentralkomitee wegen ihrer »rechtsabweichlerischen«, »defätistischen«, »antileninistischen« und »sozialdemokratischen« Positionen: »Als einzigen und unwiderruflichen Beweis las uns Román einen Artikel von Goytisolo vor, in dem es mehr oder weniger hieß, der spanische Kapitalismus sei in einer Phase des Aufschwungs und auf Grund dieser wirtschaftlichen Entwicklung sei der Gedanke, das Franco-Regime breche bald zusammen, reine Utopie (...) Das Unglaubliche an diesem Fall ist die Tatsache, daß J. G. nicht einmal Mitglied der Kommunistischen Partei war, sondern lediglich ein persönlicher Freund Claudíns und Semprúns. Dennoch behauptete Román, beide hätten sich seiner bedient, um ihren Thesen Publizität zu verschaffen.« Die Folge dieser in den Untergrundorganisationen so stark verankerten Konspirationsparanoia war der Geheimbericht »Románs«, dessen Inhalt und Code Vicens für mich dechiffrierte, als er seine Archive nach Spanien brachte: da Serradell wußte, daß ich mich in Katalonien aufhielt – meine letzten Ferien in Torrentbó, kurz vor dem Ableben meines Vaters –, setzte er die Genossen über meine Anwesenheit in Kenntnis und gab ihnen den Rat, mich »überwachen zu lassen«. Die Geschichte wiederholt sich bisweilen auf geradezu groteske Weise und macht damit das Drama zur Farce: Die Ähnlichkeit zwischen den schriftlichen Angriffen und dem Polizeieifer des Regimes mir gegenüber und der Situation, in der ich mich jetzt befand, war tatsächlich außerordentlich erhellend und beispielhaft.

Die erwartete Antwort Juan Gómez' auf meinen Artikel kann man heute nicht mehr lesen, ohne für ihn rot zu werden: die größte wirtschaftspolitische Autorität der Partei manipuliert und unterschlägt mit der Kunstfertigkeit eines Marionettenspielers Daten und Gegebenheiten, um zu beweisen, daß Spanien bei allem Anschein eines wirtschaftlichen Fortschritts nach wie vor hinter den übrigen europäischen Ländern herhinke, daß das Regime rettungslos in Auflösung begriffen sei und ein harter Klassenkampf ihm »schließlich« den Rest geben würde. Leider waren sein Triumphalismus und sein Katastrophengeschwätz keine Ausnahme und nichts Einzigartiges: alle Kommentare und Erklärungen der spanischen KP waren durchdrungen davon. Ein Leitartikel in der Zeitschrift *Treball* mit dem Titel »Fünfundzwanzig Jahre Frieden?«, zur gleichen Zeit erschienen wie mein Artikel im *Express*, beschrieb die Situation mit diesen Worten: »Während die Arbeiterklasse und das Volk im Vertrauen auf eine nicht ferne Zukunft der Freiheit diesen Jahrestag kommen sehen – nie zuvor hatte sich der Auflösungsprozeß des Franco-Regimes so klar und deutlich gezeigt wie in diesem Jahr –, feiert die Diktatur das Vierteljahrhundert des Sieges mit Tönen, die mehr an einen Trauer- als an einen Triumphmarsch erinnern.« In dieser dünn gewordenen Luft der Selbstzufriedenheit hätte man genausogut mit einer Wand reden können, statt seine Zuflucht bei den Fakten zu suchen: die Kühnheit Sempruns und Claudíns, die dies zu tun gewagt hatten, war eine Verletzung des Optimismusgebots, deren Folgen leicht zu erraten waren.

Die Erfahrungen, die ich in jenen Monaten machte, waren hart, doch die meiner ausgeschlossenen Freunde, ganz besonders die Claudíns und seiner Familie, waren noch härter. Während Jorge eine Reihe persönlicher Trümpfe besaß – legaler Aufenthalt in Frankreich, eine vielversprechende literarische Karriere –, saß Fernando auf der Straße, ohne Papiere, ohne Geld, ohne Arbeit. Verleumdet, in moralischer Quarantäne lebend, Opfer heftiger Pressionen mit dem Ziel, Frankreich zu verlassen und das »großzügige Angebot« eines Rückzugs, um nicht zu sagen der ewigen Ruhe, in den Ländern des Ostens zu akzeptieren – angefangen bei dem Versuch, ihn aus seiner kleinen Wohnung in La Courneuve zu vertreiben, so daß er obdachlos geworden wäre, bis hin zur physischen Einschüchterung, die ihn dazu zwang, vorübergehend seinen Wohnsitz zu verlassen und in Paris in einer *chambre de bonne* (Dienstmädchenzimmer) zu wohnen, wo er sich sowohl vor der französischen Polizei als auch vor den eigenen Genossen versteckte –, überstand er alle Prüfungen, ohne seine Kaltblütigkeit, seine Geduld und seinen Mut zu verlieren. Als ich Jahre später in den Büchern Blanco Whites über die Inquisitionsverfahren der katholischen Kirche las, mit denen die Häretiker kleingehalten oder ausgeschaltet wurden – Tricks, Machenschaften, Fallen –, überraschte mich die Parallele zwischen dem historischen Modell und dem, was meine Freunde in neuerer Zeit erlebt hatten. Der Gebrauch von Argumenten ad hominem, der Eifer, mit dem der Gegner herabgesetzt wurde, die absolute Verachtung jeglicher Normen der Ethik und der Gerechtigkeit, die ich damals entdeckte, flößten mir von nun an ein heilsames Mißtrauen gegenüber den angeblich demokratischen Idealen einer

Organisation ein, die nicht einmal vor dem Gebrauch von Gewalt, Zwang und Heimtücke bei den eigenen Mitgliedern zurückschreckt. Die von der Partei gepriesene Gesellschaft der Zukunft konnte schwerlich aus einer solchen Verbindung von Tiefschlägen, Haß, Skrupellosigkeit, Machthunger, Spionagekomplex und Irrationalität hervorgehen. Was in Spanien nach der Legalisierung der KP geschah – diese groteske Tribüne von Schismen, Brüchen, Ausschlüssen, Verurteilungen, die doch tatsächlich *risum teneatis* mit Prügeln für Carrillo und seinem endgültigen Verschwinden in der Versenkung enden sollte, alles in der lächerlichen Hintertreppenatmosphäre mit Haareraufen, Gekreisch und Beleidigungen, die Taugenichtsen oder Marktweibern angestanden hätte –, es überraschte mich nicht und machte mich auch nicht traurig. Wenn ich nach dem Bannfluch Claudíns und Semprúns tugendhafte und spießige Kritiken darüber hörte, daß ich mich vom »realen Sozialismus« und seinen rosigen Verheißungen entfernt hätte, begnügte ich mich damit, dies innerlich mit Ironie zu übergehen. Die Anschuldigungen, einem bürgerlichen Individualismus zu gehorchen, prallten an einer durch die Erfahrung gegerbten Haut ab. Ohne Groll und Bitterkeit und um den Preis einiger verlorener Federn und Schrammen habe ich mir aus eigener Kraft dieses Privileg erworben: das intime Recht auf ein Lächeln.

Die systematischen Verleumdungen jener Monate hörten nicht auf; nach der Lawine, die im Anschluß an die ruhmlose Mailänder Episode auf mich herabging, lernte ich sowohl die Härte meines Vaterlandes als auch den Glanz meiner eigenen Isolierung kennen. Auf Juan Gómez' Leitartikel zu antworten und mich auf eine neue Polemik einzulassen hatte keinen Sinn. In der augenblicklichen Situation der Verfolgung konnte ein Familienstreit der Linken nur dem Regime nutzen: in einem Zustand größter Erleichterung beschloß ich, meine Rolle als tumber Politlehrling aufzugeben und das Thema erst wieder am hypothetischen Tag von Francos Tod aufzugreifen.

Elf Jahre lebst du physisch und moralisch abgeschnitten von Spanien, fern von seiner historischen Entwicklung, Herr des umfassenden Vergessens: während dein Name aus den Zeitungen verschwindet, werden die in Paris, Mexiko, Buenos Aires gedruckten Bücher streng verboten. Dennoch trägt diese Verfemung zu deinem Entschluß bei, der zu sein, der du bist, deine Wahrheit und deine Werteskala gegenüber den Normen und Riten deiner Sippe zu behaupten: dem Druck des hartnäckigen Energiediebes ein Ende zu setzen. Von nun an wirst du zwar deine politische Meinung über Santo Domingo, die Tschechoslowakei oder Palästina äußern, aber nicht mehr über Spanien. Seine vorhersehbare Entwicklung unter dem Franco-Regime interessiert dich nicht mehr. Es kommt vor, daß du das Land auf dem Weg nach Oran, Uxda oder Tanger durchquerst: es ist für dich nur noch ein Hotel, eine Pension, ein Durchgangsort, ein Fleck auf der Landkarte. Abneigung, Gleichgültigkeit, Distanz, die in extremen Augenblicken deinen Träumen Nahrung geben, zum Beispiel maltesischer Staatsbürger zu werden, auf irgendeine Weise den begehrten Ausweis als Staatenloser zu bekommen: dich von der Dornröschengesellschaft der Deinen zu entfernen, vom großen Volk der Stummen, die durch ihr langes, schrilles Schweigen taub geworden sind. Hartnäckige, neurotische Verleugnung deiner Heimat, instinktiver Wunsch zu fliehen, wenn sich deine Nachbarn emphatisch in deiner Sprache ausdrücken, unerklärliches Unbehagen, wenn du auf Landsleute triffst, die sich nicht an dich wenden, sondern an deinen lästigen Doppelgänger: dreist deine Identität leugnen, dem Störenfried in einer holprigen, fremden Sprache antworten. Heftige Zurückweisung einer Welt, die du mit vielsagender Doppeldeutigkeit durch eine wachsende Begeisterung für ihre Geschichte und Kultur kompensierst: das heißhungrige Verschlingen der Klassiker, das Wiederlesen Asíns und Américo Castros, Geblendetsein, die Abneigung Blanco Whites. Unvergeßliche Erfahrung, dich selbst zu übersetzen, als du ihn übersetzt hast, ohne hinterher zu wissen, ob es ihn wirklich gab oder ob er eine ferne Inkarnation deiner selbst war. Feststellen, daß sein Kampf und sein moralischer Weg auch die deinen sind, denn das Unterdrückungssystem, gegen das er kämpfte, setzt sich in dem fort, das du kennst. Wie er die Strafe in eine Gnade verwandeln. Leicht und gewinnbringend die Last auf sich nehmen, die dir dein Schicksal auferlegt: in der Luft lebende Gattung, Windnelke, die offen ist für neue Klimas und Reize. Befruchtender Aufenthalt im Maghreb, Reisen in die Sahara, lustvolles Umherschlendern im Labyrinth von Istanbul, langsame Fahrt flußabwärts im dunklen Glanz der Nubier. Das Erlernen neuer Dinge: du beziehst Gehalt als Gastprofessor – fruchtbare Nähe zur Welt der Universität, Faszination des New Yorker *melting pot*. Dein Leben aufteilen zwischen Paris, Manhattan und Tanger, ohne Schmerz und ohne Sehnsucht nach der Iberischen Halbinsel.

Ein illusorischer Eindruck, wie die Wirklichkeit dir beweisen sollte.

Im September 1975 warst du in die Vereinigten Staaten geflogen, um einen deiner üblichen Kurse in Pittsburgh abzuhalten, und dort erfuhrst du vom Prozeß, der Verurteilung und Hinrichtung der baskischen KP-Mitglieder. Das Bild des todkranken Diktators, der seine groteske Rede hielt, brachte dir das Drama der Inés de Castro in Erinnerung, das du in deiner Kindheit im Kino gesehen hast: ein feierlich auf dem Thron sitzender Leichnam, bekleidet mit den Attributen der Autorität, nahm auch sie die schweigende Huldigung der Höflinge entgegen, die verzaubert waren vom Symbol einer unbeweglichen, verfestigten Macht, die sich aus Trägheit über den Tod hinaus fortzusetzen schien. Ein heftiger Ekel angesichts des Schauspiels, der Wunsch, das Drama mitsamt seinen Helden und Komparsen für immer in der Bibliothek eurer Klassiker archiviert zu sehen, machte dir klar, daß deine Gleichgültigkeit fiktiv war und daß das alte Gefühl der Scham für alles, was das offizielle Spanien von damals repräsentierte, dich bis ins Grab begleiten würde. Allein und isoliert in der Stein-, Metall- und Zementlandschaft des *Golden Triangle*, warst du mehrere Wochen lang süchtig nach den Fernsehnachrichten, eine Beute deines Zorns und deiner Ohnmacht, Gefühle, die du längst erloschen glaubtest. Vom Anruf Moniques, die dir die anschließend dementierte Nachricht von seinem Tod mitteilte, bis zum endgültigen Eintritt dieses Todes erinnertest du dich an deine spanische Kindheit und Jugend, als würdest du dem Todeskampf jenes Mannes beiwohnen, der in Wahrheit das monströse Oberhaupt deiner Familie war. Die Gewißheit, eine Waise zu sein, sobald derjenige dahinscheidet, dessen Schatten seit dem zerstörerischen Sturm des Bürgerkrieges über dir geschwebt hatte, entfachte in dir den dringenden Wunsch, wieder über ihn zu schreiben, ein für allemal die Art eurer Beziehungen zu klären, die stärker, einflußreicher waren als die, die dich mit einem nur vermeintlichen Vater verbanden. In der Nacht zum zwanzigsten November schriebst du den Entwurf zu jenem Text, den du einige Tage darauf in Washington in der Bibliothek des Kongresses als eine winzige, aber tröstende Rache gegen diese nicht sehr verehrungswürdige Institution vorgelesen hast, die so sehr dazu beigetragen hatte, ihn dein ganzes Leben lang an der Macht zu halten: ein Text, der die direkte Erwähnung seines Namens vermied (»In memoriam F. F. B. 1872-1975«), jedoch die verabscheuungswürdige Realität seiner Vaterschaft einforderte und damit wohl auch (ohne daß du es damals wußtest) der Kern oder Keim dieses Streifzugs ins Minenfeld der Autobiographie sein sollte.

II

Die Pantoffeln des Empedokles

In einem statistischen Jahrbuch über die literarischen Aktivitäten des Jahres 1963 auf dem gesamten Erdball, veröffentlicht unter der Schirmherrschaft der UNESCO, kam mein Name auf der Liste der am häufigsten aus dem Spanischen übersetzten spanischen Schriftsteller gleich hinter dem von Cervantes. Anstatt daß mir das schmeichelte, rief diese Feststellung zunächst einmal Unruhe und dann Bestürzung in mir hervor. Ein Erfolg, der sich so wenig mit den Schwachstellen und dem fehlenden Gehalt des Werkes vertrug, konnte doch nur das Ergebnis einer Summe von Umständen und Irrtümern sein, die auf die eine oder andere Weise mit meiner Person zusammenhingen. Hatten die opportunistische und mißbräuchliche Identifizierung meines Namens mit der Sache der spanischen Demokratie und meine kleine, privilegierte Stellung in der Welt der Verlage und der Presse dieses leicht exportierbare Bild des jungen, engagierten Autors geschaffen, der so haargenau allen unser Land betreffenden Klischees und Stereotypen entsprach? Dieses Phänomen sah völlig von der Spezifität des literarischen Faktors ab: es spielte ausschließlich auf der Ebene der Verlagsinteressen. War ich nicht, wie damals einige meiner Kritiker schrieben – und damit, um die Wahrheit zu sagen, mein eigenes Unbehagen zum Ausdruck brachten –, ein »erstaunlich aufgeblasener Ballon«, aus dem zur gegebenen Zeit die Luft entweichen würde, »um damit wieder zur richtigen Größenordnung zurückzufinden«?

Ein erstaunlich aufgeblasener Ballon, wie dieser von Larra in einigen seiner Essays meisterlich beschriebene *Gasmann*: die Genauigkeit des Bildes erschreckte mich. Aber wie und von wem aufgeblasen? Eine gut gefügte Kette von Ursachen und Wirkungen hatte mich in einem Zeitraum von fünf Jahren zu einem dieser offiziellen Fähnriche der fortschrittlichen Sache in der spanischen Welt gemacht, der sowohl von der Propagandamaschinerie der Parteien als auch von einer Intelligenzija willkommen geheißen wurde, die hartnäckig an den Mythen des romantischen Spaniens und seines unglücklichen Bürgerkriegs hing. Während sich die finnischen, norwegischen, ukrainischen oder slowakischen Fassungen meiner Romane auf den Regalen meines Bücherschranks stapelten, war die Rue Poissonnière ein obligatorischer Treffpunkt für alle kulturellen Projekte oder Begegnungen geworden, die die Iberische Halbinsel betrafen. Meine Freundschaft mit den Redakteuren von *L'Express, France-Observateur* und *Les Temps modernes* verlieh mir einen winzigen literarischen und politischen Einfluß, dessen ich mich eine Zeitlang schamlos bediente. Eine Mischung aus marxistischem Sektierertum, dem Wunsch, im Mittelpunkt der Aktivität zu stehen, und dem erbärmlichen Gefühl der Rivalität führte dazu, daß ich mich nicht sehr rühmlich verhielt, ein wenig in der Art jener Arrivisten der Presse und der Welt der Verlage, deren shakespearische Leidenschaften und von Machiavelli inspirierte Machenschaften ich selber Jahrzehnte später zu beobachten Gelegenheit haben sollte. Hatte ich mir nicht, wie eine Handvoll Schriftsteller, die ich heute verabscheue, auf Kosten des historischen Unglücks meines Vaterlandes frühreif eine glänzende literarische Karriere aufgebaut? Das Werk des patriotischen Autors in den Himmel zu heben, der sich mit den Mißbräuchen und Übergriffen eines verhaßten und hassenswerten Regimes anlegt, heißt in solchen Fällen, die Sache der Gerechtigkeit zu verteidigen und umgekehrt. Die Gleichung ist zwar allzu einfach und trügerisch, doch höchst gewinnbringend für den Dichter oder Romancier, der sich schamlos darauf einläßt. Man kann einen einzelnen kritisieren, der ohne Deckung schreibt, nicht aber ein Volk im Kampf – und noch weniger einen ganzen Erdteil. Der erstaunlich aufgeblasene Ballon,

Sprachrohr des Zorns, der Träume und Hoffnungen von zweihundert Millionen Menschen, wird erhaben über Gut und Böse schweben.

Angeberische Eitelkeit, narzißtische Selbstzufriedenheit, Aufgeblasenheit eines Pfaus? Die Geschwulst war vorhanden, sie war zu spüren: Fehleinschätzung zwischen dem Sein und dem Bild, zwischen der äußeren Person und dem versteckten Ich, zwischen dem umgänglichen, mondänen Romancier und seinem schlaflosen, depressiven Namensträger, zwischen dem politischen Kämpfer und dem verängstigten Menschen, zwischen dem »normalen« Ehemann und dem immer häufiger von heftigen, grandiosen, martialischen nächtlichen Phantasien Heimgesuchten. Ein leichtes, aber hartnäckiges Gefühl der Unsicherheit und der Mißlichkeit – etwa so, wie wenn man im Traum den Eindruck hat, mit der Leichtigkeit und der Ungezwungenheit eines Fred Astaire dahinzutanzen, während man sich im Unterbewußtsein daran erinnert, wie ungeschickt man in Wahrheit ist – verstärkte noch das Gefühl der Fremdheit und Distanziertheit, das ich mir selbst gegenüber empfand. Die Geschwulst des anderen, seine politische Begeisterung, seine mondänen Konzessionen, sein moralischer Opportunismus, seine Engstirnigkeit, seine Überheblichkeit waren für mich erdrückend und schwer zu ertragen. In dem Maße, in dem ich feststellen mußte, daß die marxistischen Ideale in der Praxis, also außerhalb der theoretischen Ebene, nicht nur an Glanz verloren, sondern düster und schimpflich wurden, ließ auch mein politischer Eifer nach. Bedeutete meine Teilnahme an den Versammlungen, Projekten, Diskussionen, Kongressen nicht eine ungeheure Zeitverschwendung, aber auch eine anstrengende Verschwendung von Energien? Entsprachen die Abendessen und Verabredungen mit Schriftstellern, Journalisten und Verlagsangestellten wirklich meinem und Moniques Charakter, unserem wachsenden Bedürfnis nach Zurückgezogenheit und Vertraulichkeit? Hatten wir nicht einen Weg eingeschlagen, der uns nicht behagte und der von uns Anstrengungen verlangte, die in keinem Verhältnis standen zu der Befriedigung, die sie uns brachten? Diese und andere Fragen, die ich mir im Verlauf von zwei oder drei Jahren stellte, trugen am Ende ihre Früchte und führten zu einem Entschluß: ich mußte den aufgeblasenen Ballon zum Platzen bringen, ihn aufstechen, ihn auf menschlichere und ehrlichere Maße zurückführen.

Der Entschluß, gegen mein eigenes Bild in den Krieg zu ziehen, stand zwar fest, doch die Gefechte dauerten jahrelang, und die Ergebnisse des Kampfes ließen auf sich warten. Selbst heute ist es mir immer noch nicht gelungen, es in den Köpfen jener, die mich kannten, völlig auszulöschen, und trotz aller Anstrengungen sind auch weiterhin schwache Spuren in mir zurückgeblieben. Von allen Schlachten, die ich gegen meine persönlichen, von mir verachteten Neigungen geschlagen habe, ist diese vielleicht die undankbarste und härteste gewesen. Wie soll ich mich von diesem auf den ersten Blick vom Glück begünstigten Doppelgänger aus meiner Jugendzeit trennen, dessen Vorlieben, Ideen und Ambitionen nicht mehr die meinen sind und mich sogar anwidern? Die geduldigen Bemühungen, mich von ihm frei zu machen, sind nicht immer von Erfolg gekrönt gewesen. In den Ballon zu stechen verlangte eine Reihe von Veränderungen und vor allem Verzicht, was mein Leben durcheinanderbrachte. Um das zu erreichen, mußte ich meine bescheidene, aber allgemein beneidete Stellung in der Verlagswelt für eine zweifelhafte, riskante, schwierige Stellung in der Welt der Literatur aufgeben; ich mußte eine finanzielle Alternative zu meinen Schriftstellereinkünften finden; ich mußte verlorene oder unpopuläre Sachen verteidigen statt der zweckmäßigen oder einträglichen; ich mußte isoliert leben und meine Feindschaften pflegen; vor allem aber mußte ich aufhören, die Berufung als eine berufliche Karriere und den Romancier oder Poeten als Sprachrohr von nationalem Interesse anzusehen. Nur die Zeit und ihr unvermeidliches Gefolge von Irrtümern und Ungeschicklichkeiten erlaubten es mir, einige kurze Analekten zu bilden, nach denen ich mein Verhalten auszurichten versuchte: ein winziger Sieg, dessen knotige Striktheit in Zukunft jedoch die verworrenen Beziehungen klärte, die ich in der Vergangenheit mit mir und den anderen unterhalten hatte.

Von einem bestimmten *Alter an lernt der Mensch, dem freiwillig zu entsagen, was zweitrangig oder zufällig ist, um sich an jene Erfahrungsbereiche zu halten, die ihm das größte Vergnügen und die höchste Erregung bereiten: Schreiben, Sex und Liebe werden von nun an dein tiefstes, authentischstes Territorium sein: alles übrige ist nur ein erbärmlicher Ersatz dafür, auf den zu verzichten dir ein rein egoistisches, elementares Prinzip der Ökonomie rät und dessen du dich folglich auch völlig enthalten wirst: wer danach strebt, eine Persönlichkeit zu werden, der opfert, wie du an deinem eigenen Beispiel feststellen konntest, seine innerste Wahrheit einem Bild, dem äußeren Profil: die literarische Gnade ist ein aleatorisches und subtiles Phänomen, das sich in der Regel an denen, die dieser Gnade hinterherlaufen, dadurch rächt, daß sie sie verläßt: von deinem Aussichtsturm in den Verlagshäusern aus hast du im Verlaufe der Jahre zahlreiche Beispiele literarischer und moralischer Verwüstung miterlebt: diese Selbstinszenierung, die der Schriftsteller veranstaltet und bei der er, weil er dem Echtesten und Persönlichsten seiner selbst untreu wird, am Ende – ohne zu wissen, wie – seinen ursprünglichen Stand der Gnade verliert.*

Einige Wochen nach meiner Ankunft in Paris bat mich Mascolo, ihm die Lektoratsarbeit dadurch zu erleichtern, daß ich eine erste Auswahl unter den spanischen Manuskripten traf, die sich in seinem Büro bei Gallimard stapelten und dort Staub ansetzten. Obgleich es sich um eine sehr schlecht bezahlte Arbeit handelte, hatte sie für mich den Reiz, meine Beziehungen zu Monique und ihren Kolleginnen enger zu gestalten, während sie mich andererseits mit Schriftstellern in Kontakt brachte, die ich vom Hörensagen kannte oder seit meiner Universitätszeit bewunderte. Diese freundschaftliche Nähe hatte für einen unerfahrenen Autor aus der Provinz, wie ich einer war, eine stimulierende und zugleich schädliche Wirkung. Einerseits lernte ich auf diese Weise die Werke der Romanciers, Dichter, Essayisten oder Dramatiker kennen, denen ich in der Empfangshalle von Gallimard oft begegnete, andererseits schmeichelte es meiner jugendlichen Eitelkeit, mit ihnen in Kontakt zu sein und ihr wohlwollendes, unverdientes Du zu akzeptieren. Eindringling im Allerheiligsten der Pariser Intellektuellen, wäre ich wie so viele andere dem Glanz des mondänen literarischen Lebens erlegen – dieses vom Romangenie Proust ausführlich beschriebenen Universums –, wenn mein politisches Engagement und die heilsame Strenge Moniques nicht rechtzeitig ein Gegengewicht dazu gebildet hätten. Durch meine Verbindung zu ihr und der Mannschaft um Mascolo hatte ich sofort Zugang zu einer Gruppe mit einer klaren, bestimmten Linie gefunden, deren entschiedene Positionen gegenüber dem Stalinismus und den rechtsgerichteten Schriftstellern mir den Mut nahmen, mich außerhalb der Mauern eines genau abgegrenzten Lagers umzutun. Zwar erreichte ihre Unbeugsamkeit nicht die extrem zu nennende Debords und seiner winzigen Situationistischen Internationale, konnte sich aber mit der Bretons und seiner Schüler durchaus messen. Mit einer Endgültigkeit, die in den Kreisen der Rive gauche sehr verbreitet war, bedeutete die Bejahung bestimmter Positionen und Ideen automatisch auch die Disqualifizierung und totale Ablehnung der Meinungen des Gegners. Während Camus in ihren Augen den leeren, abstrakten Moralismus symbolisierte, verkörperte Aragon das Bild des totalen und vollkommenen *salaud* (Schweinehund). Selbst Sartre, mit dem sie immerhin Affinitäten und Kriterien gemein hatten, verhielt sich ihrer Meinung nach der Partei gegenüber opportunistisch, so als wolle er durch seinen Flirt mit dem Stalinismus seine einstige apolitische Haltung gegenüber den Nazis kompensieren. Sein berühmter Essay über das Wiederauftauchen von Stalins Gespenst mit den sowjetischen Panzern in Ungarn hatte den Streit mit meinen Freunden nicht gelöst: die Bezeichnung »Sartrianer« hatte in ihrem Mund immer eine pejorative und abwertende Färbung.

Deshalb war Camus' Verhalten mir gegenüber auch kalt und abweisend, obgleich er sich lebhaft für Spanien interessierte und dem spanischen Regime gegenüber eine sehr würdevolle Haltung einnahm, die so weit ging, daß er bei der UNESCO die Tür zuschlug, als der Vertreter der Franco-Regierung dort eintrat. Manchmal traf ich ihn auf der Treppe oder in den Fluren des Verlags, doch zu meiner Enttäuschung begnügte er sich damit, höflich den Kopf zu neigen. Da ich mit Monique zusammenlebte und folglich einer vom Mascolo-Clan war, gehörte ich für ihn zu denen, die sich zum Zeitpunkt der durch seinen Essay *Der Mensch in der Revolte* hervorgerufenen Polemik mit Sartre verbündet hatten. Wie mir Monique später erzählte – als sich ihre Ideen weiterentwickelt hatten und sie offen ihre jugendliche Ungerechtigkeit gegenüber Camus eingestand –, sei Camus einmal in das Büro gekommen, in dem sie und andere Verlagsangestellte saßen und gerade die Antwort Sartres auf seinen offenen Brief in *Les Temps modernes* laut vorlasen, während sie die härtesten Passagen mit Bleistift anstrich. Er habe sie nach der letzten Nummer der Zeitschrift gefragt, in der man ihn offenbar angegriffen hatte. Camus nahm das Exemplar, das deutlich sichtbar auf dem Tisch lag, und warf einen Blick auf die von ihr angestrichenen Seiten, während die anderen verlegen schwiegen. Die Wunde, die ihm Sartres Text zufügte – zahlreichen Zeugen zufolge traf ihn die Lektüre hart –, verband sich in seiner Erinnerung mit der Situation, in der sie ihm geschlagen wurde; seit jener Zeit hatte der Autor von *Die Pest* einen Trennungsstrich zwischen den Leuten gezogen, die ihn umgaben: vor der Mehrheit von Anhängern der zwar brillanten, jedoch oft irrigen Argumente Sartres sollte er sich zu einer kleinen Gruppe von Getreuen und Freunden flüchten, die ihm herzlich zugetan waren.

In jenen Jahren verkehrten Monique und ich oft in der Wohnung in der Rue Saint-Benoît, wo Mascolo und Marguerite Duras nach ihrer Trennung mehr schlecht als recht zusammenlebten. Dort sprachen wir in einer Atmosphäre, die nach und nach mit Rauch und unterirdischen Spannungen aufgeladen wurde, mit Edgar und Violette Morin, Robert Antelme, André Frenaud und Louis-René des Forêts bis zum Einbruch der Nacht über Literatur und Politik. Ich erinnere mich an die warme, volle, faszinierende Stimme Marguerites, an diese subtile Magie, die sie ihren Romanhelden und Theaterfiguren mitgibt, an die absichtliche Dramatik, die sie noch der unbedeutendsten Diskussion aufzwingt. Wir tranken viel, und obgleich wir beide nichts mit der Vergangenheit und der Komplizenschaft des Clans zu tun hatten, wurden wir hier großzügig und warmherzig aufgenommen. Nachdem ich kurz zuvor die Werke Genets und Violette Leducs entdeckt hatte, tastete ich mich nun an die poetische Welt unserer Freundin heran: auf Anraten Moniques nahmen die Verantwortlichen des spanischen Verlagshauses Seix Barral bald ihre Werke unter Vertrag und ließen sie ins Spanische übersetzen. Später verstärkte der Erfolg ihres ersten Ausflugs in die Welt des Films – das Drehbuch zu dem Film *Hiroshima mon amour*, bei dem Alain Resnais Regie führte – ihre natürliche und sympathische Veranlagung zur Egozentrik und zum Narzißmus. Als wir wieder einmal über ihre Bücher, ihre Theaterstücke und ihre Filmarbeiten gesprochen und dabei ihre jeweiligen Verdienste miteinander verglichen hatten, unternahm einer der Gäste beim Dessert den schüchternen Versuch, das Gespräch auf die letzten Ereignisse in Algerien zu bringen, worauf sich Marguerite hinter einem schroffen Schweigen verschanzte und schließlich ausrief: *Bon, puisque vous avez une conversation technique, je m'en vais* (Gut, wenn ihr in ein technisches Gespräch vertieft seid, kann ich ja gehen).

Das einzige nicht in Paris wohnhafte Mitglied der Gruppe, den Romancier Elio Vittorini, lernte ich auf einer Reise nach Venedig kennen, die ich im Januar 1957 mit Monique unternahm und auf der wir uns auch einige Tage in Mailand aufhielten. Unmöglich, dieses Dachgeschoß im Viale Gorizia – einer Straße, die ziemlich weit vom Zentrum entfernt lag und an einen trüben, unansehnlichen Kanal grenzte – zu vergessen, in dem der Schriftsteller wohnte. Das Gesicht Vittorinis prägte sich durch die Schönheit ein, die es ausstrahlte; der ernste Ausdruck, der Schnurrbart, das graue Haar, ein Blick, der den Gesprächspartner voller Neugier und Sympathie erforschte; sein linkisches, verlegenes Lächeln, das trotz der Lebhaftigkeit und der Feinheit der Person seine ländlich-derbe Herkunft verriet; eine außerordentliche Verbindung von Kraft und Intelligenz, der Anschein von Wildheit und eine häusliche Sanftheit verführten jeden, der die Gelegenheit hatte, ihn im engsten Kreis zu erleben, wenn er, umgeben von seiner Frau und seinen sizilianischen Freunden, erzählte, diskutierte, lachte und, wie in seinem Dorf, eine lebhafte Partie Karten spielte. Ginetta besaß neben ihm die gleiche zarte und wilde Stattlichkeit: hochgewachsen, heiter, mit edlen Zügen, hatte sie eine Stimme, deren Zaubermacht der Marguerites ähnlich war. In der Aura ihrer strahlenden Schönheit boten beide das harmonische Bild eines emblematischen kastilischen Paars, Löwe und Löwin, friedlich und lieblich, vereint in einer so leuchtenden, vollkommenen

Verbindung von Mann und Frau, wie ich sie nie zuvor gesehen hatte und nie wieder sehen sollte. Ginetta und Elio empfingen uns mit offenen Armen: sie kannten Monique seit der Zeit ihrer Scheidung und freuten sich sichtlich, sie glücklich und voller Vitalität zusammen mit mir zu sehen. Vittorini war zwei Sommer zuvor in Spanien gewesen und daran interessiert, mit einem Spanier meines Alters über die Situation des Landes und die Zukunft des Franco-Regimes zu diskutieren. Später übte sein literarisches Werk vorübergehend einigen Einfluß auf das meine aus: als er den spanischen Text von *Campos de Níjar* las, brachte er mich auf die Idee, ihn mit einer erzählerischen Struktur fortzusetzen, und im Lichte seiner Erfahrung mit *Im Schatten des Elefanten* schrieb ich den Dokumentarroman *La Chanca,* dessen spanische Ausgabe ich ihm post mortem widmete. Nach unserer Rückkehr aus Venedig besuchten wir sie wieder wie alte Freunde. Ginetta bewirtete uns mit ihren kulinarischen Spezialitäten, und Elio plauderte mit uns in einer Herzlichkeit und Einfachheit, die in dem auffälligen Zoo jener, die von der Tollheit der Literatur befallen sind, ungewöhnlich ist. Sein Tod acht Jahre später stürzte uns beide in tiefe Trauer: von allen Schriftstellern außerhalb des Bereichs meiner eigenen Sprache, mit denen ich je zu tun gehabt hatte, war Vittorini – neben Genet – derjenige, der mir als Person den größten Respekt und die höchste Wertschätzung einflößte.

Gleichzeitig mit der Gruppe um Mascolo führte mich Monique durch ihren Hausarzt in einen kleinen Kreis von Künstlern und Schriftstellern ein, die in ihren Anfängen mehr oder weniger mit den Surrealisten verbunden waren. Dr. Théodore Frankel war in seiner Jugend einer der Gründer dieser Gruppe gewesen und ist auf den Fotos jener Zeit, diskret im Hintergrund, zusammen mit Breton, Crevel und Aragon zu sehen. Monique pflegte einmal wöchentlich mit ihm zu Mittag zu essen; gelegentlich lud er uns zusammen mit seinen alten Freunden zum Abendessen ein. Frankel war ein eingefleischter Junggeselle und Weiberheld, dessen feurige, verzehrende Leidenschaft für die Gefährtin eines berühmten Schriftstellers ihn, einer schwer nachprüfbaren Legende zufolge, dazu getrieben haben soll, seinen Rivalen mit einem Revolver der Gerechtigkeit oder der Rache durch ganz Paris zu verfolgen: das Verbrechen wurde nicht in die Tat umgesetzt, und nach einer gewissen Zeit schlossen der verhinderte Schütze und das vorgebliche Opfer wieder Frieden miteinander – ohne die geringste Bitterkeit. Im Verlaufe eines dieser Abendessen lernte ich Alberto Giacometti, Georges Bataille, Michel Leiris und andere Autoren und Künstler kennen. Die Enge des ideologischen Raums, in dem ich mich bewegte, schränkte leider auch den Bereich meiner literarischen Projekte und Interessen ein: wenn Schriftsteller am Rande der sich auf den Humanismus Gides und das historische Engagement Malraux' beziehenden Mehrheitsströmung einen gewissen Reiz auf mich ausübten, den ich ungesund fand, so bemühte ich mich, ihm zu widerstehen. Meine Vorbilder waren Sartre und Camus, und sie sollten es eine Zeitlang auch noch bleiben: Artaud, Bataille, Michaux blieben weiterhin im Fegefeuer der Verbotenen und nicht Empfehlenswerten – bis zu dem Tag, an dem ich mich, befreit von der Zwangsjacke meiner literarisch-politischen Theorien, ganz offen dem Kompaß meines eigenen Geschmacks anvertrauen konnte. Obgleich ich durch diesen so atavistisch spanischen Widerstand und dieses Mißtrauen gegenüber von außen kommenden Neuheiten und Strömungen – im Gegensatz zum Nachahmungstrieb, dem lateinamerikanische Künstler und Schriftsteller so oft erliegen, so daß sie pariserischer sind als die Pariser selbst – dem Frankreichkult und der bedingungslosen Verehrung für alles Französische entging, erschwerte mir dies doch den Zugang zu den Büchern einiger Autoren, mit denen ich mich damals ohne Gewinn unterhielt. Neben der überschäumenden Vitalität Giacomettis und seiner großartigen Häßlichkeit, die sein Genie zu einer neuen ästhetischen Dimension potenzierte, bildete das blasse, fast blutleere Gesicht Batailles – mit Augen, deren Blau mich an das meines Großvaters erinnerte – einen überraschenden und schwer zu vergessenden Kontrast. Mit der feierlichen Geduld eines Fauns und im Schutze seiner buschigen und struppigen Brauen ließ Dr. Frankel seine momentane Freundin oder Geliebte nicht aus den Augen.

Meine Beziehungen zu Raymond Queneau, den Monique schon seit Jahren kannte, waren origineller und unvorhergesehener. In der Gruppe von valencianischen Einwanderern, Verwandten, Freunden oder Nachbarn unserer Zugehfrau und ihres Mannes, die wir manchmal sonntags in ihren Barakkenwohnungen in Rueil-Malmaison besuchten, gab es auch einen Maurer, dessen Biographie ich in eine in der *Tribuna socialista* veröffentlichte Reportage über die Emigration mit einbezogen hatte. José interessierte sich auf seine Weise für die Politik und erzählte mir voller Bewunderung von einem Polier bei dem Bauunternehmen, bei dem auch er arbeitete, einem Exilspanier aus dem Bürgerkrieg, mit dem er sich, wie er sagte, gern unterhielt und den er oft im Krankenhaus besuchte, wo er einen Arbeitsunfall auskurierte. Jadraque war ein Mann von noch jugendlichem Aussehen, lebhaft, kräftig, mit feinem, spöttischem Humor, der sich für die Kultur interessierte. Mitglied in der CNT oder der FAI, ich weiß es nicht genau, hatte er die Prüfung der französischen Internierungslager durchgemacht und sich dem antinazistischen Widerstand angeschlossen, bevor er sich mit dem Grau eines Lebens in der Verbannung abfand und eine Stelle als Polier bei dem Bauunternehmen annahm, bei dem einige meiner valencianischen Freunde arbeiteten. Jadraque beklagte sich zu Recht über ihre politische Ignoranz und ihr geringes Interesse an Gewerkschaftsfragen: seine Sicht Franco-Spaniens war bitter und klar; er machte sich keine übertriebenen Hoffnungen auf seine baldige Heimkehr. Überzeugt davon, daß das Regime die jungen Leute kastriert hatte, suchte er seine Zuflucht in der Lektüre der Klassiker des anarchistischen Denkens und diskutierte mit mir über die autoritären Neigungen bei Marx. Ich erinnere mich, daß er eines Tages unvermutet Queneau erwähnte und mich fragte, ob ich ihn kennte. Ich sagte ihm, daß Monique ihm täglich im Verlag begegne. »Ich sehe ihn auch oft«, erklärte er. »Seine Romane amüsieren mich sehr.« Die Gründe für diese unerwartete Bekanntschaft kamen einige Tage später ans Licht. Jadraque lebte mit der Zugehfrau Queneaus in wilder Ehe zusammen, und Queneau brachte ihm große Sympathie entgegen. Da mein Landsmann ihm von mir erzählt hatte, äußerte der Autor von *Sonntag des Lebens* Monique gegenüber den Wunsch, mich kennenzulernen, und lud uns zum Abendessen in seine Wohnung in Neuilly ein. Hinter seinem feinen Lächeln und der Ironie, die es ihm erlaubte, Distanz zu wahren, machte Queneau auf mich den Eindruck eines herzlichen und schüchternen Menschen voller geheimer Winkel und Verstecke: er war ein Mann von angenehm jovialem Charakter und einer grenzenlosen, wunderbaren, vielseitigen Kultur. Sein ungewöhnliches literarisches Abenteuer, das ich im Verlauf unserer Bekanntschaft entdeckte, scheint mir heute einmalig und befruchtend. Seinen Vorstellungen und seinem Temperament nach ein Anarchist, brachte der Schriftsteller Jadraque eine fast väterliche Zuneigung entgegen. Meine Bekanntschaft mit dem Spanier, abseits der Pariser Literaturkreise, war der beste Weg gewesen, Zugang in den Privatbereich des Schriftstellers zu finden.

Diese merkwürdige Bekanntschaft über die Basis, nämlich Freunde unserer Zugehfrau, die nach den Frostschäden, die die valencianische Landwirtschaft vorübergehend zugrunde gerichtet hatten, nach Frankreich gekommen waren, verschafften mir unter anderem einen unerwarteten Einblick in gewisse Verhaltensweisen und Gewohnheiten des intellektuellen französischen Bürgertums. Nachdem wir eine große Anzahl dieser spanischen Einwanderer auf den Baustellen von Jadraques Firma und in den Häusern von Schriftstellern und Journalisten untergebracht hatten, die Monique mehr oder weniger gut kannte, wurde unsere Wohnung sonntags zu einer Klatschecke, in der die aus der Gegend von Gandía Stammenden lautstark Vertraulichkeiten über ihre Arbeitgeber austauschten. Auf diese Weise erfuhren wir, ohne daß wir es wollten, daß ein bekannter Kritiker des *Figaro*, wenn er übers Wochenende wegfuhr, seinen Kühlschrank mit einer Kette verschloß oder daß eine berühmte Autorin ihrer spanischen *bonne* das zu essen gab, was auf den Tellern übrigblieb. Diese indirekten und unfreiwilligen Indiskretionen – die einen Klatschsüchtigeren als mich überglücklich gemacht hätten – öffneten mir indes die Augen für eine Schäbigkeit und eine Knauserei, von denen ich bis dahin geglaubt hatte, sie gehörten zum Vorrecht unserer unterentwickelten und tristen spanischen Mittelschicht.

So wie ein Dorfbewohner aus El Bierzo oder Las Batuecas, der wie durch ein Wunder in einen Harem gelangt ist, nach einer gewissen Zeit nicht mehr davon geblendet wäre und sich ganz natürlich und mit einer gewissen Dosis Langeweile an die Wonnen seines fleischgewordenen Traums gewöhnen würde, so war die vorhersehbare Folge meiner plötzlichen Zulassung zum Olymp der Intellektuellen die, daß ich frühzeitig von dem provinziellen Eifer geheilt wurde, nun die Sprossen nach oben zu erklimmen. Monique hatte wegen ihrer Herzlichkeit und ihrer beruflichen Kompetenz nicht nur mit den bei Gallimard veröffentlichten französischen Schriftstellern freundschaftliche Kontakte geknüpft, sondern auch, dank ihrer guten Beherrschung des Englischen, mit ausländischen Autoren von der Bedeutung Faulkners. Tatsächlich unterhielt sie sich an dem Tag, an dem ich sie kennenlernte, in ihrem Büro gerade mit ihm, und er lächelte, als er erfuhr, daß sie ihn für ein paar Minuten verlassen wolle, um einen jungen Spanier von »belmontischem Aussehen« zu begrüßen. Die Freundschaft Moniques und ihres Exmannes mit dem Autor von *Wilde Palmen* ging auf einen Zwischenaufenthalt zurück, den er nach der Verleihung des Nobelpreises in Paris einlegte.* Seit dieser Zeit schrieben sich die beiden in Abständen: da Faulkner den Belästigungen durch die professionellen Faulknerianer aus dem Weg gehen wollte, kündigte er Monique seine privaten Reisen nach Paris an. Als 1952 Carole auf die Welt kam, wollte Faulkner ihr Pate werden und bestand hartnäckig darauf, ihr einen

* Monique veröffentlichte in der Faulkner gewidmeten Nummer der Literaturzeitschrift *Magazine littéraire* einen Artikel, in dem sie diese Freundschaft beschwört.

Silberkelch mit seinem Namen und einer Widmung zu schenken; in der Eile der Rückreise fand er keine Zeit für die Bestellung und vertraute den hierfür vorgesehenen Geldbetrag Monique an, die es allerdings vorzog, das Geld für interessantere und gehaltvollere Dinge auszugeben als für diesen auffälligen und etwas absurden Gegenstand. Als sie einige Monate später von der unvermuteten Ankunft des Paten in Paris erfuhr, sah sie sich gezwungen, ganz schnell einen Kelch zu kaufen und ihn etwas zu verbeulen, damit er nicht mehr so neu und unbenutzt aussah: als Faulkner dann kam, um seine Patentochter zu sehen, gestand sie ihm schließlich lachend diese Täuschung. In den Anfängen unserer Beziehung hatte sie mich gefragt, ob ich ihn kennenlernen wolle, doch meine damalige völlige Unkenntnis der englischen Sprache – eine Unkenntnis, die mich dazu verurteilt hätte, die Rolle des steinernen Gastes zu spielen oder die Unterhaltung durch eine mühsame Übersetzungsübung zu verstümmeln – veranlaßte mich, das Angebot vernünftigerweise abzulehnen. Trotzdem merkte ich bald, daß mich, von jenen Fällen abgesehen, in denen meine Zurückhaltung von einer Situation der Unterlegenheit diktiert wurde, bei meinem plötzlichen und fast schwindelerregenden Umgang mit den *monstres sacrés* – ausgenommen einige Fälle spezieller Kommunikation, wie etwa mit Genet – die Rolle als Zuschauer langweilte und nicht dem Geschmack und den Vorlieben meines eigentlichen Charakters entsprach.

Als Monique, Florence Malraux und ich am ersten August 1959 in Málaga in derselben Stierkampfarena saßen wie Hemingway, um uns einen Stierkampf mit Diego Puerta, Manolo Segura und Gregorio Sánchez anzusehen, und die Frauen, besonders Monique, die, seit sie im jugendlichen Alter *Tod am Nachmittag* gelesen hatte, Spanien eine romantische Liebe entgegenbrachte, den Entschluß faßten, den Schriftsteller am Ausgang anzusprechen, reagierte ich daher völlig träge und beschränkte mich darauf, ihnen in ein Abenteuer zu folgen, das schließlich, wie in einem Fortsetzungsroman, bei einem meiner New Yorker Aufenthalte als *visiting professor*, mehrere

Jahre nach dem Selbstmord des Romanciers, zu einem Familienabendessen mit unvorhersehbarem Ende führen sollte.

Ihr saßt auf den Sperrsitzen und er, einen Viertelkreis weiter, an der sichtbarsten Stelle des ersten Ranges: in Hemdsärmeln, eine Schirmmütze auf dem Kopf, um sich vor der Sonne zu schützen. Die Presse hatte ihren einstigen Groll vergessen und überall sein Bild verbreitet, so daß das Publikum ihn gleich erkannte: die Toreros widmeten ihm den Kampf, und irgend jemand hatte ihm eine lederne Weinflasche gereicht, aus der er, den Arm weit ausgestreckt, unter dem Applaus der Zuschauer trank. Er folgte Ordóñez, der zusammen mit Dominguín bei den Stierkämpfen auftrat, quer durch die Arenen Spaniens: es war die in *Gefährlicher Sommer* beschriebene Zeit.

Ihr hattet ihn nach dem Stierkampf aus den Augen verloren, doch Monique ließ nicht locker: ihr solltet ihn schließlich in der Bar des besten Hotels der Stadt treffen. Ohne Eile machtet ihr euch auf den Weg zum inzwischen nicht mehr existierenden Miramar und fragtet nach ihm. Ihr sagtet zu ihm, die Tochter André Malraux' wünsche ihn zu sehen. Diese Kriegslist wirkte: nach einigen Minuten erschien der Schriftsteller in der Hotelhalle und empfing euch herzlich. Er drückte sich in einer sonderbaren Mischung aus Englisch, Französisch und Spanisch aus und stellte euch sein Gefolge vor: es reichte von einem alten Bekannten aus Pamplona, den er in *Fiesta* porträtiert hatte, bis zur Gattin eines dekadenten und alkoholsüchtigen peruanischen Millionärs. Er sprach mit Florence über ihren Vater und den Spanischen Bürgerkrieg, als wolle er sich für seine Rückkehr ins Land rechtfertigen. Der Abend war angenehm und endete mit bärenhaften Umarmungen. Du erinnerst dich heute nicht mehr, ob unter den Anwesenden auch Valerie Danby-Smith war.

Hemingway brach am nächsten Tag auf, um sich mit Ordóñez zu treffen, während ihr, da eure Ferien zu Ende waren, nach Paris zurückkehren solltet. Doch der Schriftsteller hatte eure Adressen aufgeschrieben und versprochen, euch Bescheid zu geben, sobald er nach Frankreich komme. Er hielt Wort, und Ende September kündigte er Monique seinen Besuch in Südfrankreich an und schickte euch großzügig drei Eisenbahnfahrkarten für die Fahrt nach Nîmes. Dort hattet ihr ein paar Tage Gelegenheit, ihn inmitten seiner Freunde und Getreuen – Ordóñez, Domingo Dominguín, Valerie, die französisch-peruanische Millionärin – zu sehen, ganz er selbst: mit Ordóñez über Stiere diskutierend, Witze über Shakespeare machend und vom späten Vormittag an ohne Unterbrechung einen vorzüglichen Tavel trinkend. Seine herzliche, fast väterliche Beziehung zu Valerie kanalisierte seine zersplitterte Energie: Valerie war, ohne im konventionellen Sinne schön zu sein, eine sehr junge Irin von subtilem Charme, die ihn einige Monate zuvor in seinem Hotel interviewt hatte und ihn seitdem auf seinen Reisen begleitete. Der Romancier und Autor von Kurzgeschichten, den du in deiner Jugend bewundert hast, war zu einer lebendigen Statue seiner selbst geworden: dieser Papa Hemingway, den jeder x-beliebige Bursche duzen durfte und dessen literarische Strenge und moralische Wachsamkeit in einem Meer von Werbung und selbstsüchtigen Schmeicheleien Schiffbruch erlitten hatten.

Während du mit Dominguín und Ordóñez nach Spanien gefahren bist, sahen ihn Monique und Florence auf der Pferderennbahn von Auteuil und in seinem Pariser Schlupfwinkel, dem Ritz, wieder. In jenem Winter bekam Monique mehrere in seinem ganz persönlichen dreisprachigen Kauderwelsch geschriebene Briefe aus den Vereinigten Staaten: Hemingway schien deprimiert zu sein und kam in einem dieser Briefe ausführlich auf das Thema Selbstmord zu sprechen. Nach einem Jahr des Schweigens, in dem ein oder zwei Schreiben Moniques ohne Antwort blieben, erfuhrt ihr am zweiten Juli 1961 aus dem Radio die Nachricht von dem Schuß, mit dem er seinem Leben ein Ende setzte, kurz nachdem ihr im Auto die französisch-spanische Grenze auf dem Weg nach Torrentbó überquert habt.

Im folgenden Jahrzehnt hörtest du indirekt von Valerie: ihre unerwartete Heirat mit Brendan Behan, sein Todeskampf im Alkohol, ihre Witwenschaft. 1974 schickte dir die *New York Times* nach einem Artikel über *Don Julián*, der in dieser Zeitschrift erschienen war, einen Brief von ihr nach, in dem sie aufs herzlichste eure Begegnungen beschwor und dir ihre Telefonnummer und ihre Adresse mitteilte. Du setztest dich mit ihr in Verbindung, und sie lud dich zum Abendessen ein. Als du am festgesetzten Abend vor der Tür ihres Mietshauses ankamst, mußtest du feststellen, daß du nicht einmal wußtest, in welchem Stockwerk sie wohnte. Im Verlauf eures Gesprächs erwähnte sie zwar, daß sie sich wiederverheiratet hatte, doch du wußtest beim Teufel nicht den Nachnamen ihres Mannes. Vergeblich suchtest du den Namen Danby-Smith auf der Liste des Haustelefons: er stand nicht drauf. Als du dich schon aufmachen wolltest, um sie von einer Telefonzelle aus anzurufen, sahst du auf der Liste den Namen Hemingway: war es reiner Zufall, oder hatte der Schriftsteller sie vor seinem Selbstmord ganz legal adoptiert? Du drücktest auf den Knopf: ihre Stimme antwortete. Augenblicke später kamst du in eine kleine Wohnung, in der dich Valerie mit ihren beiden Söhnen erwartete. Der größere hieß Brendan und war von ihrem ersten Mann. Der zweite, noch klein, schien von dem anderen zu sein, wegen dessen Abwesenheit sie sich entschuldigte: die Sprechstunden Gregorys dauerten bis spät in den Abend hinein, und er würde vielleicht erst nach dem Abendessen kommen. Im Verlaufe des Essens habt ihr über gemeinsame Freunde gesprochen, ohne daß der geheimnisvolle Ehemann erschien. Als er am Ende dann doch kam und ihr einander vorgestellt wurdet, fingst du an zu verstehen und die Situation zu durchschauen: einer der Söhne aus Hemingways zweiter oder dritter Ehe war Arzt und hieß in der Tat Gregory. Während sich die Verwicklungen langsam klärten und du im Geiste versuchtest, die außergewöhnliche Biographie Valeries zu rekonstruieren, goß sich ihr Mann ein Glas Whisky pur ein, zeigte dir das Manuskript eines Buches, das er, wie er sagte, gerade über seinen Vater geschrieben hatte, nahm etwa zwanzig Quartblätter aus dem Haufen und reichte sie dir. Du hast es dir in einem Sessel bequem gemacht, und während er ein Glas nach dem anderen trank, bis die Flasche leer war, überflogst du zuerst voller Überraschung, dann voller Unbehagen, dann voller Faszination einige Abschnitte, in denen sich Hemingway, nach Aussage deines Amphitryons, vor ihm gebrüstet hatte, durch einen brutalen Telefonanruf den Tod seiner Mutter im Krankenhaus, wo sie sich von einem schweren Herzinfarkt erholte, beschleunigt zu haben: *I got her*, oder so etwas in dieser Art. Gregory schien ängstlich auf dein Urteil zu warten, und gefangen in dieser unvorhergesehenen Situation spürtest du, wie für Augenblicke ein merkwürdiges Gefühl der Unwirklichkeit in dir hochstieg. Erlebtest du die Szene, oder träumtest du sie nur? Du spürtest die Augen des Mannes, die fest auf dich gerichtet waren, du hörtest seine verworrenen Sätze über den Selbstmord. Valerie, die Ehefrau, blieb gleichgültig: sie räumte den Tisch ab, sprach liebevoll mit den Kindern. Du weißt nicht, was du Gregory über das Manuskript gesagt haben magst, und erinnerst dich auch nicht mehr, wie du dich von den beiden verabschiedet hast. Du siehst dich schon auf der Straße, dem nächtlichen Verkehr der Stadt zurückgegeben, im Begriff, von einem mächtigen Subway-Schlund verschlungen zu werden, und versuchst, die absurde Kette aneinanderzureihen, die dich, ausgehend von einer zufälligen Begegnung in der Stierkampfarena in Málaga, dorthin geführt hat.

Leider gibt es *in den literarischen Kreisen, die du genauer kennst, eine deutlich ausgeprägte Neigung, daß der Schriftsteller, statt seine Arbeit ernst zu nehmen, sich selber ernst nimmt: wie du vor Jahren schon im* Don Julián *sagtest, verwechselt sich der Geist mit der äußeren Erscheinung, und das Gewand liefert den Schlüssel zum Wesen: je mehr Wesen, desto mehr Gewand; je mehr Gewand, desto mehr Wesen: inzwischen ist in Spanien ebenso wie anderswo die Situation nur noch schlimmer geworden: während die Anzahl kleiner Wichtigtuer immer größer wird, scheint die der Autoren, die, statt selbstverliebt ihre eitlen Hoffnungen zu pflegen, ihre Arbeit wichtig nehmen, deutlich abzunehmen.*

Die physische Gegenwart des Schriftstellers schadet der richtigen Einschätzung seines Werkes, denn sie schafft Interferenzen, die mit den spezifischen Kriterien der Literatur nichts zu tun haben: der lebende Autor streut denen, die ihn beobachten, Sand in die Augen, zumal dann, wenn er aufgeweckt ist, so daß er für die Beobachter eine Bedeutung und ein Ansehen bekommt, die weit über seinen wirklichen Verdiensten liegen: wenn daher einer dieser aufgeweckten Lebenden stirbt, sieht es so aus, als fiele er in sich zusammen, so wie du selber in dich zusammengefallen bist, und sei plötzlich dem Vergessen anheimgegeben: nachdem man sie übertrieben in den Himmel gehoben hat, straft man sie nun mit einer ebenso übertriebenen Mißachtung: nur das, was nicht Mode ist, überlebt die Mode, wie schon die Surrealisten sagten, jede Idee oder Person, die siegt, läuft unweigerlich ihrem Untergang entgegen.

Die gegen einen Schriftsteller gerichteten Angriffe beweisen sehr oft, daß sein Werk existiert, daß es die moralischen oder ästhetischen Überzeugungen des Kritiker-Lesers verletzt und damit auch seine Reaktion herausfordert: mit einem Wort, sie stellen eine dynamische Verbindung zu ihm her: was dich betrifft, so faßt du sie gewöhnlich als eine Huldigung auf, und zum Glück fehlt es nicht an professionellen Maulhelden: das innovative Werk ruft bei denen, die sich durch seine Kraft oder seine Neuheit bedroht oder angegriffen fühlen, eine defensive Antwort hervor: das ist heute ebenso real wie zur Zeit Góngoras.

Der Roman, der die Gefälligkeit der ausgetretenen Wege vermeidet, schafft unweigerlich eine Spannung, er enttäuscht die unausgesprochenen Erwartungen des Lesers: dieser sieht sich plötzlich einem Regelsystem gegenüber, das er nicht kennt, an das er nicht gewöhnt ist und das für ihn eine Herausforderung bedeutet: wenn er es akzeptiert und in die Bedeutung dieses neuen künstlerischen Systems eindringt, findet er gerade im siegreichen Nahkampf mit dem Text seine Belohnung: der aktive Genuß des Lesers.

Würden deine Bücher eines Tages einhellig beweihräuchert werden, so hieße das nichts anderes, als daß sie leicht, harmlos und albern geworden wären, daß sie in sehr kurzer Zeit ihre abstoßende Wirkung und ihre Vitalität verloren hätten.

Ganz allgemein gesprochen, lassen sich die Schriftsteller in zwei Kategorien einteilen: jene, die die Literatur als einen Beruf ansehen, und jene, die das nicht tun: die ersteren erkennt man sofort daran, daß sie nach einer Strategie handeln und vorgehen, die zwischen Machiavelli und Clausewitz liegt: sie suchen nach Ehren und Stellungen, sie loben die, von denen sie gelobt werden, sie lesen die, von denen sie gelesen werden, sie praktizieren eine ausgesprochene Tauschwirtschaft, sind auf allen Kongressen zu finden, halten profimäßig Vorträge, dienen allen Regierungen und erklimmen hartnäckig alle Stufen der Karriereleiter.

Ob zu Recht oder zu Unrecht, bist du jedoch der Meinung, daß die berufsständischen Forderungen des Autors in den freien, permissiven Gesellschaften dich nicht betreffen: du hast die wirtschaftlichen und arbeitspolitischen Rechte eines jeden Berufsstandes, eines jeden Gewerbes verteidigt, und du bist bereit, sie auch weiterhin zu unterstützen, ausgenommen die des Schriftstellers oder Künstlers: ihr Tun ist in deinen Augen die Folge einer Berufung, die zugleich etwas von Gnade und Verurteilung hat: wenn du Schriftsteller bist, weil du nichts anderes sein kannst, dann ist Schreiben ein wesentliches Element deines Lebens, so wie es zum Beispiel deine Familie ist, deine Muttersprache, deine sexuelle Orientierung: dein Schriftstellersein als Beruf auszugeben wäre für dich ebenso ungehörig und absurd, als würdest du besonders darauf hinweisen, daß du ein Mensch bist, ein Barcelonese, ein Emigrant, ein Bisexueller oder jemand mit der Mentalität eines Zigeuners.

Du hast nicht die Absicht, von deiner Feder zu leben: deine Einstellung ist genau das Gegenteil von der des Berufsschriftstellers: nicht schreiben, um sich damit seinen Lebensunterhalt zu verdienen, sondern seinen Lebensunterhalt verdienen, um schreiben zu können: für dich ist die Literatur kein Nahrungsmittel, sondern das Laster eines Besessenen: eine unheilbare Sucht: da sie dir aber dennoch in den letzten Jahren anständige Einnahmen verschafft hat, genügt deine Literatursucht heute sich selber; dank der Verbreitung deiner Bücher bist du von der Kategorie des gewöhnlichen Drogenabhängigen in die des Dealers aufgestiegen.

Die Aufmerksamkeit, die die französischen Verlagshäuser Spanien schon immer entgegengebracht haben, ist meistens eine dürftige, willkürliche, vorübergehende gewesen. Ausgenommen den Sonderfall García Lorca, der mit der Veröffentlichung seines Gesamtwerkes ab initio verherrlicht worden ist, haben weder die repräsentativen Autoren der Generation von 98 noch die der folgenden Generationen der Vor- und der Nachkriegszeit in den fünfziger Jahren eine einigermaßen angemessene Verbreitung gefunden, sowenig wie sie Gegenstand einer selektiven und korrekten Übersetzung waren. Wenn Publikum und Kritik unserer Nachbarn immer noch nicht einen Roman von der Bedeutung der *Präsidentin* kennen, wie soll man da überrascht sein, daß sie vor über einem Vierteljahrhundert nur eine Handvoll Bücher von Baroja, Unamuno, Machado, Valle-Inclán und Ortega kannten, die oft genug vergriffen und schwer aufzufinden waren? Ich erinnere mich, daß ich beim Tod Barojas, kurz nach meiner Ankunft in Paris, mehrere Anrufe von Zeitungen und Literaturzeitschriften bekam, die mich nach »diesem spanischen Schriftsteller« fragten, an dessen Beerdigung Hemingway teilgenommen hatte. Später, bei der Erstaufführung von Buñuels Film *Nazarín*, sollte ein kultivierter gallischer Rezensent einen unsäglichen Artikel von sich geben, in dem er Galdós gnädigerweise die mexikanische Staatsangehörigkeit zuerkannte. Diese traditionelle Unterschätzung oder dieses Desinteresse an dem, was jenseits der Pyrenäen geschrieben wird – unserem eigenen Verhalten gegenüber Portugal und der arabischen Welt so ähnlich –, wurde noch durch die ziemlich weit verbreitete Meinung verstärkt, die spanische Kultur sei mit dem Bürgerkrieg gestorben. Das

Franco-Regime hatte Spanien in ein Ödland verwandelt; keine noch so kümmerliche Frucht konnte dort keimen und gedeihen. Die Exilschriftsteller – Romanciers wie Barea und Sender, Dichter wie Alberti und Guillén – hatten über die Kreise der Hispanisten hinaus ein kleines, treues Publikum, doch trotz der Propagandaaktionen der kommunistischen Parteien für ihre Märtyrer, Mitglieder oder Sympathisanten – von Antonio Machado bis Miguel Hernández – blieb die um die Iberische Halbinsel aufgerichtete geistige Schranke bestehen: Max Aub wurde erst in den letzten Jahren seines Lebens übersetzt, und als Cernuda starb, gab es keinen einzigen Nachruf auf ihn, nicht einmal in den Zeitschriften für Poesie.

Als ich anfing, für Mascolo Bücher zu lesen, war Roger Caillois, der Herausgeber einer der lateinamerikanischen Erzählliteratur gewidmeten Reihe, *La Croix du Sud*, der einzige feste Spanischlektor bei Gallimard. Caillois, wie Gombrowicz während der Nazi-Besatzung nach Buenos Aires geflüchtet, war damals mit den Leuten der Zeitschrift *Sur* in Verbindung getreten. Ihm kommt das Verdienst zu, das Werk Borges' in Frankreich eingeführt und bekannt gemacht zu haben. Seine Kenntnisse der modernen spanischen Literatur waren hingegen eher verschwommen und nicht auf der Höhe der Zeit; wie er mir selber anvertraute, hatte er keine vertrauenswürdigen, aktuellen Informationen über das langsame Wiedererstehen der Literatur auf der Halbinsel. Die Entdeckung neuer Autoren durch Maurice-Edgar Coindreau brachte Claude Gallimard dazu, mich um Rat zu fragen, und gemeinsam stellten wir eine Liste jener Bücher auf, die es unserer Meinung nach verdienten, übersetzt zu werden. In einem Zeitraum von zehn Jahren veröffentlichte Gallimard etwas mehr als zwanzig Romane von unterschiedlichem Wert, die für das in Spanien herrschende literarische Panorama repräsentativ waren. Obgleich ideologische Faktoren und persönliche Freundschaften bei der Auswahl eine Rolle spielten, wie mir später bewußt werden sollte, mußte natürlich auch Coindreaus literarischer Geschmack in Betracht gezogen werden, und wenn ihm irgendein Vorwurf zu machen war, so betraf er gewiß seine Großzügigkeit: nicht alle berücksichtigten Autoren erreichten ein akzeptables Niveau; sicher ist jedenfalls, daß das Land nicht mehr hergab. Das einzige bedeutende Buch, das bedauerlicherweise in dieser Liste fehlte, ist *Schweigen über Madrid* von Luis Martín-Santos: ich bekam seinen Roman mit einiger Verspätung, und als ich ihn gelesen hatte, waren die Rechte bereits beim Verlag Le Seuil. Die Presse bedachte die übersetzten Werke fast immer mit lobenden Worten; doch mit zwei oder drei Ausnahmen war der Verkauf ein Fiasko. Als Monique ihre Stelle aufgab und ich mit ihr nach Saint-Tropez ging, schwand das Interesse Gallimards an der spanischen Literatur. Die neuen Lektoren richteten sich nach dem aufkommenden lateinamerikanischen Boom; wenn ich mich auch sporadisch für Autoren einsetzte, die bald berühmt werden sollten, wie etwa Carlos Fuentes oder Cabrera Infante, und wenn ich auch eine Rolle bei der Veröffentlichung von Valle-Inclán, Cernuda, Max Aub und Mercé Rodoreda spielte, so war meine Meinung doch nicht mehr entscheidend. Die ganze Atmosphäre des Verlags hatte sich während meiner Abwesenheit verändert; zwar blieb ich noch für einige Jahre mit ihm verbunden, doch das Ausscheiden bestimmter vertrauter Gesichter und die ständigen Einmischungen der späteren Lebensgefährtin Cortázars verwandelten mein ursprüngliches Wohlwollen in ein undefinierbares Gefühl der Fremdheit und Gleichgültigkeit. Lange bevor ich wegen meiner Freundschaft mit Sarduy unter das literarische Dach von Le Seuil schlüpfte, wurden mir die Besuche in dem Verlag, in dem ich Monique und Genet kennengelernt und der während eines wichtigen Abschnitts in meinem Leben einen solchen Einfluß auf mich ausgeübt hatte, langsam lästig und bereiteten mir Unbehagen: Gefangener eines Bildes aus der Zeit vor meiner Häutung, sah ich mich gezwungen, hier eine Rolle zu spielen, die schon längst nicht mehr die meine war. Befreit von meinem Doppelgänger oder »lästigen Gast«, sollte ich, als *Johann ohne Land* abgelehnt wurde, voller Erleichterung feststellen, daß ich im guten oder schlechten endgültig aufgehört hatte, jener Welt anzugehören.

Obgleich deine Funktion als Berater mehr als bescheiden war, führten die Bedeutung, die die Franco-Presse, indem sie dich als Zöllner verspottete, ihr zuschrieb, und die Verbindungen, die du in diesen Jahren mit den Feuilletonchefs der verschiedenen linken Zeitungen und Zeitschriften anknüpftest, schließlich dazu, dir wohl oder übel ein kleines Stückchen Macht zu verleihen. Während du über einen beachtlichen Spielraum verfügtest, um die zu übersetzenden Romane nach deinem literarischen Geschmack, deinen politischen Ansichten und persönlichen Affinitäten auszuwählen, versetzte dich die Tatsache, daß du in den Redaktionen von *Le Monde, Les Temps modernes* oder Les *Lettres françaises* mit guten Freunden rechnen und in den Büros von *France-Observateur* und *L'Express* ein und aus gehen konntest, in die vorteilhafte Lage, daß du, wie das in den kulturellen Kreisen, ohne Unterschied der Zeit oder des Klimas, allgemein üblich ist, Rezensionen und Kritiken bekamst, die sich weniger dem literarischen Wert des jeweiligen Buches als der Vetternwirtschaft und der Devise des »Eine Hand wäscht die andere« verdankten. Komplimente, Lob und Schmeicheleien, mit denen heutzutage urbi et orbi jede Hervorbringung, jedes Elaborat derjenigen überschüttet werden, die irgendeinen Einfluß ausüben oder von denen der Schmeichler etwas erwartet, entlocken all denen ein Lächeln, die, ob freiwillig oder nicht, außerhalb des Systems stehen, nur Zuschauer sind und nicht danach streben, die Leiter hinaufzuklettern. Dennoch hast du in der ersten Zeit deines Pariser Aufenthalts alles für bare Münze genommen, selbst auf die Gefahr hin, bei der Lektüre dieser Lobeshymnen zu einem dieser vor lauter Selbstzufriedenheit aufgeblasenen Hohlköpfe zu werden, die sich einfach alles weismachen lassen und alles schlukken. Nur die Selbstkritik und die Erfahrung sollten dir im Laufe der Jahre zeigen, daß auf dem Parnaß das, was man denkt, eine Sache ist, das, was man sagt, eine andere und das, was man schreibt und veröffentlicht, wieder eine andere. Der Abstand zwischen diesen Begriffen ist beachtlich: es gibt Autoren, die in Gedanken niemand schätzt und in Worten nur wenige, die aber in der Presse und in den anderen Medien buchstäblich mit Blumen überschüttet werden. Andere hingegen, wie etwa Cernuda bis zu seinem Tode, werden zwar insgeheim bewundert, doch niemand oder fast niemand äußert diese Bewunderung schriftlich. Später wirst du amüsiert feststellen, daß die reale Wirkung eines Werkes, sei es nun das Claríns oder das Américo Castros, an den Angriffen gemessen wird – um so heftiger, je persönlicher sie sind –, die der Autor in seinem Leben einstecken mußte, und, versteckter, heuchlerischer, an dem dröhnenden Schweigen der professionellen Schmeichler und Lobhudler.

Die bekannte kräftigende Luft Spaniens!

In meiner Funktion als Berater für die Reihe der spanischen Romane, die im Verlagsprogramm Gallimards standen, fiel mir bisweilen die Aufgabe zu, die Schritte der Autoren durch Dikkicht, Labyrinthe und unwegsame Pfade des hiesigen Kulturwaldes zu lenken: Interviews, Pressekonferenzen, Begegnungen mit Hispanisten und andere übliche Werbemedien. Meine Rolle beschränkte sich darauf, eventuell interessierte Journalisten und Kritiker anzurufen, eine Verabredung zwischen ihnen und meinen Landsleuten zu vereinbaren sowie die Fragen und Antworten zu übersetzen, wenn die Autoren, was häufig genug vorkam, nicht Französisch sprachen.

Im Frühjahr 1958 kam der spanische Autor Camilo José Cela anläßlich der Pressekonferenz für seinen Roman *Der Bienenkorb* nach Paris. Cela war bereits eine der Figuren der spanischen Literatur, die sich durchgesetzt hatten. Er hatte Bücher geschrieben, die ich, wie etwa *Pascual Duartes Familie* und *Viaje a la Alcarria*, schätzte. Seine Aufnahme in die Real Academia de la Lengua trug ihm, kaum zur Reife gelangt, die Unterstützung und den Respekt der offiziellen Kreise ein. Zwei oder drei Tage lang führte ich ihn durch die Büros der Verlagsdirektoren, begleitete ihn zu den Interviews, die die Presseabteilung arrangiert hatte, spielte bei hochgestellten Persönlichkeiten, gefürchteten Spezialisten und eifrigen Bewunderern die Transmissionsrolle. Nach einiger Zeit teilte mir Cela dann in aller Einfachheit und Bescheidenheit seinen größten Wunsch mit, nämlich den, Sartre zu treffen.

Ich muß gestehen, daß mich diese Bitte überraschte – sosehr ich meine Phantasie auch anstrengte, es gelang mir nicht, herauszufinden, was die beiden Männer gemein haben oder wie ein Dialog zwischen ihnen aussehen könnte. Dennoch gab ich der freundlichen Beharrlichkeit Celas nach und rief den Sekretär des Philosophen an. Dieser bestellte uns einige Tage später in die alte Wohnung an der Ecke der Rue Bonaparte und der Place Saint-Germain-des-Prés, die Sartre dann wegen der Bombendrohungen und Attentate der Kreuzritter und Raufbolde der Algérie française aufgeben mußte. Ich sagte Cela also Bescheid, und etwas verlegen fragte er mich, ob er Sartre eine Flasche Cognac mitbringen dürfe. Ich glaubte, es handelte sich um ein Geschenk, und sagte ja, obgleich ich ihn, wenn ich mich recht erinnere, darauf hinwies, daß der Autor von *Der Ekel* wegen seines Bluthochdrucks eine strenge Diät hielt und keinen Alkohol trank. »Nein«, wurde ich aufgeklärt, »Sartre soll die Flasche auch gar nicht trinken, er soll sie mir signieren; als Hemingway in Spanien war, hat er sie mir ebenfalls signiert.« Ich machte ihm klar, daß dies in keiner Weise der Art Sartres entspreche und daß er besser daran tue, die Flasche zu Hause zu lassen. Cela ließ sich von meinen Argumenten überzeugen und bestand nicht weiter auf der Sache. Es verging eine gewisse Zeit; ich begriff immer noch nicht den Grund für diese Begegnung, als mich ein Landsmann anrief, dessen Namen ich vergessen habe. »Señor Cela«, sagte er mir, »hat mich gebeten, mich mit Ihnen wegen der Fotos seiner Begegnung mit Sartre in Verbindung zu setzen.« Ich fiel aus allen Wolken und gab ihm unverblümt zur Antwort, daß die beiden Schriftsteller sich zwar sehen sollten, daß er aber nicht zu dem Treffen eingeladen sei: da ich Sartres Mißtrauen gegenüber Journalisten kannte, wollte ich in keiner Weise in ein Abenteuer verwickelt werden, das ihm mißfallen könnte und für das er mich dann verantwortlich machen würde.

Ohne diesen ausschmückenden Zierat verlief das vorgebliche Vieraugengespräch zwischen den beiden großen Männern eintönig und mißmutig. Ich war mit Cela und unserem gemeinsamen Freund Eugenio Suárez in die Wohnung Sartres gegangen und übersetzte eine Stunde lang recht und schlecht einen beispielhaften Dialog zweier Taubstummer, mit Pausen, Sprödigkeiten und Finten. Zu Anfang schien Sartre daran interessiert zu sein, etwas über die reale Situation des Schriftstellers unter dem Franco-Regime zu erfahren, über die Art seiner literarischen und politischen Probleme, den Kampf gegen die Zensur, doch sein Gesprächspartner entzog sich diesem Thema mit Witzen und Anekdoten, von denen einige auf spanisch ganz amüsant waren, die aber, trotz meiner Bemühungen, ihren Humor auf französisch beizubehalten, auf dem Weg von der einen Sprache in die andere ihren Pfeffer verloren. Nach diesen mühsamen Übungen in »wohlklingenden Nichtigkeiten« gab uns Sartre diskret zu verstehen, daß die Unterhaltung beendet sei, und wir verabschiedeten uns von ihm. Die Gründe für dieses von Cela erbetene Treffen blieben ihm für immer ein Rätsel. Da ich Sansueña und seine Riten kannte, überraschte mich die Episode nicht: das Weiterleben urspanischer Relikte in literarischen Kreisen, von Cernuda in seinem Gedicht über Dámaso Alonso so klarsichtig beschrieben, ist ein integraler Bestandteil unserer Folklore; wer sie, aus Idiosynkrasie oder aus Veranlagung, nicht in aller Öffentlichkeit respektiert, gilt in den Augen seiner Telemitbürger als unsympathisch und griesgrämig – ein selten gewordenes Musterbeispiel für eine einzelgängerische, wilde Unterart, die wahrscheinlich im Aussterben begriffen ist.

Die gleichen Gründe, die meine Eitelkeit als Wortführer der neuen spanischen Generation nährten, trugen auf eine schäbigere Art und Weise dazu bei, unter dem Deckmantel einer politischen und ideologischen Sache meine Neigungen zum Primus zu fördern. Obgleich meine Lektoratsgutachten für Gallimard in der Regel ausgeglichen waren und den literarischen Wert des Werkes in Betracht zogen, zeigte ich sicherlich eine größere Nachsicht für die Schriftsteller meiner Generation, die entweder mit der Partei sympathisierten oder gar Mitglied waren, als für jene, die eher rechts standen. Bis zu einer gewissen Grenze ist das durchaus normal, und ich werfe mir das auch nicht vor. Doch mein Eifer als Wächter der spanischen Anti-Franco-Orthodoxie, den ich zwar nicht im Verlag an den Tag legte, wohl aber in den Zeitschriften und Medien, mit denen ich zu tun hatte, scheint mir heute, mit dem zeitlichen Abstand, zweifelhaft und beklagenswert.

Ich erinnere mich, daß Arrabal, damals von Benigno und meinen Freunden aus der Partei wüst beschimpft, Sartre auf dem Umweg über Nadeau eines seiner ersten Theaterstücke hatte zukommen lassen, das dann mit einer kurzen Einführung des Philosophen in Nadeaus Zeitschrift erscheinen sollte. Die Nachricht versetzte mich in schlechte Laune, als ob sich ein Eindringling auf mein Terrain vorgewagt hätte und sein Talent das meine in den Schatten stellen könne; diese Tatsache, von mir entsprechend kommentiert, empörte auch meine Kameraden unter den kommunistischen Aktivisten. Ihren Ratschlägen folgend, suchte ich sehr demokratisch Simone de Beauvoir auf, um die »Freveltat« zu verhindern: Arrabal, sagte ich, sei ein Idealist, ein Reaktionär, und er halte sich von unserem Kampf fern; seine Förderung durch Sartre sei für viele unverständlich und schade in jedem Fall der Sache der Franco-Gegner. Daraufhin schrieb Sartre kein Vorwort, und ohne rot zu werden, kosteten meine Freunde und ich unseren erbärmlichen Sieg aus. Erst als ich mich, neben vielem anderen, von diesem schäbigen Gefühl der Rivalität frei gemacht hatte, das jene empfinden, die die Literatur als einen Kampf unter Wölfen ansehen, auch frei gemacht von den Anflügen von Willkür und Manichäismus des spanischen Milieus, wurde mir meine zwar ephemere, aber dennoch traurige Rolle als Zensor klar. Wie ich es in meinem Buch *Identitätszeichen* darzustellen versucht habe, entspricht die Ideologie- und Kulturpolizei vollkommen dem besonderen Verhaltenskodex der spanischen Mentalität. Fünf Jahrhunderte Inquisition und Denunziation hatten ihre psychische Struktur geformt, und so war, mehr oder weniger deutlich ausgeprägt, der Inquisitor, der Denunziant und der Wächter auf hinterlistige Weise in die Köpfe der Menschen eingedrungen. Die vom neuen Staat mitten im Bürgerkrieg geschmiedete Institution brachte somit in krebsartigen Wucherungen Strafgerichte mit den verschiedensten Merkmalen hervor. Schließlich begriff ich voller Scham, daß der Unterschied zwischen den bezahlten Zensoren und jenen, die ganz spontan handelten, einfach nur eine Frage der Nuance war.

Wie du zu wiederholen nicht müde wirst, ist die einzige unwiderrufliche moralische Pflicht des Schriftstellers die, der literarisch-sprachlichen Gemeinschaft, der er angehört, einen neuen, persönlichen Stil zu geben, der in jedem Fall verschieden ist von dem, den es bereits gab und den er zu dem Zeitpunkt erbte, als er mit seiner Arbeit begann: das wiederaufzunehmen, was andere schon getan haben, den akzeptierten Modellen zu folgen heißt, sich zur Winzigkeit und zur Belanglosigkeit zu verurteilen, selbst wenn dem Schriftsteller damit der Applaus des Publikums sicher ist: das Werk dessen, der nichts Neues schafft, der keine Innovation hervorbringt, könnte genausogut gar nicht existieren, ohne daß sein Nichtvorhandensein in irgendeiner Weise die Entwicklung seiner Kultur berührt.

Den allgemeinen Ideen der Zeit – Freiheit, Gerechtigkeit, Fortschritt, Gleichheit der Rassen und Geschlechter – eine erzählerische oder poetische Form zu geben ist ohne künstlerisches Interesse, wenn der Autor ihnen dabei nicht zugleich eine Falle stellt, sie mit Pulver und Dampf auflädt: alle Ideen, selbst die ehrbarsten, sind zweischneidig, und der Schriftsteller, der das nicht versteht, wird, statt in der Wirklichkeit, nur auf dem Foto dieser Wirklichkeit operieren.

Der Roman, wie du ihn siehst, ist ein Abenteuer: das noch nicht Gesagte sagen; die verborgenen Möglichkeiten der Sprache ausloten; sich in die Eroberung neuer Ausdrucksbereiche stürzen, diese wenigen Meter, wie Carlos Fuentes gesagt hat, die die Holländer geduldig dem Meer abtrotzen: einen Roman zu schreiben heißt, einen Sprung ins Unbekannte zu tun: an einem Ort zu landen, auf den der Autor nicht gefaßt war, als er sich ohne Netz und ohne Fallschirm ins Leere fallen ließ: sobald man eine Technik beherrscht oder ans Ende des Experiments gelangt ist, muß man Technik und Experiment aufgeben und sich auf die Suche nach dem machen, was man nicht kennt: auf dem Gebiet der Kunst und der Literatur taugen hundert Spatzen in der Hand weniger als die eine Taube, die zu unserer Verzauberung und zu unserer Qual – wetterwendisch, inspiriert, leicht – weiterfliegt.

Die Literatur erweitert unser Blickfeld und unsere Erfahrung, widersetzt sich dem, was unsere Wahrnehmungsmöglichkeiten einschränkt oder betäubt, uns kulturell, ideologisch oder sexuell bedingt, uns der Gehirnwäsche unterzieht und unsere Sinne betäubt: der Gegendiskurs zum Diskurs: der unvermeidlichen Eingliederung des Neuen und Mitreißenden wird die Parodie dessen entgegengesetzt, was normalisiert oder mit der Höflichkeit von Lämmern eingefriedet worden ist: wie Bouvard und Pécuchet stellt die Literatur ein Inventar der Gemeinplätze des Tages auf und bringt so auf spöttische Weise die Weltkarte der Dummheit wieder auf den neuesten Stand.

In der Zeit zwischen meiner Ankunft in der Rue Poissonnière und unserem Umzug nach Südfrankreich Ende 1964 nahmen wir beide aktiv am literarischen Leben teil, das aus Begegnungen, Versammlungen, Abendessen bestand. Das Blättern in Moniques Notizbuch, in das sie in Kürze alle Ereignisse des Tages einträgt, enthüllt von der Diagnose der Krebserkrankung ihrer Mutter bis zur kannibalischen Verdauung ihres Todes eine dichte Aufeinanderfolge beruflicher oder freundschaftlicher Verabredungen mit Verlegern, Intellektuellen und Journalisten, als hätten das Drama und die innere Zerrissenheit, unter der sie litt, sie dazu getrieben, in einem Wirbel von Essen und Empfängen Zuflucht zu suchen. Ihre damalige Ruhelosigkeit verbarg den realen Schmerz eines als Katharsis erlebten und in *Une drôle de voix* schamhaft beschriebenen Todeskampfes, der zusammenfiel mit meiner persönlichen Krise und den Spannungen in unserer Beziehung sowie dem destabilisierenden Gefühl der Fremdheit und der Gleichgültigkeit, das ich unserem Milieu gegenüber empfand: das geheime Bewußtsein des Betrugs und der Vorspiegelung falscher Tatsachen als Folge der Nichtanpassung an die Persönlichkeit, die ich verkörperte; Ekel vor dem Nachtleben, das nur durch den Alkoholmißbrauch erträglich war. Zu meinen neuesten politischen Enttäuschungen und der bitteren Gewißheit, ein Werk geschaffen zu haben, das, auch wenn ich damit meinen bürgerlichen Pflichten nachkam, in keiner Weise zu diesem von der Literatur ersonnenen substantiellen und anregenden Universum gehörte, kamen noch die plötzliche Aktualisierung meiner Homosexualität und die schmerzliche Geheimhaltung von Verbindungen, auf die ich später noch zurückkommen werde.

Das Zusammentreffen all dieser Dinge konnte in einem einzigen Wort zusammengefaßt werden: Überdruß. Überdruß an der literarischen und verlegerischen Geschäftigkeit, der politischen Militanz, dem funktionalen Schreiben, dem Bild der Zweideutigkeit, der usurpierten Respektabilität. Ich spürte immer klarer, immer deutlicher die Notwendigkeit, meine physischen, intellektuellen und affektiven Energien zu bündeln und sie auf jene Gebiete oder Punkte zu konzentrieren, die ich für wesentlich hielt, und alles andere über Bord zu werfen.

In einem Abschnitt des vorletzten Bandes ihrer Memoiren erwähnt Simone de Beauvoir die Tatsache, daß ein Abendessen in der Rue Poissonnière ihr und Sartre wieder den Spaß an Festen zurückgegeben habe. Zwei Jahre später, während Moniques beklemmenden Countdowns, folgte ein Fest aufs andere. Ich erinnere mich an eines, in dessen Verlauf ich, erdrückt von der Last einer beginnenden Schizophrenie, zur größten Verwirrung unserer Gäste verschwand, um frische Luft zu schnappen: diese Gäste, amerikanische und französische Verleger, die Sempruns und Simone Signoret, hatten bis spät in die Nacht hinein geplaudert und getanzt; unfähig, meine Rolle als Amphitryon zu spielen, sah ich immer wieder unverschämt auf die Zeiger meiner Uhr und wartete auf den befreienden Augenblick, in dem ich ins Bett fallen konnte. Wie dem auch sei, allmählich gingen mir alle diese Abendessen, die wir gaben, mit ihren zahlreichen Gästen auf die Nerven und ließen in mir Reaktionen entstehen, die sich bisweilen als dauerhaft erweisen sollten: meine damals entwickelte ungeheure Fähigkeit, abwesend zu sein, den anderen tausend Meilen weit zu entfliehen, verstärkte sich mit den Jahren noch, um schließlich zu einem Charakterzug zu werden und meine Taubheit zu fördern. Ursprünglich wohl als Abwehr gegen den Einbruch der anderen in meine innerste Wirklichkeit gedacht, erlaubte mir dieses Verhalten, eine Fassade guter, wenn auch vielleicht rissig gewordener Umgangsformen zu wahren, ohne mich der geheimen Schwerkraft des Binoms zu entziehen, das mein Leben leitete. Flüchtige und unnütze Worte, verkrampftes Lächeln, in

Schnörkel verpackte Diskussionen: die »Wirklichkeit« war nur diese Rinde, die eine aufleuchtende, fruchtbare Metapher oder die imaginäre Vorstellung eines Körpers innerhalb einer Sekunde zerstören konnte. Blitzartig und ganz konkret durchdrang das beschworene Universum – wie ein jähes, geräuschloses Wetterleuchten – die nächtliche Undurchschaubarkeit des Ritus. Nur die Literatur, der gewirkte, gewebte Korpus, vermochte jenen plötzlichen und kurzen Glanz hervorzubringen, der die Welt erhellen sollte. Als ich die *Soledades* von Góngora las und auf die *Proben, wild und feurig,* jener Ringkämpfer stieß, die durch *gegenseitige Schlingen aneinandergekettet / wie harte Ulmen in umgarnenden Reben,* offenbarten mir die schlangenartige Schlüpfrigkeit des Satzes und die Kopulation des fleischgewordenen Wortes die tagtägliche Verwandlung der Begierde Góngoras im Destillierkolben seiner Poesie: seine fruchtbare Fähigkeit, in einem polysemen Akkord Sexualität und Schreiben miteinander zu vereinen.

Allmählich war ich nur noch am Rande anwesend. Ob meine damaligen Freunde die Radikalität der Veränderung überhaupt bemerkten? War meine geistige Flucht mitten im Gespräch Zeichen schlecht verhohlener Ungeduld, wenn der Abend sich hinzog, fiel der flüchtige Ausdruck meines abwesenden oder hermetisch verschlossenen Gesichts auf? Etwas von meinem Seelenzustand muß wohl durchgedrungen sein, denn die Entfremdung und Gleichgültigkeit war bald gegenseitig. Im Herbst 1964 wurden die Abendessen in der Rue Poissonnière seltener, und als wir nach achtzehnmonatiger Abwesenheit zurückkamen, hatten einige der eifrigsten Gäste sie bereits vergessen: ohne die Anziehungskraft, die Moniques Stellung bei Gallimard ausgeübt hatte, wurde der harte Kern der Freunde spürbar kleiner. Von nun an erforschte ich in Begleitung Moniques und einiger weniger Personen das verbotene Revier, das wild und unausgesprochen geblieben war.

Das Territorium, zu dem ich langsam Zugang fand, verlangte die totale Preisgabe all dessen, was nichts mit ihm zu tun hatte. Das Bewußtsein, meine Zeit kläglich mit Dingen zu vergeuden, die mir nichts bedeuteten, sowie mit Personen, an denen mir nichts gelegen war, beschleunigte diese Entfremdung noch. Meine neue Auffassung von Literatur erforderte eine totale Hingabe und verlangte die Loslösung von meiner früheren Welt. Sein Leben ändern, indem man sein Schreiben ändert. Der schöpferische Stolz, der zutage trat, als ich *Don Julián* schrieb, verdunkelte von nun an den Glanz meines Eigendünkels. Wie ich es später bei Flaubert formuliert finden sollte, war ich von diesem Augenblick an einfach nicht mehr bescheiden genug, mich durch Belohnungen oder Ehrungen geschmeichelt zu fühlen.

Moniques Entschluß, mit Gallimard, Paris und unserem gesellschaftlichen Leben zu brechen, traf mich wie ein warmer Mairegen. Zwar erschwerte er die geheime Verbindung, die ich zu Mohamed hatte, doch erlaubte er mir, einer erstickenden Entwicklung zu entfliehen, die meine Entfremdung von Tag zu Tag vergrößerte. Reisen, mich absondern, in der Literatur und im Leben auf neuen Grundlagen aufbauen, das alles war mir mehr wert als Paris und seine Messen. Moniques Schmerz beim Tode ihrer Mutter fiel mit meinem Wunsch zusammen, mich auf und davon zu machen. Vereint in der Trauer und in der Notwendigkeit, andere Luft zu atmen, wie wir das seit langem nicht mehr waren, schnürten wir unser Bündel mit einem fast epiphanischen Gefühl der Beruhigung, um uns im stillen Dekor eines Provinzlebens in Saint-Tropez einzurichten.

Manchmal traf ich mich mit Monique nach Dienstschluß, allein oder zusammen mit Leuten, mit denen sie beruflich zu tun hatte, in der gemütlichen stillen Bar im Souterrain des Hotels Pont-Royal in der Nähe des Verlagsgebäudes. Die Gliederung der Örtlichkeiten, die kluge Anordnung der luxuriösen, komfortablen Sessel, das gedämpfte Licht schufen eine intime Atmosphäre, die günstig war für halblaute, vertrauliche Gespräche. Die Gäste waren größtenteils Intellektuelle, doch die anwesenden Personen blieben in wohltuender Distanz zueinander, jeder für sich in seiner Ecke, seinem Schlupfwinkel.

Dort hatte ich ihn oft gesehen, mit distinguierter Schlichtheit gekleidet – Rollkragenpullover, englische Tweedjacke –, mit struppigem Haar und diesem unverwechselbaren Gesicht, das er auf den wenigen Fotos zeigt, die es von ihm gibt. Er hatte die Gewohnheit, sich am anderen Ende des Raums niederzulassen, weit weg von der Bar und der Treppe, in Begleitung einer etwas jüngeren Dame oder eines Übersetzers. Seine Schüchternheit, seine Zurückhaltung, seine augenscheinliche Furcht vor fremder Einmischung schufen um ihn herum so etwas wie einen unantastbaren, heiligen Bereich, ähnlich dem, den der weiße Stock eines Blinden auf der Straße schafft. Die Unmöglichkeit, in diesen Bereich einzudringen und wie ein Flegel die Grenzen der unverwundbaren Bescheidenheit zu übertreten, machte allein schon den Gedanken, sich ihm zu nähern, zu einem Sakrileg. Der Schriftsteller und seine Freundin unterhielten sich, abgesondert in ihrer durchsichtigen Blase. Obgleich ich sein Werk kannte und bewunderte, respektierte ich wie alle die Unversehrtheit seines Territoriums. Es war Samuel Beckett.

An Beckett, genau an Beckett hatte ich an dem Tag in meinem Zimmer im Hotel Habana Libre gedacht, an dem mich ein anderer Kollege besuchte. Der Dichter Jewgeni Jewtuschenko wohnte bereits seit einiger Zeit in einem Appartement, das an das meine anstieß: wegen einer Laune Chruschtschows in relative Ungnade gefallen, war er nach Kuba in eine Art goldenes Exil geschickt worden, wo er nun seinen Ärger hinunterschluckte und voller Ungeduld auf den Augenblick der Versöhnung mit dem Chef wartete, damit er von neuem seine fruchtbare Muse in den Dienst des offiziellen Credos stellen konnte. Freund von Berühmtheit und Lob, ertrug er nur mit großer Mühe seinen Aufenthalt an einem Ort, an dem sein Gesicht und sein Werk unbekannt waren. Nachdem ihn Freunde der Zeitung *Revolución* von meiner Nachbarschaft unterrichtet hatten, erschien er eines Abends in meinem Zimmer, hochgewachsen, blond, kindlich, mit kleinen blauen Augen, die, wenn man sie einige Minuten betrachtet hatte, eine seltsame Ähnlichkeit mit jenen bifokalen Brillengläsern bekamen, mit denen man nah und weit sehen kann: naiv sibirisch oben, schlau und gerissen unten, oder vielleicht auch umgekehrt. Jewtuschenko radebrechte auf englisch und spanisch und erklärte mir in einem pittoresken Mischmasch, daß uns unsere jeweilige Berühmtheit zu einer – ich weiß nicht mehr – irdischen oder ewigen Freundschaft prädestiniere. Er schrieb, wie er mir sagte, in der Einsamkeit seines Zimmers Dutzende von Gedichten, der tröstenden Gegenwart des Publikums, des Entgegenkommens seiner Bewunderer, des donnernden Applauses beraubt: jenes Ozons, der ihm das Atmen erlaubte. Nach einigen Pausen und mehreren sprachlichen Verwechslungen verließ er stürmisch mein Zimmer und tauchte bald darauf mit einem Bündel Quartblätter, den Früchten seiner poetischen Begeisterung, wieder auf. Er sagte, daß er mir seine Gedichte vorlesen wolle, doch ich lehnte entschieden ab: ich verstand kein Wort Russisch. »Das macht gar nichts«, gab er zur Antwort. »Du schaust zu, du hörst zu.« In seinem Tropenhemd nahm er die theatralische Haltung eines Rhapsoden ein: die Szene war absurd, und ich bereitete ihr ein abruptes Ende. Ich erklärte ihm, daß mir das Gehör für fremde Sprachen abgehe und daß ich Deklamationsabende haßte, seitdem ich Berta Singerman gesehen hätte; sobald seine Gedichte ins Spanische übersetzt seien, würde ich sie mit dem größten Interesse lesen. Sichtlich verärgert, änderte der Dichter seine Pläne: er wollte mit mir in ein Nachtlokal gehen, um dort einige geeiste Daiquiris zu trinken. Ich erinnere mich nicht mehr genau, ob wir zuerst im Roten Salon des Hotels Capri waren oder ob wir direkt in ein lautes Lokal gingen, in dem er Stammgast zu sein schien, da er sofort von einer schönen Mulattin angesprochen wurde; und schon begann er, angestrahlt von den wild zuckenden Regenbogenfarben einer Diskobeleuchtung, mit der energischen, fast akrobatischen Darbietung eines Twists Eindruck auf mich zu schinden. Ich überließ ihn der Betrachtung seines eigenen Schauspiels und ging hinaus. Doch der Barde aus der Taiga war hartnäckig und ließ sich nicht so leicht abschütteln. Einige Tage darauf kam er wieder in mein Zimmer, diesmal ohne Gedichte, und sah mich mit dem verzweifelten Ausdruck eines Waisenkindes an. »Du bewunderst mich nicht. Warum nicht?« Ich mußte lächeln, als ich ihm sagte, daß man Bewunderung nicht verordnen kann. »Würdest du meine Dichtung verstehen, würdest du mich bewundern«, versicherte er mir. Leider war das nicht der Fall, und meine spanische Zähigkeit quälte ihn und erfüllte ihn mit tiefer Betrübnis.

Als wir Kuba verließen – er, damit seine antichinesische Muse auf den Seiten der *Iswestija* oder der *Prawda* offiziell zum Sturm läutete, ich, um zu einem immer obskurer werdenden Pariser Leben zurückzukehren –, glaubte ich, daß wir uns nie wieder begegnen würden. Doch am achten Februar 1963, in der Endphase der Krebserkrankung von Moniques Mutter, bekamen wir einen Anruf von unserem Freund K. S. Karol, damals Redakteur in der von Jean Daniel geleiteten Mannschaft der Zeitschrift *L'Express*. Jewtuschenko war in Paris und wollte mich sehen. In dem seelischen Zustand, in dem wir uns befanden, schien mir die Vorstellung eines nächtlichen Bummels mit ihm gar nicht so schlecht: er würde Monique vorübergehend von ihren Ängsten ablenken, und wir könnten uns an seiner Großmäuligkeit ergötzen. Selbst heute noch kenne ich nicht die Gründe für seine zweite Begegnung mit mir, die wohl genauso erfolglos verlaufen sein dürfte wie die erste: wie ich später durch die Indiskretion eines anderen Journalisten erfuhr, war es damals das höchste Bestreben des Barden – vom gleichen derben Lakaiengeist durchdrungen, der seinen Kollegen und Konkurrenten Wosnessenski dazu anstachelte, Gedichte zu Ehren Jacqueline Kennedys zu schreiben –, mit de Gaulle und Brigitte Bardot auf du und du zu stehen.

Was auch immer der Grund für seine liebenswürdige Beharrlichkeit gewesen sein mag, wir holten ihn jedenfalls zusammen mit K. S. Karol im Hotel du Louvre ab, und begleitet von einer Beamtin der Sowjet-Botschaft, wohnten wir auf seinen Wunsch hin einer Vorstellung im Crazy Horse bei. Die Striptease-Nummern waren unterhaltsam und einfallsreich: in einem bestimmten Augenblick parodierten sie anmutig so etwas wie einen militärischen Parademarsch. Gestiefelt und mit Uniformröcken und Koppeln bekleidet, wirbelten einige Mädchen über die Bühne, während scherzhaft die berühmten Akkorde von Rouget de Lisles *Marseillaise* erklangen. Plötzlich und unerwartet erhob sich der Dichter zur allgemeinen Verblüffung, und in einer durchaus löblichen Respektsbezeigung vor der sakrosankten Nationalhymne richtete er sich, steif wie ein Stock, zu seiner ganzen, unzweifelhaft sibirischen Größe von einem Meter neunzig auf. Es gab Gemurmel, Lächeln, Hüsteln: Was war der Grund für diese patriotische Begeisterung? Gehörte sie vielleicht zur Show? Der Rest des Abends war nicht ganz so farbig, auch wenn wir, den schlechten Ratschlägen Moniques folgend, die Nacht zur großen Bestürzung des Barden bei den frechen Transvestiten des Carrousel beendeten. Das Bild des eiffelturmartigen Jewtuschenko, während die lachenden Mädchen sich beim Klang der *Marseillaise* auszuziehen begannen, erreichte jenen Grad beispielhaften und repräsentativen Charakters, bei dem die Anekdote in den Rang des Bedeutungsvollen erhoben wird und das romantische, spektakuläre Bild des Dichterdemiurgen mit den Pantoffeln des Empedokles fixiert. Don Jewgeni oder Beckett, Don Camilo oder Cernuda, Don Ernesto oder Lezama: Echtheit und Mythos, kritische Leidenschaft und Egoismus, moralische Erkenntnis und emblematische Projektion. Zwei gegensätzliche Möglichkeiten, Literatur und Leben zu begreifen: beide so in sich aufnehmen, wie sie sind, oder sich wie ein Clown in den Kulissen des Kitschs und der schulmeisterlichen Schwülstigkeit herausputzen.

Monique hatte dir die Anekdote erzählt.

Auf dem Rückflug von Korfu wartete sie auf dem sonnenbeschienenen Flughafen von Athen auf das Flugzeug, das sie nach Paris bringen sollte. Die Lautsprecher künden die Ankunft der Air-France-Maschine an, und während sie zerstreut auf die Piste schaut, wo sich das Wartungspersonal um die Maschine kümmert, bemerkt sie plötzlich eine heftige Bewegung. Ein

Dutzend Journalisten und Fotografen läuft zur Rolltreppe und lauert dort auf eine Berühmtheit. Die Passagiere entsteigen langsam dem Flugzeug, und sogleich erkennt sie die unverwechselbare Silhouette des Paares Sartre-Beauvoir. Die beiden Schriftsteller kommen die Stufen der Gangway herunter, setzen den Fuß auf den Boden und gehen durch die Horde der *paparazzi*, ohne daß ihnen irgend jemand auch nur die geringste Aufmerksamkeit schenkt. Einige Augenblicke danach taucht Eddie Constantine auf, der Küsse austeilt, seinen Hut schwenkt und dem man einen so berauschenden Empfang bereitet, daß er für die Zeugen der Szene und ihre verschiedenen Akteure wirklich nur schwer zu vergessen ist.

Sich als schwieriges *literarisches Ideal die Genetsche Moral des* Malamati *vornehmen: ganz offen das tun, was Gesetze und Sitten verwerfen, die Normen der Scham und der Klugheit übertreten, unerschrocken den Hohn und die Nadelstiche der Verleumdung hinnehmen: auf das Ansehen eines Verhaltens verzichten, das auf den Konformismus oder auf die Ausübung der offiziellen Güte gründet: im Gegenteil, in der Verachtung Schutz suchen, um die geheime Tugend zu bewahren, darauf bedacht sein, nach und nach Vorteile, Ehren und angeblichen Anstand der gewissenhaften Treue zu sich selbst zu opfern: schließlich ohne Verehrung und ohne Schüler leben, in der Makellosigkeit und der Vollkommenheit der Reinheit.*

Blinder Passagier des plötzlich sinkenden Schiffes, strandest du auf fremder Erde mit dem Jubelruf eines Robinson; deine Affinitäten als Schriftsteller machen es dir möglich, die ungewissen Blutsbande durch die Anziehungskraft magnetischer Felder zu kompensieren, die weit entfernt sind von deinem Boden und deinem Samen: du hast die Möglichkeit, dir Vorfahren und Verwandte auszusuchen, den armseligen Schild des Hidalgos in die Ecke zu stellen, alles zu vergessen, was zerstört worden ist: dir eine Genealogie nach eigenem Ermessen zu schaffen und darin alle die einzuschließen, die, des Landesverrats angeklagt, das gemeinsame Modell und seine bedrohliche Zentripetalkraft flohen: die literarischen Konstellationen aufzeichnen, um die herum du deine Bahn ziehst, und deinen neuen Stamm mit Zweigen und Blattwerk versehen: in der neuen Porträtgalerie, die aufs vorteilhafteste die alte ersetzt, sind Diebe und Fahnenflüchtige vertreten, Häretiker, Sodo-

miten, Geächtete: keine Möglichkeit der Zwangsveräußerung oder der Beschimpfung wegen familiärer Schwierigkeiten oder wegen eines Schicksalsschlags: ihre Leichtigkeit enthebt sie eines Daches überm Kopf: frei reisen sie mit dir.

Wenn die Familien- oder Stammesmoral in dir einen Grund zum Skandal findet und dieser Skandal üppig aus der gedruckten Seite hervortreibt, wirst du die Dreckspritzer als unfreiwillige Huldigung an Stolz und Strenge deiner Unabhängigkeit akzeptieren: der Entschluß, die festgesetzten Normen nicht zu respektieren und dir eifersüchtig deine Gleichgültigkeit gegenüber Lob und Tadel der anderen zu bewahren, erlaubt es dir, die Gefühlsverwirrung deines Lebens, die Sonnenschwerkraft seiner Feuersbrunst in eine Quelle der Energie zu verwandeln: das Streben, dein grimmiges Ringen mit dem Wort bis zur künstlerischen Vollendung zu führen: Ungestüm, Fülle, Glut des süßen, wilden Nahkampfs, der schlüpfrigen Beute, die sich in Umarmung und Joch windet und dehnt: Glück und Überschwenglichkeit der Entdeckung, synkopierte Glückseligkeit der Erschöpfung, Gnade der Unterwerfung: der Umkreis, in dem du Zuflucht suchst wie jemand, der an eine geweihte Stätte flüchtet, schützt dich vor dem Unwetter: das Sanfte schließt das Schroffe nicht aus: der geistesabwesende Genießer bemerkt nicht das nächtliche Treiben der Hunde.

Mein Lailat al-Qādr ereignete sich an einem achten Oktober, ob während des heiligen Monats Ramadan oder danach, weiß ich nicht mehr. Es war an dem Abend, als ich zum erstenmal an den Ort kam, an dem ich jetzt diese Zeilen schreibe, und gleichzeitig Monique und Genet kennenlernte, die beiden Menschen, die auf verschiedene Weise einen entscheidenden Einfluß auf mein Leben ausübten. Die Bekanntschaft mit ihnen war dabei wie der Aufgang der Morgenröte. Meine spätere Entwicklung verdanke ich zum großen Teil ihnen, dem, was sie dazu beitrugen, mich aus meinem Milieu und seiner bedrükkenden Enge herauszureißen. Das Auftauchen und das Verschwinden Genets im Verlaufe zweier Jahrzehnte ließen mich ein völlig neues moralisches Universum entdecken: aus der geschlossenen, kompakten bürgerlichen Welt des Barceloneser Viertels Bonanova mit seinen Familiengespenstern und seinen Gefühlskatastrophen drang ich nach und nach, von den beiden an der Hand geführt, ganz vorsichtig in diesen fruchtbaren Raum meines Medina-Gartens in der Nähe des Boulevard Bonne-Nouvelle vor, der frei war von den Begriffen Vaterland, Glaube, Status, Lehre oder Respektabilität.

III

Das Territorium des Dichters

Einige Wochen vor der Durchsicht dieser Seiten bekam ich eines Tages zwei oder drei Anrufe von einem Mann mit unbestimmtem ausländischen Akzent, der um jeden Preis mit Monique sprechen wollte. Als sie dann nach Hause kam und ans Telefon ging, bestürmte der Unbekannte sie ängstlich mit Fragen nach Genet. Wo er sich aufhalte? Ob ihm etwas zugestoßen sei? Wer ihm seine Adresse geben könne? Monique erklärte ihm, daß wir schon eine ganze Weile so gut wie nichts mehr von ihm gehört hätten und daß wir das wenige, was wir von ihm wüßten, fast immer nur auf indirektem Weg erfahren hätten: das einzige, was sie ihm im Augenblick raten könne, sei, daß er ihm über die Adresse seines Verlegers schreibe. Doch ihr Gesprächspartner schien in großer Sorge zu sein und ließ nicht locker. Weder er noch seine Frau verstünden, was vorgefallen sei: vor zwei Tagen habe Genet mit ihnen zu Mittag gegessen und sie gebeten, am nächsten Tag ganz bestimmt anzurufen; doch in dem Hotel, in dem er wohnte, behauptete man, er habe die Rechnung bezahlt und sei, ohne eine Nachricht zu hinterlassen, abgereist. Er konnte unmöglich seine Verabredung mit ihnen vergessen haben; vielleicht war ihm etwas dazwischengekommen; vielleicht...

Die Verwirrung und die Trauer des Unbekannten waren für uns nicht neu: sie gaben eine für Genet typische Situation wieder, die wir seit Jahrzehnten kannten. Nachdem er einige Tage oder Wochen mit ihm und seiner Frau verbracht und ihnen damit das zufällige Geschenk seiner Gegenwart gemacht hatte, war Genet plötzlich aus ihrem Leben verschwunden, aus dem freundschaftlichen Universum, in dem er sich niedergelassen und in dem er sich vorübergehend wohl gefühlt hatte. Der Unbekannte, ohne ersichtlichen Grund verlassen und damit seines Glücks und seines Stands der Gnade beraubt, konnte einfach nicht verstehen, daß das momentane Wohlbefinden des Schriftstellers, sein Eindruck, sich in den Schoß einer Familie einzufügen, wahrscheinlich die Gründe für seine Flucht und seine Mißbilligung waren. Damit gelangte sein Name und der seiner Frau ebenfalls auf die lange Liste der von Genets Persönlichkeit und Intelligenz verführten Menschen, die sich plötzlich am Rand eines holprigen, kurvenreichen Wegs mit Abzweigungen und unvorhersehbaren Richtungsänderungen wiederfinden. Erstaunt und ungläubig mußte er nach und nach die bittere Feststellung machen, daß sie für Genet zu existieren aufgehört hatten, es sei denn, der hypothetische Fall trete ein, daß er eines Tages ihre Dienste benötigen würde oder sich in der Situation sähe, sie um eine Gefälligkeit bitten zu müssen.

Es war genau am achten Oktober 1955. Monique, die ich einige Tage zuvor in der Eingangshalle des Verlages Gallimard kennengelernt hatte, hatte mich zum Abendessen in ihre Wohnung in der Rue Poissonnière eingeladen und sogleich hinzugefügt, aus Furcht, wie sie mir später gestand, ihr warmes und schönes Lächeln sei kein ausreichender Grund für mich, ihre Gastfreundschaft anzunehmen: »Jean Genet kommt ebenfalls. Kennen Sie ihn?«*

Ja, ich kannte ihn durch seine Bücher, oder besser gesagt durch sein bis dahin letztes veröffentlichtes Buch, *Tagebuch eines Diebes*, das mir ein Freund zwei Jahre zuvor während meines ersten und kurzen Aufenthalts in Paris geliehen hatte. Dieses Buch hatte mich sowohl moralisch als auch literarisch ungemein beeindruckt. Zu der faszinierenden, außergewöhnlichen Wirkung, die der Autor selbst auf mich ausübte, kam noch die Entdeckung einer für mich völlig unbekannten Welt hinzu; etwas, was ich zwar in der Jugend dunkel geahnt hatte, das nachzuprüfen mir jedoch durch Erziehung und Vorurteile

* Vgl. *Jagdverbot*, Seite 287.

verwehrt worden war. Ich erinnere mich, daß der Bekannte, der mir das abgegriffene Exemplar von Genets Buch gegeben hatte, eines Tages mit dem Finger auf einen angeberisch aussehenden Kerl von etwa dreißig Jahren zeigte, der auf eine Caféhausterrasse zuging, die der unseren genau gegenüber lag – sie hieß, und ich glaube, sie heißt immer noch so, La Pergola, neben dem Metroeingang Mabillon –, und mit wissendem Gesicht flüsterte: »Das ist Genets Freund.« Als ich ihm einige Tage später das Buch zurückgab, fragte er mich, ob ich beim Lesen onaniert hätte. Ich sagte nein, und mit einer Mischung aus Enttäuschung und Ungläubigkeit sah er mich überrascht an.

»Ich habe es Dutzende Male getan. Ich hole mir jedesmal, wenn ich es lese, einen runter.«

Da diese Art von Vertraulichkeit noch nie nach meinem Geschmack war, brach ich das Gespräch ab. Wie mir Genet einige Jahre später einmal sagte, ärgerte ihn nichts so sehr wie die unpassende Huldigung an die pornographischen Fähigkeiten seines Werkes: die Meinung, die die Homosexuellen von seinen Büchern hatten, bedeutete ihm überhaupt nichts, und er schätzte nur das Lob jener, die außerhalb des von ihm beschriebenen Gettos seine Romane für das nahmen, was sie waren, nämlich eine autonome Welt, eine Sprache, eine Stimme. Was den angeblichen Freund Genets anging, den mir mein Initiator gezeigt hatte, so dürfte es sich in Anbetracht der Daten um Java oder René gehandelt haben. »Aber keiner von beiden verkehrte in Saint-Germain-des-Prés«, bemerkte Genet, als ich ihm die Geschichte erzählte. »Beide hatten am Montmartre ihre Huren laufen oder bestahlen die Tunten in den Pissoirs oder im Bois de Boulogne.«

Zehn Tage nach unserer ersten Begegnung in der Rue Poissonnière besuchte ich ihn gemeinsam mit Monique. Genet ist krank – ich weiß nicht mehr, was ihm fehlte –, und sie bringt ihm eine Tasche mit Essen und Medikamenten. Wir erklimmen die Stufen zu einem kleinen Studio in der Rue Pasquier, wo er uns im Bett liegend empfängt. Nach einer Weile tauchen weitere Besucher auf: Madeleine Chapsal und Jean Cau, damals Sartres Sekretär und später getreues Sprachrohr der Ängste und Phobien der Rechten.

Die Zeitungen bringen täglich alarmierendere Nachrichten über die Repression in Algerien, und Genet hat die Idee, das nahe Allerheiligenfest auf seine Weise zu begehen. Er hat einen Text geschrieben, der sich an all jene richtet, die die Gräber ihrer Angehörigen besuchen, und der an den Friedhofstoren verteilt werden soll. Genet sucht im Nachttisch seine Brille, setzt sie auf und liest mit seiner tiefen, ernsten, unnachahmlichen Stimme, die voller Intensität und zurückgehaltenem Zorn ist, eine Anklageschrift von großer poetischer Heftigkeit, in der er die Trauernden dazu auffordert, auch an die anderen Toten zu denken, an jene, die täglich von den verbrecherischen Kugeln *ihrer* Armee und *ihrer* Polizei niedergemäht werden: Alte, Kinder, Frauen, einfache Bauern und Analphabeten...

Der Text erschüttert mich, doch Jean Cau gießt sofort einen Eimer kaltes Wasser aus: der Ton sei zu aggressiv, sagt er, und seine Wirkung wäre kontraproduktiv. Er macht den Vorschlag, einen anderen, sehr viel maßvolleren und daher wirksameren zu schreiben, in der üblichen Sprache dieser Art von Manifesten. Während er mit den Besuchern, die jetzt das Studio füllen, über die Wortwahl diskutiert, beobachte ich Genet, der an dem Gespräch völlig desinteressiert zu sein scheint, so als betreffe ihn die geplante Aktion nicht mehr, die ganz auf der Linie einer unterwürfigen Opposition liegt, die immer in der Defensive ist.

Sein Text wird nie verbreitet, und wie mir Monique nach Barcelona schreibt, wohin ich einige Tage später zurückgekehrt bin, fand die von Genet vorgeschlagene poetische Agitation nie statt.

Ein Jahr vergeht. Monique hat mich regelmäßig über ihre Kontakte zu dem Dichter auf dem laufenden gehalten, und ich habe in den letzten Monaten meines Militärdienstes alle seine Bücher gelesen. Nach Abschluß dieser Zeit kehre ich nach Paris zu

Monique zurück und ziehe zu ihr in die Wohnung in der Rue Poissonnière.

Genet taucht dort unerwartet auf, ohne vorher Bescheid zu sagen – Moniques Wohnung ist für ihn eine Art Kantine –, und obwohl ich gern mit ihm über seine Bücher reden möchte, merke ich sofort, daß ihm das Thema mißfällt. An die selbstzufriedene Eitelkeit der spanischen Literaten gewöhnt, überrascht mich sein Verhalten. Genet legt eine unüberwindbare Distanz zwischen sich und sein Werk, er flieht jene wie die Pest, die es aus guten oder schlechten Gründen bewundern, er hat den Abstand und die Gleichgültigkeit eines Rimbaud, der in den trostlosen Steppen des Harar Handel treibt. Als er mich sehr viel später nach meiner Meinung über seine Bücher fragte, tat er es verschämt und bescheiden, ohne die Aggressivität und Ironie, die er sonst nach außen hin zeigte, um sich vor unerwünschter Verehrung oder Neugier zu schützen.

Zu denen, die dann und wann bei uns auftauchen, gehört auch René, den Monique aus der Zeit kennt, in der er mit dem Poeten befreundet war und für sich einen Modus vivendi suchte, indem er die Homosexuellen nachts an ihren Treffpunkten bestahl. Diese freundschaftliche, von komischen Zwischenfällen durchsetzte Beziehung hat Monique in ihrem ersten Roman *Les poissons-chats* anmutig geschildert. René ist damals etwa dreißig Jahre alt, groß, massig, ungeschliffen, und sein Gesicht, vulgär und breit, verrät sofort seine Vergangenheit als Gauner; er ist inzwischen verheiratet und Vater zweier Kinder, reinigt Steppdecken, Sofas und Sessel frei Haus, eine Arbeit, die ihm nicht nur erlaubt, sich ehrlich seinen Lebensunterhalt zu verdienen, sondern auch bei jeder sich bietenden Gelegenheit zahlreiche Dienstmädchen und sogar Hausherrinnen zu bumsen. Um sein Ziel zu erreichen, fragt er hartnäckig, woher die Flecken kommen, die sich seiner energischen Therapie so sehr widersetzen, verwirft kurzerhand konfuse und verworrene Hypothesen und richtet nach und nach den Verdacht auf die spermatogene Ursache des Trankopfers. Seine Besuche in der Rue Poissonnière entspringen sowohl dem Wunsch, die alten Zeiten mit Monique wieder heraufzubeschwören, als auch der Absicht, Hélène, das Dienstmädchen, das bei uns wohnt und die Kleine zur Schule bringt, zu vögeln.

Hélène redet ständig, sie schminkt sich übertrieben und geht abends tanzen. Aus ihren ungereimten Erzählungen schließen wir, daß sie mit einem Zuhälter befreundet ist, denn man hat ihr den Vorschlag gemacht, in Casablanca als Kosmetikerin zu arbeiten; ihre drei unehelichen Kinder hat sie in die öffentliche Fürsorge gegeben. Ihr ständiger Wortschwall geht Genet auf die Nerven: während sie das Essen aufträgt, verlangt er Ohropax. Eines Tages ist er so außer sich über ihr Geschwätz, daß er laut ruft: *Nom de Dieu! Vous ne pouvez pas avoir une idée générale?* (Mein Gott! Können Sie nicht wenigstens einen allgemeinen Gedanken haben?)

Einige Begegnungen aus jenen Monaten, die dank Moniques kleinem Notizbuch vor dem Vergessen bewahrt wurden.

Wir begleiten Genet zum Quai de Conti, wo er an der offiziellen Aufnahme Jean Cocteaus in die Académie Française teilnehmen soll: es ist die erste und letzte mondäne Veranstaltung, an der ich ihn teilnehmen sah. Die Zeremonie langweilt ihn sichtlich, und als er dann zu seinen Kollegen hinübergeht, tut er es nur widerwillig, wobei er sich entschuldigt und wütend auf sich selbst ist. Er gehört ihrer Welt weder physisch noch moralisch, noch literarisch an: Genet ist unter den Gästen des Institut de France der Falke, den man versehentlich in eine Versammlung von Pfauen geschickt hat. Was er dort sieht und hört, schürt seine Verachtung: Gefühle des Ekels, Lust, sich zu erbrechen.

Cocteau hatte zwölf Jahre zuvor entscheidend dazu beigetragen, daß er aus dem Gefängnis entlassen wurde, daher fühlt er sich in seiner Schuld. Trotzdem geht er ihm aus dem Weg, wo er nur kann: sein mondänes Verhalten und sein Exhibitionismus sind ihm zuwider. Als der Autor von *Kinder der Nacht* stirbt, spricht Genet mit mir über ihn und die Oberflächlichkeit seines Werkes ohne Boshaftigkeit, aber auch ohne Mitleid.

Bei einer anderen Gelegenheit erwähnt das Notizbuch flüchtig ein »Abendessen mit Genet-Violette Leduc in einem China-Restaurant«, an das ich mich überhaupt nicht mehr erinnern kann.

Violette ist damals gerade aus einer psychiatrischen Klinik entlassen worden, wo sie sich dank Simone de Beauvoirs Großzügigkeit von einer ihrer halb wirklichen, halb simulierten Krisen des Wahnsinns und der Depression erholt hatte. Monique – die ihr Werk zutiefst bewunderte und mir ihre damals fast noch unbekannten Bücher zu lesen gab – und ich hatten sie in einer wunderschönen Villa besucht, die außerhalb von Paris in einem großen Park mit fast entlaubten Kastanienbäumen lag. Violette – deren schreckliches Äußeres Maurice Sachs auf unvergeßliche Weise beschrieben hat – weinte über ihre Verlassenheit und Einsamkeit: sie litt unter Verfolgungswahn oder tat so, doch zeitweise schien sie sich zu beruhigen, und ihr grobes Gesicht verbreiterte sich in einem gerissenen und schadenfrohen Lächeln. Sie war nach einem von Sartre geprägten Ausdruck »Komödiantin und Märtyrerin«, und sie verhielt sich, als gerate sie in Verzückung über das »glückliche Paar«, das Monique und ich waren. Sie wollte, daß ich ihr eine alte Hose von mir gäbe, »mit etwas Samen am Hosenlatz«, wie sie mit weinerlichem Gesicht sagte, denn sie lebte allein, ohne Mann, und diese Erinnerung an mich würde sie ein wenig aufwärmen. Da ich keine Jeans zur Verfügung hatte, bekam sie einige in Spanien aufgenommene Fotos von uns: mit ihnen würde sie besser schlafen, sich nicht mehr ganz so allein fühlen und könne sich der Illusion hingeben, auf Distanz an unserem Glück teilzuhaben. Einige Tage danach rief sie Monique noch von der Klinik aus an: während sie im Park spazierenging, war jemand in ihr Zimmer eingedrungen und hatte alle unsere Fotos voller Wut zerrissen. *Dites à Juan qu'il y a sans doute quelqu'un qui lui veut du mal.* (Sagen Sie Juan, daß es bestimmt jemanden gibt, der ihm schaden will.)

Außer ihren lesbischen, in ihren Büchern so schön beschriebenen Beziehungen hatte Violette zwei Leidenschaften in ihrem Leben: Maurice Sachs und Genet. In beiden Fällen eine unmögliche Liebe, wenn man so sagen kann, wegen des Geschlechtsunterschieds, über deren Scheitern, Trauer und Demütigungen sie später in *Die Bastardin* auf meisterliche Weise berichtete. Jahre zuvor, vertraute uns Genet eines Tages an, habe sie ihn zusammen mit seinem Freund Java in ihre kleine Wohnung in der Nähe der Rue du Faubourg-Saint-Antoine eingeladen. Violette hatte ein Gericht mit einer Soße gekocht, und sie drängte ihn, zuzulangen, obgleich er keinen Appetit hatte. Als er ablehnte, verlegte sie sich auf einen klagenden Ton: »Ich sehe schon, daß Sie die Armen verachten« oder etwas in dieser Art. Wütend stieß Genet den Tisch um, mit allem, was darauf war. Die Soße schwappte in Violettes Dekolleté und lief über ihre Brüste. Türenschlagend ging er mit seinem Freund hinaus und fand sie am nächsten Tag schluchzend vor seiner Tür liegen, immer noch mit Soße bekleckert. Seit jenem Tag setzte er ihrer bewundernden Belagerung erbitterten Widerstand entgegen, und ich weiß nicht, aus welchem Grund er damals nicht auf der Hut war und mit uns und ihr an dem in Moniques Notizbuch vermerkten Datum zu Abend aß.

Damals ist Genets Wille zur Provokation noch intakt: Sänger des Verbrechens, des Diebstahls, der Homosexualität, ließ er sich immer wieder die Schulden zurückzahlen, die die Gesellschaft seit der Empfängnis im Bauch seiner Mutter bei ihm gemacht hatte; um sich jetzt, da er respektiert und berühmt war, für das in seiner Kindheit und Jugend erlittene Elend und die Ungerechtigkeiten schadlos zu halten, stellte er vor den Heuchlern seine grobe Offenheit zur Schau und zog den Reichen skrupellos das Geld aus der Tasche, um es denen zu geben, die, wie er, nicht schon von Anfang an in den Genuß von Vermögen und Erziehung gekommen sind. Sein Zorn war heftig und jäh: sein erster Verleger, der amerikanische Übersetzer seiner Bücher und Jean Cau – der gekommen war, um sich wegen seines Rausschmisses bei Sartre zu rechtfertigen – sollten von ihm früher oder später Stockschläge und Beleidigungen ernten.

Auf die Einladung zu einem offiziellen, von der Welt der Kultur veranstalteten Essen zu Ehren eines Ministers antwortete er mit der Frage, ob er in seiner Eigenschaft als Ex-Zuchthäusler, Dieb oder Schwuler eingeladen worden sei. Auf der Terrasse des Flore grüßte ihn eines Tages ein verkappter Homosexueller, der an einem anderen Tisch saß, mit einer flüchtigen Handbewegung, worauf Genet die Stimme erhob und ihm die Frage an den Kopf warf: »Hast du dir's von dem Zuhälter von neulich abends besorgen lassen?« In einem Restaurant, in dem wir zu Mittag aßen, liebkoste und küßte eine auffällig geschminkte Dame am Nebentisch einen kleinen Hund. Genet machte ein angewidertes Gesicht, und die Dame fragte ihn: *Vous n'aimez pas les animaux?* (Mögen Sie keine Tiere?) – *Madame, je n'aime pas les gens qui aiment les animaux.* (Madame, ich mag die Leute nicht, die Tiere mögen.)

Ich erinnere mich auch an den Tag, einige Jahre später, an dem Monique und ich ihn begleiteten, als er eine seiner glühenden Bewunderinnen besuchte, die Frau einer wichtigen Persönlichkeit in der Regierung, die er um eine Intervention zugunsten eines Freundes bitten wollte. Um ihm zu schmeicheln, zitierte die Dame einen Satz von ihm aus dem Gedächtnis, der einige Zeit zuvor – ich weiß nicht mehr, aus welchem Anlaß – in den Zeitungen gestanden hatte.

»Wissen Sie«, sagte sie zu ihm, »wenn ich etwas Intelligentes lese oder höre, behalte ich es immer.«

»Und wenn Sie eine Dummheit hören, plappern Sie sie nach«, antwortete Genet.

Sie steckte den Schlag ein, ohne mit der Wimper zu zucken, und um ihre Großmut und Selbstbeherrschung unter Beweis zu stellen, schrieb sie auf, worum er sie bat, und intervenierte ganz entschieden zu seinen Gunsten.

Die Aufführungen seiner Theaterstücke bringen ihm Tantiemen ein, und zum erstenmal in seinem Leben hat er ein ausreichendes Auskommen. Seit dem Welterfolg seines Stückes *Der Balkon* verteilt er seine Tantiemen unter seine Schützlinge und behält nur das Allernotwendigste für sich selbst.

Doch bis es soweit war, könnten seine Tricks, um an Zaster zu kommen, in einer Anthologie für Bittschriften und Gesuche stehen, durchaus würdig eines Helden unserer Picaro-Romane: Darlehen, Pump, Zechprellerei in den Hotels... Genet handelte in diesen Fällen ohne die geringsten Gewissensbisse: seine Moral liegt auf einer anderen Ebene. Doch ist er einmal auf dieser Ebene, wird sein Verhalten zu einem Muster an Skrupeln und Strenge. Allerdings, und das sollte ich erst später herausfinden, seine Ebene wechselt. Die absolute Hingabe an die Freundschaft schließt somit nicht den Keim eines möglichen und unerwarteten Verrats aus.

Sein üblicher Ausweg, wenn er kein Geld mehr hat, besteht darin, daß er seinen Verlegern die Titel nicht existierender Bücher verkauft: *Le bagne* (Das Zuchthaus), *La fée* (Die Fee), *Elle* (Sie), *Splendid's, La rafale* (Der Windstoß), *Les fous* (Die Verrückten)... Als Gallimard die Veröffentlichungsrechte für sein Gesamtwerk erwirbt, zieht er Gaston Gallimard Geld aus der Tasche mit so phantastischen Versprechen wie: *Jeanne la folle* (Johanna die Irre), *Les hommes* (Die Männer), *Football* (Fußball)... Der Gründer der *Nouvelle revue française*, dem man den literarischen Spürsinn eines richtigen Jagdhunds nachsagt, hat außerdem ein Faible für Genet: während er imstande ist, einem alten oder mittellosen Autor barsch jede Hilfe abzuschlagen, gibt er Genets ständigen Listen und Fallen immer wieder nach. Die Gewißheit, betrogen zu werden, verschafft ihm eine starke Befriedigung. Der alte Gaston ist ein *monstre sacré*, unter dessen Leitung der Verlag nicht nur einfach eine Buchfabrik ist: seine Persönlichkeit, seine Launen, seine Phantasien üben damals einen heilsamen Einfluß aus, und der Dichter, mit seiner Unverschämtheit und seiner Ungeniertheit, zieht hemmungslos Nutzen aus seinem Wohlwollen und seiner Protektion.

Genet nennt mich jetzt den *Hidalgo* und scheint sich in meiner Gesellschaft wohl zu fühlen, wenn er in der Rue Poissonnière auftaucht. Monique dient ihm als Briefkasten und hilft ihm, die kleinen, aber lästigen Probleme des Alltags zu lösen: Verabredungen ausmachen, unangenehmen Begegnungen ausweichen, sich Nembutal oder Suponéryl besorgen, um schlafen zu können.

Er lebt allein, in bescheidenen Hotels, die fast immer in der Nähe eines Bahnhofs liegen, als wolle er damit seine Mobilität und seine Leichtfüßigkeit unterstreichen. Seine Habe paßt in einen mittleren oder kleinen Koffer: eine Wäschegarnitur, ein paar Bücher und Hefte, die Schlaftabletten und Medikamente, seine Manuskripte. In jener Zeit schreibt er noch: er hat einige Monate zuvor *Der Balkon* veröffentlicht, und bald darauf folgen *Die Neger* und *Wände überall*. Er liest die Zeitungen und kommentiert dann die politischen Ereignisse: den Algerienkrieg, das letzte Aufbäumen des französischen Kolonialismus...

Seine Strenge und seine mönchische Zurückgezogenheit beschwören so etwas wie eine Vorstellung von Heiligkeit: eine tatsächliche Gleichgültigkeit gegenüber Eigentum und Gütern. Er ißt sehr mäßig, trinkt kaum, und der einzige Luxus, den er sich gestattet, sind holländische Zigarren oder Zigarillos in Blechdosen, die er unaufhörlich raucht. Außer zur Befriedigung seiner bescheidenen persönlichen Bedürfnisse rinnt ihm das Geld geradezu durch die Finger: er bewahrt es immer in kleinen Bündeln in der Hosentasche auf, um es an seine Schützlinge zu verteilen, an jemanden, für den er einfach nur Sympathie empfindet, an den jungen Burschen oder Stricher, dessen Eroberung er gerade gemacht hat.

Wir sprechen vor allem über Politik. Obgleich ich physisch in Paris bin, lebe ich geistig weiterhin in Spanien. Mein Bruder Luis und ein großer Teil meiner Barceloneser Freunde sind in die illegale spanische KP eingetreten, und ich selbst bin der zwar marginale, aber nützliche Sympathisant, der von außen hilft, die Pressekampagnen und die kulturellen Aktivitäten gegen das Franco-Regime zu koordinieren. Ich lerne allmählich die Werke von Autoren wie Céline, Artaud, Beckett kennen, und in meinem Innern weiß ich, daß ihr literarischer Ausdruck, ebenso wie der Genets, sehr viel schöner, dichter und kühner ist als der, den ich und meine Kollegen uns zum Ziel setzen; doch gleichzeitig bin ich überzeugt, daß dies ein Luxus ist, den wir uns nicht erlauben können. Die Situation Spaniens, glaube ich damals, verlangt von uns Klarheit und Effizienz (leichte Lesbarkeit und Manichäismus) des realistischen Romans, der Zeugnis ablegt (»Karl Marx, der ewige Energiendieb«, hätte Rimbaud gesagt). So verschließe ich mich jahrelang dem politisch *gefährlichen* Einfluß Genets (was jedoch nicht verhindert, daß er später langsam und dauerhaft in mich eindringt).

Genet sympathisiert mit unserer politischen Einstellung, und er diskutiert gern mit Luis und seinem Freund Octavio Pellissa, wenn sie nach Paris kommen, um der Parteiführung Bericht zu erstatten oder von ihr Instruktionen entgegenzunehmen. Wie ich später feststellen werde, faszinieren ihn die Disziplin, die Undurchdringlichkeit und das Geheimnisvolle, die den Hierarchien der kommunistischen Parteien und ihrer immerwährenden Mentalität einer »belagerten Festung« innewohnen, und ziehen ihn an. Vor allem aber empfindet er einen abgrundtiefen Haß auf das gesellschaftliche System, in dem er lebt, und auf die ökonomischen, kulturellen und ethnischen Ungleichheiten, auf denen es seine Herrschaft gründet. Doch zugleich schockiert ihn unsere ausschließliche Unterstützung der Sache Spaniens, die für ihn zur Zielscheibe seiner Ironie wird. Genet kennt Spanien gut und findet, daß die Spanier sich in ihr Schicksal ergeben, sentimental und weich sind, mit einem Wort, unfähig, die revolutionären Tollkühnheiten von 1936 zu wiederholen.

Machado ist damals unsere Bibel, und ich leihe ihm eine Übersetzung sowohl seiner Gedichte als auch des *Juan de Mairena*. Genet gibt mir nach einigen Tagen die beiden Bücher zurück und bringt eine Reihe von Kritikpunkten an: der literarische und menschliche Horizont des Autors scheint ihm reduziert und schmal; seine Spanienbezogenheit ist eine Form narzißtischer Nabelschau, bei der die retrograden Werte der Landschaft wiederaufleben sollen. Machado schreibt nicht nur spanisch – so wie er, Genet, französisch schreibt –, sondern er will auch *Spanier sein*, eine kulturelle Identifikation, die er nicht versteht und als Chauvinismus bezeichnet. Ihm selbst, Genet, ist die moralische französische Landschaft völlig gleichgültig: weder die Gärten von Versailles noch die Kathedrale von Reims, noch das flache Land der Normandie rufen die mindeste Ergriffenheit in ihm hervor. Weshalb also diese Liebe zu Soria, Kastilien, den Erlen am Fluß, der langsamen Prozession der Pappeln. Das Vaterland, wird er später einmal sagen, kann nur für diejenigen ein Ideal sein, die keines haben, wie die palästinensischen Fedajin.

»Und wenn sie dann eins haben?« fragte ich ihn.

Für einige Augenblicke schwieg er.

»Dann haben sie sich das Recht erworben, es ins Scheißhaus zu werfen und die Wasserspülung zu betätigen, wie ich.«

Nach einer seiner häufigen Abwesenheiten tauchte er eines Tages mit einem etwa zwanzigjährigen Burschen wieder in der Rue Poissonnière auf. Abdallah, der Sohn eines Algeriers und einer Deutschen, hat von Kind an als Akrobat in einem Zirkus gearbeitet. Sein Gesicht, das äußerst verführerisch ist, vereint auf harmonische Weise männliche und weibliche Züge. Seine Stimme ist sanft, seine Haltung anmutig und elegant, und beim Sprechen drückt er sich immer mit großer Feinheit und Zurückhaltung aus.

Die Beziehung zwischen beiden ist eine von Vater und Sohn. Genet hat beschlossen, einen großen Künstler aus ihm zu machen, und erfindet für ihn Seiltanznummern, die ein geduldiges und strenges Training erfordern. Ein wunderbarer poetischer Text, *Der Seiltänzer*, war das Ergebnis ihrer Willensverbindung. Abdallah gibt sich voller Begeisterung der Aufgabe hin, Genet scheint mit seinen Fortschritten sehr zufrieden zu sein, und ihre Freundschaft strahlt eine glorreiche, moralische Schönheit aus.

Wenn Genet auf Reisen ist, kommt Abdallah uns besuchen, und sowohl Monique als auch ich fühlen uns in seiner Gegenwart wohl. Nach einigen Monaten teilt uns Genet mit, daß sein Freund einen Einberufungsbefehl bekommen hat und daß sie angesichts der Aussicht, daß er zur »Befriedung« nach Algerien geschickt wird, einmütig beschlossen hätten, daß er desertieren solle. Abdallah leistet dem Musterungsbescheid nicht Folge und sucht uns mit seinem strahlenden Lächeln auf, um sich zu verabschieden: das Abenteuer reizt ihn, und er weiß natürlich, daß es die Vitalität und die Energie Genets mobilisiert, für den die Desertion ein absoluter Wert ist. Von Geburt an entwurzelt, Zögling der öffentlichen Fürsorge, predigt er durch das Beispiel die Tugenden des Exils. Sich ihm zu nähern heißt notwendigerweise, seine Haltetaue zu kappen, sich der genossenen Erziehung zu entwöhnen, mit vergangenen Gefühlen und Neigungen zu brechen, wie ein Fremder in ständiger Verfügbarkeit zu leben. Um sich dem Bild anzugleichen, das Genet sich von ihm zu machen wünscht, nimmt Abdallah sein Nomadendasein auf sich, baut sein eigenes Leben um ein Unternehmen voller Risiken herum, geht ohne Sicherheit und ohne Netz über sein schlaffes Seiltänzerseil. Doch er ist jung und stark, der Wille Genets stützt ihn, und er vertraut mutig darauf, daß das Glück ihm lächeln wird.

Als wir ihn zur Gare de Lyon begleiten, wo er mit seinem Seiltänzermaterial den Zug nach Bordighera nimmt, weiß ich noch nicht, daß seine Desertion nicht die letzte ist, die ich miterlebe, und daß sich die Situation Jahre später mit Ahmed und Jacky wiederholen wird. Monique und ich küssen ihn auf beide Wangen, und er winkt uns vom Fenster des fahrenden Zugs aus mit der Hand einen immer kleiner werdenden Abschiedsgruß zu.

Mehrere Monate lang ist Genet auf Reisen: er folgt Abdallah nach Italien, nach Belgien und Deutschland und überwacht aus der Nähe sein Training. Bei Arbalète sind gerade *Die Neger* erschienen, die Roger Blin bald auf die Bühne bringen wird. Die gute Laune seiner Botschaften und seiner Anrufe weist darauf hin, daß er seine schöpferische Phase hat: er beklagt sich nur über seine Schwierigkeiten, an Schlafmittel heranzukommen. Monique schickt ihm manchmal welche mit der Post, doch dieser Weg ist gefährlich. Als er sich mit Abdallah in Amsterdam niederläßt, beschließen wir, ihn zu besuchen, und verlassen Paris in Begleitung Octavios mit dem Auto. Odette, eine Freundin Moniques, soll am nächsten Tag mit dem Zug nachkommen.

Genet zeigt uns die Stadt, macht Witze über de Gaulle und seinen Größenwahn; es entzückt ihn, sagt er, daß *la France se fait baiser par sa grosse bite molle* (daß sich Frankreich von seinem dicken schlaffen Schwanz ficken läßt). Nie habe ich ihn so voller Lebensfreude gesehen wie damals, und ich sollte ihn später auch nie wieder so sehen. Er ißt mit ausgezeichnetem Appetit, spielt den Clown, wenn Monique Fotos macht, interessiert sich für die Lage in Spanien und das neuerliche Exil Octavios. Dann führt er uns in den Saal, in dem Abdallah täglich seine Seiltanznummer probt.

Der junge Mann trägt ein von Genet selbst gezeichnetes Kostüm, das die Anmut und die Schlankheit seines Körpers noch hervorhebt. Er steigt auf das zwischen zwei Pfosten gespannte Seil und beginnt, sich mit unwirklicher Behendigkeit zu bewegen. Seine Füße scheinen das Seil kaum zu berühren, während er im Rhythmus eines Calypsos fast zwei Meter über dem Erdboden das Gleichgewicht hält. Als er den Salto mortale macht, halten wir alle den Atem an und schauen dieser unglaublichen Herausforderung an die Gesetze der Schwerkraft zu: seine Akrobatik ist eine Levitation. *Sévère et pâle, danse, et si tu pouvais, les yeux fermés* (ernst und blaß, tanz, und wenn du könntest, mit geschlossenen Augen), hat sein Freund geschrieben. Der Seiltänzer hält die Augen geöffnet: als er fertig ist und auf den Teppich unter der Kassettendecke des unwirtlichen Festsaals springt, in dem er übt, sehe ich plötzlich seine

Anspannung und Anstrengung, sehe den Schweiß, der ihm übers Gesicht läuft, sehe die Zerbrechlichkeit seines schönen Lächelns. Genet versteckt seinen Stolz als Pygmalion und sagt zu Abdallah, daß er seine Technik zwar verbessert habe, daß die Nummer aber noch nicht ausgereift sei: er müsse die Zuschauer vergessen, sich ausschließlich auf den Tanz konzentrieren, seine Bewegungen noch beschleunigen. Abdallah hört ihm müde, doch zufrieden zu, und wir warten, bis er sich umgezogen hat, um zum Abendessen zu gehen.

Ich folge nicht der strengen Chronologie der Fakten, sondern der kohärenten Unordnung des Gedächtnisses.

Wir wohnen – ich gebrauche die Mehrzahl für Monique und mich – der Premiere der *Neger* im Théâtre de Lutèce bei. Obgleich ich kein sehr großer Liebhaber von Theateraufführungen bin – ich langweile mich dabei fast immer, und es genügt schon, daß ich sitze, damit mich ein unwiderstehlicher Hustenreiz ankommt, damit ich Ameisen in den Beinen habe oder mir die Schulter weh tut –, begeistern mich die poetische Dichte des Textes, die außergewöhnliche Inszenierung, der Vortrag und die Gestik der Schauspieler; es ist ein noch schöneres und provokativeres Werk als *Der Balkon*, und ich ziehe auch Blins Inszenierung der kürzlich im Théâtre Gymnase gezeigten des letzteren von Peter Brooks vor.

Ein Zuschauer steht mitten in der Vorstellung auf und geht hinaus, wobei er ganz deutlich seiner Unzufriedenheit Ausdruck verleiht: es ist Ionesco. Die Sekretärin von Gaston Gallimard, die dem Zwischenfall beigewohnt hat, fragt ihn am nächsten Tag nach dem Grund: »Ich hatte das Gefühl, der einzige Weiße im Saal zu sein«, antwortet der Schriftsteller.

Genet bleibt weiterhin in Holland, er flieht die Neugier der Journalisten, doch als ich ihn wieder besuche, akzeptiert er zum erstenmal bereitwillig, mit mir über Theater und Literatur zu diskutieren. Die Autoren, die damals ganz oben stehen – Malraux, Sartre, Camus –, interessieren ihn überhaupt nicht. Die Literatur der Ideen, sagt er, ist keine Literatur: wer sie pflegt, irrt sich in der Gattung. Ihre Sprache ist glatt, konventionell, vorhersehbar: sie geht von etwas bereits Bekanntem aus, um zu etwas ebenfalls Bekanntem zu gelangen. Ihr Unterfangen ist kein Abenteuer, sondern eine ganz gewöhnliche Autobusfahrt. Weshalb also so viele Anstrengungen?

Er bewundert vor allem die Dichter: Nerval, Rimbaud, Mallarmé und, für mich unerwartet, Claudel. Der Wunsch, Schriftsteller zu werden, kam ihm im Gefängnis, nachdem er Ronsard gelesen hatte. Céline, Artaud, Michaux, Beckett gewinnen ihm ebenfalls Respekt ab. Jahre später, als er sich bereits in einer absoluten und unumkehrbaren Einsamkeit eingerichtet hat, wird er in bewegten Worten von Dostojewski und seinem Roman *Die Brüder Karamasow* mit mir reden.

Wir sind mit Florence Malraux und einem Freund wieder nach Amsterdam gefahren. Genet hat uns Zimmer in seinem Hotel im Stadtzentrum reservieren lassen, doch zu unserer Überraschung werden wir von der Hotelleitung abgewiesen: wir sind keine »legitimen« Paare. Genet lacht zufrieden: Abdallah und er hingegen haben keine Probleme. Gesegnetes Holland, Paradies der Homosexuellen!

Abdallah trainiert jetzt mit Ahmed, einem Freund aus Kindertagen, der ebenfalls im Zirkus arbeitet. Es ist Weihnachten, und wir bringen den Tag damit zu, an den Kanälen entlangzubummeln. Die beiden jungen Männer zeigen uns das Rotlichtviertel, das Tanzlokal, in dem die Guyaner verkehren, die Einwanderer aus Curaçao, die Prostituierten, die hinter ihren Schaufensterscheiben lauern, angestrahlt wie Sirenen in einem Aquarium.

Am Silvestertag fahren wir nach Haarlem, um uns *Die Regentinnen* von Hals anzusehen. Genet bewundert dieses Gemälde leidenschaftlich und behauptet, der Maler habe hier die *Güte* entdeckt. Das Werk des großen Holländers bewegt ihn: er ist ein eifriger Besucher des Rijksmuseums, und einige Jahre nach dem Text, den er über den Meister von Leiden geschrieben hat, vertraute er Monique an, sein gealterter Körper habe ihn, als er sich nackt im Spiegel sah, an Rembrandts *Bathseba* erinnert.

Die Rue Poissonnière ist damals weiterhin sein *point de chute*, sein Ruhepunkt. Er taucht plötzlich zwischen zwei Zügen auf, um seine Schlaftabletten in Empfang zu nehmen oder eine Verabredung mit seinen Verlegern zu treffen. Voller Ekel flieht er den Ruhm und die mondäne Anerkennung. Eines Tages, als er gerade bei Gallimard vorbeikommt, sieht er einen Stapel Bücher in dem Raum, in dem die Autoren die für Buchhändler, Kritiker und Persönlichkeiten des öffentlichen Lebens bestimmten Exemplare signieren: es handelt sich um ein Buch von Montherlant. Nachdem er sich vergewissert hat, daß ihn niemand beobachtet, macht er aus dem ewigen *Avec les hommages de l'auteur* (Vom Autor überreicht) ein überraschendes *Avec les hommages de ce con de Montherlant* (Von diesem Arschloch Montherlant überreicht). Die Bücher werden an ihre Adressaten geschickt, und einige Akademiemitglieder und distinguierte Geister protestieren telefonisch gegen diesen Schimpf und senden ihre Bücher postwendend zurück.

Inzwischen ist Abdallahs Seiltanz ausgefeilt und perfekt, und er beginnt damit, in Belgien und Deutschland erfolgreich Vorstellungen zu geben. Die Nachrichten, die wir über seine Tournee bekommen, sind optimistisch. *Tu seras cette merveille embrasée, toi qui brûles, qui dures quelques minutes,* hat Genet für ihn geschrieben; und das Publikum, *ignorant que tu es l'incendiaire, il applaudit l'incendie.* (Du wirst dieses glühende Wunder sein, du, der du brennst, der du einige Minuten glühst... und das Publikum, nicht wissend, daß du der Brandstifter bist, klatscht dem Brand Beifall.) Die Fotos, die wir bekommen, zeigen ihn luftig und grazil, während er mit seinem glänzenden, funkelnden Kostüm über das schlaffe Seil hüpft. Eines Tages erfahren wir indirekt von seinem Unfall: er ist in Belgien während seiner Nummer gestürzt und hat sich den Fuß gebrochen. Eine spätere Operation ist zufriedenstellend verlaufen, doch muß er sich einem langen Rehabilitationstraining unterziehen. Genet bleibt bei ihm, um ihn aufzumuntern. Abdallah will wieder mit dem Seiltanz beginnen, da er dunkel ahnt, daß sein Freund das Interesse an ihm verliert, wenn er es nicht tut: er weiß vielleicht, daß dieses Unterfangen seine Kräfte übersteigt; dennoch versucht er hartnäckig das Schicksal zu besiegen. Das Leben, das er kannte und schätzte, bevor er Genet kennenlernte, hat für ihn jeglichen Reiz verloren. Er ist nicht nur aus der Armee desertiert, sondern er hat auch alles aufgegeben, was einen »normalen« Menschen in der Regel zufriedenstellt: Routinearbeit, Vergnügungen, Freunde, Familie. Seine moralische und gefühlsmäßige Hingabe an Genet ist für ihn ein Weg ohne Umkehr: Abbruch aller Brücken, Taktik der verbrannten Erde. Deshalb wird er weiterhin auf dem schlaffen Seil tanzen, wird die absolute Einsamkeit seiner Herausforderung auf sich nehmen, wird eins werden mit diesem leichten, prägnanten Bild, das das Publikum in Atem hält, während er kühn seinen Salto mortale macht.

Das Territorium Genets ist *unstet*: es weist Risse auf, Erhöhungen, Vertiefungen, plötzliche Abneigungen. Geduldig konstruiert er Szenarien, die er plötzlich aufgibt, wobei er die Akteure verstört und verwaist zurückläßt. Er ist selbstlos, großzügig, dem Anschein nach dem Geliebten treu ergeben, doch gleichzeitig unstet, wetterwendisch, besitzergreifend, anspruchsvoll, der Härte und der Grausamkeit fähig. Diese Unstetigkeit neigt jedoch dazu, sich zu wiederholen, sie gehorcht subtilen und vom Zufall abhängigen Zyklen, erreicht mit den Jahren eine geheimnisvolle Kohärenz.

Als Abdallah zum zweitenmal stürzt, kippt die moralische Fülle seiner Freundschaft mit Genet in eine ungastliche, graue, perspektivlose Wirklichkeit um: der Seiltänzer mit den knappen, durchgeistigten Gebärden, ausgestattet mit einer wunderbaren Exaktheit, wird nicht mehr auf dem Seil tanzen. Sich wieder einem gewöhnlichen Leben anzupassen fällt schwer: die Erfahrung hat ihn für immer gezeichnet. Von nun an ist er dazu verurteilt, im Leben Genets ein totes Gewicht zu sein, ihn auf unangenehme Weise an einen geplatzten Traum zu erinnern. Keiner von beiden wollte den vergeblichen Versuch einer gesellschaftlichen Wiedereingliederung unternehmen. Um ihn zu trösten, schenkte ihm Genet ein Gemälde von Giacometti, von dessen Erlös er mehrere Monate durch den Fernen Osten reisen konnte: vor sich selber fliehend, ausgeschlossen von der Welt, hat er damit vielleicht, ohne daß er selbst es wußte, seinen unerbittlichen Countdown begonnen.

Genet setzte sich damals aktiv für die Unabhängigkeit Algeriens ein. Arbalète veröffentlichte sein Theaterstück *Wände überall*, das wegen der brennenden Aktualität des Themas erst zwei Jahre später aufgeführt werden konnte.

Er kommt oft in Begleitung Jackys zu uns nach Hause. Der junge Mann ist der Stiefsohn von Lucien, diesem *Fischer von Suquet*, dem er einen seiner Romane und seine Gedichte aus der ersten Zeit gewidmet hat. Genet hat ihn auch nach der Heirat regelmäßig getroffen, hat ihm geholfen, sich selbständig zu machen, und kennt Jacky von Kind auf. Jacky hat von frühester Jugend an eine unwiderstehliche Leidenschaft für Autos gehabt: mit dreizehn oder vierzehn gehört es zu seinem Zeitvertreib, immer wenn sich die Gelegenheit dazu bietet, Autos aufzubrechen, um damit Spritztouren zu machen. Die Polizei verhaftet ihn, läßt ihn aber umgehend wieder frei, weil er noch minderjährig ist. Seine spontane Mißachtung der Gesetze, seine Kühnheit und seine Unverschämtheit amüsieren und verführen Genet, der eine wachsende geistige Affinität zu dem Jungen entdeckt. Einige Zeit davor war er von zu Hause ausgerissen, und wir hatten ihn ein paar Tage bei uns aufgenommen. Neben dem verbürgerlichten, konformistischen Lucien verleiht ihm seine frühe Normabweichung in den Augen Genets eine verführerische Aura der Randexistenz.

Während ich diese Aufzeichnungen niederschreibe, lese ich *Das kriminelle Kind* wieder. Die Gefängniserfahrung, die Genet als Kind gemacht hat, diese grausame und faszinierende moralische Landschaft der Erziehungsheime für Minderjährige, sollte ihn sein Leben lang verfolgen. Von dem blinden Musikanten verpfiffen, dem er als Lazarillo diente – Spanien mit seinem Glanz und seinen Lumpen kreuzte bereits damals seinen Weg –, wird er in eine dieser Anstalten geschickt, weil er an den Ständen und Buden eines Jahrmarkts die geringe Summe ausgegeben hat, die sein Herr ihm anvertraut hatte. Genet sagte mir einmal, er habe, als er sich seines »Verbrechens« bewußt geworden sei, daran gedacht, Selbstmord zu begehen. Statt dessen lernte er das grausame Universum kennen, das seitdem seine Träume von Verworfenheit und Ruhm nährt, eine unüberwindliche Distanz schafft zwischen Schuld und Sühne, seinen hartnäckigen, rebellischen Stolz intakt hält. Die Strenge der Strafe erlegt ihm ein Verhalten auf, das ihrer würdig ist: Genet wird sich bemühen, sie zu verdienen. Von nun an kann sich das Kind, eingeübt in die heuchlerische Mimik des Chorknaben, der harten Rute seiner senegalesischen Liebhaber ausliefern, kann stehlen, betteln, sich prostituieren und mit arroganter Herausforderung sein idealisiertes Bild als Rechtsbrecher aus Berufung akzeptieren.

Als er, bereits ein berühmter Schriftsteller, vom Direktor einer schwedischen Jugendstrafanstalt aufgefordert wird, nach dem Besuch eines »humanisierten« Heims ohne Gitter das Wort an die auf dem Weg zur Resozialisierung befindlichen Jugendlichen zu richten, erfüllt die Rede Genets den Philanthropen derart mit Verblüffung, daß er auf der Stelle aufhört, sie zu übersetzen: die Gesellschaft versucht euch zu kastrieren, euch zu grauen, ungefährlichen Mäusen zu machen, indem sie euch alles das nimmt, was euch auszeichnet und wodurch ihr euch von ihr unterscheidet, indem sie eure Auflehnung erstickt, euch eurer Schönheit beraubt; schlagt die entgegengestreckte Hand aus, geht nicht in die Falle; macht euch die Dummheit dieses Niemands zunutze, um abzuhauen und ihn einfach stehenzulassen ...

Wie mir Genet sagte, als er mir diese Episode erzählte, hörten ihm die Jugendlichen zu, ohne ein einziges Wort zu verstehen, der Direktor war wütend, und seine Liberalität sowie seine guten Gefühle vergessend, befahl er ihm unter Drohungen und Beleidigungen, sofort das Haus zu verlassen.

Der Jugendliche, der mit seiner Familie gebrochen hat und sich auf der Suche nach einem Halt instinktiv an ihn wendet, gehört nicht zu jener Kategorie der Aufsässigen, die sich normalisieren lassen. Jacky strebt weder nach einem eigenen Heim noch nach einer sicheren Existenz oder einer Arbeit, sondern nach einem schwierigen, gefährlichen Beruf, in dem er sich entfalten kann und an den er glaubt. Er ist lebhaft, trotzig, sympathisch, und es fehlt ihm nicht an physischer Anmut. Wenn er gereift und ein Mann geworden ist, wird er auf ganz natürliche Weise in das Leben Genets eintreten.

Meine Absicht ist es nicht, über jene Ereignisse zu berichten, die eine Biographie ausmachen, sondern mit Hilfe gewisser Fakten und Elemente den physischen und moralischen Raum des Dichters abzustecken und einzukreisen: seine Vitalität, sein Humor, seine Launen und Komödien, sein vorgetäuschter Zorn, sein wirklicher Zorn: die besondere *Gnade*, die darin liegt, ihn zu kennen, aber auch die Strafe.

Seine Affinitäten und seine Antipathien stellen sich augenblicklich ein und sind unvorhersehbar. In Gegenwart einer Person, die ihm unsympathisch ist, verschanzt er sich in tiefes, ausgrenzendes Schweigen, das den so Gemiedenen zwingt, sich aus seinem Blickfeld zu entfernen. Er widerspricht gern Gemeinplätzen und angeblichen Selbstverständlichkeiten und demontiert fröhlich tief verwurzelte Gewißheiten. Er nimmt die ungeschickten Gesprächsversuche der Taxifahrer mit eisigem Schweigen auf oder antwortet auf ihre Trivialitäten mit beißendem Spott. Zieht der Bedienstete eines großen Luxushotels die Vorhänge vorm Balkonfenster zurück, um ihm die herrliche Aussicht zu zeigen, die er von hier aus genießt, befiehlt er ihm, sie wieder zuzuziehen und ihm, sofern er das hat, ein Paneel oder eine spanische Wand mit dem Foto einer Fabrik zu bringen. Die Pfauen der Literatur verursachen ihm einen ununterdrückbaren Ekel: eines Tages blättert er im Roman eines dieser Leute und ruft: »Warum macht er es nicht wie ich und hält den Schnabel, wenn er nichts zu sagen hat?« Doch wenn er sich wohl fühlt unter Leuten, die er schätzt, ist er herzlich und interessiert sich für ihre Probleme, seine Beziehungen zu ihnen sind voller Respekt und Zartgefühl. Das aggressive Du ist ihm lästig: trotz unserer langen Freundschaft reden wir uns immer mit Sie an.

Ab und zu schreibt er mir aus Griechenland, Marokko, Spanien oder aus irgendeiner französischen Provinzstadt. Auf dem Umschlag, unter meinem Namen, »der Freund« oder »der Konkubine Moniques«. Eines Tages – ich springe einige Jahre weiter – begleite ich ihn nach dem Mittagessen zur Gare du Nord: in dem Abteil, in dem er Platz nimmt, sitzt eine Dame mittleren Alters, die ihn erkennt und ein Gespräch mit ihm anknüpft. Da die Abfahrtszeit des Zugs gekommen ist, verabschieden wir uns voneinander, und ich steige aus. Zwei Tage später bekomme ich einen Brief von ihm:

Hier ist die Visitenkarte der blöden Kuh aus dem Zug, Juan (...) Sie liebt über alles *Das Ende der Romanows* und ist höchst beeindruckt von Anastasias Abenteuer. Sie hat beim Referendum mit Nein gestimmt. Ihr Held ist Tixier-Vignancourt. »Er ist der beste Rechtsanwalt bei Gericht«, und »er hat eine Bronzestimme«. Mai 68? Wolle Gott, daß der Mai 69 anders sein wird (...) Ihr Mann ist ein großes Schwein und erwartet sie am Bahnhof. Das Schwein ist Bürgermeister in einem kleinen Dorf am Meer.
Doch... als wir in A. ankommen, wo sie aussteigt, hatte sie einen riesigen Koffer im Gepäcknetz, ja, einen riesigen und wahrscheinlich schweren Koffer: das jedenfalls gibt sie mir zu verstehen, und obgleich sie noch jung ist, spüre sie bereits die Last des Alters, sie fühle sich schwach, und auf dem Bahnhof von A... gab es keinen Gepäckträger...
Also!!!
Ich habe gelacht und mit einer einzigen Hand meine beiden Köfferchen und meinen Stock geschnappt. Den schweren

Koffer mußte sie selber schleppen, bis das alte Schwein kam, um ihr zu helfen.

Und so gingen wir beide *un bout de chemin ensemble* (ein Stück des Weges gemeinsam), wie die Volksfront sagte.

Wenn Genet sich eines Menschen annimmt, dann kümmert er sich auch um seine Familie: zuerst um Luciens Frau und ihre beiden Kinder; dann um Abdallahs Mutter, eine dicke, halbgelähmte Deutsche, die allein lebt und die Monique während der Abwesenheit ihres Sohnes hin und wieder besucht: sie radebrecht mit Mühe Französisch, beklagt sich über ihre Isolierung, und eines Tages hebt sie den Rock hoch und zeigt ihr einen mächtigen Bruch. Bald gehören auch Jackys sehr junge Frau und ihr gemeinsamer Sohn sowie Ahmed, der Jugendfreund Abdallahs, dazu. Wie ich erst sehr viel später erfahren sollte, kümmerte er sich auch um die Wohnung Mohameds in Larache und um die Zukunft seines Sohnes.

Um die zahlreichen Probleme mit seinen Pässen, Aufenthaltserlaubnissen, Visa, Vorstrafen, Amnestien zu lösen, nutzt Genet skrupellos seinen Ruhm sowie den Snobismus der Mächtigen aus, wendet sich an Pompidou, Deferre oder Edgar Faure, schreibt einen sonderbaren Brief an den chinesischen Botschafter. Wenn er irgendeine Gefälligkeit braucht, entfaltet er eine unglaubliche Aktivität und Hartnäckigkeit, mobilisiert die Kräfte seiner Freundschaften. Er verlangt eine absolute Hingabe: er will alles, sofort.

Er kommt gern zur Mittagszeit zu uns, geht sofort in die Küche und nimmt sich dort, ohne eine Sekunde zu verlieren, von dem Pökelfleisch mit Linsen, das auf dem Ofen köchelt. Dann setzt er sich irgendwohin, um es wie ein schlecht erzogenes, hungriges Kind zu verschlingen, ein tanzendes Lachen in den Augen.

Auch Jacky drückt sich vor dem Militärdienst. Genet fährt mit ihm nach Italien, wo der junge Mann auf der Autorennbahn von Monza trainiert, und als er sich schließlich einige Meisterschaft am Steuer erworben hat, kauft ihm Genet den für seine Karriere als Berufsrennfahrer unerläßlichen Rennwagen. Monatelang begleitet er ihn zu Probefahrten und Wettkämpfen in die verschiedensten europäischen Länder. Am zweiten Juni 1963 fährt Jacky in Chimay an der französischen Grenze ein Rennen, und wir suchen ihn zusammen mit einem befreundeten Ehepaar auf. Genet ist aufgeregt wie am Tag vor einer für die Zukunft seines Sohnes entscheidenden Prüfung: er achtet auf Jackys Ruhe und seine Verpflegung, erteilt ihm Ratschläge. Er bleibt mit ihm bis zum Abfahrtssignal auf der Piste, und wenn der von Jacky gesteuerte Lotus die Runde gewinnt, strahlt sein Gesicht frohlockend.

Abdallah ist unterdessen von seiner Reise nach Japan und in den Fernen Osten zurückgekommen. Genet hat seine Begnadigung erwirkt, er ist aufmerksam und besorgt zu ihm, doch ihre Beziehungen verschlechtern sich unabwendbar: Abdallah wird nie der »vortreffliche und seltene« Künstler sein, der mit seiner Tollkühnheit die Leidenschaft des Dichters entflammt. Er hat auf das verzichtet, was ihn ans Leben band, und er weiß, daß ein Rivale seinen Platz eingenommen hat.

Er unternimmt in Casablanca einen Selbstmordversuch, und als sein Freund herbeieilt, stellt er fest, daß er wie ein Gespenst aus »der dichten Schwadron der Schatten« zurückkehrt.* Abdallah hat ein stürmisches Verhältnis mit Erika, einer mageren und schwierigen jungen Griechin, die Genet nicht ausstehen kann: er ist Genet gegenüber beleidigend und aggressiv, macht ihn für sein Scheitern verantwortlich. Wir sehen ihn oft, mit ihm oder mit ihr – aber nie mit beiden zusammen –, verwundbar und zerbrechlich, wie ein Verurteilter, dessen Strafe vorübergehend ausgesetzt worden ist. Allein ist er nach wie vor der – jetzt zum Mann gewordene – intelligente und sensible, schamhafte und rücksichtsvolle Junge, der uns vom ersten Tag an, als wir ihn kennenlernten, in seinen Bann gezogen hat. Doch um ihn herum spürt man so etwas wie eine Angst einflö-

* José Ángel Valente, *Poemas a Lázaro.*

ßende Ungewißheit. Genet kommt auf den unglücklichen Gedanken, ihn damit zu beauftragen, Jacky beim Training und bei seinen Wettrennen zur Hand zu gehen. Er versucht es ganz feierlich, gibt es aber bald wieder auf. Es kommt häufig zum Streit, und Abdallah läßt an dem Abend, an dem Genet ihn anrufen sollte, den Hörer neben dem Telefon liegen. So erzählt er es jedenfalls Monique, doch Genet hat wahrscheinlich recht, wenn er sagt: »Nein, in Wirklichkeit hatte er Angst, daß ich ihn *nicht* anrufe.« Als wir alle nichts mehr von ihm hören, haut Ahmed aus der Kaserne ab, um ihn zu besuchen. Er stellt fest, daß Abdallah ein zum Tode Verurteilter ist, der auf die Hinrichtung wartet. Eines Tages macht er mit Erika Schluß, und niemand hört mehr etwas von ihm. Am zwölften März 1964 brechen die Hausbesitzer, von Genet benachrichtigt, die Tür des Dienstmädchenzimmers auf, das er im Dachgeschoß des Hauses in der Rue de Bourgogne bewohnt, und finden seinen Leichnam.

Nachdem die Polizei ihre Untersuchung abgeschlossen hat, trifft sich eine kleine Gruppe von Freunden in der Leichenhalle. Abdallah ist nicht wiederzuerkennen: die durch die Schlaftabletten verursachte Vergiftung hat sein Gesicht verfärbt, es ist das eines Negers. Genet sagt schluchzend, daß er nach Afrika zurückgekehrt sei, daß er alles aus sich ausgestoßen habe, was nicht zu seiner Herkunft gehörte und trügerischerweise an seiner Haut klebte...

Die Beerdigung auf dem kleinen moslemischen Friedhof von Thiais ist unheimlich. Genet kann sich kaum auf den Beinen halten und geht schwerfällig hinter dem Mufti her. Plötzlich sehen wir Ahmed zwischen den Gräbern. Er ist gerade desertiert und versteckt sich vor der Polizei. Ein unangenehmer Wind weht, und wie es diesen melancholischen Umständen entspricht, stellt sich auch ein leichter Nieselregen ein.

Ich suche Genet häufig in seinem Hotel am Boulevard Richard Lenoir auf. Nach außen hin wirkt er ruhig, doch die nicht rückgängig zu machende Tat Abdallahs hat in ihm eine bis dahin verborgene Reihe innerer Mechanismen freigesetzt. Seine brillante, originelle, überraschungsvolle Art zu argumentieren läuft bald auf eine Mystik der Hingabe hinaus, auf einen absoluten Sprung in eine Transzendenz ohne Gott. Als sein Freund sein Leben opferte, hat er die letzte, schwierigste Schlacht gewonnen, nach der seine sonderbare Kunst als Seiltänzer unweigerlich strebte. Seine physische Vernichtung ist der Sieg, der die vergangenen Mißerfolge aufhebt: Genet sieht darin das Symbol seiner Kraft und seiner Läuterung.

Es fällt mir schwer, ihm auf diesem Weg zu folgen: ich stelle fest, daß in ihm ein heftiger Kampf zwischen Überschwenglichkeit und Schuldgefühl entbrannt ist. Ich respektiere und teile seinen Schmerz, doch mir wird voller Ohnmacht klar, daß ich ihm keine Hilfe bieten kann.

Genet kehrt nach mehrmonatiger Abwesenheit nach Paris zurück. Am zweiundzwanzigsten August bittet er mich, ihn allein im Hotel Lutetia zu besuchen. Als ich in sein Zimmer komme, ist er angezogen, als wolle er ausgehen, doch er sagt gleich, ich solle mich setzen, wir würden später zum Essen gehen. Ich gehorche, überrascht von der Feierlichkeit des Tons, und lausche seiner Stimme – diese tiefe, ernste, unnachahmliche Stimme der großen Gelegenheiten –, während er mir seine unwiderrufliche Absicht ankündigt, Selbstmord zu begehen.

Zu meiner großen Bestürzung erklärt er, daß er sämtliche Manuskripte, seine Essays und die beiden nach *Wände überall* geschriebenen Theaterstücke vernichtet habe. Er wird von nun an nicht mehr schreiben, wird keinen Kugelschreiber oder Bleistift mehr anrühren. Er übergibt mir ein eigenhändig geschriebenes Testament, in dem er seine gesamte Habe zu gleichen Teilen Ahmed und Jacky vermacht und uns, Monique und mich, zu seinen Testamentsvollstreckern bestimmt. Als er diese kurze Rede beendet hat, scheint er fröhlich und heiter, als hätte er sich von einem Gewicht befreit. Ich muß ihm versprechen, daß ich mit niemandem über die Angelegenheit reden werde, und er lädt mich zum Essen ein.

Eine Zeitlang sehe ich ihn ständig und versuche, ihm die Nutzlosigkeit seiner Selbsterfahrung vor Augen zu führen. Genet hört mir nicht zu: er spricht von Abdallahs Tat in der schönen Sprache eines Mewlana oder eines San Juan de la Cruz. Obgleich die Todesbesessenheit groß ist, spüre ich doch intuitiv, daß sein innerer Widerstand ebenso groß ist. Um die Wahrheit zu sagen, kenne ich niemanden, der eine stärkere Vitalität und eine stärkere Bindung ans Leben hätte als er: seine physische Energie ist teuflisch. Der Gebrauch oder besser Mißbrauch von Schlaftabletten hätte die Gesundheit eines jeden anderen zerstört, bei ihm hingegen sind hiervon keine Anzeichen zu sehen. Ich erinnere mich an den Tag, an dem er, vollgestopft mit Betäubungsmitteln und Beruhigungspillen gegen seine Zahnschmerzen, wie ein Stehaufmännchen vom Behandlungsstuhl des Zahnarztes aufsprang, als die Sprechstundenhilfe ihn um etwas Geduld für eine weitere, endlose Extraktion bat: er stürzte wie ein Wirbelwind auf die Straße und lief zur allgemeinen Verblüffung, wie mit einer elektrischen Batterie geladen, durch ganz Paris, bis er einen anderen Zahnarzt fand.

Obwohl ich ihm versprochen hatte zu schweigen, erzählte ich Monique alles. Der Entschluß Genets ist natürlich absurd, doch wir wissen nicht, was wir tun sollen, um ihn wieder zur Vernunft zu bringen. Monique kommt auf den Gedanken, mit Sartre zu sprechen: nur er, sagt sie, besitzt die notwendige Intelligenz, um überzeugend auf Genet einzuwirken. Nachdem sie mit Sartre gesprochen hat, sagt sie mir, daß der sich weniger beunruhigt zeige als wir: er ist überzeugt, daß Genet sich nicht umbringen wird. Er sagt zu Monique, daß sie nicht weiß, was es heißt, älter zu werden, und daß sich Genets Gewissensbisse weniger durch seine Trauer als durch seine fehlende Trauer erklären lassen. Und seine Manuskripte, fügt er noch hinzu, hat er nicht verbrannt, um sich zu bestrafen, sondern weil sie seinen hohen Ansprüchen einfach nicht genügten.

Seine Meinung erleichtert uns, doch Genet ist weiterhin von der Idee des Selbstmordes besessen. Er liest nicht einmal mehr

Zeitungen, scheint sich für nichts mehr zu interessieren, und seine abweisende Haltung gegenüber dem Schreiben geht so weit, daß er sich weigert, seine Unterschrift unter Schecks und Dokumente zu setzen. Er hat von seinem Verleger einen bedeutenden Geldbetrag bekommen, den er nun unter seinen Schützlingen und der Mutter Abdallahs verteilt. Langsam überkommt mich der unangenehme Eindruck, daß er mir die Rolle des Zeugen zugedacht hat, daß meine Anwesenheit nur dazu dient, ihn in seinen Vorsätzen neu zu bestärken. Die Situation ist heikel, und ich weiß nicht, wie ich ihr ein Ende setzen soll. Eines Tages, als wir in der Nähe unserer Wohnung zu Mittag essen, gebe ich meine Zurückhaltung und mein Zartgefühl auf und suche nach einer Möglichkeit, wie ich Genet provozieren kann. Unvermittelt halte ich ihm einen Kugelschreiber hin. Genet schmeißt ihn ans andere Ende des Lokals und zieht sich in ein hartnäckiges Schweigen zurück. Dies ist der Bruch zwischen uns, und fast zwei Jahre lang sehe ich ihn nicht wieder.

Monique und ich sind nach Saint-Tropez gezogen, und dort erfahren wir von seinen beiden Selbstmordversuchen, dem ersten in Domodossola und dem zweiten in Brüssel, sowie von dem schweren Autounfall Jackys, der, wie Jahre zuvor Abdallahs Sturz, seinem Traum endgültig ein Ende setzt. Aus den Nachrichten, die wir auf dem Weg über seine Freunde erhalten, schließen wir, daß Genet langsam aus dem Tunnel kommt. Anläßlich einer Reise nach Paris sieht Monique ihn ein- oder zweimal allein und erzählt ihm von der Veränderung in unseren Beziehungen: die arabische Leidenschaft ist in mein Leben eingebrochen, der geheimste Teil meiner selbst entzieht sich ihr. Genet scheint über die Neuigkeit erfreut: meine Homosexualität erfüllt ihn mit großer Befriedigung, und er wünscht mich zu sehen. Er ist wieder herzlich, ironisch und bissig, doch weder er noch ich sind dieselben wie früher: ohne daß wir es verabredet hätten, vermeiden wir von da an jede Anspielung auf Abdallah.

Abgesehen von flüchtigen Anwandlungen von Luxus – wenn er etwa in Fünf-Sterne-Hotels absteigt –, ist das Zimmer des Dichters klein, bescheiden und völlig schmucklos: ein Bett, zwei Stühle, der Nachttisch, der Waschtisch. Auch: ein Aschenbecher voller Kippen, einige Zeitungen, sein Koffer und sein Stock.

Jetzt muß er sich beim Gehen auf seinen Stock stützen, was er mit einer gewissen Koketterie tut. Er vermeidet die Viertel, in denen man ihn erkennt. Er ißt irgendwo zu Mittag, geht spazieren, liest, im Bett liegend, die Pariser Presse. Sein Verhältnis zur französischen Sprache ist paradoxerweise monogam: Genet ist anderen Sprachen gegenüber völlig verschlossen; er versteht lediglich Italienisch und die derbsten Ausdrücke des Spanischen.

Abends ißt er kaum etwas und geht früh zu Bett. Er nimmt seine Dosis Nembutal ein, und wenn ihn der Schlaf überkommt, so ist es, als steige er langsam in einen Brunnen oder in ein Grab hinab: seine nächtliche Reise zu den Schatten mit der strengen Totenmaske. Seine Wiederauferstehung beim Morgengrauen ist Tag für Tag die eines Lazarus.

Genet ist ins Leben zurückgekehrt, aber er schreibt nicht mehr. Bisweilen scheint ihm die Literatur gleichgültig und fremd zu sein; er ist wie ein Gläubiger, der – ohne zu wissen, wie – plötzlich den Glauben verloren hat, den Zustand der Gnade. Seine außerordentliche Intelligenz funktioniert auch weiterhin, doch sie wirkt nur noch im Brachland: der Lichtbogen, der zündende Funke des Werkes, sie stellen sich, wie durch ein Wunder, erst wieder in der Endphase seiner Krebserkrankung ein.

Seine lyrische Schwärmerei von einst – *je ne connais d'autre critère de la beauté, d'un acte, d'un objet ou d'un être,* hatte er einmal geschrieben, *que le chant qu'il suscite en moi et que je traduis par des mots afin de vous le communiquer: c'est le lyrisme* (Ich kenne kein anderes Kriterium für die Schönheit, eine Handlung, einen Gegenstand oder einen Menschen ... als den Gesang, den sie in mir hervorrufen und den ich in Worte übersetze, um sie euch mitzuteilen: das ist Lyrik) – ist profaneren, alltäglicheren Gefühlen und Gemütsbewegungen gewichen: er kümmert sich gewissenhaft wie ein Vater um das unstete Leben seiner Schützlinge. Ahmed bereitet in Spanien eine Reiternummer vor; Jacky, der geschieden ist, folgt Abdallahs Spuren in Japan. Seit vielen Jahren schon geht Genet nicht mehr ins Kino oder ins Theater, er liest auch keine literarischen Werke mehr: er hat immer am Rande der Moden und Launen der kleinen Welt der Intellektuellen gelebt, doch jetzt kommt er ganz ohne Literatur aus. Der innere Gesang – falls es ihn gibt – verwandelt sich nicht in diesen schönen, ableitenden Stil, der entflammt und sich seit dem Wunder von *Nôtre-Dame-des-Fleurs* wie ein Feuer ausbreitet. Auch er überlebt den Bruch mit den zum Höhenflug befähigenden Antriebskräften – wie Abdallah seit seinem Sturz vom Seil oder wie Jacky nach dem Unfall, der ihn fast das Leben gekostet hat.

In einem seltsamen Bedürfnis nach Symmetrie hat das Schicksal sie alle drei nivelliert.

Der Skandal, den die Aufführung von *Wände überall* im Théâtre de l'Odéon hervorruft, zieht ihn für kurze Zeit aus der schützenden Anonymität heraus, hinter der er sich verschanzt. Doch wenn er von nun an zur Feder greift, tut er es nur noch im Dienst der revolutionären Gruppen, mit denen er sympathisiert: den Palästinensern, den Schwarzen Panthern, der Baader-Meinhof-Gruppe.

Die Ereignisse vom Mai 68 geben ihm seinen alten Kampfgeist und seine Energie zurück. Genet geht in die Sorbonne, nimmt verblüfft den Applaus ihrer Besetzer entgegen und versteckt sich wieder. Eines Tages, als wir gerade zu Hause beim Mittagessen sind, hören wir das Geschrei und den Lärm einer Kundgebung vor dem nahe gelegenen Gebäude der KP-Zeitung *L'Humanité*. Am Tag zuvor handelte es sich um Links-Autonome, die mit der »vorsichtigen und verantwortungsvollen« Linie der französischen KP unzufrieden waren. Wie wir bald feststellen können, gehören die neuen Demonstranten zur extremen Rechten: sie schwenken französische Fahnen und schreien Slogans gegen »das Gold aus Moskau«. Ohne zu zögern, schnappt sich Genet die Suppenschüssel und schickt sich an, sie aus dem Fenster auf die Demonstranten zu werfen, die sich unter unserem Fenster versammelt haben. Monique reißt sie ihm aus der Hand: sie gehört der Nachbarin! Daraufhin greift er sich einen Teller, der auf der Baskenmütze, dem Schädel eines Kerls von etwa fünfzig Jahren landet, der einem von Buñuel erfundenen Mitglied der Action française gleicht. Seine Stirn blutet etwas, als er zu dem zornigen Genie hochschaut. *Grossier personnage!* (Du Flegel) ist alles, was er sagt.

Während meines Aufenthalts in Kalifornien bombardiert mich Genet mit Telegrammen: er will, daß ich ihm dabei helfe, illegal über die kanadische Grenze zu kommen, damit er sich mit den Schwarzen Panthern treffen kann. Als ich mich anschicke, zu ihm nach Toronto zu fahren, erfahre ich, daß das nicht mehr nötig ist. Der Beamte der Einwanderungsbehörde, dem er einen nicht ihm gehörenden Paß hingehalten hat, war im letzten Weltkrieg als Soldat in Frankreich, er liebt den Pariser Schick und den französischen Esprit. Er kann sogar die *Marseillaise* pfeifen. Genet pfeift lächelnd mit. Der Polizist vergißt, auf das Foto und auf das Geburtsdatum zu schauen, die ganz eindeutig gefälscht sind, und unter Lächeln und patriotischem Pfeifen schleicht sich Genet zur großen Verblüffung des FBI in die Vereinigten Staaten ein.

Er setzt nun sein Vagabundenleben fort: einige Monate verbringt er in Jordanien und im Libanon bei den Guerilleros der PLO, dann fährt er nach Pakistan und Marokko. Er schreibt mir aus Tanger, wobei er sich über die Sonne beklagt – »genau in dem Augenblick, in dem ich Lust auf Regen habe« – und über seinen letzten Aufenthalt in Barcelona: *Ah, la Méditerranée, grand lac salé, comme tout ça me fait chier!* (Ach, das Mittelmeer, ein großer salziger See, wie mich das alles ankotzt.) Später taucht er mit Mohamed wieder in Paris auf, einem physisch attraktiven jungen Mann, dem er helfen wird, der Armut zu entfliehen und in seiner Heimatstadt ein Auskommen zu finden.

In der letzten Zeit sehe ich ihn nicht mehr, doch ich erfahre von Dritten, wie es ihm geht und was er tut: die Unstetigkeit wiederholt sich in unregelmäßigen, aber vorhersehbaren Zyklen. Wie ich beim Schreiben dieser Zeilen feststelle, geht diese geheimnisvolle Kohärenz, die alles ihn Betreffende umgibt, weit über das Werk hinaus und webt im Leben des Schriftstellers ein vielschichtiges Netz aus Anziehungen, Abstoßungen, Umlaufbahnen, Kreisen, Spannungen, Brüchen, das eine Art Sonnensystem bildet mit seinen Fixsternen, seinen Satelliten, seinen toten Planeten, seinen Sternschnuppen: ein moralisches, poetisches und physisches Universum zugleich, ein Genetsches Universum, dessen subtile Gesetze erst noch entziffert werden müssen.

Mit Genet eng befreundet zu sein bedeutet ein Abenteuer, aus dem niemand unbeschadet hervorgeht. Er provoziert, je nach den Umständen, den Aufstand, die Bewußtwerdung, einen unwiderstehlichen Drang zur Aufrichtigkeit, den Bruch mit vergangenen Gefühlen und Zuneigungen, die Entwurzelung, eine beängstigende Leere und selbst den physischen Tod.

Wenn ich in meiner Jugend einige europäische oder amerikanische literarische Vorbilder mehr oder weniger bewußt nachgeahmt habe, so ist er, auf einer streng moralischen Ebene, in meiner Erwachsenenzeit wirklich der einzige gewesen, der einen Einfluß auf mich ausgeübt hat. Genet lehrte mich, nach und nach von meiner ursprünglichen Eitelkeit, meinem politischen Opportunismus, meinem Wunsch, im literarisch-gesellschaftlichen Leben eine Rolle zu spielen, loszukommen, um mich auf etwas Tieferes und Schwierigeres zu konzentrieren: auf die Eroberung meines eigenen literarischen Ausdrucks, meiner subjektiven Authentizität. Ohne ihn, ohne sein Beispiel hätte ich vielleicht nicht die Kraft gehabt, mit der von meinen Landsleuten sowohl von der Rechten wie von der Linken anerkannten Werteskala zu brechen, stolz die vorhersehbare Ablehnung und die Isolierung auf mich zu nehmen und so zu schreiben, wie ich seit *Don Julián* geschrieben habe.

Im Januar 1981 habe ich in Marrakesch, in der Nähe des Platzes Xemáa el Fna, ganz zufällig Jacky getroffen. Ich hatte ihn seit Jahren nicht mehr gesehen, und es dauerte einige Sekunden, bis ich ihn wiedererkannte: er war mager geworden, seine Züge waren reiner, ausdrucksvoller, und ein dichter schwarzer Bart gab ihm das strenge, fast wilde Aussehen eines marokkanischen Bergbewohners.

Wie mir unser Gespräch zeigte, beschränkte sich die Veränderung nicht nur auf das Äußere: auch seine Intelligenz und seine Sensibilität hatten sich verfeinert. Er hatte gerade Mohamed in die Sahara begleitet und kehrte nun ohne Eile, manchmal zu Fuß, an seinen Ausgangsort zurück, wobei er in den Dörfern haltmachte, um sich auszuruhen. Sein Leben war asketisch und einsiedlerisch. Manchmal malte er, und er wollte Arabisch lernen, so wie er vorher Japanisch gelernt hatte. Er besaß wenig Geld, aber er schien glücklich zu sein.

Während ich diese Seiten überarbeitete, erfuhr ich von einem Journalisten die traurige Nachricht vom Tod Genets in einem jener anonymen Hotels, in denen er verkehrte und die, wenn nicht in der Nähe eines Bahnhofs, auf dem Weg zu einem Flughafen lagen: in den letzten Jahren hatte er den Zug durch das Flugzeug ersetzt, doch seine Neigung zum Aufbruch – dieser Dauerzustand des Übergangs – blieb immer gleich. Seit dem Ausbruch seines Kehlkopfkrebses und den darauf folgenden Chemotherapien hatte ich ihn aus den Augen verloren: der Kern seiner Freunde beschränkte sich auf Jacky, Mohamed und die palästinensischen Kameraden. Aufenthalte in Rabat und in Larache wechselten ab mit kurzen Besuchen in Paris, wohin er nur fuhr, um seine Tantiemen einzustreichen oder zum Arzt zu gehen. Europa insgesamt hatte aufgehört, ihn zu interessieren, und er fühlte sich nur noch unter Arabern wohl. Das Ende überraschte ihn bei einer der Reisen in jenes Frankreich, das er haßte und wo er die Fahnen seines letzten Buches, *Ein verliebter Gefangener*, korrigieren wollte. Sein Wille, in Marokko begraben zu werden, in seinem eigenen Land hingegen außer seiner abweisenden, schönen, vergifteten Prosa keine Spuren zu hinterlassen, komplizierte offenbar die Bestattungsformalitäten. Wie zweiundzwanzig Jahre zuvor schon der Leichnam Abdallahs blieb auch der seine mehrere Tage im Leichenschauhaus; und wie Abdallah, durch das Gift völlig schwarz geworden, zu seinen afrikanischen Ursprüngen zurückkehrte, sollte Genet symbolisch in seine Adoptivheimat zurückkehren: wie ich von seinen palästinensischen Freunden erfuhr, fragte der Zollbeamte, der den Sarg in Empfang nahm, die Begleitpersonen, ob es sich um den Leichnam eines marokkanischen Einwanderers handele. Bewegt und stolz sagten sie ja.

Die Einsamkeit der Toten, hatte er über Giacometti geschrieben, »ist unser sicherster Ruhm«: Genet, marokkanischer Arbeiter ehrenhalber, ruht auf dem alten spanischen Friedhof von Larache, der heute aufgegeben ist und dessen einziger Zugangsweg über die Müllkippe der Stadt führt. Sein Grab geht auf das Meer und liegt bezeichnenderweise inmitten unserer vergessenen Landsleute; von neuem und für immer ist er dieser *Genet d'Espagne* (spanische Genet), der wie das Leuchten einer Feuersbrunst auf den Seiten von *Tagebuch eines Diebes* in Erscheinung tritt.

IV

Die schwarze Katze aus der Rue de Bièvre

Ende April 1982 ging ich nach einem kleinen Empfang anläßlich der Vorstellung eines meiner Bücher in der alteingesessenen Pariser Buchhandlung Ruedo Ibérico mit einer Gruppe von Freunden zum Abendessen in eines der zahlreichen nordafrikanischen Restaurants im Viertel: eine billige Kneipe, in der es José Martínez zufolge ein ausgezeichnetes Couscous gab. Wir gingen an der Place Maubert-Mutualité entlang, überquerten den Boulevard Saint-Germain, und während wir angeregt miteinander plauderten, bogen wir in eine schmale Gasse ein, in der sich auf der linken Seite, etwa fünfzig Meter vom Eckhaus entfernt, das Lokal befand: ein mittelgroßer, rechteckiger Raum, dessen Aufteilung mich in dem Augenblick, in dem ich mich setzte, plötzlich an ein Zimmer erinnerte, das ich bereits kannte. Und erst jetzt wurde mir bewußt, daß wir uns in der Rue de Bièvre befanden – eine heute berühmte Straße, weil Präsident Mitterrand hier wohnt –, einem Gäßchen, das ich Jahre zuvor monatelang häufig besucht hatte. Ich fragte den Kellner, der sich nach unseren Wünschen erkundigte, auf arabisch nach der Hausnummer des Restaurants: *seta u aacharin, yasidi*, die Sechsundzwanzig, mein Herr. Während meine Begleiter die Speisekarte studierten, sah ich im Geiste hinter dem marokkanischen Dekor die Möbel des alten Büros der Zeitschrift *Libre* wieder – ich hatte es so radikal aus meinem Gedächtnis verbannt, daß ich es nicht mehr wiedererkannte, als mich der Zufall hineinführte –, und ich begann, sie im Geiste umzustellen. Dabei hatten diese wenigen Quadratmeter in der Rue de Bièvre, Hausnummer 26, einmal eine wichtige Rolle in meinem Leben sowie im Leben einer Handvoll Schriftsteller spanischer Zunge gespielt: die vierteljährlich erscheinende kritische

Zeitschrift der spanischsprachigen Welt, die uns eigentlich zusammenschweißen sollte, wurde in Wirklichkeit, aus einer Reihe von Gründen und Imponderabilien, zur Waffe unserer Konfrontationen und schließlich unserer Feindschaft. Die persönlichen Beziehungen der Inspiratoren zueinander – fast alle waren sie Hauptpersonen des sogenannten lateinamerikanischen Booms – verschlechterten sich, und in einem gewissen Sinn endeten sie damit auch. Gefühle des Zweifels, Eifersucht und offene Feindseligkeit traten an die Stelle der alten Herzlichkeit und Kameradschaft. Eine schwarze Katze war unvermutet in das Domizil der Zeitschrift gekommen: der berühmte Fall Padilla. Die Folge war, daß unsere ursprünglichen Absichten – Dialog und Diskussion – zunichte wurden. Das Anathema, die Aggression, der Angriff machten von nun an aus der spanischen Kulturgemeinschaft wie in einem Wildwestfilm eine Welt der Guten und der Bösen. *Libre* bedeutete folglich das Ende vieler Freundschaften und Illusionen. Seit die Zeitschrift sowohl aus politischen als auch aus finanziellen Gründen ihr Erscheinen eingestellt hatte – nach mehr als einem Jahr einer spannungsreichen Existenz –, war ich nicht mehr in diese Seitengasse des Boulevard Saint-Germain zurückgekehrt, in der bereits 1971 der zukünftige Präsident der französischen Republik wohnte. Daß unser Büro elf Jahre später ein bescheidenes Couscous-Restaurant geworden war, erschien mir nicht nur persönlich als Witz, sondern auch als so etwas wie ein Wink des Schicksals. An jenem Abend mußte ich im Verlauf des Essens immer wieder an die längst vergessene Episode dieser Zeitschrift denken, und während ich noch den vertrauten Geschmack des Pfefferminztees kostete, beschloß ich, sobald Zeit und Gelegenheit es erlaubten, schriftlich darauf zurückzukommen.

Im Frühjahr 1970 rief mich eine Journalistin an, die in einer der aus den Ereignissen des Mai 68 hervorgegangenen Randbewegungen tätig war, und sagte mir, daß eine Freundin von ihr, die sich für die Probleme Lateinamerikas interessierte, bereit sei, eine politisch-kulturelle Zeitschrift für ein spanischsprachiges Publikum zu finanzieren. Sie gab mir ihre Adresse, und nach einem kurzen Telefongespräch mit der Betreffenden suchte ich sie in Begleitung der Journalistin in ihrer eleganten Wohnung in der Rue du Bac auf. Albina de Boisrouvray war damals eine sehr junge, außergewöhnlich schöne Frau, dem Film und der Literatur sehr zugetan, deren Herkunft – ihr Großvater mütterlicherseits, Nicanor Patiño, war der berühmte bolivianische »Zinnkönig« – ihre genaue Kenntnis der Probleme und Realitäten der spanischsprachigen Welt erklärt. Eine Reise nach Südamerika, die sie vor kurzem unternommen hatte – und sie sollte später zurückkehren, um Zeugen und Material über die Verhaftung und Ermordung Che Guevaras zu sammeln –, führte ihr schonungslos die in den meisten unserer Länder herrschende Unterdrückung, Ungerechtigkeit und Rückständigkeit vor Augen und hatte die Absicht in ihr reifen lassen, ein Ausdrucksmittel zu schaffen, das jenen zur Verfügung stehen sollte, die sich auf literarischem und politischem Gebiet bemühten, dagegen anzugehen. Als Visitenkarte wies sie bescheiden auf ihre Mitarbeit in Zeitschriften und Wochenblätternn wie *Il Manifesto, Politique-Hèbdo* oder *J'accuse* hin und bestimmte dann genau die Grenzen ihrer Teilnahme an diesem Unternehmen: sie war einverstanden, die Summe von hunderttausend Franc für die Gründung der Zeitschrift vorzustrekken und peinlich genau ihre Unabhängigkeit zu respektieren. Ich trug ihr in groben Umrissen meine Vorstellungen über die zukünftige Zeitschrift, ihre Absichten und Ambitionen sowie die Liste der eventuellen Mitarbeiter vor, mit denen ich zusammenzuarbeiten gedachte. Albina gab ihre Zustimmung zu meinen Plänen, und wir kamen überein, daß wir uns wieder treffen würden, sobald ich die ersten Schritte unternommen und mit meinen Freunden gesprochen hätte.

In den folgenden Wochen erklärte ich das Projekt mündlich oder schriftlich einem Dutzend Autoren, zu denen Cortázar, Fuentes, Franqui, García Márquez, Semprún, Vargas Llosa und Sarduy gehörten. Ich erinnere mich, daß Severo Sarduy, nachdem er meine Lobrede auf Albina gehört hatte – »jung, schön, gebildet, Millionärin und außerdem links« –, mit seinem unnachahmlichen Akzent ausrief: »Das gibt es nicht! Oder sie hat Krebs.«

Da die persönlichen Kontakte wegen der räumlichen Entfernung schwierig waren, beschlossen wir, die Diskussion über die Angelegenheit aufzuschieben und auf eine günstige Gelegenheit zu warten, die uns zusammenführen würde. Sie bot sich erst einige Monate später anläßlich der Aufführung eines Theaterstücks von Carlos Fuentes beim Festival von Avignon. Seine Freunde hatten ihm versprochen, bei der Vorstellung anwesend zu sein, und am Tag der Premiere versammelten wir uns, um in Cortázars Feriendomizil, einem Dorf bei Saignon, über die Zeitschrift zu diskutieren.

Ich war mit zwei Journalisten im Auto aus Paris angereist, und als wir in dem kleinen provenzalischen Dorf ankamen, in dem wir verabredet waren, sah ich sofort den Autobus, der zahlreiche Freunde von Carlos aus Barcelona hergebracht hatte. Donoso, García Márquez, Vargas Llosa erwarteten uns im Garten von Cortázars kleinem Chalet: er lebte bereits von Aurora getrennt, und seine damalige Gefährtin, Ugné Karvelis, spielte die Hausherrin. Sie war gerade aus Kuba zurückgekommen, wo sie zahlreiche Verbindungen zu Schriftstellern und Kulturfunktionären hatte, und überbrachte Vargas Llosa und mir Grüße des schon »umstrittenen« Padilla.

Als wir dann auf die Zeitschrift zu sprechen kamen, waren alle einer Meinung mit mir, daß die Sache nützlich und zweckmäßig sei: ich hob hervor, daß das wichtigste Ziel in der Entmilitarisierung der Kultur bestehen solle, wie es Sartre einige Jahre zuvor auf einem Schriftstellerkongreß in Leningrad vorgeschlagen hatte. Die Radikalisierung der kubanischen Revolution und die Verschärfung der sozialen und politischen Konflikte in Lateinamerika trugen dazu bei, in der spanischsprachigen Literatur eine Atmosphäre des kalten Krieges zu begründen und die Schriftsteller Kubas in die für ihre Interessen verhängnisvolle Mentalität einer belagerten Festung zu drängen. Eine Zeitschrift, wie wir sie herausbringen wollten, sollte dem Regime in Havanna von außen kritischen Beistand leisten und würde nicht nur dazu beitragen, seine kulturelle Isolierung zu verhindern, sondern auch die Stellung der Intellektuellen stärken, die, wie Padilla, im Innern für die Freiheit des Worts und eine echte Demokratie kämpften.

Die Operation *Mundo nuevo* – von Kuba sofort als eine von der CIA gedeckte Aktion verdammt – hatte das Mißtrauen von Castros Kulturverantwortlichen gegenüber jeglicher aus Europa kommenden Initiative verstärkt. Obgleich das damals verbreitete Bild von Emir Rodríguez Monegal als einem gefährlichen Superagenten alle, die ihn kannten, zum Lachen brachte, stand dennoch fest, daß die Verbindungen der von Gorkin jahrelang herausgegebenen Zeitschriften *Encounter, Preuves* und *Cuadernos* mit dem nordamerikanischen Geheimdienst die Nachfolgepublikation in eine Wolke von Verdächtigungen gehüllt hatte, die nur schwer zu vertreiben war. Rodríguez Monegal versicherte, daß die neue Finanzierung der Zeitschrift absolut privat sei, und wie die Fakten bewiesen, sagte er die Wahrheit. Dennoch, vorhandene Verbindungen zwischen der neuen Publikation und der alten – durch die Tatsache symbolisiert, daß die Redaktion der neuen Zeitschrift in den gleichen Büroräumen untergebracht war wie *Cuadernos* – führten zu einer Zweideutigkeit, der wir uns alle, angefangen bei Emir selbst, völlig bewußt waren. Während einige Autoren, die sich später *Libre* anschlossen, wie Paz, Fuentes, García Márquez, Donoso, Sarduy oder ich selber, Texte oder Interviews in *Mundo nuevo* veröffentlicht haben, sind andere, wie Cortázar und ganz allgemein die Mitarbeiter der Zeitschrift *Casa de las Américas*, vorsichtig auf Distanz geblieben. Argwohn und Mißtrauen der herrschenden kubanischen Kulturclique waren zwei Jahre später wegen des Unbehagens, das die Angriffe des Organs der Streitkräfte gegen Padilla bei uns auslöste, noch größer geworden. Padillas Kritik an Lisandro Otero und die Verteidigung des Romans von Cabrera Infante riefen einen Skandal hervor. Das berühmte Interview des Autors von *Drei traurige Tiger* in der Zeitschrift *Primera Plana* im August 1968 hatte die Wirkung einer Bombe: gegen unseren Willen und trotz unserer Bemühungen nahm die Vorstellung einer düsteren Verschwörung gegen Kuba allmählich in den Köpfen Gestalt an. Gleichzeitig mit Castros damals überraschender Billigung des sowjetischen Einmarschs in die Tschechoslowakei nahm die Kulturpolitik der Revolutionsregierung nach und nach eine Haltung des Rückzugs und der Verhärtung an. Der Illusionslosigkeit und den Sorgen, die eine Gruppe von Weggefährten, zu denen auch ich gehörte, Kuba gegenüber empfand, entsprach eine immer starrsinnigere und sektiererischere Revolutionspolitik. Dennoch war die Idee, auch wenn sie ein Risiko barg, verführerisch, eine Brücke zwischen uns und der kubanischen Revolution zu schlagen, den Dialog zwischen Kuba und der nichtkommunistischen Linken Europas und Südamerikas zu fördern. Doch die Fakten sollten schließlich den Beweis erbringen, daß das Unterfangen aussichtslos war. Bei unserem informellen Gespräch auf der Treppe zu Cortázars Garten rief die Frage einer Beteiligung Cabrera Infantes an unserem Projekt sofort eine erste, bereits verräterische Konfrontation hervor: während Vargas Llosa und ich dafür waren, vorausgesetzt, daß sie streng literarisch blieb, erklärte der Hausherr kategorisch, wenn Guillermo Cabrera Infante durch die eine Tür hereinkäme, würde er durch die andere Tür hinausgehen. Ich erinnere mich nicht mehr an die Reaktion der anderen, nur an das, was Donoso im Autobus sagte, der uns nach Avignon brachte. Cortázars Veto hatte ihn ebenso überrascht und irritiert wie mich. Doch politische Gründe, die mir damals wichtig erschienen, veranlaßten mich schließlich nachzugeben: heute glaube ich, daß unser Projekt schon damals auf der Stelle hätte begraben werden sollen. Die Notwendigkeit, die Verbindung mit der kubanischen Revolution aufrechtzuerhalten und den Freunden zu helfen, die innerhalb dieser Revolution und unter immer schwieriger werdenden Bedingungen Positionen und Ideen vertraten, die ich mit ihnen teilte, war stärker als mein Widerwillen gegen das Sektierertum. Die Zeitschrift *Libre* entstand als Folge von Intrigen und Kompromissen: die eventuelle Beteiligung der kubanischen Schriftsteller verlangte, daß Cabrera Infante geopfert wurde. Die engen und steten Verbindungen, die sowohl Cortázar als auch Vargas Llosa zu der Zeitschrift *Casa de las Américas* unterhielten, machten aus den beiden die idealen Vermittler. Sie erklärten sich bereit, das Projekt bei der nächsten Jahresversammlung des Redaktionskomitees ihren Kollegen gegenüber zu verteidigen. Um Carlos Fuentes versammelt – im Inneren der großartigen päpstlichen Stadtmauer, die seinem Theaterstück als Rahmen diente –, brachten wir, die künftigen Anreger und Förderer von *Libre*, in aller Unschuld einen Toast auf den Erfolg unseres Unternehmens aus.

Erstaunliche Verdichtung von *Eindrücken, Bildern, Rhythmen, Gerüchen, als du auf einem Flughafen aus dem Flugzeug steigst, wo dich wider Erwarten niemand abholt: Inselakzent, der deinem Ohr wohltut, unmittelbare Wärme der Luft, bartlose oder struppige braune Gesichter, olivgrüne Uniformen und Helme, unbestimmte Pflanzendüfte, schlanke Stämme und kraftloses Blattwerk der Königspalmen. Unregelmäßige Flüge, Ankunft ganz offensichtlich zur Unzeit, Funksprüche, die niemanden erreichen. Die polizeilichen Formalitäten erfüllen, ein Taxi nehmen, zwischen der Adresse der* Casa de las Américas *und der der von Carlos Franqui herausgegebenen Zeitung schwanken. Dich für die Adresse Franquis entscheiden und mit deinem Koffer in der Vorhalle der* Revolución *landen, die von bewaffneten Milizionären bewacht wird. Franqui eilt dir entgegen, um dich schlicht zu empfangen, wobei er seine Witze über das Funktionieren der kubanischen Post macht, er begleitet dich ins Hotel* Habana libre, *wo man ein Zimmer für dich reserviert hat.*

Die Pflanzen aller Treibhäuser Europas scheinen gleichzeitig die Flucht ergriffen und sich in Havanna ein Stelldichein gegeben zu haben: Flamboyants, Bougainvilleen, Araukarien, Gattungen mit gummibaumartigen, lappigen Blättern, Ficuci mit riesigem, knotigem Stamm und die schlangenartigen Luftwurzeln. Buntes Treiben auf den Straßen, Üppigkeit der Bewegungen und Gebärden, eine Mulattin, in ihre engen Hosen gezwängt, kommt mit einem Hüftwackeln daher, das, wie der Taxifahrer sagt, dem Wackeln eines Puddings in der Hand eines Greises gleicht.

Es gibt Städte, die bemächtigen sich des Reisenden vom Augenblick seiner Ankunft an, und andere, mit unvorhersehbaren Tropismen, die vorsichtig behandelt werden wollen. Es gibt auch welche, an die sich der Fremde nie gewöhnen kann, und ihr Zusammentreffen ist wie das zweier Unbekannter, von denen jeder, nachdem sie in einem Café oder in einem Eisenbahnabteil miteinander geplaudert haben, wieder seinen eigenen Weg geht.

Subtile Luft Havannas, durchtränkt von dünner, unverwechselbarer Luminosität: Wind, der in Böen vom Malécon kommt, himmlische Heiterkeit des Prado, schützende Brise der Hafenkais, verschlafene Atmosphäre einer von leichtem Freudenbeben geschüttelten Gasse.

Menschenmeer der Revolution, das durch die Straßen des Vedado brandet. Kundgebung gegen den Mord an einem Kind aus der Alphabetisierungsbrigade: nicht endender Vorbeimarsch von Freiwilligen, Zurschaustellung patriotischer Transparente mit Parolen des Zorns, aus Lautsprechern gekrächzte Hymnen, Spottlieder, Slogans und Losungen.

Du bahnst dir mit Franqui einen Weg durch die Menge der Teilnehmer, die gekommen sind, um den Worten des Líders zu lauschen. Plötzlich vertraut ein Eisverkäufer, der sich für ein paar Minuten entfernen muß, deinem Begleiter wie selbstverständlich die Aufsicht über seinen Eiskarren an; zu deiner Verwunderung übernimmt der Herausgeber von Revolución *gutgelaunt den Eisverkauf und bedient die Kunden flink, tatkräftig und eilfertig wie jemand, der sein Leben lang nichts anderes getan hat.*

Deine Briefe an Monique vermitteln Gefühle der Verzückung und des Glücks, plustern sich in einer Atmosphäre der Solidarität auf, die der lyrischen Illusion günstig ist: das Volk hat seine Würde wiedererlangt, und es verkündet sie; das Glück ist für alle erreichbar; trotz Boykott und Drohungen ist niemand bereit nachzugeben. Wie soll man nach so vielen gescheiterten

Träumen leben ohne die machtvolle Inbrunst Kubas? Welch schöneren Liebesbeweis könnte es geben, als sie aufzufordern, die Insel mit dir zu teilen?

Seltsames Gefühl, eine prismatische Beschleunigung der Zeit zu erleben. Die spontane Reaktion des Volkes auf die Konferenz von Punta del Este und den Ausschluß aus der OAS: synkopierte Hin- und Herbewegungen, Kreise erhobener Hände, Schreie aus Tausenden von Kehlen gegen die nicht hinnehmbare ausländische Intervention. Dritter Jahrestag von Batistas Sturz: leidenschaftliche Reden, Sätze, die im Pachanga-Rhythmus im Chor nachgesprochen werden, der Wille, die Errungenschaften der Revolution zu verteidigen und sein Leben für sie hinzugeben. Reise nach Santiago und in die Ostprovinzen: Pflanzenpracht, weiße Strände, Milizsoldaten, die unter Kokospalmen tanzen, von der jahrhundertealten Sklaverei befreite Plantagen, Bauern, die fröhlich das Zuckerrohr schneiden, politische Diskussionen und Gespräche mit der musikalischen Phonetik der Karibik. Literarische Erfahrung von Pueblo en marcha (Volk im Vormarsch), Austreibung deiner Widersprüche und uralten Schuldgefühle. Vorgang der moralischen Dekonstruktion einer Vergangenheit, die dich fasziniert und blendet: Aneignung einer Mulattenwelt, in deren Süße du mit unschuldiger Seligkeit eintauchst.

Unmöglichkeit, in deiner Unwissenheit und geistigen Verwirrung die zahlreichen, einander überlagernden Schichten zu erkennen: das Spanische und das Afrikanische, das eigentlich Inselhafte, das, was durch die Revolution geschaffen und durchgesetzt wurde; gleichzeitiges Vorhandensein einer Restvergangenheit, die zum Erlöschen verurteilt ist, und einer in Gegenwart verwandelten Zukunft voll ungeduldigen, frohlokkenden Feuereifers.

Fruchtbare Entdeckung der abgegrenzten Räume Lucumí und Abakuá: ñáñigos, kleine tanzende Teufel, Geheimnisse des Fambá-Raums, religiöser Synkretismus, Opferrituale, Zeremonien und Altäre der santería. Instinktiv richten sich deine Gefühle auf Orte der Promiskuität und Existenzen auf des Messers Schneide: salzhaltige Nächte an den Kais, Abendessen in der Taverne San Román, musikalische Abende mit hartnäckigen, unerlösbaren Sirenen, unendlich viele Cubalibres in den Kneipen von Jésus María, Durchmischung der Arbeiterviertel: fruchtbare Durchlässigkeit, Kapillarität und Osmose der beiden Ebenen: die Milizsoldaten der Verteidigungskomitees sind gleichzeitig ñáñigos, die Prostituierten lernen lesen und schreiben und nehmen an den Umschulungsprogrammen teil.

Die Wege deines Umherirrens, parallel zu denen eines verstorbenen Infanten, stimmten mit der warnenden Vision Bulwers überein: genaue Spur einer verführerischen, hinfälligen Welt, bevor das reinigende Feuer, der pompejische Lavastrom sie unerbittlich hinwegfegt.

Bis ins Mark gehender Glaube an ein geteiltes Schicksal, frei von den Begriffen gesellschaftliche Klasse, wirtschaftliche Macht, Rassismus, Ausbeutung, Mehrwert. Abendliche Gespräche im Zentralpark, anregende Streifzüge durch die Viertel Reglas und Guanabacoa, Diskussionen bei Rum und Musik aus der Jukebox, unmittelbares Du, gleichmachende Vertraulichkeit. Persönliche Anziehung durch neue Magnetfelder, unterirdische und verschwiegene Affinitäten, noch unverbrauchte, flammende Ideale. Die Belagerung, der die Insel unterworfen ist, drängt sie dazu, die Reihen zu schließen, verwischt und zerstört die Grenzen zwischen Öffentlichem und Privatem. Von deinem Balkon im achtzehnten Stock aus betrachtest du exaltiert und überängstlich das Panorama der durch die Dämmerung verklärten Stadt: gefangener Horizont, furchtsames, fahles Licht, leichte Irisierung der Luft, verblassende Tuschzeichnung, langsames, sanftes Zucken des riesigen, verwundeten, keuchenden Tieres.

Auf dem Wachturm des hinkenden Teufels, verloren in deine einsame Grübelei: intermittierendes Klopfen von An-

tennen auf einem Wolkenkratzer, geduckte Schatten, verschwommene Silhouetten, unterjochende Schwärze, dumpfe Klage des Tieres, das gerade vom Wirbel verschlungen wird und mit dir in der Nacht, im gähnenden Abgrund verschwindet.

So wie die kleine, naive Schäfchenwolke, die, ohne daß man weiß, wie, am klaren, glatten Himmel aufgetaucht ist und nun nach und nach um sich herum Wolkenmassen mit glänzenden, unaufhörlich zunehmenden, gefräßigen Rändern von düsterer, bedrohlicher Gegenwart herbeiruft, so erscheinen die ersten Symptome der Verschlechterung vor deinen Augen und werden als bedeutungslos und ungewiß hinweggewischt, trotz der vorsichtigen Vorhersage der Meteorologen.

Über verschiedene Wege und Medien übermitteln dir deine Freunde die Botschaft: Lunes *ist geschlossen worden, Parteifunktionäre übernehmen die verantwortlichen Posten, die Kultur hat ihre Autonomie verloren und unterwirft sich nach und nach den Anweisungen der neuen, schwachsinnigen Kommissare. Verlegenes Schweigen auf deine Fragen, unterbrochene Gespräche bei der Ankunft von Fremden, Sorgen, die regelmäßig besänftigt werden von deinem Willen, in den ungeheuren Gewinnen, die die Revolution bringt, ein Gegengewicht gegen ihre eventuellen Fehler zu sehen.*

Walterio Carbonell, Padilla und Cabrera Infante kommen am einundzwanzigsten Februar, um dich in Rancho Boyeros zu verabschieden, und das Foto, auf dem du mit ihnen zu sehen bist und das in deinem Archiv in der Boston University aufbewahrt wird, erscheint am nächsten Tag in Carlos Franquis Zeitung.

WÄHREND MEINES KURZEN letzten Besuches in Kuba – wohin ich im Juli 1967 zusammen mit etwa fünfzig Schriftstellern und Künstlern anläßlich der Feierlichkeiten zum Jahrestag der Erstürmung des Moncada eingeladen worden war – befand ich mich in einer Situation, die sehr verschieden war von der, die ich bei meinen früheren Aufenthalten erlebt hatte. Zu den Schwierigkeiten, die die rigorose Blockade durch die Vereinigten Staaten und die Irrtümer der kubanischen Führung selbst hervorgerufen hatten, kam jetzt noch ein Klima der Zurückhaltung, um nicht zu sagen der Angst, das diejenigen unter uns, die in einer Diktatur aufgewachsen sind, leichter mitbekommen als Menschen, die an die Rechte und Freiheiten einer demokratischen Gesellschaft gewöhnt sind. Ich habe nicht die Absicht, hier die Veränderungen aufzuzeigen, die das kubanische Revolutionsprojekt von seinen Anfängen bis zum historischen Scheitern der Zuckerrohrernte von 1970 durchgemacht hat: ich habe bereits an anderer Stelle darüber berichtet und will deshalb nicht auf dieses Thema zurückkommen.* Ich will nur darauf hinweisen, daß die Begeisterung des Volkes, die ich kennengelernt hatte, nun durch eine befohlene Begeisterung ersetzt worden war, die nur mit großer Mühe ihren erzwungenen und rein offiziellen Charakter zu verbergen vermochte. Die Herzlichkeit, mit der wir empfangen wurden, die von Franqui unternommenen Anstrengungen, um uns die Dinge zu

* Siehe auch meinen Essay »Cuba, veinte años de revolución« (Kuba, zwanzig Jahre Revolution), *El Viejo Topo*, März 1979; »Ni dios ni amo« (Weder Gott noch Herr), Interview mit Ernesto Parra, November 1978, erschienen in *Contracorrientes*, Barcelona 1986.

erleichtern und den Festlichkeiten etwas Spontanes zu verleihen, genügten nicht, das Vorhandensein einer allgegenwärtigen, absoluten Bürokratie zu verheimlichen, die hinter den Kulissen diskret unseren Schritten folgte. Ich erinnere mich, daß ich bei dem von Franqui vor dem früheren Beerdigungsinstitut Caballero organisierten Happening im Fernsehen live interviewt wurde und daß mich der Journalist, der die Fragen stellte, in unserem Vorbereitungsgespräch dringend bat, falls ich über die kubanische Literatur reden sollte, Cabrera Infante nicht zu erwähnen, obgleich er zum damaligen Zeitpunkt noch nicht mit der Revolution gebrochen hatte: ich befolgte dem Anschein nach seine Ratschläge, nahm auch Abstand davon, seinen Namen zu nennen, wies aber darauf hin, daß die wichtigsten kubanischen Romane der letzten Jahre *Paradiso* von José Lezama Lima, *Drei traurige Tiger* und *Explosion in der Kathedrale* von Alejo Carpentier seien. Am nächsten Tag bekam ich in meinem Zimmer im Hotel Nacional einen Anruf: es war Lezama Lima. Er dankte mir für meinen Hinweis auf seinen Roman und fügte hinzu: »Wissen Sie, daß es das erste Mal ist, daß jemand im kubanischen Fernsehen darüber gesprochen hat?« Doch für die meisten Gäste, ganz besonders für jene, die zum erstenmal in Kuba waren und unsere Sprache nicht kannten, war die Reise ein Erfolg. Meine französischen Freunde – Marguerite Duras, Nadeau, Guyotat, Schuster – waren begeistert von der Atmosphäre der Freiheit, die hier herrschte und die in ihren Augen, wie Dionys Mascolo meinte, die Freiheit, die sie in Paris kannten, verkleinerte. Castros Flitterwochen mit den europäischen Intellektuellen – in einer berühmten Rede von ihm als die einzigen und wahren Freunde Kubas bezeichnet – hatten ihren Höhepunkt erreicht. 1967 akzeptierte der *líder máximo* noch bereitwillig Anerkennung und Kritiken. K. S. Karol, der damals sein Buch über die Revolution schrieb, wurde ganz besonders von Castro hofiert, den er im Jeep und im Hubschrauber auf seinen Reisen durch die Insel begleitete. Surrealisten wie Leiris und Schuster glaubten, dort der befreienden Revolution ihrer Träume begegnet zu sein: als sie bei der Einweihung des Mai-Salons auf einen verstockten Stalinisten wie Siqueiros stießen, versetzte ihm die Dichterin Joyce Mansour einen gewaltigen Fußtritt in den Hintern, »mit einem schönen Gruß von André Breton«.

Für einen Menschen, der Kuba gut kannte und der unter den dortigen Schriftstellern und Intellektuellen zahlreiche Freunde hatte, stellte sich die Lage ganz anders dar. Während meines Aufenthalts in Havanna konnte ich ausführlich mit Franqui, Padilla und anderen Freunden, die ich hier nicht nennen will, weil sie noch im Lande leben, plaudern: sie klärten mich über Probleme und Hindernisse auf, mit denen sie zu kämpfen hatten, über die Allgegenwart der Polizei und die Verheerungen der Selbstzensur. Im Hotel Nacional besuchte mich auch Virgilio Piñera: sein körperlicher Verfall, der Zustand von Angst und Panik, in dem er lebte, waren auf den ersten Blick zu erkennen. Mit dem Mißtrauen eines gehetzten Menschen wollte er, daß wir hinaus in den Garten gingen, damit wir uns frei unterhalten könnten. Er erzählte mir in allen Einzelheiten von der Verfolgung, unter der die Homosexuellen zu leiden hatten, von den Bespitzelungen und Razzien und von der Existenz der militärischen Zwangsarbeitslager. Trotz der wiederholten und bewegenden Beweise seiner Anhänglichkeit an die Revolution lebte Virgilio in ständiger Furcht vor Denunziation und Erpressung; seine Stimme zitterte, und obwohl wir zwischen den schönen und sehr gepflegten Blumenbeeten des Hotels auf und ab gingen, sprach er nur flüsternd. Als wir uns verabschiedeten, war mir der Eindruck der Einsamkeit und des moralischen Elends, der von ihm ausging, unerträglich.

Meine Gefühle und Meinungen hinsichtlich der kubanischen Revolution hatten sich während dieser schnellen und erschöpfenden Reise merklich verändert. Die Vorstellung von einer gerechteren und egalitäreren, jedoch demokratischen und freien Gesellschaft, am sechsundzwanzigsten Juli öffentlich propagiert, war durch etwas ersetzt worden, was ich seit meinen Reisen in die Ostblockstaaten nur allzugut kannte: den »realen Sozialismus«, in dem, wie der Berliner Studentenführer Rudi Dutschke sagte, »alles real ist, außer dem Sozialismus«. Seitdem fehlte es meiner Unterstützung nach außen für die kubanische Revolution an Überzeugung und Begeisterung. Mit dem diskreten Weggang Franquis kurz vor Castros Rede im Chaplin-Theater im August 1968 nahm meine vage Hoffnung auf eine Veränderung der caudillistischen und sektiererischen Linie noch weiter ab: innerhalb von zwei oder drei Jahren hatte Kuba aufgehört, für mich ein Modell zu sein.

Während ich in dem marokkanischen Restaurant, das jetzt in dem ehemaligen Büro unserer Zeitschrift *Libre* untergebracht war, mein Couscous aß, ging ich innerlich noch einmal die einzelnen Etappen meiner Distanzierung vom Castro-Regime durch: der Übergang von diesem »lyrischen Herzenserguß«, den ich bei meinen Reisegefährten von 1967 ausmachte – der Erguß der von Hans Magnus Enzensberger meisterhaft beschriebenen »Revolutionstouristen« –, zu einer prosaischeren und klarsichtigeren Haltung, die dem eigen ist, der aufgehört hat, die Dinge mit den Scheuklappen der Ideologie zu betrachten, und der unterwegs ziemlich viele Federn gelassen hat.

Am achten November 1968 war ich wie gewöhnlich gegen zwei Uhr nachmittags zum Boulevard Bonne-Nouvelle hinuntergegangen, um mir die Beine zu vertreten und *Le Monde* zu kaufen, als eine Chronik des Kuba-Korrespondenten der Zeitung plötzlich meine Aufmerksamkeit auf sich zog: »Das Organ der Streitkräfte verurteilt die konterrevolutionären Machenschaften des Dichters Padilla.« Der Artikel, gezeichnet mit den Initialen Saverio Tutinos – auch Sonderberichterstatter des *Paese Sera* in Kuba –, druckte einige Passagen der Philippika des *Verde Olivo* gegen den Poeten ab, der nicht nur einer Reihe politisch-literarischer Provokationen beschuldigt wurde, sondern auch – was sehr viel schwerwiegender war – der »fröhlichen Verschleuderung öffentlicher Gelder« in der Zeit, als er noch Cubartimpex leitete. Dem Autor des Leitartikels zufolge war Padilla der Anführer einer Gruppe kubanischer Schriftsteller, die sich von der Sensationslust und von ausländischen Moden verführen ließen und »Werke hervorbringen, deren Schlaffheit ein Mittelding zwischen Pornographie und Konterrevolution ist«.

Die Polemik Heberto Padillas mit dem damaligen Vizepräsidenten des Nationalrats für Kultur, Lisandro Otero, in der Zeitschrift *El Caimán Barbudo* im Sommer und Herbst 1967 über die jeweiligen Verdienste von *Drei traurige Tiger* und einem heute zu Recht vergessenen Roman Oteros hatte die kleine Welt der kubanischen Intellektuellen in zwei gegensätzliche und unversöhnliche Lager gespalten: Padilla hatte mit einer Leichtfertigkeit, die schon an Tollkühnheit grenzte – diese nonchalante Haltung, die ihn dazu führen sollte, ein Spiel zu spielen, das weit über seine Kräfte ging und für das er ganz offensichtlich weder moralisch noch physisch gerüstet war –, das literarische Talent des Emigranten mit der Mittelmäßigkeit des offiziellen Schriftstellers verglichen, den Schriftstellerverband eine »Versammlung von Wichtigtuern« genannt und »die falschen Hierarchien, die sich nach dem Neigungswinkel des Rückgrats des Schriftstellers, seinem Alter und seiner Stellung in der Regierung richten«, angegriffen. »In Kuba«, schloß der Poet, »ist es eine Tatsache, daß ein gewöhnlicher Schriftsteller keinen Romancier kritisieren darf, der Vizepräsident ist, ohne daß er den Angriffen des Erzähler-Herausgebers und der Dichter-Redakteure, die sich hinter dem Gattungsbegriff ›Redaktion‹ verschanzen, ausgesetzt ist.«

Sein Sarkasmus gegen die Gefügigkeit und den Konformismus seiner Kollegen rief eine Reihe von Reaktionen der in der Zeitschrift *El Caimán Barbudo* schreibenden »jungen revolutionären Autoren« und Oteros selber hervor. Das Echo dieser Polemik war noch nicht verklungen, als der offizielle Bruch Cabrera Infantes mit der Revolution und der Preis, den er beim jährlichen Wettbewerb der UNEAC für *Fuera de juego* bekommen hatte, Padilla wieder ganz schön in die Bredouille brachte. Da ihn der heftige Angriff des von ihm Verteidigten in eine schwierige und unangenehme Lage brachte, reagierte Padilla mit seiner typischen Zweideutigkeit: während er sich seinerseits in einem an *Primera Plana* gerichteten Brief von Cabrera

Infante distanzierte, hielt er andererseits – nach offizieller Lesart – seine Provokation aufrecht. Wie dem auch sei, seine Verwundbarkeit war ganz offenkundig, und Tutinos Pressenotiz in *Le Monde* erfüllte seine Freunde, die sie lasen, mit großer Sorge.

Auf Franquis Rat hin setzte ich mich mit Cortázar, Fuentes, Vargas Llosa, Semprún und García Márquez in Verbindung und versuchte, von Ugné Karvelis' Büro im Verlag Gallimard aus Heberto Padilla telefonisch zu erreichen. Angesichts der Erfolglosigkeit meiner Anrufe – unter seiner Nummer wurde nie geantwortet – beschlossen wir, ein von uns allen unterschriebenes Telegramm an Haydée Santamaría zu schicken, in dem wir uns bestürzt zeigten »über die beleidigenden Anschuldigungen« gegen den Dichter und unsere Unterstützung »für jede von der Zeitschrift *Casa de las Américas* zur Verteidigung der intellektuellen Freiheit unternommene Aktion« zum Ausdruck brachten. Die telegraphische Antwort Haydées, die wir zwei Tage später erhielten, erfüllte uns mit Erstaunen:

> *Unerklärlich, wie ihr aus dieser Entfernung wissen könnt, ob eine Anschuldigung gegen Padilla beleidigend ist oder nicht. Die kulturelle Linie der* Casa de las Américas *ist die Linie unserer Revolution, der kubanischen Revolution, und die Leitlinie der* Casa de las Américas *wird immer so sein, wie Che es gewollt hat: mit geladenen Gewehren und Kanonen um uns zu schießen.*

Danach habe ich wenig oder sehr wenig von Padilla und einer Reihe von Freunden gehört, die, wie Virgilio Piñera, Rodríguez Feo, Lezama Lima, Arrufat, Walterio Carbonell oder Pablo Armando Fernández, direkt von den Anschwärzungen der Armeezeitung *Verde Olivo* und der UNEAC betroffen zu sein schienen und von der kulturellen Machtergreifung einer Bande wildgewordener Arrivisten bedroht waren, die sich bereits drei Jahre zuvor durch ihre absurden und erbärmlichen Schmähreden gegen Neruda ausgezeichnet hatten. Die Zahl der zuverlässigen Kuba-Reisenden hatte seit dem Fortgang Franquis beachtlich abgenommen, und die verschlüsselten Botschaften oder Briefe, die ich manchmal bekam, deuteten bereits dieses Klima eines fast paranoiden Mißtrauens an, das Jorge Edwards so beredt in seiner umstrittenen Erzählung beschrieben hat: auf das gerechtigkeitsliebende und brüderliche Projekt von Marx war ohne Zweifel die fühlbare Realität des Orwellschen Universums gefolgt.

Unvergessliche Nachtwachenatmosphäre während *der Raketenkrise: allgemeine Ungewißheit, undeutliche Angst, menschliche Beziehungen von ungewöhnlicher Wahrhaftigkeit, mühsames Ausdeuten der Vorzeichen der Katastrophe. Doch Humor und Gelassenheit behalten die Oberhand: das Leben wird bis zur Neige ausgekostet. Seltenheit der Produkte, Auflösung des kleinen Straßenhandels, durch Dekret verordnete gleichmachende Härte, ergebene oder fröhliche Hinnahme des Heldentums.*

Du bereitest für das ICAIC ein Drehbuch vor, und mit Gutiérrez Alea und Sarita Gómez fährst du durch die Gegend und schaust dir geeignete Außendrehorte an. Die salpetergeschwängerte Luft der Karibik zerfrißt nicht nur die Fassaden der Gebäude und der arg mitgenommenen Holzhäuser, die Karosserien der Autos und das Schmiedeeisen der Balkone, sie hinterläßt auch ihre Spuren auf den Gesichtern der Bewohner in den Arbeitervierteln der Anhänger von Ochún, Yemayá und Changó: zu Rissen gewordene Runzeln, plötzliches Greisenalter, krankes Lächeln, schiefe Blicke, trübe oder undurchsichtige Augen, Stimmen mit heiserem Timbre.

An einem Sonntag im November 1962 nimmt dich Franqui mit zu einem landwirtschaftlichen Betrieb in der Nähe Havannas, wohin Fidel oft kommt. Nach einem kleinen Spaziergang durch die Obst- und Gemüsegärten kündet euch eine Kolonne offizieller Autos seine Ankunft an: der Comandante ist da, umgeben von andereren Comandantes, die wie er Zigarren rauchen und jeder seiner Meinungen beipflichten. Franqui be-

grüßt ihn und stellt euch einander vor: »Das ist der Gallego«, sagt er lächelnd, »der, anstatt die Flucht zu ergreifen wie die anderen Schriftsteller, die du kennst, den Einfall hatte, uns einen Besuch abzustatten.« Fidel scherzt mit dir, und während er seine Pläne hinsichtlich Käse und anderer Milchprodukte mit einer Leidenschaft darlegt, die deinen Vater entzückt hätte, beobachtest du ihn neugierig. Sein Gesicht ist lebhaft, beweglich, schlau: aus den Augenwinkeln verfolgt er die Wirkung seiner Worte, und manchmal ertappst du ihn bei einem verschmitzten oder abweisenden und instinktiv mißtrauischen Ausdruck.

Unglücklicherweise für dich faßt er den plötzlichen Entschluß, dir seine herrlichen Essiglager zu zeigen: tapfer gehst du mit ihm hinein, bereit, dir bis zum bitteren Ende seine Erklärungen anzuhören, doch deine angeborene Allergie gegen Essigsäure ist stärker als dein Willen, und du siehst dich gezwungen, den Keller krank und halb erstickt zu verlassen. Die Heftigkeit deiner Reaktion scheint ihn aus der Fassung zu bringen, und nach einem herrschaftlichen Rundgang über das Gut fährt er zurück, ohne sich von dir zu verabschieden.

Von nun an siehst du ihn nur noch aus der Ferne und in der Öffentlichkeit, bei seinen Stippvisiten in Franquis Zeitung, aus einem Jeep springend oder auf der Tribüne stehend, wo er seine Reden hält, den Arm ausgestreckt, mit hypnotisch erhobenem Zeigefinger, während er mit seinem außerordentlichen didaktischen Willen Anschauungsunterricht erteilt.

Geplante Begegnung mit den Freiwilligenbrigaden, die im zukünftigen Grüngürtel von Havanna Kaffee anpflanzen. Die kollektive Begeisterung scheint echt zu sein, und die Leute schreiben sich ein, um vor oder nach ihrer Arbeitszeit in den Fabriken oder Büros zu säen. Einige deiner Schriftstellerfreunde nehmen energisch und mutig an der Kampagne teil. Die Szene beeindruckt dich, doch Franqui verpaßt dir eine kalte

Dusche. Hier wird nie Kaffee wachsen, * *weil sich der Boden einfach nicht für Kaffeesträucher eignet. Er ist bäurischer Herkunft und kennt die Entfernung, die Wirklichkeit und Losung voneinander trennen. Überrascht fragst du ihn, warum man soviel Zeit, Energie und Beharrlichkeit an ein Unternehmen verschwendet, das zum Scheitern verurteilt ist.*

Es ist eine persönliche Entscheidung Fidels. »Welche Maus wagt es schon, der Katze das Glöckchen umzuhängen?«

Im Foyer des ICAIC, wohin du gegangen bist, um deinen Scheck in Empfang zu nehmen, stößt du auf den Direktor des Instituts, Alfredo Guevara, und du nutzt die Gelegenheit, mit ihm zu plaudern. Die Angriffe der Führungsriege der alten kubanischen KP gegen ihn, weil er angeblich eine Schwäche für die dekadente bürgerliche Kunst hat, machen dich hellhörig und beunruhigen dich. Blas Roca, Vicentina Antuña, Edith García Buchaca werfen ihm vor, daß er die Verbreitung der Filme Accattone *und* La dolce vita *zugelassen habe: ihr heftiger Zusammenstoß mit dem ICAIC kündigt vielleicht schon das Heraufkommen schwerer Zeiten an, den Beginn einer bewegten, rigorosen, sektiererischen Phase. Guevara hört dir zu, ohne daß sein Lächeln erlischt, er moduliert die S mit schlemmerhaftem Genuß: »Sollen sie nur schreien«, sagt er, »sollen sie nur schreien, was Blas Roca und diese Leute nicht wissen, ist, daß ich, bevor ich grünes Licht für ein Drehbuch gebe oder einen europäischen Film einkaufe, zuerst einmal zu Fidel gehe und seine Meinung einhole: wenn ihm die Sache gefällt, ist alles in Ordnung.«*

Eine erste, von der Casa de las Américas *organisierte Begegnung mit Che findet nicht statt: die Person, die dich zu ihm bringen soll, verläuft sich, ihr kommt schließlich keuchend im*

* Tatsächlich ist nie Kaffee dort gewachsen. Einige Jahre später hörte man nichts mehr vom Wundergürtel von Havanna.

Industrieministerium an, und Ches Ordonanzoffizier informiert euch, daß er in einer Besprechung ist mit anderen Besuchern, und rechtfertigt das Nichtempfangenwerden mit euerer bedauerlichen Verspätung.

Im Augenblick begnügst du dich damit, ihn bei den großen revolutionären Feierlichkeiten von der Gästetribüne aus zu beobachten. Fidel ist an der Macht; er ist nur vorübergehend da. Im Unterschied zu Castro vermeidet er mit ironischer Distanz alle Versuchungen der Servilität und der Schmeichelei. Seine Untergebenen bewundern und fürchten ihn: er hat den Nimbus eines selbstverständlichen Charismas, gegen das er sich dadurch zu wehren scheint, daß er sich hinter einem Schutzwall von Zoten und Witzen verschanzt.

Als du ihn endlich sehen kannst, ist es außerhalb Kubas, in Algier, wohin du zusammen mit einer Gruppe französischer Sympathisanten zu den Gedenkfeiern anläßlich des ersten Jahrestags der Unabhängigkeit eingeladen bist. Che Guevara, auf dem Rückflug von einer langen Reise durch die UdSSR, ist ebenfalls da, und Jean Daniel hat sich einen großartigen Scoop ausgedacht: du sollst ihn für L'Express *über diese neue und sicherlich lehrreiche Erfahrung interviewen. Du telefonierst mit dem Botschafter »Papito« Serguera, und ihr verabredet euch noch für denselben Abend in der Botschaft. Durch Erfahrung gewitzt, bist du pünktlich da, doch diesmal ist er es, der euch in einem mit bescheidenen Möbeln ausgestatteten Raum warten läßt. Auf dem niedrigen Tisch, um den ein Sofa und zwei Sessel stehen, liegt nur ein einziges Buch in einer billigen Ausgabe: es sind die Theaterstücke Virgilio Piñeras. Che und Serguera kommen herein, und noch bevor sie euch begrüßen und auf dem Sofa Platz nehmen, nimmt Che, wie du vorher, das Buch in die Hand, und im Nu landet das Werk des unglücklichen Virgilio am anderen Ende des Raums, wobei gleichzeitig die knappe, ärgerliche und an alle Anwesenden gerichtete Frage gestellt wird: »Welcher Wichser liest hier diesen Schwulen?«*

Hattest du vorausgeahnt, was passieren würde, was passieren sollte, was deinen Brüdern de vitium nefandum, de crimine pessimo *gerade passierte, und mit ihnen Betbrüdern, Poeten* ñáñigos, *Lumpenproletariern, Faulenzern, Müßiggängern, Unangepaßten und all denen, die sich nicht an eine einfarbige Lesart der Wirklichkeit, an das disziplinierte, unversöhnliche, eisige Licht der Ideologie gewöhnen können?*

Rette die Szene vor dem Vergessen, lasse von neuem dieses kurze, blendende Funkeln aufleuchten.

Grelles Morgenrot der Tropen, Halt am Wegrand, es ist an der Zeit zu tanken, das Auto, das dich irgendwohin fährt oder dich von sonstwo zurückbringt, eine kleine Verkaufsbude mit Fruchtsäften und Täßchen mit Kaffee, stilles Viertel, die Gäste Frühaufsteher oder Nachtbummler, und das Hereinstürmen, sein Hereinstürmen, unwirklich, sauber herausgeputzt, winzig, alterslos, mit Ringen unter den Augen, zitternd, mein Liebhaber, wo ist mein Liebhaber, mit leiser, zitternder Stimme, doch schrill, sogar herausfordernd, vom Wind verwehtes Blatt, von Panik verzehrte Beute, wo ist er, was wird mit mir geschehen, Fragen, niemandem gestellt, nur der eigenen Angst, inmitten des verlegenen Schweigens im schlaflosen Café, mit raschen Gebärden streichelt er seine wenigen Haare, pudert sich, kämmt sich ohne Kamm, schminkt die Lippen, nur Augenzwinkern, Zucken, Veitstanz, verwüstetes Lächeln, fieberhaftes Beben, disharmonischer, unkontrollierter Gesichtsausdruck.

Eindruck des Schwarzenviertels von Jesús María, als du im Morgengrauen dein Lieblingslokal verläßt: kleine Bars und verplombte Läden, menschenleere Bürgersteige, verfallene, wie ihrer Substanz entleerte Häuser, grimmige Diskussionen von Trunkenbolden in einer düsteren Gasse, alte Propagan-

daplakate, vom Wind in Fetzen gerissen, Kuba ist nicht der Kongo, ist nicht der Kongo, der Kongo ... doch keine Spur, kein Hinweis auf das, was Kuba ist.

*Vorher, nachher, an irgendeinem Tag, du weißt nicht mehr, wann, kommt dein Freund, der Dichter Navarro Luna, im Hotel vorbei, um dich abzuholen, damit ihr dem Abschluß eines Lehrgangs für politische Unterrichtung beiwohnt, der für mehrere hundert Freiwillige bestimmt war, an dem du teilnimmst, was ein alberner, routinemäßiger Abend zu werden verspricht und es doch nicht wird, wie du später mit nachträglicher Klarheit begreifst.**

* Siehe *Jagdverbot*, S. 149–152.

Bei meiner Rückkehr nach Paris im Dezember 1970, nach einem dreimonatigen Aufenthalt in Boston, unternahm ich die ersten Schritte zur Gründung der Zeitschrift. Die Suche nach der geeigneten Person für den Posten eines Chefredakteurs führte zu einigen Reibereien. Ugné Karvelis hatte allem Anschein nach einen Kandidaten in petto, doch Franqui mißtraute ihr zutiefst: in einem kafkaesken Alptraum lebend, in dem sich Wirklichkeit und Neurose derart mischten, daß sie eins wurden, hatte uns Padilla mehrere Botschaften geschickt, um uns vor diesem »Doppelspiel« zu warnen. Die ehemalige Gefährtin Julio Cortázars hatte nach und nach ein Netz besonderer Beziehungen zwischen der kleinen kulturellen Welt der Rive gauche und der kubanischen Revolutionsführung geknüpft, und obgleich ich damals ihre unkontrollierte Aggressivität, ihr maßloses Machtstreben und ihre unglaubliche, fast florentinische Fähigkeit zur Intrige noch nicht kannte – Besonderheiten, die ich einige Jahre später auf meine Kosten bestätigt sehen sollte –, rieten mir unsere Meinungsverschiedenheiten über die Entwicklung des Castro-Regimes und die zukünftige Rolle, die die Zeitschrift spielen sollte, sie auf Distanz zu halten. Die Bewerber, zwischen denen ich schwankte, hatten den Nachteil, daß sie entweder Spanier waren oder Lateinamerikaner, die schon lange in Europa lebten und denen infolgedessen die konkreten und realen Probleme ihrer jeweiligen Länder fern waren. Während ich mit Severo Sarduy und Albina du Boisrouvay eine mögliche Liste von Schriftstellern aufstellte, die für diesen Posten in Frage kamen, legte mir García Márquez den Namen eines sehr engen Freundes ans Herz, dessen kulturelle und politische Ideen und Vorstellungen den meinen sehr nahe seien, wie er meinte. Einige Tage später besuchte mich Plinio Apuleyo Mendoza, und nach einem offenen und informellen Gespräch einigten wir uns über die Ausrichtung und die Haltung von *Libre*: Unterstützung für das sozialistische Experiment Allendes und die Befreiungsbewegungen Lateinamerikas; kritischer Beistand für die kubanische Revolution; Kampf gegen das Franco-Regime und die anderen Militärdiktaturen; Verteidigung der Freiheit des Worts, wo auch immer sie bedroht war; Verurteilung des nordamerikanischen Imperialismus in Vietnam und des sowjetischen in der Tschechoslowakei. Plinio unterhielt zum anderen freundschaftliche Beziehungen zu den Führern des venezolanischen MAS – damals die lebendigste und dynamischste politische Gruppe Südamerikas –, deren Beitrag zu unserem Projekt mir unentbehrlich erschien. Dieser Punkt und das von García Márquez geäußerte Interesse überzeugten mich davon, daß er die Person war, die ich suchte. Ich stellte ihn Albina vor, und nachdem wir mit ihm zusammen die materiellen Bedingungen seiner Beschäftigung festgelegt hatten, übernahm er auf der Stelle seine Aufgaben als Chefredakteur.

Die Wahl einer Sekretärin war weniger mühsam: Cortázar schlug den Namen Grecia de la Soberas vor, damals die Frau seines Freundes Rubén Bareiro Saguier. Das Büro unserer Zeitschrift bekamen wir von Albina zugewiesen: es war ein kleiner Raum im Erdgeschoß der Rue de Bièvre Nr. 26, der einer ihrer ehemaligen Angestellten gehörte. Das Zimmer ging direkt auf die Straße und verfügte über eine Toilette und einen Nebenraum. Nachdem wir ihn mit gebrauchten Büromöbeln ausgestattet hatten – Tische, Sessel, Aktenordner –, stellten wir fest, daß wir dort unmöglich Besuche empfangen oder uns auch nur darin bewegen konnten: das hochtrabend »Informationsbüro von *Libre* in Frankreich« genannte Zimmer war in Wirklichkeit eine sympathische Rumpelkammer. Als er einmal die beschränkten Raumverhältnisse des zukünftigen Couscous-Restaurants beschwor und dabei, vielleicht humorvoll, auf die stürmischen persönlichen Beziehungen seiner ehemaligen Bewohner anspielte, sollte García Márquez einige Jahre später sagen: »So ein kleiner Raum eignet sich doch zu nichts anderem als zum Vögeln.«

Wie wir in Saignon vereinbart hatten, nutzten Cortázar und Vargas Llosa ihre Reise nach Havanna zur Jahresversammlung des Redaktionskomitees der *Casa de las Américas* im Januar 1971, um das Projekt von *Libre* zu erläutern und den Versuch zu unternehmen, die kubanischen Schriftsteller dafür zu interessieren. Der unabhängige Charakter unseres Unternehmens und die Unmöglichkeit, es aus der Ferne zu kontrollieren, hatten ihr Mißtrauen hervorgerufen, obgleich die Absichtserklärungen und die Liste der Mitarbeiter die beste Garantie dafür boten, daß wir der Revolution günstig gesinnt waren. Wie mir beide nach ihrer Rückkehr sagten, beschränkten sich die Kubaner darauf, sich ihre Argumente anzuhören, ohne sich zu irgend etwas zu verpflichten.

In den folgenden Wochen – voller für *Libre* feindlicher Gerüchte und aus Havanna einsickernder erschreckender Nachrichten – schrieben Plinio und ich eine Pressenotiz, die später mit der Bürgschaft Cortázars und der in Barcelona wohnenden Freunde in der Nummer eins der Zeitschrift erscheinen sollte:

> *Die in Südamerika und Spanien herrschenden Umstände erfordern dringend die Gründung eines Mitteilungsorgans, das allen Intellektuellen, die sich kritische Fragen über den revolutionären Anspruch stellen, gemeinsam ist.* Libre, *eine im Dreimonatsrhythmus erscheinende Zeitschrift, die finanziell absolut unabhängig ist, wird jenen Schriftstellern das Wort erteilen, die für eine wirkliche Emanzipation unserer Völker kämpfen, für eine nicht nur politische und wirtschaftliche, sondern auch künstlerische, moralische, religiöse und sexuelle Emanzipation (...) Das Ziel von* Libre *ist eine auf allen Ebenen revolutionäre Arbeit, die grundsätzlich für das Wort zugänglich ist: »die Welt verändern«, nach den Worten von Marx, und »das Leben verändern«, nach dem Wunsch Rimbauds.*

Die gesellschaftliche Persönlichkeit Albinas und die Herkunft ihrer Familie – »dieses schmutzige Geld Patiños«, das man uns bald schon ins Gesicht schleuderte – wurden von Anfang an groß herausgestellt: jene, die versuchten, unsere Freundin wegen der Erbsünde ihrer Vorfahren in Verruf zu bringen, schienen indes nicht zu wissen, daß ein revolutionärer Bürger wie Marx fast sein ganzes Leben lang davon gelebt hat, daß er sich den Mehrwert der Arbeiter Engels' angeeignet hat. Solche Anschuldigungen, so grotesk und ungerecht sie auch sein mochten, erreichten dennoch ihr Ziel: uns von Anfang an in eine Verteidigungsstellung zu bringen und uns zu zwingen, eine bescheidene wirkliche Hilfe zu rechtfertigen, die in Wahrheit keiner Rechtfertigung bedurfte.

Während wir das Inhaltsverzeichnis der ersten Nummer erstellten, in der Texte von Vargas Llosa, Cortázar, Paz, Donoso, Fuentes und meinem Bruder Luis sowie, mit einer Einleitung von Franqui und einem Essay von Teodoro Petkoff versehen, einige unveröffentlichte Schriften Che Guevaras vorgestellt wurden, quoll das kleine Büro in der Rue de Bièvre vor Leben und Aktivität über. Plinio wurde von zahlreichen Südamerikanern aufgesucht, die an dem Projekt interessiert waren, während Grecia sich um die Meute ihrer Bewunderer kümmerte. Die Sorgen, die ich mir nach meiner Rückkehr aus Boston wegen des Risikos machte, das mit diesem Abenteuer verbunden war – Sorgen, die mir eine äußerst schmerzhafte Gürtelrose verursachten und mich fast dazu brachten, das Projekt aufzugeben –, verflüchtigten sich allmählich, als die Zeitschrift Gestalt annahm. Zum ersten und einzigen Mal in meinem Leben lernte ich Freuden und Probleme der Gemeinschaftsarbeit kennen – einer Arbeit, die, darauf möchte ich besonders hinweisen, völlig uneigennützig und selbstlos getan wurde. Marvel Moreno, die damalige Frau Plinios, Plinio selbst, die Frau Rubén Bareiros und ich erledigten die Korrespondenz mit unseren zukünftigen Mitarbeitern, schufen die Grundlagen für den Vertrieb von *Libre* in Europa – der durch Severo Sarduy dem Verlag Le Seuil anvertraut wurde – und diskutierten über die mögliche Wirkung der Zeitschrift in Hispanoamerika. Das Unwetter, das sich über unseren Köpfen zusammenbraute, überraschte uns demnach völlig unvorbereitet. Eines Tages weckte mich das Läuten des Telefons, und Plinio teilte mir ganz aufgeregt mit, daß Padilla verhaftet worden war.

An diesem grauen Märztag des Jahres 1971 war die Nummer 3252645 unseres Büros ständig besetzt. Die Freunde Heberto Padillas riefen von Spanien, England, Italien aus an und fragten uns, was sie tun sollten. Die kalte Brutalität des Vorgefallenen bestätigte alle Befürchtungen, die wir seit Monaten hatten, und konfrontierte uns plötzlich mit unserer unabänderlichen Ohnmacht.

Auf Drängen Franquis setzte ich mich mit Cortázar in Verbindung, um ein Protestschreiben an den *líder máximo* aufzusetzen und um seine Intervention zu bitten. Der Autor von *Rayuela* (Himmel und Hölle) bestellte mich in seine Wohnung an der Place du Général Beuret, wo wir beide das später als »erster Brief an Fidel Castro« bekannt gewordene Schreiben aufsetzten, das auch die Zustimmung Franquis fand, mit dem wir bei der Abfassung in Kontakt geblieben waren. Wir beschlossen dann, das Schreiben privat abzuschicken, damit sein Empfänger unsere Gründe ohne die unweigerlich schädliche Wirkung einer lauten Publizität bedenken könne. Wir behielten uns lediglich für den Fall, daß wir nach Ablauf einer bestimmten Zeit keine Antwort erhalten sollten, das Recht vor, der Presse einen Durchschlag unseres Briefes zukommen zu lassen.

Der Text, in maß- und respektvollen Worten abgefaßt, verkündete die Solidarität der Unterzeichneten mit den Grundsätzen und Zielen der Revolution, drückte Sorge aus wegen der Anwendung repressiver Methoden gegen Intellektuelle, die das Recht auf Kritik im Rahmen der Revolution wahrnahmen, und warnte vor den negativen Auswirkungen solcher Handlungsweisen auf Schriftsteller und Künstler der ganzen Welt, »für die die kubanische Revolution ein Symbol und eine Fahne ist«. Nachdem wir etwa fünfzig Unterschriften beisammen hatten – darunter auch die von Sartre, Simone de Beauvoir, Claudín, Calvino, Fuentes, Moravia, Nono, Paz, Anne Philippe, Susan Sontag, Semprún und Vargas Llosa –, übergaben wir den Brief der kubanischen Botschaft mit dem Hinweis, daß wir ihn nach einer bestimmten Zeit öffentlich machen würden. Plinio hatte vergeblich versucht, García Márquez in Barranquilla ausfindig zu machen, und da er irrtümlicherweise glaubte, wir könnten mit seiner Zustimmung rechnen, hatte er seinen Namen ebenfalls auf die Liste gesetzt. Dies wurde später vom Autor von *Hundert Jahre Einsamkeit* dementiert. Mit seinem meisterhaften Geschick, Hindernisse zu umgehen, distanzierte sich Gabo diskret von der kritischen Haltung seiner Freunde, ohne sich deshalb mit ihnen anzulegen oder zu überwerfen: der neue García Márquez, ein genialer Stratege seines enormen Talents, vom Ruhm verhätschelt, ein Vertrauter der Großen dieser Welt und weltweit ein Förderer wirklich oder angeblich »progressiver« Dinge, wurde gerade geboren.

Einige Tage darauf rief mich Vargas Llosa aus Barcelona an, um mir den Besuch Jorge Edwards' anzukündigen, der, nachdem sein diplomatischer Auftrag in Kuba beendet war, sein Amt an der Botschaft Allendes in Paris antreten sollte. Edwards wollte mich und Cortázar sehen, und sein erschreckender Erlebnisbericht über die letzten Monate in Havanna, den er später in seinem Buch *Persona non grata* veröffentlicht hat, brachte mich zu der Überzeugung, daß die Inhaftierung Heberto Padillas möglicherweise viel ernster war, als wir zu Anfang angenommen hatten. Der Fall Padilla war nicht nur eine unglückliche Episode in einem internen Richtungskampf, sondern die Folge einer persönlichen politischen Entscheidung Castros. Aus Gründen, die nur er kannte, hatte der *líder máximo* beschlossen, mit jeglicher Art von Abweichung Schluß zu machen und die Unantastbarkeit seines »ideologischen Monolithen« zu verfügen.

Als unser Brief in den Zeitungen erschien, machte ich gerade eine Reise durch die Sahara, Algerien und Marokko. Die Zusammenfassung von Padillas Widerruf vor der UNEAC las ich kurz vor meiner Rückkehr nach Europa in einem dieser Kollektivtaxis, die zwischen Tétouan und Tanger verkehren. Ich hatte die *Herald Tribune* gekauft, und der Inhalt der kurzen Depesche der amerikanischen Presseagentur erfüllte mich mit Scham und Empörung. Nach einem Anruf bei Plinio entschloß ich mich zu einem Zwischenaufenthalt in Barcelona, wo Mario bereits über den vollständigen Text des »Geständnisses« verfügte und mit mir über die Angelegenheit diskutieren wollte.

Mit dem Abstand so vieler Jahre die stenographierte Fassung der *Prensa Latina* über die Einlassungen Padillas vor der UNEAC wiederzulesen ist eine irreale und burleske Übung. Die sonderbare Inszenierung des Vorgangs, die dostojewskischen Enthüllungen des Angeklagten, die Meinungsänderungen seiner angeblichen Komplizen, die Hinweise der Kulturkommissare auf den »schönen Abend«, der durch den Starrsinn Norberto Fuentes verdorben worden war, bildeten nicht nur ein parodistisches *remake* der stalinistischen Prozesse, sondern eine echte ubueske Montage, die Alfred Jarry selber mit Entzücken erfüllt hätte.

Padilla schlug sich schuldbewußt an die Brust und gestand, *ungerecht und undankbar zu Fidel* gewesen zu sein, *was tief zu bereuen ich wirklich nie aufhören werde.* Er gab zu, daß die Revolution *nicht länger die vergiftete Situation aller dieser widerspenstigen Grüppchen aus dem intellektuellen und künstlerischen Milieu tolerieren* könne. Der irrigen und verbitterten Haltung seiner Freunde stellte er *die Demut, Schlichtheit und Sensibilität der höchst intelligenten Staatssicherheitspolizei gegenüber, einer Gruppe äußerst wachsamer Genossen, die Tag und Nacht arbeiten, damit es dank einer langen, intelligenten, glänzenden und beispiellosen Überzeugungsarbeit,* die ihn ganz klar *jeden einzelnen meiner Fehler habe sehen lassen, Augenblicke gibt wie diesen.* Nach dem Eingeständnis, daß er einen *kleinen, belanglosen Roman* geschrieben habe, der zum Glück jedoch nie erscheinen würde, *weil ich jede Seite zerrissen habe und selbst noch das kleinste Stückchen zerstören würde, das ich eines Tages vor meinen Füßen finden sollte*, versicherte er, *daß ich mich so übel gefühlt habe, so krank, so widerlich traurig, so zerstörerisch konterrevolutionär, daß ich nicht einmal mehr schreiben konnte*. In dieser bankrotten Lage habe er die Erfahrung seiner Haft zutiefst als ein *moralisches und gerechtes Gefängnis* erlebt, in dem er *hübsche Dinge, neue Gedichte* – über den Frühling zum Beispiel – *in einer Art verzweifelter Katharsis* geschrieben habe.

Für uns, die wir Heberto Padilla kannten und mit seinen politischen und literarischen Texten vertraut waren, schien dieses herzzerreißende, karikatureske Geständnis voller Fallen und Netze für seine Zerberusse und voller Botschaften, die für seine Freunde bestimmt waren. Der Poet kannte sie auswendig, die offiziellen Reden, zu denen die Trotzkisten und die Bucharinisten bei den großen stalinistischen Schauprozessen gezwungen wurden, und er hatte sich ihrer Formeln und Klischees bedient, die er bis zur Absurdität übertrieb. Die widerlichen Selbstbezichtigungen, die typisch wichinskyschen Bezüge von der Art *der Franko-Pole Karol* oder *der alte konterrevolutionäre Agronom René Dumont*, seine grenzenlose Servilität gegenüber dem Regime, das ihn unterdrückte, konnten die Funktionäre des Staates täuschen, die den Prozeß organisiert hatten, nicht aber die Leser Swifts oder Brechts. Indem er sich dem Anschein nach der Gewalt beugte und dabei ihre Sprache gebrauchte, nahm Heberto Padilla Zuflucht zu Marcus Antonius' List in seiner Rede über den Mord an Cäsar. Wenn, wie eine Romanfigur Valle-Incláns sagt, »Spanien ein grotesker Abglanz der europäischen Zivilisation ist«, so war die theatralische Inszenierung von Padillas *mea culpa* vor der UNEAC ein grotesker karibischer Abglanz der berühmten Schauprozesse von Moskau.

Ich habe mich oft gefragt, wie die kubanischen Kulturoberen in eine so grobe Falle gehen konnten. Der ganze Widerruf war nichts weiter als ein deftiger Spaß, bei dem die Grundsätze Freiheit, Würde und Gerechtigkeit, die die Revolution zu verteidigen vorgab und die sie in ihren Anfängen wohl auch verteidigt hatte, dem Hohn preisgegeben wurden. Daß ihre Günstlinge das nicht gemerkt haben, hat mich immer wieder mit Erstaunen und Ungläubigkeit erfüllt. Als Padilla sagte, »diese Erfahrung müßt ihr selbst einmal machen«, und dann, nachdem er sich verbessert hatte und den Anwesenden mitleidig wünschte, »sie nicht machen zu müssen«, hinzufügte, »man muß sie machen – muß sie machen, um zu wissen, was das heißt, um verstehen zu können, was ich sage«, konnte die Botschaft, die er uns damit übermittelte, nicht deutlicher sein.

Wenn auch der überspannte Widerruf des Poeten die beklemmenden Mechanismen von Castros »caudillo-leninistischem« Regime bloßlegte, und ich sage das mit der größten Objektivität, die ein Rückblick auf die Fakten gewährt, so spiegelte er zugleich auch einige Besonderheiten des Angeklagten wider, die die Posse, die zu spielen ihm zugefallen war, begünstigten. Als Heberto Padilla an seine Charakterschwächen und seine schweren psychischen Probleme erinnerte, brachten seine Worte eine kleine Note der Aufrichtigkeit in den traumhaften Kontext des Zeremoniells. Padilla verführte und verführt seine Freunde mit Warmherzigkeit, Großzügigkeit, Scharfsinn und Humor, doch gleichzeitig überraschte er uns bisweilen mit seinem narzißtischen und frivolen Verhalten, wenn er sich wie ein Enfant terrible aufführte und sich in die irritierende oder pathetische Rolle eines Komödianten versetzte. Eine nicht nachvollziehbare Unvorsichtigkeit und Unbedachtheit verlockte ihn zu einem Spiel, bei dem er notwendigerweise verlieren mußte. Seine Intelligenz war oft zynisch und ätzend: ein unwiderstehlicher Schwindel schien ihn in den Abgrund zu stoßen, in diese »moralische und physische Selbstzerstörung«, die er im Verlauf seines öffentlichen Widerrufs erwähnt hat.

Seit seiner Rückkehr aus der UdSSR, wo er über ein Jahr lang gelebt und als Korrektor bei der Moskauer Wochenzeitschrift *Novedades* gearbeitet hatte, kannte er die Mechanismen des »realen Sozialismus«, wie er in den Ostblockstaaten praktiziert wurde, aus dem Effeff. Diese Gesellschaft von Zombies, die er damals aus der Nähe analysieren konnte, hatte ihm einen Schock versetzt. Ich erinnere mich, daß er mich bei seiner Durchreise in Paris zu einem literarischen Empfang in den Gärten des Verlags Gallimard begleitete, und als er die fröhlichen und ausgelassenen Schriftsteller und Intellektuellen betrachtete, die mit einem Glas Whisky oder Champagner in der Hand über den gepflegten Rasen liefen, war er in ein sardonisches Gelächter ausgebrochen, wie er das öfter tat: »Ach, wenn die wüßten!« Er war gerade aus der Gesellschaft der Zukunft zurückgekommen, und er *wußte*. Dennoch fuhr er nach Havanna zurück, in die Höhle des Löwen, ohne daß er die elementarsten Vorsichtsmaßregeln ergriff und wieder die rettende Maske des Konformismus aufsetzte. Wie meine Freundin Martha Frayde hat auch er weiterhin seine Ideen und Überzeugungen zum Ausdruck gebracht; wie sie hat auch er die Strafe erhalten, die seine Tollkühnheit verdiente.

Das schockierende, lächerliche Ritual an jenem berühmten Abend in der UNEAC ist sicherlich eine der größten Albernheiten der kubanischen Revolution: alle, die daran teilnahmen, sei es als Richter, Angeklagter oder einfache Zeugen, hatten sich unweigerlich dabei beschmutzt, und die Dreckspritzer erreichten sogar uns, als wir uns, nachdem wir eine Abschrift der offiziellen castristischen Presseagentur gelesen hatten, zu reagieren verpflichtet glaubten.

Trotz meines großen Widerwillens, noch einmal einen Fuß in das damalige Spanien zu setzen, machte ich einen kurzen Abstecher nach Barcelona. Mario Vargas Llosa lebte in einer Wohnung in der Vía Augusta, ganz in der Nähe des Viertels Bonanova, in dem ich zur Welt gekommen war, und als ich zu ihm kam, fand ich ihn inmitten einer Gruppe von Freunden, die alle irgendwann einmal in Kuba gewesen waren und sich mit der kubanischen Revolution solidarisch erklärt hatten: Castellet, Barral, mein Bruder Luis, Hans Magnus Enzensberger ... Dort las ich auch den vollständigen Text von Padillas Selbstkritik vor der UNEAC und erfuhr die letzten, höchst erstaunlichen Neuigkeiten von der Insel. Die heftige Rede des *líder máximo* gegen »die bürgerlichen Herren Intellektuellen, die Pamphletschreiber und Agenten der CIA (...), diese frechen Pseudolinken, die sich Lorbeeren verdienen wollen, indem sie in Paris, London, Rom leben (...), anstatt im Schützengraben der Schlacht zu stehen«, und seine Erklärung auf dem Nationalkongreß für Erziehung und Kultur, der Ende April in Havanna stattgefunden hatte und in seinem Eifer, den »ideologischen Monolithismus« der Revolution zu bewahren, Jagd auf jegliche Art von Abweichlertum und Heterogenität machte, wiesen darauf hin, daß das Castro-Regime beschlossen hatte, mit den Lauen und Zweifelhaften zu brechen. Diese wurden »Abfall«, »intellektuelle Ratten«, »nichtswürdige Agenten des Kolonialismus« und so weiter geschimpft, und im Zuge des großen Aufräumens mit »ausländischen Moden, Sitten und Ausschweifungen« wurde öffentlich die Ausrottung der Homosexualität in allen ihren Formen und Äußerungen propagiert, die afrikanischen Religionen wurden als »Schulen des Verbrechens« gebrandmarkt, die jungen Nonkonformisten zu Zwangsarbeit verurteilt, und das alles auf Grund von moralischen Normen, die erstaunlich an die der faschistischen Regime erinnerten.

Unser respektvoller und höflich zurückhaltender Brief an Castro trug folglich seinen Unterzeichnern heftige Kritik ein, bei der die abgegriffensten Klischees und die einfältigsten, törichtsten Anschuldigungen miteinander wetteiferten. Eine solch unverhältnismäßige Reaktion – die zu der tragikomischen Maskerade hinzukam, deren Held Padilla war – zwang uns, den Stier bei den Hörnern zu packen und auf die Flut von Beleidigungen zu antworten. Unser zweiter Brief an den Comandante Fidel Castro, der an jenem Nachmittag des vierten Mai in der Wohnung Mario Vargas Llosas geschrieben wurde, vermochte nicht, wie wir das gern getan hätten, in der angemessenen Form auf die Herausforderung zu antworten: statt Punkt für Punkt die regressiven Entscheidungen zu analysieren, die in den letzten Jahren die kubanische Revolution zu einem totalitären System gemacht hatten, stellten wir das Schauspiel, das vor der UNEAC abgelaufen war, in den Mittelpunkt unserer Antwort, obwohl wir diesen Fehler in letzter Minute teilweise korrigiert haben, indem wir – auf Enzensbergers Rat hin – einen Abschnitt einfügten, der eigentlich das Hauptthema unserer Überlegungen hätte sein sollen:

Die Mißachtung der menschlichen Würde, mit dem Ziel, einen Menschen dazu zu zwingen, daß er sich aufs lächerlichste des schlimmsten Verrats und der schlimmsten Niederträchtigkeiten bezichtigt, beunruhigt uns nicht etwa deshalb, weil es sich um einen Schriftsteller handelt, sondern weil jeder kubanische Genosse – ob Bauer, Arbeiter, Techniker oder Intellektueller – gleichfalls Opfer einer solchen Vergewaltigung und Demütigung werden kann.

Obgleich sich niemand von uns die geringste Illusion über das Echo des Protests machte, beschlossen wir, die größtmögliche Anzahl von Unterschriften zusammenzubekommen, bevor wir den Brief diesmal direkt der Tageszeitung *Le Monde* übergaben. Am nächsten Tag kehrte ich mit dem Text des Briefes in der Tasche unverzüglich nach Paris zurück, während Mario Vargas Llosa der *Casa de las Américas* seinen Rücktritt aus dem Redaktionskomitee erklärte.

Als ich ins Büro von *Libre* kam, hatte ich den Eindruck, als habe ein Sturm die Örtlichkeiten verwüstet. Die lateinamerikanischen Schriftsteller und Pressekorrespondenten wollten unsere Haltung in dieser Frage kennenlernen, und unaufhörlich klingelte das Telefon. Obgleich die Meinungsvielfalt der Mitarbeiter unsere Zeitschrift daran hinderte, Partei zu ergreifen, wurden in der Rue de Bièvre, im Einverständnis mit Plinio, dennoch alle Unterschriften zum zweiten Brief gesammelt. Mit einer zwar sympathischen, jedoch unentschuldbaren Ahnungslosigkeit telefonierten wir in den fünf Erdteilen herum, wobei wir vergaßen, daß das knappe Budget unserer Zeitschrift solche Ausgaben gar nicht erlaubte. Aber die augenblickliche moralische Empörung und unsere Solidarität mit den kubanischen Freunden, über denen endgültig die Falle zugeschnappt war, standen jenseits aller Berechnung. Als Rubén Bareiro ein Jahr später vorübergehend von der paraguayischen Polizei verhaftet wurde, sollte die leidenschaftliche Grecia, in einem ihrer häufigen Anfälle von Gewissensbissen wegen ihrer wirklichen oder vermeintlichen Seitensprünge, ebenfalls Himmel und Erde in Bewegung setzen, um Hilfe zu finden. Einer der wesentlichen Gründe, weshalb *Libre* einging, waren die Telefonrechnungen. Die politischen Wechselfälle jener Zeit und die Notwendigkeit, befreundete Schriftsteller verteidigen zu müssen, führten schließlich dazu, daß wir eine humanitäre Rolle spielten, für die wir gar nicht vorbereitet waren. Daß die Zeitschrift nach vier Nummern eingestellt werden mußte, lag nicht nur an der Krise, die innerhalb der Mannschaft eingetreten war, sondern auch an unserer Großzügigkeit, unserer Unvorsichtigkeit und unserer Leichtfertigkeit.

Die meisten Unterzeichner des ersten Briefes sowie andere, die damals keine Gelegenheit hatten, sich uns anzuschließen, wie etwa Resnais, Pasolini oder Rulfo, billigten den Inhalt des zweiten Briefes. Doch es gab auch Absagen, darunter einige wichtige Stimmen. Cortázar – der bei der Abfassung des ersten Protestschreibens zu mir gesagt hatte, er werde den Namen Ugnés in die Unterschriftenliste aufnehmen, und mich dann einige Stunden später anrief und bat, ihn zurückzuziehen – erklärte nach einem flüchtigen Blick auf den Text, daß er nicht unterschreiben werde. Seine Freunde beschlossen ebenfalls, Abstand zu nehmen, und am gleichen Tag, kurz bevor wir den Text *Le Monde* übergeben wollten, rief mich Barral aus Barcelona an, um ebenfalls seine Unterschrift zurückzuziehen. Obgleich er ein enger Freund Padillas war, mit dem er zu der Zeit, als Padilla noch Leiter der Cubartimpex war, gute Verlagsgeschäfte gemacht hatte, überraschte mich seine Entscheidung überhaupt nicht: bereits damals kannte ich die Strenge seiner

Überzeugungen und seinen noblen Sinn fur die Freundschaft nur allzu gut.

Der Brief, von zweiundsechzig Personen unterschrieben, erschien, als ich in Syrien war, wo ich mit anderen europäischen Intellektuellen an einer Sendung über den Kampf der Palästinenser teilnahm. Als ich am siebenundzwanzigsten Mai nach Paris zurückkehrte, hatte die Erklärung in der spanischsprachigen Welt einen ungeheuren Wirbel hervorgerufen. In Kuba, Chile, Mexiko, Peru, Uruguay, Argentinien und Spanien machten Briefe mit Anschuldigungen oder Schmähreden von Schriftstellern, die unserer Position feindlich gesinnt waren, die Runde oder waren bereits veröffentlicht worden. Luigi Nono, der einige Wochen zuvor mit einer Botschaft Franquis in die Rue de Bièvre gekommen war, machte auf dem Gebiet der Einfältigkeit und des ideologischen Deliriums einen plumpen *qualitativen Sprung*, als er aus Chile ein gesalzenes Telegramm schickte, in dem er mich aufforderte, »Veröffentlichung Zeitschrift *Libre* einstellen stop da von Patiño finanziert stop ausgesprochen tödliche Beleidigung der bolivianischen Grubenarbeiter und aller lateinamerikanischen Kampfgenossen«.

Wie vorauszusehen, wurde unverzüglich die erstaunliche und unerbittliche Lügenmaschine in Gang gesetzt. Daß unter den Unterzeichnern einige der herausragendsten und respektabelsten Schriftsteller Europas und Lateinamerikas waren, hatte eine Flut von Frustrationen, Eifersüchteleien und Groll ausgelöst, hinter der sich, unter dem Deckmantel revolutionärer Unbeugsamkeit, die gemeinsten und schäbigsten Abrechnungen verbargen. Der Entschluß des *líder máximo*, uns an den Pranger zu stellen, war das Zeichen für eine gnadenlose Offensive, bei der alle Waffen und Methoden statthaft sind. Unsere Situation war nicht neu: die Chronik der letzten fünfzig Jahre ist voll von ähnlichen Fällen, deren Opfer ebenfalls, symbolisch oder ganz real, auf den großen Misthaufen der Geschichte geworfen wurden.

»Die Beschuldigungen ergießen sich über die Unvorsichtigen, die es wagen, die Tabus zu verletzen«, schreibt Maxime

Rodinson, als er seine eigenen Erfahrungen als KP-Veteran der dritten Welt zusammenfaßt. »Analysieren heißt unterstellen; beschreiben verleumden, kritisieren bekämpfen. Deine Vergangenheit, deine Herkunft, deine privaten Gewohnheiten, alles, womit man dich ohne allzu große Anstrengungen – wie etwa der des Verstehens deiner Vorstellungen oder der Einwände dagegen – diskreditieren kann, werden rücksichtslos ausgeschlachtet. Über deine Quellen wird der Zweifel gesät. Wer hat das Buch geschrieben, das du zitierst? Ein Trotzkist, ein Bucharinist, ein Bürgerlicher? Wer hat es verlegt? Mit welchem Geld? Warum in diesem Augenblick? Im Zusammenhang mit welchen Machenschaften?«

Ich erinnere mich, daß gewisse »wohlmeinende« Journalisten oder einfach nur solche, die auf der Jagd nach Sensationen waren, in der Rue de Bièvre auftauchten, um das *hôtel particulier* oder den kleinen Palast von *Libre* zu fotografieren. Ihre Verwunderung und ihre Verärgerung, als sie die winzigen Geschäftsräume unserer Zeitschrift sahen, muteten komisch an. War dieses mit gebrauchten Möbeln vollgestellte Loch die gefährliche, von Patiño finanzierte imperialistische Publikationsstätte? Parallel zu den opportunistischen Ergebenheitserklärungen und dem Sammeln von linientreuen Unterschriften hatten sich die angeblich revolutionären Orthodoxen in eine Kampagne der Fälschungen und absurden Lügen gegen uns gestürzt: als ich einige Wochen zuvor auf der Durchreise in Algier zufällig Régis Debray auf der Straße traf, der, nachdem er auf Druck der westlichen Linksintellektuellen aus den bolivianischen Kerkern befreit worden war, gerade von einer Stippvisite aus Kuba zurückkam, fragte ich ihn, was er über Padilla wisse, der in seiner Polemik mit *El Caimán Barbudo* doch gerade ihn als ein »schönes Beispiel« für einen revolutionären Intellektuellen zitiert habe. Debray gab mir zur Antwort, Padilla sei nichts weiter als ein Agent des CIA und habe sein Schicksal verdient. Später, als ich wieder in Paris war, erzählte mir Simone de Beauvoir voller Empörung, daß sie und Sartre auf dem Boulevard Raspail Alejo Carpentier getroffen hätten, der ihnen, offenbar kopflos geworden bei dem Gedanken, er könne sich kompromittieren, wenn er sie grüße, plötzlich den Rücken zugewandt und sich die Nase an einem Schaufenster platt gedrückt habe. Wie ihnen Freunde gesagt hätten, streuten die Kubaner das Gerücht aus, Sartre sei ebenfalls ein Agent der CIA.

Noch vor ihrer Gründung umgab eine Atmosphäre des Argwohns und der Furcht vor Spionage unsere Zeitschrift. Allerdings nicht ganz unbegründet, wie wir in den folgenden Wochen feststellen mußten. Eines schönen Tages erschien in der Rue de Bièvre ein nordamerikanischer »Professor«, der perfekt Spanisch sprach und großes Interesse an *Libre* zeigte; nachdem er Plinio über unsere politische Einstellung und unsere kulturelle Richtung ausgefragt hatte, sagte er, daß er uns, sollten wir Probleme haben, über eine private Stiftung, deren Gelder ihm zur Verfügung stünden, materiell helfen könne. Im Verlauf des Gesprächs hatte der angebliche Professor jedoch eine bestürzende Unwissenheit in Fragen der Literatur an den Tag gelegt. Die Beharrlichkeit, mit der er Franquis Adresse in Erfahrung zu bringen versuchte, und die wunderbare Philanthropie, die er zur Schau trug, brachten Plinio zu der Überzeugung, daß es sich hier um einen echten US-amerikanischen Agenten handelte. Ihm selber mußte Plinios Zurückhaltung aufgefallen sein, denn trotz seiner Versprechungen tauchte er nie wieder auf.

K. S. Karol, dessen Buch über die kubanische Revolution Fidel Castros Zorn heraufbeschworen hatte, erzählte mir um diese Zeit von einem Zwischenfall, der sich ein Jahr zuvor zugetragen und mit dem soeben berichteten zu tun hatte. Die Frau einer wichtigen offiziellen Persönlichkeit, die er während seines Aufenthalts in Kuba regelmäßig sah, hatte sich gerade von ihrem Mann getrennt und war nach Paris gezogen, wo sie ihn aufsuchte und bat, ihr bei der Suche nach einer mit Lateinamerika zusammenhängenden Arbeit behilflich zu sein. Ohne ihr zu mißtrauen, vertraute ihr Karol die Maschinenabschrift seines Manuskripts von *Los guerrilleros en el poder* an, in dem er, neben sehr günstigen Analysen und Kommentaren zur Revolution, auch Kritik an den regressiven Methoden der Zensur und an der Polizeirepression übte. Zum Jahresempfang, den die kubanische Botschaft an jedem sechsundzwanzigsten Juli gab, stellte sich auch Karol in den Botschaftsräumen ein, ohne daß ihm aufgefallen war, daß er in diesem Jahr gar keine Einladung erhalten hatte. Als der Botschafter ihn sah, sagte er ihm, daß er keinen Wert auf seine Anwesenheit lege, da er ein konterrevolutionäres und antikubanisches Buch geschrieben habe. Als Karol sich darüber verwundert zeigte, wie er den Inhalt eines unveröffentlichten Buches kennen könne, schwieg der Botschafter verlegen. Der Schriftsteller schloß daraus, daß die Freundin, die er mit dem Abtippen seines Manuskripts betraut hatte, heimlich eine Kopie davon an die Botschaft geschickt haben mußte.

Einige Tage nachdem Karol mir diese Anekdote erzählt hatte, sagte mir Plinio, daß er im Verlauf eines Abendessens bei Freunden eine sehr interessante, von einer hohen kubanischen Persönlichkeit geschiedene Frau kennengelernt habe, die den Positionen unserer Zeitschrift sehr nahezustehen scheine und unentgeltlich mitzuarbeiten wünsche. Beunruhigt fragte ich ihn nach dem Namen der Dame und stellte fest, daß es sich um dieselbe Person handelte.

»Du hast ihr doch hoffentlich nicht zugesagt?« rief ich.

»Nein. Warum?«

»Sie ist eine Spionin.«

Als ich ihm dann erzählte, was Karol passiert war, brachen wir beide in Gelächter aus. Ohne daß wir so recht wußten, wie und wieso, war unser schönes Projekt einer kulturellen, revolutionären und avantgardistischen Zeitschrift unmerklich zur mittelmäßigen Intrige eines Groschenromans geworden.

Zu der Zeit, als der Fall Padilla über uns hereinbrach, war die erste Nummer von *Libre* druckreif. Wegen der brennenden Aktualität des Themas und wegen der Rolle, die die wichtigsten Mitarbeiter der Zeitschrift dabei spielten, beschlossen wir, die

Veröffentlichung auf den Oktober zu verschieben, um noch ein Dossier mit Dokumenten, Zeugenaussagen und sonstigen für eine korrekte Einschätzung des Problems unentbehrlichen Elementen beizufügen. Im Einverständnis mit Cortázar stellten wir einen Einführungstext voran, in dem wir folgendes erklärten:

> *Viele Mitarbeiter von* Libre *haben es für notwendig erachtet, ihre Position in dieser Frage zu verdeutlichen. Die geäußerten Meinungen zeigen, wie groß die Nuancen und Unterschiede in der Einschätzung ein und desselben Fakts durch die Linke sein können. Als kritische Zeitschrift hält* Libre *die Diskussion über den Fall Padilla für nützlich, sowohl wegen der ideologischen Implikationen, die auf Probleme unserer Zeit verweisen, wie etwa die verschiedenen Richtungen des Sozialismus oder das künstlerische Schaffen in den neuen Gesellschaften, als auch wegen der Situation und des Engagements der Intellektuellen gegenüber dem revolutionären Prozeß unserer Länder.**

Das Dossier druckte Padillas Selbstkritik vor der UNEAC vollständig ab, ferner Fragmente der Erklärung des kubanischen Nationalrats für Erziehung und Kultur und Castros Rede bei der Schlußsitzung, den Text der beiden Briefe, die wir an den Líder Máximo gerichtet hatten, die Korrespondenz zwischen Vargas Llosa und Haydée Santamaría sowie zahlreiche Erklärungen, offene Briefe und Randbemerkungen lateinamerikanischer und europäischer Schriftsteller. Die Lektüre gerade dieser Texte nach so vielen Jahren ist aufschlußreich: neben der Deutlichkeit und Würde von Autoren wie Paz, Fuentes, José Revueltas, Juan García Ponce, José Ángel Valente oder Enrique Lihn erinnert die Reaktion anderer an jene »gelehrigen Papageien«, über die sich Bataille zu seiner Zeit lustig gemacht

* Ich bitte den unglücklichen Leser wegen meines Anteils bei der Niederschrift dieses überladenen Abschnitts um Verzeihung.

hat. Das Interview Julio Rocas mit García Márquez ist eine wunderbare Seiltänzerübung, deren Virtuosität Bewunderung, wenn auch keinen Respekt abverlangt. Doch die Krone des Schlüpfrigen und Grotesken gebührt – heute wie damals – der berühmten »Polykritik in der Stunde der Schakale«.

Als Cortázar seinen Text schickte, war unsere erste Reaktion zunächst einmal größte Ungläubigkeit. Konnte der subtile Autor von *Bestiarium* und *Die geheimen Waffen* diese groben und schäbigen Verse geschrieben haben, die es verdienten, in einer ukrainischen oder usbekischen Anthologie aus den gesegneten Zeiten des Schdanowismus zu stehen?

Das »Gedicht«, wie Marvel Moreno sagte, nachdem sie es im Büro von *Libre* gelesen hatte, glich einem »Tango, dessen Text Wychinsky geschrieben« hatte. Doch schlimmer noch als die Anhäufung von Klischees und Beleidigungen gegen die »Liberalen mit dem Veilchen (...), die virtuose Texte unterschreiben« – bis zu diesem Zeitpunkt übrigens die Freunde des Autors –, waren der schdanowsche Kitsch und die lyrischen Ergüsse auf den sattsam bekannten *Leuchtenden Morgen*, die wir zu lesen bekamen.

Erst später, als wir *Album für Manuel* und die folgenden Werke lasen, stellten wir traurig fest, daß es wirklich derselbe Autor war, dessen Arbeiten uns fünfzehn Jahre lang geblendet hatten.

Um unserer Zeitschrift wenigstens den Anschein einer Einheit in der Verschiedenheit zu geben, bemühten wir uns, daß ihr Autoren verbunden blieben, die, wie Cortázar und seine Freunde, eine Haltung einnahmen, die der unseren entgegengesetzt war. Dieser Wunsch, den Pluralismus unter den Mitarbeitern von *Libre* beizubehalten, machte allerdings eine Reihe von Konzessionen erforderlich, die mir sehr bald unerträglich wurden. Ich erinnere mich, daß der bedeutende englische Hispanist J. M. Cohen – der in dem Jahr zur Jury der UNEAC gehörte, als diese ihren Preis für Poesie Padilla zuerkannte – uns einen Brief von Lisandro Otero zukommen ließ, der die Antwort auf einen Brief Cohens war, in dem er, Cohen, gegen die dem Dichter zugefügte Demütigung protestierte. Dieser Brief – ein unglaubliches Kompendium von skatologischen Ausdrücken und Grobheiten – spiegelt getreu die damals in den offiziellen kubanischen Kreisen herrschende Hysterie wider und schien mir gerade deswegen einer Veröffentlichung wert. Cortázar war nicht einverstanden damit. Ich selber hatte einen parodistischen Text geschrieben, der die Erfahrung Padillas mit der verglich, die einige Jahrhunderte zuvor ein andalusischer Dichter, Abu Bakr Ben Alhach, gemacht hatte: Alhach, der in seinen Gedichten den vortrefflichen Kadi Ibn Tawba bespöttelt und sich damit schuldig gemacht hatte, war von diesem zu einer tüchtigen Tracht Prügel und zur Ausstellung auf den öffentlichen Plätzen verurteilt worden, »mit Pfiffen von vorn und Halsstarre von hinten«. Dieser Akt der Gerechtigkeit inspirierte den Lieblingsdichter des Hofes, Abu Ishaq de Elvira – ein bewundernswerter Vorläufer der offiziellen Barden von heute –, dazu, ein wunderbares, von García Gómez ins Spanische übersetztes Gedicht zu schreiben, in dem folgende Verse vorkommen:

Die Peitsche ist beredter noch als jeder Streit mit Worten,
Beredter auch als Lügen, die ein Schandmaul bellt...
Sie läßt den Mann, selbst wenn die Haut von ihm
Noch dicker ist als die des Elefanten, ohne Musik tanzen.

Zu schmecken gab man sie dem Dünkelhaften,
Zerfetzt war seine Haut, wie es der Bohnen Schoten sind...
Sagt ihm, falls wieder er ein Spottlied schreiben will:
Erinnre dich an jene Zeit, da dir die Hose auf den Fersen hing.
Erinnre an die Strafe dich, als dümmlich du verleumdetst
Die Herren Führer und die großen Chefs,
Leute, denen der Barmherzige
Vorrechte, große, eingeräumt
Und die aus tiefstem Herzen man ehren soll.
Sie sind das Auszugsmehl unter den Menschen,
Die andern sind in Wahrheit nur, was noch im Siebe bleibt.

Meine Glückwünsche für den neuen Caudillo und erhabenen Führer konnten nicht in der zweiten Nummer unserer Zeitschrift erscheinen: da Plinio die Reaktion Cortázars voraussah, überzeugte er mich davon, sie zurückzuziehen. Wegen meiner physischen Entfernung von Paris und der Rue de Bièvre – meine Vorlesungen in New York, meine Aufenthalte in Marokko – kam es allmählich zu einer moralischen Entfremdung gegenüber der Zeitschrift *Libre*, deren Lavieren und defensive Haltung immer weniger mit den ursprünglichen Zielen des Projekts übereinstimmten. Die vier Nummern, die erschienen sind und die nach mir von Semprún, Petkoff und Adriano González León und schließlich von Vargas Llosa zusammengestellt wurden, enthalten sicherlich ausgezeichnete Texte und Essays sowie beispielhafte Untersuchungen und Interviews, allerdings auch Texte und Artikel, die aus einem Kompromiß entstanden sind und für die ich mich heute, wenn ich sie lese, schäme. Diese Arrangements und Flickschustereien erwiesen sich am Ende als nutzlos: als die letzte Nummer herauskam, standen die Namen Cortázars und seiner Geistesverwandten schon nicht mehr auf der Liste der Mitarbeiter.

Die durch die Druckkosten und das Porto nach Südamerika verursachten wachsenden Schwierigkeiten, das Verkaufsverbot in Spanien und den übrigen Diktaturen, der kubanische Boykott, die internen Meinungsverschiedenheiten sowie unsere amateurhafte und ein wenig leichtfertige Art, die Geschäfte zu führen, verschlimmerten sich im Laufe des Jahres 1972 immer mehr, so daß *Libre* schließlich eingestellt werden mußte. Die Angebote einer Finanzhilfe, die wir bekamen, hätten den Verzicht auf unsere Unabhängigkeit bedeutet, und so zogen Vargas Llosa, Plinio und ich es im gegenseitigen Einverständnis vor, die Zeitschrift aufzulösen.

Nach fast zwei Jahren Anstrengungen, Spannungen, Meinungsverschiedenheiten, flüchtigen Erfolgen und zahlreichen Rückschlägen und Widerwärtigkeiten mußten wir uns voller Melancholie eingestehen, daß sich unser ehrgeiziges Abenteuer als ein Mißerfolg erwiesen hatte.

Die Geschichte von *Libre*, die ich mir während dieses Abendessens mit Freunden in dem Couscous-Restaurant in der Rue de Bièvre in Erinnerung rief, geht weit über eine gewöhnliche Anekdote hinaus: in dem Maße, in dem sie, mit winzigen Varianten, einen ganzen Komplex von Situationen wiedergibt, die westliche Linksintellektuelle im Verlauf der letzten fünfzig Jahre erlebt haben, liegt sie innerhalb einer historischen Strömung, für die es zahlreiche Beispiele gibt. Viele Sympathisanten der kubanischen Revolution, die in ihr die Modellgesellschaft der Zukunft zu sehen glaubten, folgten der traurigen Bahn eines Barbusse, Romain Rolland, Eluard, Aragon, Alberti oder Neruda, diesen direkten Zeugen der grausamen Wahrheit des Sowjetsystems und der Deportation, Ermordung oder Unschädlichmachung ihrer Schriftstellerkameraden, die zu den Prozeßparodien geschwiegen, wenn nicht gar laut Beifall geklatscht haben, die auch weiterhin ihre Reisen als Revolutionstouristen unternahmen, wobei sie einige Privilegien genossen, die das einfache Volk nicht hatte, und diese von Enzensberger in einem seiner Essays angeprangerte »Gewohnheit, zu lügen und zu wissen, daß man lügt«, zur Perfektion gebracht haben. Doch die Vorstellung, daß sich etwas Ähnliches noch einmal ereignen könnte, schien uns unmöglich. Als wir Anfang der sechziger Jahre Kuba besuchten, hatten wir mehr oder weniger mit Lezama Lima, Virgilio Piñera, Padilla, Reinaldo Arenas, César López, Walterio Carbonell, Arrufat, Luis Aguero und anderen Autoren zu tun, die einige Jahre später die Strafen der UMAP über sich ergehen lassen mußten oder zum Schweigen verurteilt wurden. Und während die Übernahme des sowjetischen Unterdrückungsschemas durch die kubanische Revolutionsführung uns wegen des Schicksals, das unsere Kollegen erwartete, mit Bitterkeit und Unruhe erfüllte, sahen wir voller Erstaunen, daß überzeugte Nacheiferer jener Prozeßochsen, denen das Schicksal der Belyis, Pasternaks oder Achmatowas – um nur die zu erwähnen, die heute tot sind – gleichgültig war, sich weigerten, die Wirklichkeit der neuen Verfolgungen und die physischen oder moralischen Leiden ihrer Opfer gelten zu lassen, als ob Verfolgungen und Leiden der Preis für die Verwirklichung einer Utopie seien. Die Gründe für ihr bedauerliches Schweigen und ihre Taubheit – die Kampfgefährten nicht entmutigen, den Feinden keine Waffen liefern und so weiter – waren die gleichen wie früher. In der Behaglichkeit der bürgerlichen Demokratien lebend, feierten die Fähnriche der angeblichen revolutionären Sache, bei ihren kurzen Besuchen »auf Staatskosten« von den unabsetzbaren Führern dieser Revolution aufs herzlichste empfangen, alle Unterdrückungsmaßnahmen, selbst die abwegigsten und irrsinnigsten, oder deckten sie mit ihrer Komplizenschaft. Ihre bedingungslose Verteidigung des »realen Sozialismus« und ihre in Worten kämpferische Stellungnahme sollten ebenfalls dem von ihren europäischen Vorgängern vorgezeichneten Weg folgen. Wie Vargas Llosa zu Recht sagte, als er die traurigen Folgen dieser manichäistischen Haltung darlegte, »sind die lateinamerikanischen Intellektuellen die eigentlichen Agenten der lateinamerikanischen Unterentwicklung« gewesen. Die blutigen, reaktionären Diktaturen Süd- und Mittelamerikas sollten ihre rückhaltlose Unterstützung der kubanischen Autokratie rechtfertigen. Der ergreifende und »wesentliche« Unterschied, den einer von ihnen in einem denkwürdigen Interview zwischen »den Irrtümern und selbst den Verbrechen, die im Rahmen einer sozialistischen Ordnung begangen werden mögen, und den entsprechenden Irrtümern und Verbrechen, die im Rahmen einer kapitalistischen oder imperialistischen Ordnung begangen werden mögen«, aufstellte, mußte logischerweise auch dazu führen, eine »wesentliche« Unterscheidung zwischen den Leichen der Vietnamesen, Guatemalteken und Salvadorianern und den toten Afghanen aufzustellen: die Abwesenheit von drei lateinamerikanischen Mitgliedern des in Stockholm versammelten Russell-Tribunals, das dort über die sowjetischen Verbrechen in Afghanistan zu Gericht sitzen sollte – nachdem man einige Jahre zuvor die Verbrechen der Amerikaner in Südostasien und in Mittelamerika verurteilt hatte –, eine Abwesenheit, die vom Vorsitzenden des Tribunals, Wladimir Dedidjir, öffentlich getadelt wurde, war die unausweichliche Folge dieser besonderen Metaphysik, von der ich nicht weiß, ob ich sie thomistisch oder zoroastrisch nennen soll.

Wie wir später mit einer gewissen Verwunderung feststellten, hüteten sich die Anhänger der offiziellen kubanischen Linie, die die Inkonsequenz und Frivolität der Liberalen mit dem Veilchen geißelten, sehr wohl davor, gemäß der marxistischen Lehre und aus Gründen des elementaren Anstands, ihre eigenen gesellschaftlichen Beziehungen und Verhaltensweisen, ihre reale und konkrete Lebensweise zu analysieren: die Tatsache, daß sie zum Beispiel ein nordamerikanisches Stipendium oder die Vorlesungen an einer kalifornischen Universität einem längeren Aufenthalt ohne jegliche Vorrechte in diesem politischen Laboratorium vorzogen, in dem ihre Träume von Zuckerrohrernten ohne Gewalt und ohne Sklaven – um den Preis der Leiden anderer geträumt – Gefahr liefen, in Rauch aufzugehen. Die Erfahrungen jener Monate, in denen wir *Libre* herausgaben, verrieten mir somit, daß der hohe Grad künstlerischen Bewußtseins einiger meiner Kollegen nicht unbedingt dem ihrer intellektuellen und moralischen Strenge entsprach.

»Am Morgen des 16. April trat der Arzt Bernard Rieux aus seiner Wohnung und stolperte mitten auf dem Flur über eine tote Ratte«, schreibt Camus im ersten Kapitel seines Romans *Die Pest*. Seit jenen schon fernen Tagen, in denen auch ich meine erste Ratte sah, ist viel Wasser die Seine hinuntergeflossen, an deren Ufer die Straße endet, in der unsere Zeitschrift untergebracht war. Der Ausschluß meiner Freunde aus der spanischen KP, meine Reisen in die UdSSR und in die Tschechoslowakei, der kurze Besuch in Kuba mit den Schriftstellern und Künstlern des Mai-Salons, das Scheitern von *Libre* und die Auswirkungen des Falls Padilla sollten allmählich immer öfter zur Invasion der Rattenscharen führen, bis schließlich ebenfalls eine Epidemie daraus wurde. Die Wirklichkeit ist manchmal seltsam symbolisch: ich erinnere mich, daß ich beim Verlassen des marokkanischen Restaurants, in dem ich mit meinen

Freunden zu Abend gegessen hatte, plötzlich, wie eine Art Andenken, den Kadaver einer echten kleinen Ratte vor der Hausnummer 26 der Rue de Bièvre sah.

V

Monique

Trotz der ursprünglichen Absicht, auf die wir auch in unseren Briefen immer wieder zurückkamen – als ich in einem Infanterieregiment in Mataró im Range eines Unteroffiziers meinen Militärdienst ableistete –, eine offene, bewegliche Paarbeziehung ohne festen Wohnsitz einzugehen, deren Bindungen weder durch meine häufige Abwesenheit noch durch unsere fröhliche wechselseitige »Untreue« beeinträchtigt werden sollten, kollidierte dieser ein wenig illusorische Plan, nicht der Routine und der Verbürgerlichung zum Opfer zu fallen, uns zu lieben, ohne Tag für Tag zusammenzuleben, und uns gegenseitig einen Freiraum zuzugestehen, sofort mit dem heimtückischen Trägheitsgesetz der Gewohnheit. Nachdem ich mich in der modernen, komfortablen und angenehmen Wohnung in der Rue Poissonnière eingerichtet hatte, reizte mich der Gedanke, hin und wieder in mein kleines Hotel in der Rue de Verneuil zurückzukehren, nicht mehr. Die häuslichen Gewohnheiten und die Arbeitsrituale, der Wunsch, mit Monique zusammenzusein, das sich täglich neu einstellende Einverständnis zwischen uns waren stärker als meine Theorien über die Unabhängigkeit und meine Furcht vor der verknoteten Hermetik des Paares. Die Probezeit, der wir uns einige Monate lang unterzogen, verwandelte sich unmerklich in ein gemeinsames Leben, ohne daß einer von uns, nachdem die anfangs gesetzte Frist abgelaufen war, darauf hinwies. Diese Vorsichtsmaßnahme, bedingt durch das Scheitern von Moniques Ehe und meine Gidesche Ablehnung der Familie, hielt der Zähigkeit der Fakten, dem vielschichtigen, subtilen Netz der durch die ständige Nähe vertieften Zuneigung nicht stand. Als ich einige Monate später nach Spanien fuhr, tat ich es in dem Wissen, daß mein Besuch dort kurz sein und ich am Ende wieder nach Paris zurückkehren würde: mit einer in Anbetracht meines jugendlichen Widerwillens gegen die bürgerliche Ehe verblüffenden Selbstverständlichkeit war die Rue Poissonnière mein Zuhause geworden.

Nur in einem einzigen Punkt blieb ich unbeugsam: in dem festen Entschluß, keine Kinder zu haben, in keinem Fall den Stammbaum der Familie fortzusetzen. Der Ursprung dieser Obsession ist dunkel und wurzelt tief in meiner Kindheit: dem Wunsch, außer meinen Büchern nichts zu hinterlassen, mich nicht dem verhängnisvollen Fatalismus der Vaterschaft zu unterwerfen. Von allen Gründen, die ich Revue passieren ließ, als ich über diese Frage nachgedacht habe, befriedigt mich keiner ganz und erklärt auch nicht völlig die aus den Tiefen kommenden Ursachen dieses Gefühls. Der Wille, wie in der Jugend keine Verantwortung zu übernehmen, ein so kostbares Gut wie die Freiheit nicht für immer mit einer Hypothek zu belasten? Der Wunsch, meiner eventuellen Nachkommenschaft eine Erfahrung zu ersparen, wie ich sie als Kind erlebt hatte? Eine innere Unruhe existentieller oder, wenn man so will, metaphysischer Art? Die übertriebene, krankhafte Angst vor der erblichen Belastung durch die psychische Hinfälligkeit und das gestörte Gleichgewicht des mütterlichen Zweigs, sichtbar bei meiner Großmutter und meiner Tante Consuelo? Wie dem auch sei, sicher ist jedenfalls, daß es diese Angst gab und daß sie mich jahrelang heftig verfolgte. Ich erinnere mich noch an den Tag, an dem sich Monique, als wir aus einem Kino an den Champs-Elysées kamen, plötzlich unwohl fühlte und Brechreiz hatte und der Freund, der uns begleitete, Witze darüber machte und mich voller Ironie beglückwünschte: obwohl wir alle möglichen Vorsichtsmaßnahmen ergriffen, um ein Mißgeschick zu vermeiden, erfüllte mich die Eventualität eines Versagens und einer darauf folgenden Abtreibung mit Schrecken. Wenige Monate nach unserer Bekanntschaft hatte Monique diese Erfahrung machen müssen, weil sie eine Schwangerschaft von jemandem, mit dem sie weder zusammenleben konnte noch wollte, unterbrechen mußte, und ihre genaue Beschreibung des Vorgangs in einem Brief, den sie mir nach Mataró schickte, hatte mich zu Tränen gerührt. Seitdem wußte ich, was es bedeutet, sich in die Hände eines Unbekannten zu begeben, dieser moralische und physische Leidensweg eines plumpen, illegalen, brutalen Eingriffs, oft ohne Betäubung; doch meine instinktive Ablehnung der Vaterschaft war noch stärker: selbst auf die Gefahr hin, eine echte, wenn auch zerbrechliche Verbindung für immer zu zerstören, hätte ich nicht gezögert, eine Abtreibung von ihr zu verlangen. Zum Glück war es nur falscher Alarm, und ich sah mich nicht gezwungen, die Privilegien meines Egoismus bis an die Grenzen der Grausamkeit zu behaupten. In dem Maße, in dem die Zeit verging und die Gefahr abnahm, verschwand allmählich auch die Neurose, die mit meiner Angst zusammenhing, Vater zu werden, bis sie schließlich zu der Zeit, als mein Umgang mit Arabern begann und wir nach Saint-Tropez zogen, ganz aufhörte.

Die Unerbittlichkeit des den Frauen auferlegten Schicksals, die Einfachheit, Heiterkeit und der Mut, mit dem sie oft dagegen ankämpfen, lassen dich für immer daran zweifeln, daß die Begriffe *schwaches Geschlecht* und *starkes Geschlecht* auch nur annähernd genau sind. Wie du später bei den patriarchalischen Gesellschaften sowohl im Spanien von vor dreißig Jahren als auch in der islamischen Welt und in Lateinamerika feststellen kannst, verbirgt die angebliche Stärke des Mannes in der Regel unüberlegte und sogar infantile Verhaltensweisen, in Protzerei verwandelte Unsicherheit, eine reale und bedauerliche Schwäche angesichts der Prüfungen des Lebens, während der mindere *Status* der Frau sie auf Grund einer ganz natürlichen Selbstverteidigungsreaktion mit einer Fähigkeit zum Nachdenken, zu seelischer Größe und zur Stärke ausstattet, die irrtümlicherweise dem anderen Geschlecht zugeschrieben wird; im Angesicht des Schmerzes, des Alters und der übrigen Gebrechen des Lebens sind sie in der Regel klarsichtiger, mutiger und leidensfähiger als der Mann. In Wahrheit können deine Angst und selbst dein Ekel bei der Vorstellung, Vater zu werden, nicht nur männlicher Schwäche und männlichem Egoismus zugeschrieben werden: sie sind auch Ausdruck einer heilsamen Mischung aus Skepsis und Widerwillen – geteilt von einer wachsenden Anzahl von Frauen und Männern – gegenüber den Zwängen der Gattung. Als du das Schreiben gewählt hast, das Buch als ersatzweise Leibesfrucht, hast du dich den Zufällen eines aleatorischen genetischen Gesetzes entzogen, hast freiwillig die Kausalkette unterbrochen. Das von deinen Vätern respektierte Soll und Haben endete mit dir: du warst nicht verantwortlich für die Existenz von irgend jemandem und würdest es auch nie sein. Dieser Entschluß, die Gattung auf einem Planeten mit beschränkten Ressourcen, der darüber hinaus von zerstörerischen Waffen überquoll, nicht weiterzuverbreiten, verdient auch noch zwanzig Jahre danach deine bedingungslose Zustimmung. Die unvollkommene Schöpfung wird durch deine Schuld nicht fortgesetzt: und dennoch wird dir die Überraschung der Schönheit gewährt. Als dir das Leben mit Fünfzig noch das strahlende Geschenk eines kleinen Mädchens macht, kann deine Zuneigung zu ihm frei und leicht sein: fast göttliches Manna oder Opfergabe, deren graziler Genuß einen Rausch verursacht.

Diese ersten Monate des gemeinsamen Lebens sind wegen ihrer erhebenden und fruchtbaren Neuheit in meinem Gedächtnis durchsichtig und klar geblieben. Der Schritt von der Calle Pablo Alcover in die Rue de Poissonnière, vom glanzlosen Leben eines Sohnes aus gutem Hause in die für ihn völlig neue Lage einer Ehegemeinschaft mit dem sich daraus ergebenden Wechsel von Bühne, Dekor, Personen und Handlungen stellte mich vor eine Reihe unerwarteter Situationen und Verantwortlichkeiten. Als ich kam, war Carole vier Jahre alt: der frühe Zeitpunkt der Scheidung ihrer Eltern hatte ihr die Spannungen und Traumata erspart, wie sie Kinder aus gescheiterten Ehen oft erleben, doch ich mußte mit Takt und Zartgefühl vorgehen, um in ihr Leben einbezogen zu werden, ohne dabei das väterliche Bild zu stören oder zu überlagern. In den seltenen

Fällen, in denen sie mich Papa nannte – eher zerstreut und sicherlich unfreiwillig –, verbesserte ich sie sofort, indem ich darauf bestand, daß sie den Namen Juan spanisch aussprach. Unsere Beziehungen waren von Anfang an gut, vielleicht auch wegen des unbestimmten Familiencharakters. Als sie in die Pubertät kam und eine stürmische Zeit durchmachte, zwangen mich die Umstände zu einem repressiven Verhalten ihr gegenüber, was sie mir jedoch nicht nachgetragen hat. Selbst noch in den härtesten Augenblicken ihrer jugendlichen Auflehnung gegen alles und jeden blieb der Kontakt zwischen ihr und mir immer normal.

Nachdem ich einige Wochen da war, bekam unser triangulärer Anpassungsprozeß unerwartet Hilfe von außen. Hélène, das Dienstmädchen, das jeden Abend in der Illusion tanzen ging, einen Bräutigam zu finden, dem nicht die Stigmata einer arabischen oder afrikanischen Herkunft anhafteten, und das ständig Anrufe von Verehrern mit Vornamen wie Tony, Dédé, Jojo und anderen des gleichen Kalibers bekam, begann unter Vaginaschmerzen und Blutungen zu leiden, die sie, während sie uns den Kaffee ans Bett brachte, leider in allen Einzelheiten beschrieb. Schließlich verschlimmerte sich ihr Zustand derart, daß wir um Mitternacht eine Ambulanz kommen lassen mußten, die sie ins Krankenhaus brachte. Von ihrer Gegenwart befreit, beschlossen wir, eine Spanierin einzustellen, die uns von einem unserer Freunde empfohlen worden war. Vicenta erwartete uns in einem Café in der Rue de Buci: klein, ruhig, dunkel gekleidet, so um die Vierzig, kam sie gerade aus ihrem Dorf Beniarjó, wo sie ihren Mann und eine große Zahl von Brüdern und Schwestern, Schwägern, Schwägerinnen, Neffen und Vettern zurückgelassen hatte. Ihr Äußeres gefiel uns, und sie folgte uns mit ihrem ganzen Gepäck nach Hause. Der Gedanke, sich um ein kleines Mädchen zu kümmern, entzückte sie: sie hatte keine Kinder, und ihre einzige Schwangerschaft, einige Monate nach der Ankunft Antonios, endete traurig in einer Klinik, von wo aus sie uns einen bewegenden Brief schrieb, den ich immer noch unter meinen Papieren aufbewahre. Obgleich sie kein Wort Französisch sprach, umgab sie Carole auf der Stelle mit einer lauten, bäuerlichen Zärtlichkeit: sie nahm sie in die Arme, bedeckte sie über und über mit Küssen, trällerte ihr Weihnachts- und Wiegenlieder ins Ohr. Zu Anfang brachte ihr Ungestüm das kleine Mädchen auf. *Tais-toi!* (Halt den Mund!) sagte es zu ihr. *Tetuán y Melilla,* gab Vicenta zur Antwort, ohne sich aus der Fassung bringen zu lassen. Während wir irrigerweise angenommen hatten, Vicenta werde nach und nach die Landessprache erlernen, stellten wir sehr bald fest, daß die Kommunikation in umgekehrter Richtung verlief: Carole fing an, spanisch zu sprechen, ein Spanisch, in das sich valencianische Redewendungen und Flüche einschlichen. Nach einigen Monaten verstanden sich die beiden aufs beste. Vicenta nahm sie sonntags mit ins Café Piles in der Rue Tiquetonne oder in eine Kneipe in der Umgebung der Rue de la Pompe, wo sie sich mit ihren Landsleuten zu treffen pflegte und Carole alle Welt mit ihrer kindlichen Anmut und ihren erstaunlichen Sprachkenntnissen blendete. Die Rolle, die Vicenta bei ihrer Erziehung spielte, war entscheidend und milderte in jedem Fall die Probleme, die die Trennung ihrer Eltern und mein wenn auch noch so diskretes Eindringen in ihre Welt ihr unweigerlich bereiteten. Die praktische Intelligenz und die instinktive Weisheit dieser einfachen Frau, deren Horizont nicht über die Grenzen ihrer Heimatregion hinausging, waren für mich immer ein Grund zur Verwunderung. Ich erinnere mich noch an den Tag, an dem Carole verstört vom Champ de Mars zurückkam, wohin sie mit anderen Mädchen zum Spielen gegangen war, und uns von einem Kerl erzählte, der, wie wir aus ihrem Bericht schlossen, vor ihnen masturbiert hatte. Noch bevor Monique oder ich einen ebenso verlegenen wie nutzlosen Kommentar zu diesem Zwischenfall geben konnte, nahm Vicenta sie in die Arme und rief ganz fröhlich aus: »Na klar, in seinem Dorf war eben Kirmes!«, eine ungewöhnliche Erklärung, die zur Folge hatte, daß Carole sich beruhigte und die Geschichte auf der Stelle vergaß.

Die angenehme, warmherzige und stille Gegenwart Vicentas

in der Rue Poissonnière war nicht nur gut für Carole: sie war ein Segen für uns drei. Sie war wie Eulalia eine Frau von starker Persönlichkeit, doch anders als Eulalia neigte sie nicht, wie ich gleich bemerkte, zu Koketterie und Launenhaftigkeit, sowenig wie zu jener hartnäckigen, alptraumhaften Melancholie, wenn es um ihre Geschicke und die der Familie ging. Im Gegensatz zu der mit Ängsten durchtränkten Zärtlichkeit, die im wesentlichen meine Beziehungen zu Eulalia von dem Tag an ausmachte, an dem ich die Calle Pablo Alcover verließ, war meine Zuneigung zu Vicenta einfach, fröhlich und bestand nur aus Sympathie und Herzlichkeit. Abgesehen von uns war ihre Welt ausschließlich auf Beniarjó und seine Umgebung ausgerichtet. Bei unseren Ausflügen mit dem Auto hatte Monique versucht, ihr die Schönheiten von Paris und »La Francia« zu zeigen. Ein nutzloses Unterfangen: Vicenta schaute hin, ohne zu sehen, und stellte sofort Vergleiche mit Landschaften oder Stätten in der Umgebung ihres Dorfes an, die natürlich unweigerlich zuungunsten der französischen Bezugspunkte ausfielen: die Place de la Concorde hatte einen beleuchteten Brunnen wie der von Beniarjó, doch der wechselte ständig die Farben; die Loire erinnerte sie an den fast trockenen, aber besser beschatteten Fluß, der in der Nähe ihres Viertels vorbeifloß; die Leute in Paris gingen im Hauskleid auf die Straße und zogen sich an, wie es ihnen gerade gefiel, während man sich in ihrem Dorf am Sonntag wahrhaft elegant kleidete. Ihre Sicht der Dinge, ausschließlich mit der eigenen Welt befaßt und in allem dem fremd, was sie in Frankreich beobachtete, betraf auch das Gebiet der Moral: im Verlauf der Jahre, die sie bei uns verbrachte, sah sie Paare ins Haus kommen, die entstanden und wieder auseinandergingen, Frauen, die den Mann wechselten, Homosexuelle, allein oder zu zweit, und das mit der größten Selbstverständlichkeit und völliger Unbefangenheit – »Der König ist tot, es lebe der König«, sagte sie unerschütterlich, wenn sie von einer Scheidung oder einer Trennung erfuhr –, doch dieses joviale Wohlwollen endete jäh an den Grenzen von Beniarjó und Umgebung. Dort herrschte unumschränkt die strengere und starrere Tradition: bei jeder Übertretung hatte der Schuldige eine sehr heftige gesellschaftliche Sanktion zu gewärtigen. Ich erinnere mich, daß sie eines Tages auf ein Mädchen anspielte, das wir bei Freunden untergebracht hatten, wobei sie zu verstehen gab, daß es nie einen Mann finden würde – es sei denn, berichtigte sie sich, daß sie sich einen Franzosen angelt. Als wir die Gründe für dieses Scherbengericht wissen wollten, erklärte sie, der Onkel der Kleinen habe sie in ihrer Kindheit befingert und das ganze Dorf wisse darüber Bescheid. Ob es denn nicht absurd sei, ihr etwas so weit Zurückliegendes vorzuwerfen, an dem sie außerdem keinerlei Schuld trage? In Frankreich ja, sagte Vicenta kaltblütig, aber nicht in Beniarjó.

Antonio, ihr Mann, kam einige Wochen später, und zusammen mit ihr holte ich ihn an der Gare d'Austerlitz ab: schmächtig, bescheiden, mit etwas ungeschliffenen Manieren, war er bis zu dem Tag, an dem er nach Valencia kam, Ziegenhirt in der Estremadura gewesen. Er wurde zur Orangenernte eingestellt und lernte kurz darauf die kennen, die seine Frau werden sollte. Wir nahmen alle drei die Metro; nachdem wir ihn zu Hause untergebracht hatten, schlug ich ihm vor, ihm die Stadt zu zeigen, damit er sich später bei seinen Gängen durch Paris besser zurechtfinde. »Machen Sie sich keine Umstände, Señor Juan, ich habe bereits alles gesehen«, sagte er ruhig. Wie ich sofort begriff, hatte er nur eine einzige Sorge, nämlich die, so schnell wie möglich eine Arbeit zu finden: nach mehreren erfolglosen Versuchen in verschiedenen Fabriken gelang es ihm, bei einem Obstimporteur an den Hallen eine Anstellung als Lastträger zu finden. Obgleich Moniques Wohnung damals nur aus drei Zimmern mit Küche und zwei Bädern bestand, paßten wir uns, so gut es ging, der neuen Situation an. Ich schrieb in einer Art Rumpelkammer, die früher einmal eine Küche war, und Carole schlief neben unserem Schlafzimmer im Eßzimmer. Wenn Monique von der Arbeit zurückkam, brach Antonio auf, um Lastwagen zu be- und entladen, und kam erst im Morgengrauen wieder nach Hause. Das enge Beieinanderwohnen störte uns nicht, und der fröhliche, furchtlose Charakter Vicentas paßte sich vollständig unserem unregelmäßigen, unordentlichen Leben an. Zu welcher Zeit auch immer wir nach Hause kamen, stets tischte sie schnell das Abendessen auf, ohne ihre Gelassenheit und ihre gute Laune zu verlieren: es gab Fleisch, es gab Eier, es gab von allem. Sie kochte, wie sie es zu Hause in ihrem Dorf gelernt hatte, und die Raffinements der französischen Küche beeindruckten sie nicht. Als wir einmal von einem Wochenende, das wir am Mont-Saint-Michel verbracht hatten, mit der fixen Idee zurückkamen, eine ausgezeichnete *foie gras* zu genießen, die Monique geschenkt bekommen hatte, stellten wir enttäuscht fest, daß die Köstlichkeit, von der wir geträumt hatten, nicht mehr im Kühlschrank stand. Dort ist sie, sagte Vicenta und zeigte auf den Abfalleimer. Wir haben dummerweise die Dose aufgemacht, aber kaum hatten wir davon probiert, haben wir sie weggeworfen. Was für ein Unterschied zu der Kaninchenleber aus meinem Dorf! Die schmeckt wenigstens gut!

Die Aufnahme Antonios und Vicentas in unserer Wohnung zog bald zahlreiche Verwandte, Freunde und Nachbarn aus ihrer Heimat in die Rue Poissonnière; doch um die Wahrheit zu sagen, trugen sie nicht allein die Schuld an dem, was bald eine regelrechte Sonntagsinvasion werden sollte. Im Nebenabteil des Zuges, der uns von Spanien nach Paris zurückgebracht hatte, saß eine Gruppe von Einwanderern, denen noch der Staub ihrer Heimat an den Sohlen klebte. Sie aßen, tranken, sangen, klatschten in die Hände und scherten sich den Teufel um die tadelnden Blicke der Einheimischen, die sich von diesem Lärm, der ihren Vorstellungen von Höflichkeit und Anstand fremd war, sichtlich belästigt fühlten. Einer von ihnen war vor mir auf dem Klo gewesen; als ich nach ihm kam, sah ich, daß er seinen Reisepaß neben dem automatischen Wasserhahn des Waschbeckens hatte liegenlassen. Ich warf einen flüchtigen Blick auf seinen Namen (José), Geburtsort (Lora del Río) und Wohnort (ein Dorf in der Gegend von Valencia) und ging zu ihm ins Abteil, um ihm seinen Paß zu bringen. José sprach eine Weile mit uns (es war das erste Mal, daß er aus Spanien herauskam), bat uns um unsere Adresse, und nach einiger Zeit, als Monique und ich den Zwischenfall bereits vergessen hatten, tauchte er mit einer Gruppe Valencianern bei uns auf. Allem Anschein nach hatten sie auf Baustellen in Rueil-Malmaison Arbeit gefunden: am darauffolgenden Sonntag wollten sie eine Paella kochen und uns dazu einladen. Mit dem Hintergedanken, einen Roman oder einen Dokumentarbericht über die Auswanderung zu schreiben, die ganze Regionen Spaniens entvölkerte, nahm ich die Einladung an. In jenem Herbst ging ich zusammen mit Monique und ihrer Tochter mehrere Male zum Mittagessen zu ihnen in die Holzbaracken, in denen sie wohnten, Baracken, die denen sehr ähnlich waren, die ich Jahre später, eingeladen von maghrebinischen Freunden, allein aufsuchen sollte. Zwar ging es bei diesen Essen laut zu, doch sie waren angenehm: unter meinen aus wirtschaftlichen Gründen ausgewanderten Landsleuten fühlte ich mich mehr in Spanien als in Spanien selbst. Ich war eingehüllt in eine Atmosphäre von Herzlichkeit, Spontaneität und lebendiger, anregender Einfachheit. Monique sagte mir später, daß mein Verhalten in diesem ausschließlich männlichen Kreis von Arbeitern der Faust sie faszinierte: sie machte damals die Feststellung, daß ich meine intellektuelle und gefühlsmäßige Verführungskunst immer vor Männern entfaltete, die nicht meiner Klasse angehörten – nie bei Frauen oder Männern unseres gesellschaftlichen Milieus. Obgleich ich nicht an der Genauigkeit ihrer Beobachtung zweifle, war damals meine Affinität zu jenen, die sich ihren Lebensunterhalt mit der Kraft ihrer Arme verdienen müssen und denen diese »bürgerlichen« Stigmata fehlen, die, wie etwa die Sakramente der Kirche, den Charakter prägen, frei von jedem sexuellen Element, das höchstens in sublimierter Form bestand. Diese angeborene Anziehungskraft, die im Spiel der Ergänzungen und Gegensätze der gesellschaftlichen Ungleichheit eine ähnliche Rolle zuweist, wie sie in der Regel dem Unterschied der Geschlechter zukommt, sollte sich später vertiefen und sexualisieren, als sie in der Glut von Sir Richard Burtons »sotadischer Zone« die Grenzen meiner Kultur und meiner Sprache überschritt. Doch in jener Zeit war sie nichts weiter als ein besonderer Charakterzug, der in den Augen Dritter als Überspanntheit oder Laune gelten mochte. Die Welt der Männerfreundschaften faszinierte Monique: in dem Maße, in dem sie sich nicht zurückgewiesen fühlte, zog meine Zweideutigkeit sie an. Am Strand von Peniscola hatte sie mich einmal gesehen, wie ich, leicht angesäuselt, einen meiner Fischerfreunde, die neben den Baracken liegend mit mir tranken, streichelte oder von ihm gestreichelt wurde, und dieses Schauspiel hatte sie verwirrt: die Sache ging nicht weiter, und im Hotel liebten wir uns, Monique und ich, wobei ich immer noch nach ihm roch, wie sie mir sagte, während meine Kameraden weitertranken und in der Dunkelheit ins Wasser tauchten, betrunken und nackt. Die Sonntagsessen in Rueil-Malmaison dauerten einige Monate hindurch an: ein- oder zweimal luden wir sie im Gegenzug in die Rue Poissonnière ein. Moniques Notizbucheintrag vom 2. 12. 1956 vermerkt knapp: siebzehn Spanier in der Wohnung! Vicenta und Antonio kochten für alle eine Paella, und das Bankett dauerte sehr lange, zur großen Aufregung von Carole, die von diesen unter Heimweh leidenden Einwanderern, die von ihren Frauen und ihren Kindern getrennt lebten, verhätschelt und verwöhnt wurde.

Neben der zufälligen Invasion der mit José befreundeten Arbeiter begann eine andere, langsamere, interstitiellere, heimlichere: nacheinander landeten die Geschwister und Verwandten Vicentas in Paris und tauchten mit Koffern und Taschen in unserer Wohnung auf. Wir mußten ihnen helfen, Unterkunft und Arbeit zu finden, und über Jadraque und Moniques Freunde gelang es uns, einigen von ihnen aus der Verlegenheit zu helfen. Die allerneueste Emigration aus Beniarjó bewegte sich frei zwischen der Rue Poissonnière und dem Café Piles und von dort zu den breiten Bürgersteigen der Rue de la Pompe. Manchmal schloß Vicenta auch Dörfer aus der engeren Umgebung in ihre Empfehlungen ein: das Mädchen in Trauerkleidung, das zu Hause nach ihr gefragt hat, ist aus Benifla, aber es ist ein gutes Mädchen, wie sie uns sagte. Nach einer gewissen Zeit, nachdem der Bereich unserer Bekanntschaften und Freundschaften völlig umgekrempelt war, schlossen wir mit einer gewissen Erleichterung unsere kostenlose Stellenvermittlung. Die ungelegenen Besuche wurden seltener. Die wenigen Monate sehr engen Umgangs mit Spaniern hatten uns total erschöpft, und nach einem besonders lauten und ruhelosen Tag gestanden wir uns am Abend beide lachend ein, daß *nous commencions à en avoir assez* (daß wir allmählich genug davon hatten).

Eure ungeheure Vitalität erlaubte es euch, euer Bedürfnis nach Schlaf zurückzudrängen, den nördlichen Rhythmus der schlaflosen Nächte zu übernehmen: einen Roman schreiben oder der Arbeit im Verlag nachkommen, zum Vergnügen oder gezwungenermaßen lesen, nach dem Essen lange plaudern, in euren Lieblingskneipen Calvados trinken, in Transvestitenlokalen verkehren, euch betrinken und Liebe machen. Während ihr euch die Wochenenden für die Besuche in Rueil-Malmaison oder für die Ausflüge mit Carole in die Dörfer der Normandie freihieltet, beendetet ihr die übrigen Tage damit, durch die Kneipen der Rue de Lappe zu ziehen, in der Nähe des Hotels, in dem Genet damals wohnte, oder in einem der kleinen vietnamesischen Restaurants in dem Viertel um die Gare de Lyon zu Abend zu essen. Die Nacht schien euch schlafwandlerisch und jung, die ersten Symptome ihres Alters und ihrer Fältchen nahmt ihr erst am frühen Morgen wahr. Eure Körper gehorchten euren Launen und Entschlüssen, ohne sich dagegen zu sträuben, wie bloße Anhängsel oder Instrumente eures Willens. Die Müdigkeit existierte noch nicht, und die Wirkungen des Alkohols habt ihr noch am selben Abend mit Alka-Seltzer bekämpft. Monique legte einen regelrechten Tuntenkult an den Tag. Unter der Leitung ihres Vetters Frédéric habt ihr damit begonnen, die Spelunken und Schlupfwinkel zu erforschen: manchmal habt ihr im Narcisse zu Abend gegessen, einem Restaurant, in dem ihr inmitten von Papierschlangen, Konfetti und den hysterischen Schreien einer Gruppe von

Spaniern, die mit Mantillas und Kämmen im Haar geschmückt waren, als lägen sie auf der Lauer nach dem Helden aus *Sangre y Arena* oder einem fernen, unwahrscheinlichen Escamillio, ein überschwengliches Silvester gefeiert habt; es kam auch vor, daß ihr zum Tanz in die Rue Montagne-Sainte-Geneviève gegangen seid, wo eine riesige, dreiste Tunte – auch sie aus deiner Heimat – zahlreiche komische Nummern zeigte, die von einer Vielzahl obszöner Gesten begleitet waren, während sich ihre Zunge mit der Geschwindigkeit eines Ventilators wie eine Schiffsschraube drehte. Genet wird dir später sagen, daß die provokantesten und kühnsten Tunten, denen er im Verlauf seines Vagabundenlebens und seiner Aufenthalte in den verrufenen Vierteln und den Gefängnissen Europas begegnet sei, immer Spanier waren. Schön oder erschreckend, pathetisch oder lächerlich, gaben ihnen ihre Mißachtung jeglicher Begriffe von Anstand, ihre Herausforderung der Normen und guten Sitten, der wiegende Gang und die Verrenkungen ihrer sorgfältig aufgemachten Körper eine beispielhafte moralische Färbung. Die Tatsache, daß Spanien die wildesten und unverschämtesten Tunten hervorbrachte und exportierte, war kein Produkt des Zufalls, sondern zeigte die Macht des Tabus, des gesellschaftlichen Stigmas, das sie kennzeichnete. Ihr übertriebenes Verhalten war auch die unmittelbare Folge einer übertriebenen Ablehnung. Im Gegensatz zum arabischen Kulturkreis, wo eine weitverbreitete, vage Bisexualität die Grenzen des Verbotenen verwischt oder aufhebt und stillschweigend im gesellschaftlichen Kern eingebettet ist, bestimmt die Schwerkraft des spanischen Kanons das Auftreten zentrifugaler, extremer, aus ihrer Umlaufbahn geschleuderter Reaktionen. Die Aggressivität der Tunten sowie ihre große Anzahl, erklärte dir Genet, ist das Ergebnis eines Klimas der Unterdrückung, das sie hervorgebracht hat: sie waren die Kehrseite des hartleibigen offiziellen Machismos, sein gespaltenes, beflecktes Gesicht, sein anderes Gesicht.

In Begleitung von Frédéric und der vor kurzem aus der Klinik entlassenen Violette Leduc seid ihr lieber durch die etwas schäbigen Lokale um die Gare de Lyon oder am Montmartre gezogen als durch die eleganteren bürgerlichen der Champs-Elysées. Als Monique das Michou entdeckte, den Keller in der Rue des Martyrs, machte sie es zu ihrem Lieblingsort. Oft seid ihr mit anderen Pärchen und verheirateten Paaren dorthin gegangen: das Ambiente war zweideutig gemischt, und eines Abends wurde Monique von einem Kerl zum Tanzen aufgefordert, der, getäuscht von ihrem kurzen Haar und ihrer schwarzen Hose, ein Abenteuer mit jemandem seines Geschlechts suchte. *Je suis prise pour un travesti!* (Man hat mich für einen Transvestiten gehalten!) schrieb sie triumphierend in ihr Notizbuch. Eine Reise nach Hamburg, wohin euch der Verleger Rowohlt eingeladen hatte, verstärkte noch euer Interesse an den Austrieben, Schatten und Verzweigungen des nächtlichen Urwalds. Vom sechzehnten bis zum zweiundzwanzigsten April 1957 habt ihr mit ihm die berüchtigten Etablissements an der Reeperbahn in Sankt Pauli inspiziert: den Rattenkeller, die Katakombe, die Rote Kotze, das Mustafa. Die deutschen und spanischen Transvestiten waren unverschämter, obszöner und überspannter als die aus Paris; ein Frauenringkampf auf einer Lehmpiste, inmitten der Gäste, die Whisky oder Champagner tranken, mit großen Lätzchen, um sich vor den Spritzern zu schützen, entzückte euch. Nach einigen Wochen erwiderte Rowohlt euren Besuch und wollte, daß ihr ihn in ein Lokal für Masochisten führt; doch keiner eurer Freunde wußte damals auch nur vom Hörensagen von der Existenz solcher Spelunken. In dieser heiklen Situation hatte Monique die glückliche Idee, Gaston Gallimard das Problem vorzutragen: er war, wie es schien, mit einem Inspektor der Sitte befreundet, der in jedem Fall über diese Dinge Bescheid wissen mußte. Der alte Gaston Gallimard, äußerst beglückt über alles, was die Monotonie seines Verlagsreiches unterbrach, beeilte sich, die Angelegenheit zu regeln: einige Tage später gab er Monique die Adresse eines Restaurants in der Rue Guisarde, in dem, seinem Freund zufolge, das von Rowohlt gesuchte Ambiente herrschte. Monique gab Rowohlt die Adresse, und nachdem wir vorsichtigerweise einen Tisch reserviert hatten, machten wir uns gemeinsam auf den Weg in dieses Restaurant.

Die angsterfüllten und köstlichen sadeschen Emotionen, die dich unterwegs überkamen, vergingen bei eurer Ankunft: der Eingang des Lokals war eine winzige Tür, so daß sich der Gast bücken mußte, um hineinzukommen. Während er den Kopf gebeugt hielt und den Rücken krümmte, hängte ihm auf der anderen Seite jemand unter dem Gelächter und dem Gespött der übrigen Gäste, die bereits ihre bimmelnden Viehglocken umhängen hatten und nun behaglich auf die Demütigung des Neuankömmlings warteten, eine Kuhschelle um den Hals. Die kindische Atmosphäre im Innern und der laute Krach hätten dem Autor der *Justine* das Gefühl des Schreckens eingejagt. Die Kellner waren arrogant und unverschämt, sie entschieden nach Gutdünken über die Zusammensetzung des Menüs, ohne sich um die Wünsche des Gastes zu kümmern, und jedesmal, wenn sich eine Gelegenheit dazu bot, traktierten sie ihn mit Ellbogenstößen und Grobheiten. Grabesstille und Ernst der Folterkammern wurden zur Verblüffung unseres Freundes durch das laute Geschrei kahlköpfiger und dickbäuchiger Pennäler ersetzt. Obgleich Rowohlt seine Enttäuschung verbarg, habt ihr doch begriffen, daß das Pariser Angebot auf diesem Gebiet nicht so sehr mittelmäßig als unecht war, eine Vorspiegelung falscher Tatsachen. An größere Seriosität und Strenge gewöhnt, kehrte er in der Überzeugung nach Deutschland zurück, daß die Franzosen noch einen weiten Weg zurückzulegen hätten, um in der Selbsterkenntnis auf die Höhe seiner Landsleute zu gelangen.

Während Genet das Nachtleben floh und früh zu Bett ging, träumte Violette Leduc davon, euch zu begleiten und dadurch, sei es auch nur vorübergehend, der drückenden Einsamkeit zu entgehen, die sie umgab. Moniques Notizbuch vermerkt im Verlauf des Jahres 1957 einige Abende mit ihr: ihre ungewöhnliche Häßlichkeit und ihr Gehabe einer Komödiantin siegten über die traditionelle Weiberfeindschaft der Tunten, die froh waren, sich mit dieser Frau zu zeigen, die zugleich naiv und gerissen, amüsant und exzentrisch, vor allem aber unfähig war, sie in den Schatten zu stellen oder Gefühle der Rivalität zu erwecken. Als Violette mit dem Erfolg der *Bastardin* plötzlich zu Geld und Ruhm kam, umgab sie sich mit dem auffälligen Hof von Homosexuellen, von dem sie immer geträumt hatte: eine Königin mit den prachtvollen Perücken von Carita und Kleidern von den besten Modeschöpfern, und ihr Erscheinen bei Yves Saint-Laurent oder an anderen schicken Orten wurde mit spöttischem, neugierigem oder bewunderndem Gemurmel aufgenommen.

Hin- und hergerissen zwischen Politik, Schreiben, gesellschaftlichen Verpflichtungen und den Gewohnheiten eines Nachtschwärmers, widerstand dein Leben allem Anschein nach der Abnutzung. Deine körperlichen Beziehungen zu Monique sollten nie wieder eine so zufriedenstellende Höhe erreichen; du hattest nach und nach auf deine alten Unabhängigkeitsanwandlungen und ihr beide auf eure gegenseitigen fröhlichen »Betrügereien« verzichtet. Monogam, ehelich, besitzergreifend, auf subtile Weise eifersüchtig, hast du dich ganz allmählich in die klassische, traditionelle Rolle des Ehemannes eingelebt: Ferien im Süden, Pläne zu Reisen in unbekannte Länder. Eine Zeitlang solltest du deine latente Homosexualität als etwas Vergangenes und weit Zurückliegendes betrachten: doch deine Liebe zu Monique ging in keiner Weise mit einem körperlichen oder affektiven Interesse an anderen Frauen einher. In sexueller Hinsicht waren sie dir auch weiterhin gleichgültig, was vorsichtig zu verheimlichen du dich bemüht hast. Die Welt der Liebe beschränkte sich auf Monique und auf die kleine Luftblase, in die ihr eingeschlossen wart. Der ungewisse, labile Charakter deines Glücks beunruhigte dich. Was würde geschehen, wenn die Blase platzte, wenn ihr plötzlich, sie oder du, aufhören würdet, den anderen zu lieben? Verschanzt hinter deiner strahlenden und doch zerbrechlichen Heterosexualität, hast du den Gedanken von dir gewiesen, deine mittelmäßigen Erfahrungen aus dem Barrio Chino zu wiederholen, und bist Situationen aus dem Weg gegangen, durch die du dich wieder zu jenen hingezogen fühlen könntest, die die Partei »unsere ausgebeuteten Genossen« nannte. Dennoch blieb dir die Welt der Frauen fern und fremd. Die Ausnahme, die du voller Freude erlebtest, bestätigte nur die in der Jugend gelernte Regel. Wenn du auch nach außen hin so warst wie die anderen, so warst du es doch – und solltest es eine Zeitlang auch weiterhin bleiben – auf eine besondere und einzigartige Weise.

Meine Reisen nach Spanien führten zu mehr oder weniger langen Unterbrechungen in unserem Zusammenleben. Während die »wilde Ehe« sich konsolidierte und die Merkmale eines stabilen Ehebundes zeigte, stellten meine kurzen Aufenthalte in Barcelona und meine Ausflüge nach Almería vorübergehend die Eingangssituation wieder her. Monique und ihre Umgebung gewöhnten sich bald an mein Verschwinden: zwar war ich noch nicht dieser »immer abwesende« Ehemann, den sie später beschreiben sollte, doch das politische Geschäft und das Geblendetsein angesichts der Landschaft meiner Adoptivprovinz ließen mich oft zu einem Flüchtling aus der Häuslichkeit werden. Die übliche Unkenntnis der Franzosen gegenüber den spanischen Realitäten, die so weit ging, daß sie den durchlöcherten Fächerschirm der Pyrenäen mit dem Eisernen Vorhang oder der Betonmauer von Stalins Vizereichen verwechselten, umgaben diese Reisen mit einer Atmosphäre der Erwartung und der Unruhe. Mit ihrem angeborenen Sinn für Dramatik ließ sich Marguerite Duras nicht die Gelegenheit entgehen, Monique zu fragen, ob ich wieder zurückkäme, ob die Franco-Behörden mir die Wiederausreise erlauben würden, ob dieses Verschwinden aus Paris nicht ein Schlußpunkt war oder sein würde. Eine andere, bei Gallimard beschäftigte Freundin, die sich ebenfalls wegen meiner Abwesenheit Sorgen machte, hatte auf eine sehr pariserische Art ihre wiederholte, fast morbide Neugier zusammengefaßt: *Je ne veux pas qu'il te quitte, tu comprends? Mais s'il le faisait, je voudrais être la première à le savoir!* (Ich möchte nicht, daß er dich verläßt, verstehst du? Doch wenn er es täte, möchte ich die erste sein, die es erfährt!)

Aber so wie diese Pausen angelegt waren, überschritten sie nie die Zone zwischen dem flüchtigen Genuß der wiedererlangten Freiheit und dem Beginn der Sehnsucht oder der Schwermut. Wie in der Zeit meines Militärdienstes schrieben wir uns fast täglich oder telefonierten miteinander, doch im Gegensatz zu damals erwähnten meine Briefe nicht mehr oder höchstens ganz beiläufig einen gelegentlichen Beischlaf mit Huren und bedienten sich eines voyeuristischen, humorvollen Tons, um über die nächtlichen Streifzüge mit Luis, María Antonia, Jaime Gil oder einem anderen Freund in die homosexuellen Viertel und Kneipen zu berichten. Eine stillschweigende Zensur klammerte meine einsamen Eskapaden in den Spelunken von Barceloneta oder im Barrio Chino aus, in denen ich mich, wie auf Raimundos schwimmendem Stapelplatz, vollsog mit der Wärme einer Kameradschaft unter Männern, schmückte dafür aber übertrieben und mit vielen Einzelheiten und Anekdoten meine folkloristische Vorliebe für Tunten aus. Doch viel bezeichnender noch: die Briefe spielen nicht mehr auf mögliche gegenseitige »Untreue« an, auf die fröhlichen *calafells*, die wir uns zugestehen. Meiner selbst unsicher geworden und mir der Zerbrechlichkeit unserer Beziehung bewußt, habe ich mein Verhalten deutlich verändert. Ich bin eifersüchtig auf sie, und mein Desinteresse für die Frauen ihres Milieus, die in bezug auf Anziehungskraft, Bildung und Intelligenz mit ihr mithalten oder eine potentielle Rivalität fördern könnten, verurteilt mich zu einem Zustand der Minderwertigkeit. Die Freiheit, die wir uns in den Zeiten der Trennung theoretisch gegenseitig gewähren, ist in meinem Fall völlig umsonst: da ich sorgfältig auf meine latente Homosexualität achte, beschränkt sich die angebliche Untreue auf Begegnungen mit Huren, in der Regel unter dem Einfluß des Alkohols. Bei ihr hingegen verhält es sich anders, und es besteht durchaus die Gefahr, daß aus einem Abenteuer, wie in den Monaten meines Aufenthalts in Mataró, etwas Ernstes wird. Trotz meiner feierlichen Versicherungen, liberal und tolerant zu sein, bereitet mir diese Vorstellung großen Kummer: heimtückisch und ohne daß ich mir dessen anfänglich bewußt werde, verwandeln sich meine inneren Mechanismen in die eines traditionellen spanischen Ehemanns. Ich stelle fest, daß meine Verletzlichkeit äußerst groß ist und daß sie sowohl meine Abhängigkeit von Monique als auch das Mißtrauen und die Vorsicht dessen bestärkt, der sich als der »rechtmäßige Besitzer« eines Körpers fühlt. Obgleich ich mich bemühe, meine Besorgtheit zu verbergen und die Äußerungen von Besitzdenken zu unterdrücken, hat diese heimliche Spannung doch einen Einfluß auf unsere Beziehungen. Während meine Zweideutigkeit Monique besticht und jenen Bereich des Undurchsichtigen und des Geheimnisses schafft, der sie seit ihrer Jugend zur Welt der Homosexuellen hinzieht, verschlechtern meine ausschließliche, aber unsichere Heterosexualität und die Angst, die seit Herbst 1958 auf mir zu lasten beginnt, gleichzeitig ihre Beziehung zu mir. Ich weiß, daß ihre Abenteuer und Liebeleien das enge Band, das zwischen uns entstanden ist, nicht in Gefahr bringen: dennoch bringt meine Unfähigkeit, auf die gleiche Weise zu antworten – indem ich sie nun meinerseits auf eine andere Frau ihrer Art eifersüchtig mache –, einen Faktor des Ungleichgewichts in unsere Beziehung, der sich mit den Jahren noch verschärfen sollte. Heute glaube ich, daß sich die Dinge bei einer von ihr akzeptierten Bisexualität anders entwickelt hätten: unsere Beziehung hätte die verlorene Harmonie, das Einzigartige und Geheimnisvolle wiedergefunden. Die bedrückende Hinnahme der in der spanischen Welt herrschenden Kriterien und Vorurteile, die für mich allmächtig waren, schloß diese Eventualität aus. Je unsicherer ich war, je gestörter in meinem Verhältnis gegenüber den Frauen, desto eindeutiger heterosexuell war mein Verhalten nach außen hin. Durch eigene Schuld in diese unangenehme Lage gebracht, klammerte ich mich genau zu dem Zeitpunkt mit allen Kräften an eine angebliche erotische Normalität, in dem diese Normalität mir zu entgleiten begann und die Stricke rissen. Fest entschlossen, Monique und den anderen die Ursachen für meine Angst zu verheimlichen, häufte ich vor dem wünschenswerten Ausgang Hindernisse auf. Bei unseren inzwischen schon routinemäßigen Besuchen in den Homosexuellenkneipen zeigte ich nicht mehr wie früher Zeichen der Sympathie oder der Affinität: mein wohlwollendes und spöttisches Verhalten ist jetzt das eines verklemmten Spaniers, so verklemmt wie die politischen Aktivisten, mit denen ich Umgang hatte. Ich mache mir die Witze und die abschätzigen Urteile über die *Tunten,* die ich tagtäglich in meiner Umgebung höre, zu eigen: ich lasse mich zwar im Elend und in der Schäbigkeit des Gettos blicken, doch ich gehöre in die saubere ordentliche Stadt außerhalb davon.

Monique konnte die Symptome, die sie beobachtete, nicht richtig deuten: arglistig hatte ich den Schlüssel dazu vor ihr versteckt. Unser Leben war dem Anschein nach weiterhin dasselbe; doch meine Entbehrungen und meine Exzesse, die Eifersuchtsszenen, wenn sie sich für andere interessierte, und meine unvermeidliche Flucht in den Alkohol wegen unserer täglichen *calafells* lasteten immer stärker auf ihr. »Ich liebe Juan immer noch«, schrieb sie für sich selbst in ihr Notizbuch. Die Reisen nach Spanien und Italien, der Szenenwechsel und die vielen Freunde gaben unserem Verhältnis bisweilen seine alte Kraft und Frische zurück. Doch Verfall und Vergänglichkeit, die ich so sehr fürchtete, setzten ihr Werk unmerklich fort. Eines Tages las ich *The Crack-Up* von Scott Fitzgerald und wurde von einem kosmischen Pessimismus gepackt: nach Spanien zurückzukehren war unmöglich, mein Leben mit Monique hatte keine Zukunft, ich wußte nicht einmal, ob ich meine heterosexuelle Rolle aufrechterhalten konnte. Ich befand mich in einem Zustand der Unsicherheit, vor dem mich vielleicht nur, wie ich glaubte, die Revolution mit ihrer Flamme schützen konnte.

Jaime Gil de Biedma machte vor einiger Zeit in einem Interview die scharfsinnige Bemerkung, daß eine stabile Liebesbeziehung uns in der Regel von einem bestimmten Augenblick an eine uns selbst betreffende schlechte Nachricht übermittelt: die nämlich, daß wir eigentlich nicht so sind, wie wir geglaubt oder, um es genauer und treffender zu sagen, wie wir es uns vorgestellt haben. Diese Überraschung, die im Grunde enttäuschend sein müßte, ist es in der Regel nicht oder erst im nachhinein. Die Entdeckung, daß wir schlimmer sind, viel schlimmer, als wir angenommen haben – anfällig für Eifersucht, erbärmliche Reaktionen, unpassendes Verhalten, heftige Gemütsbewegungen, Zweideutigkeiten in Gefühlsdingen, krankhafte Selbstbemitleidung: Unredlichkeit, Irrationalität –, ist in den meisten Fällen weder mit irgendeinem Schamgefühl verbunden noch mit dem Wunsch, sich zu bessern. Der Gast, der in uns wohnt und so handelt, genießt absolute Straflosigkeit. Sein wahrer Name ist Mr. Hyde.

Es ist kein Zufall, daß er sich in unserem Innern einnisten kann, und wie ich aus Erfahrung weiß, geschieht dies in Schüben und Zickzackkurven, die jeder kompetente und ehrliche Kartograph nachzuzeichnen vermöchte. Die von einem verborgenen Urkern ausgehenden Wucherungen und Verästelungen, die die Ursachen für unser Verhalten vor den anderen geheimhalten, hindern uns nicht daran, an die Wurzel des Übels zu gelangen, vorausgesetzt, wir nehmen uns das fest vor. Hätte ich mich schon früher zu meiner unterdrückten Sexualität bekannt und wäre ich in dieser Hinsicht ganz ehrlich zu Monique gewesen, hätte ich vielleicht die Spannungen und Krisen vermeiden können, unter denen ich vier Jahre lang mit ihr gelebt habe, hätte diese versteckte Angst vermieden, mit der ich sie angesteckt habe und die zu meinem oft aggressiven und inkohärenten Verhalten führte. Es fehlte mir sowohl an der notwendigen Klarsicht als auch am Mut, ich folgte nicht dem einzigen Weg, der mich zur Lösung meiner Probleme hätte führen können, und mit der Zeit bin ich mir immer mehr in die eigene Falle gegangen. Zu meiner Entlastung könnte ich nun sagen, daß ich damals noch keinen dieser nordafrikanischen Arbeiter kannte, denen ich täglich auf der Straße begegnete und deren herrisches und wildes Aussehen dem Bild entsprach, das – in Abständen zwar, doch hartnäckig und drängend – immer wieder in meinen Träumen auftauchte. Sicher ist nur, daß ich ihre

Macht über mich fürchtete, ebenso wie die Gefahr, die sie für Monique und mich bedeuteten, weshalb ich den Blick von ihnen abwandte, obgleich mein Herz, dessen sie sich bemächtigten, bei diesen flüchtigen Zufallsbegegnungen jedesmal heftig schlug und außer Kontrolle geriet. Diese bewußte Ablehnung der Eindeutigkeit, verstärkt noch durch eine ganze Reihe gesellschaftlicher, politischer und moralischer Pressionen, die sich seit der Kindheit angesammelt hatten, brachte mich in eine schmerzliche und unhaltbare Lage, in der mir, gefangen in meine Widersprüche, die neurotische Verantwortungslosigkeit als ein Fluchtweg erschien. Die altbekannte Neigung, uns von den Umständen in moralische Gefängnisse oder Kerker sperren zu lassen, aus denen zu entfliehen schon so etwas wie Heldenmut gehört; sich mit absoluter Aufrichtigkeit kompensatorische Phantasien ausdenken, die im Augenblick zwar lindern, jedoch zu nichts Konkretem führen, sich unumstößliche Fristen setzen, um diese Phantasien zu verwirklichen und a posteriori ihre Nichterfüllung zu rechtfertigen, die brutale Wahrheit fliehen und den gordischen Knoten durchhauen, seine eigenen Frustrationen und Unzufriedenheiten auf ein anderes Gebiet projizieren – diese ganze traurige Erbschaft von Ausflüchten, Schwächen, Resignation, Ausreden und Kleinmütigkeit, die das Leben meiner Großeltern mütterlicherseits zerstörte oder ihre geistige Gesundheit ruinierte, hat mehrere Male und zu verschiedenen Zeiten auf mir und meinen Geschwistern gelastet, ohne jedoch, wenn ich einmal nur von mir ausgehe, eine unverständlich späte Reaktion zu rechtfertigen. Monique, die sich Sorgen darüber machte, daß ich so oft zwischen übertriebener Euphorie und ebenso übertriebenen Depressionen schwankte, hatte mich über Dr. Frankel mit meinem Landsmann Ajuriaguerra in Verbindung gebracht, der damals Direktor eines psychiatrischen Zentrums in Genf war, aber in Paris eine Privatpraxis unterhielt; die Hartnäckigkeit jedoch, mit der ich die Wahrheit, die Ursache meines Ungleichgewichts verschwieg, machte aus unserem Gespräch eine Täuschung, einen Betrug: da ich ihn anlog, konnte er mir natürlich auch nicht helfen, und so faßte er es sicherlich auch auf, denn als ich zum folgenden Termin nicht kam, machte er sich nicht einmal die Mühe, mich anzurufen und sich zu erkundigen, was vorgefallen sei. Die Masse der Ereignisse, von denen ich bereits berichtet habe – politischer Kampf, Luis' Verhaftung, die Mailänder Geschichte usw. –, lenkte mich von Angst und Bedrängnis ab, ohne daß diese damit verschwanden. In den Zeiten großer Aktivität und Umtriebigkeit besserte sich meine Beziehung zu Monique: ich fühlte mich ihr wieder nahe, wir fanden zu unserem verlorenen Einvernehmen zurück, und meine leidenschaftliche Hingabe an die revolutionäre Sache, zuerst die spanische, dann die kubanische, vereinte uns von neuem und erlaubte eine vorsichtige Wechselbeziehung. Die gemeinsamen Reisen nach Spanien, die immer voller Überraschungen und Neuheiten waren, und unsere Abstecher nach Italien, an die Strände, an denen sie immer glücklich war und sich wohl gefühlt hat, verschafften uns Atempausen in der spürbaren Verschlechterung der Dinge. In den Dünen von Guardamar oder in Garrucha genossen wir voll und ganz die im Hitzenebel verschwimmenden Landschaften, das leuchtende ruhige Meer, den sanften, einlullenden Schutz der Sonne: reptilienhafte Lethargie, Schlucke eisigen Weins, lange, klösterliche, fruchtbare Siestas. Doch die Rückkehr nach Paris, das gesellschaftliche Leben, der Kontakt mit den Freunden, die sie vorübergehend anzogen oder interessierten, führten mich in die Wirklichkeit dieser Sackgasse zurück, in der ich mich befand, in das Dilemma, dem ich mich nicht zu stellen wagte. Meine damalige Lektüre legt Zeugnis ab von einem morbiden Vergnügen an Werken, die getränkt waren von Pessimismus, an Autoren, die Gefangene der süßen Musik der Ohnmacht, der Morgenmelodie des Selbstmords waren: Pavese, Scott Fitzgerald, Larra, Ganivet. Meine Niedergeschlagenheit und meine Unfähigkeit, mich aus ihr herauszureißen, führten schließlich dazu, wie es auch von mir beabsichtigt war, Monique Schuldgefühle einzuflößen. Auf meinem Schreibtisch fand ich nach der Rückkehr von einem Spaziergang mehrmals

Botschaften von ihr, wie ins Meer geworfene Flaschenpost. Da sie sich des Fortschreitens meiner Neurasthenie durchaus bewußt war, beklagte sie sich darüber, daß ihre Vitalität, ihre Energie und ihre Liebe mir nichts nützten und daß es ihr trotz all ihrer Bemühungen nicht gelänge, sie mir zu übermitteln. Ihre Traurigkeit war herzergreifend, doch insgeheim erfüllte sie mich mit Befriedigung. Die Stütze, die sie mir hätte sein können, hing von einer Kooperation ab, die ich verweigerte. Unter diesen Bedingungen und in diesem geistigen Zustand zeichnete sich die kleine Hölle, in die Paare so oft hineinstürzen, wie eine sehr reale Drohung am Horizont ab. Die schlechten Nachrichten, die meine eigene Person betrafen, sollten mich weniger überraschen als gleichgültig lassen: der Kranke, der sich an seine Krankheit klammert, findet am Ende keinen anderen Trost als den, die Keime seiner Krankheit um sich herum zu verbreiten.

Aus dem Abstand der Zeit gesehen, erscheint mir mein Verhalten in jenen Jahren unwirklich. Die Dualität meiner Beziehung zu Monique berührte unweigerlich auch meine Beziehungen zu den anderen und färbte mein ganzes Leben mit einer diffusen Irrationalität. Schweigsam, ohnmächtig, wohnte ich wie ein Gast meinen Eifersuchtsszenen bei, den absurden Anschuldigungen und dem schockierenden Ausblenden meines moralischen Gefühls. Wenn mir meine Reisen und Abwesenheiten zu Anfang eine gewisse Erleichterung verschafften, so wurden sie bald zu neuen Gründen für Unbehagen. Ohne meine vorwurfsvolle, verdrießliche, hypochondrische Anwesenheit fühlte sich Monique von einer Last befreit, war froh, ihre Ungezwungenheit und ihre Beweglichkeit wiederzufinden. Das Bewußtsein meiner eigenen Schwäche förderte in mir die Entwicklung einer verworrenen, bösartigen Phantasie: der unbewußte Wunsch, die Verursacherin meiner Qualen in den Netzen eines ominösen Schuldgefühls zu fangen. Beim Vergleich der Briefe, die ich ihr während meiner ersten Reise nach Kuba schrieb, mit denen von meinem zweiten Inselaufenthalt stelle ich eine Verschärfung meines Hangs zur Selbstbemitleidung fest. Ich mache ihr Vorwürfe und versuche mit allen Mitteln, zu verhindern, daß sie fern von mir glücklich ist und atmen kann. Während meines schwärmerischen Aufenthalts in Havanna im Januar 1962 erfuhr sie, daß ihre Mutter an Kehlkopfkrebs erkrankt war, so daß sie mein Angebot nicht wahrnehmen konnte, nach Kuba zu kommen und mit mir die Gefühle des Rauschs und der Inbrunst zu teilen, die ich für diese Insel empfand. Bei meiner Rückkehr nach Paris fand ich Lucienne mit einer Kanüle vor, stimmlos und eingefallen. Sie erduldete ein Martyrium, das von Tag zu Tag schlimmer wurde und das ihre Tochter, die es mit ansehen mußte, ohne helfen zu können, erschütterte. Angesichts der Gewißheit ihres Todes schien Monique von einer heftigen, kompensatorischen Unruhe erfaßt zu werden, die mich noch stärker in die Neurasthenie trieb und sich verhängnisvoll auf unsere sowieso schon angespannte Beziehung auswirkte. Wie bei mir, wenn auch aus anderen Gründen und aus einer objektiven Situation heraus, wechselten sich bei ihr Perioden illusorischer Hoffnung und erzwungener Fröhlichkeit mit solchen der Niedergeschlagenheit und der Schwermut ab. Mein Verhalten ihr gegenüber machte die Dinge nicht besser: unser gleichzeitiges, sich überlagerndes Unglück reproduzierte auf grausame Weise alte Situationen in meiner Familie. Anstatt ihr dabei zu helfen, die schmerzliche Prüfung zu ertragen, die sie durchlebte, warf ich ihr die Augenblicke des Vergessens vor, ihre Großzügigkeit der Gefühle, ihre unbezähmbare Vitalität, und ich flüchtete mich, weil ich unfähig war, die Wirklichkeit bei den Hörnern zu packen, in den politischen Kampf wie in einen Schutz gewährenden religiösen Orden: doch weder Marx noch Lenin, noch die Arbeiterklasse hatten das geringste mit meinen tiefreichenden Sorgen zu tun. In Wirklichkeit war mein Fall gar nicht so verschieden von dem jener jungen Leute aus der Mittelschicht, die, wie Octavio Paz später schreiben sollte, »ihre persönlichen Phantasmen und Obsessionen in ideologische Phantasien verwandelten, bei denen das Ende der Welt die paradoxe Form einer proletarischen

Revolution ohne Proletariat annimmt«. Während meines zweiten Kuba-Aufenthalts, als sie mir in ihren Briefen in aller Ausführlichkeit von den täglichen Qualen ihrer Mutter berichtete und von der Freude, das Buch Jorge Semprúns entdeckt zu haben, schleudere ich ihr unsere »unwiderrufliche Entfremdung« ins Gesicht, mache ihr den »Dialog von Taubstummen«, den wir miteinander führen, zum Vorwurf, mein Desinteresse und meine Gleichgültigkeit für die Welt, die mich umgibt: ich trinke viel, ich vögele mit zwei Frauen, und »ich weiß nicht, woran wir beide sind, und auch nicht, was uns noch bleibt«. Der bittere Ton des Briefes war ehrlich; doch meine Darlegung der Fakten läßt bewußt ein »Detail« aus, daß es nämlich außer den beiden Frauen auch noch den Wirt einer kleinen Kneipe im Viertel Jesús María gab, einen fröhlichen, witzigen Mulatten, mit dem ich zwei- oder dreimal geschlafen habe, als ich betrunken war. Obgleich diese Beziehung nicht die geringste Bedeutung für mich hatte und auch nicht dem entsprach, was ich dunkel von ihr erwartet hatte, zeigt die Tatsache, daß ich sie in meinem Brief verheimlichte, mein damaliges Bemühen, Monique die Diagnose der Ursachen meiner Neurasthenie zu erschweren. Während sie in ihr Notizbuch *cafard atroce* (entsetzliche Katerstimmung) schrieb,* verwischte ich bewußt die Spuren.

Die latente Angst, die mein Verhalten diktierte – ich erwähne sie hier nicht zu meiner Entlastung –, war bestimmt von der Gewißheit, unweigerlich in Gewässer abzutauchen, in denen hoher Seegang und Turbulenzen herrschten und in denen ich allein schwimmen mußte: wie jemand, der sich von der geringen Tiefe des Stroms täuschen läßt, plötzlich den Grund verliert und in einem aufgewühlten Meer verschwindet, so fürchtete ich, mich von dem zu entfernen, was mein Leben ausmachte, und mich auf hoher See zu verirren. Die heitere, liebenswürdige, lustige, ungezwungene Homosexualität der Tunten, mit denen Monique verkehrte, war nicht die meine.

* Januar 1963.

Die Zweideutigkeit, die sie anzog, entspricht sicherlich einem weiblichen Ideal vom Mann, das weiter verbreitet ist, als man gemeinhin glaubt, und das nicht nur unempfindlich, sondern auch unzugänglich ist für die Elemente, Attribute und Charakteristika einer kriegsgewohnten extremen Männlichkeit; die mehr oder weniger eindeutige Verweiblichung war jedoch genau das Gegenteil meiner eigenen Wünsche. In verschiedenen Phasen meines Lebens hatte ich zufällig oder sporadisch Sexualbeziehungen zu Frauen gehabt, doch niemals, absolut niemals mit Tunten oder Heterosexuellen meines kulturellen und gesellschaftlichen Milieus, gut angezogenen Menschen von stattlicher Erscheinung und mit eleganten Manieren; später erstreckte sich dieses strenge, ausschließende Kriterium auch auf meine eigene ethnische Gruppe: ab 1963 riefen nur noch die wettergegerbten rauhen Söhne der sotadischen Zone meine Leidenschaft und meine Besitzgier hervor. Dabei konnte ich mir bereits vor meiner entscheidenden Begegnung mit Mohamed mit der Gründlichkeit und der Genauigkeit eines Miniaturenmalers im Geiste das männliche Bild vorstellen, das mich seit Kindertagen magisch anzog: in Abständen und gewissermaßen unversehens hatte es sich in meine Träume eingeschlichen, bis es mich am Ende durch seine Zwanghaftigkeit und Hartnäckigkeit bedrängte. Ich verließ, wie es Ibn Hazm so schön sagt, ein Land mit zartem grünem Gras »für ein anderes, das von stachligen Sträuchern umgeben war«. Monique konnte mich nicht dorthin begleiten, und ich wußte es. Mein Beharren auf der Lüge war folglich der letzte, vergebliche Versuch, sie nicht hinter mir zu lassen, bevor ich dieses Jagdrevier betrat, in das ich – »durch ein unerbittliches Dekret« und ein absolutes Liebesurteil, »dem sich niemand entziehen kann« – bald eintreten sollte.

Die unglücklichste Zeit zwischen ihr und dir folgte zweifellos auf deine zweite Kubareise. Lucienne war kurz nach deiner Rückkehr gestorben, ohne sich die geringste Illusion über die Zukunft eurer Paarbeziehung zu machen. Als ihre Qual zu

Ende war, hast du Monique zusammen mit einer Gruppe von Freunden zur düsteren Zeremonie der Einäscherung begleitet. Die Urne mit ihrer Asche, die euch die Angestellten des Bestattungsunternehmens nach einer Stunde angespannten Wartens übergaben, hatte in deinen Augen einen symbolischen Wert: sieben Jahre gemeinsamen Lebens waren hier eingeschlossen; die zerstreuten Atome Luciennes faßten die Geschichte eurer Beziehung zusammen. Neun Tage später wart ihr in Venedig, wohin Monique in der Hoffnung reiste, sie könne sich dort zerstreuen und ihren Schmerz lindern. Bei eurem vorigen Aufenthalt – 1957 – seid ihr an den Kanälen entlangspaziert, seid durch das Gewirr der Gassen und der *cuppo di sacchi* gelaufen, seid im *vaporetto* kreuz und quer von Anlegestelle zu Anlegestelle gefahren, in dem Gefühl ästhetischen Vergnügens und geteilter Fülle. Im März 1963 legten die Spaziergänge auf der Via Garibaldi, im leuchtenden Dekor toter Gewässer und zerfallener Häuser, Zeugnis ab von der inzwischen eingetretenen Veränderung: eurer eisigen Vereinzelung, in der ihr nebeneinander dahinlebtet. Das Zimmer im Hotel Montecarlo in der Nähe von San Marco sollte der Schauplatz eurer Anschuldigungen und Wortwechsel sein. Aufgebracht und unzugänglich, triebst du die Dinge bis an die Grenze zum Bruch, wobei du allerdings vermieden hast, daß es wirklich dazu kam. Wie jene Leute, die in einem Augenblick scheinbar unkontrollierbaren Zorns alles, was ihnen in die Finger fällt, kaputtmachen, ihre Wut jedoch nur an kleinen, billigen Gegenständen auslassen und sich davor hüten, die wertvollen anzurühren – womit sie ganz klar das Vorhandensein eines Mechanismus innerer Wachsamkeit beweisen –, verhielt sich auch dein Doppelgänger mit selektiver Irrationalität, die die Willenskontrolle zwar herabsetzte, aber nicht aufhob. Dieses Verhalten – das du später bei Verwandten und Freunden mit Unbehagen beobachten solltest – scheint dir heute die Zweideutigkeit der Begriffe Vernunft und Unvernunft zu illustrieren: diese ungeheure Zwischenzone, in der der Neurotiker Fallen und Netze für die anderen auslegt, um in Wirklichkeit vor sich selber zu fliehen, und sich kopfüber ins Meer stürzt, doch nicht ohne zuvor einen Schwimmgürtel angelegt zu haben. Die nachträgliche Einsicht indes, mit der du jetzt über dich urteilst, war dir damals keine Hilfe: während einer widerwärtig langen Zeitspanne solltest du auf eine nicht wiedergutzumachende Weise im Schatten deines Mr. Hyde leben.

Vorgefaßte Meinungen, Alpträume, Bewußtseinsspaltung: der Eindruck, ohnmächtig den Manövern und Tricks einer Person beizuwohnen, die dein Aussehen annimmt, in deinem Namen handelt, deine Ausweispapiere besitzt, mit deiner Signatur unterschreibt, deine Kleider und Schuhe trägt, von deinen Nachbarn mit dir identifiziert wird, der Mieter deiner eigenen Wohnung ist; in der schwindenden Unwirklichkeit der Träume ihre Unredlichkeiten und Treulosigkeiten verkörpern. Ihre traumhaften, gespenstischen Heldentaten beschwören, ihr Richter und ihr Gedächtnis sein, sich mit dem Schrecken ihres flüchtigen Wiederauftauchens abfinden: der glühende Wunsch, die schmutzige Wäsche zu waschen, diese Person an den Schandpfahl zu stellen, dich von ihr abzuheben. Die Krümmungen und Windungen einer fernen Schizophrenie erforschen und mit Erleichterung ihre endgültige Abwesenheit feststellen. Das morbide Erzeugnis einer vorübergehenden Blindheit oder ein reales Wesen, das mit kräftigem, reinigendem Besen hinweggefegt wurde? Angesichts dieser drohenden Alternative weißt du nicht, was du antworten sollst, denn die Wissenschaft ist ungewiß.

Zurück in Paris und unfähig, die Spannungen unseres Zusammenlebens zu ertragen, unternahm ich eine meiner üblichen Fluchten nach Spanien; doch mit meiner charakteristischen Ambivalenz konnte ich Monique dazu überreden, sich dort mit mir zu treffen, und zwei Wochen später badeten wir gemeinsam am Strand von Torremolinos – in einem Zustand trügerischer Ruhe. Dort erfuhr ich durch einen Telefonanruf aus Barcelona vom Tod Benignos und von der plötzlichen Verschlechterung des »Falls Grimau«.

Am siebzehnten April war ich wieder in Frankreich. Ich habe nicht die Absicht, hier von der nutzlosen Aufregung der folgenden Tage zu erzählen: das Sammeln von Unterschriften, die Protestaktionen, die Hoffnung, daß Franco in allerletzter Minute die Vollstreckung des Urteils aufheben, seine ruchlose Rache nicht vollenden würde. Unser Scheitern verstärkte noch die Gefühle der Gleichgültigkeit und der Distanz gegenüber meiner öffentlichen Persönlichkeit, das ätzende Bewußtsein ihrer Absurdität. Monique mußte sich mit der Delegation des Verlagshauses Gallimard nach Korfu einschiffen, um an der Sitzung der Jury teilzunehmen, die einige Tage später Jorge Sempruns Buch den Formentor-Preis zusprechen sollte. Noch am Abend ihrer Abreise ging ich aus, um einen Gang in die Gegend des Boulevard Barbès zu machen. Seit der Unabhängigkeit Algeriens hatte die Polizei den Ring um das Viertel gelockert, und es war möglich, sich dort frei zu bewegen, ohne bei jedem Schritt auf die düstere Feindseligkeit ihrer Patrouillen zu stoßen. Ich erinnere mich, daß ich, wie ich das immer tat, von außen in die arabischen Kaffeehäuser hineinsah, in denen sich die Gäste mit den Ellbogen auf die Theke stützten oder, in eine Partie Domino oder in ein spanisches Kartenspiel vertieft, an den Tischen saßen: eine dichte, homogene Atmosphäre, die jedoch anziehend und lebendig war und von der ich mich schmerzlich ausgeschlossen fühlte. Kein Europäer ging dort hinein, als ob eine unsichtbare Grenze es ihm verboten hätte, und trotz aller Bemühungen, meine Schüchternheit zu überwinden, setzte ich schließlich resigniert meinen Weg fort. Verurteilte nicht schon meine völlige Unkenntnis ihrer Sprache, ihrer Kultur, ihrer Verhaltensnormen und ihrer Besonderheiten von vornherein jeden plumpen Versuch, mich unter sie zu mischen? Da ich mir ihrer schlimmen Erfahrungen als Opfer von Diskriminierung und Verfolgung bewußt war, fragte ich mich, mit welchen Augen sie einen *nesrani* wohl ansehen würden, der schüchtern in ihr Getto einzudringen trachtete. Die fremdartige, fesselnde Musik ihrer Plattenspieler forderte mich dazu auf, ihrem Territorium zuzustreben. Was mochten sie wohl ausdrücken, diese zerrissenen, ausdrucksstarken Stimmen, denen sie so inbrünstig und sehnsüchtig lauschten? Nachdem ich wie ein Eindringling durch die Rue de la Goutte d'Or, die Rue de Chartres und die Rue Charbonnière gelaufen war, ging ich den Boulevard de la Chapelle hinunter, wo sich einige Einheimische befanden, und setzte mich an der Ecke des Boulevard Barbès an den Tresen einer Kneipe, die regelmäßig von den Erschütterungen der oberirdischen Metro durchgerüttelt wurde. Zu meiner Linken, den Rücken mir zugewandt, unterhielt sich ein junger Mann mit seinem Freund auf arabisch, und als dieser Freund wegging, drehte er sich plötzlich mir zu. Schlank, sehnig, mittelgroß, mit dunklen Augen und einem großen schwarzen Schnurrbart, ging von seinem Gesicht ein starker Eindruck von Kraft und Herzlichkeit aus. Er bat mich um Feuer, und da er sah, daß meine Hände zitterten, als ich ihm das Streichholz hinhielt, hielt er sie mit den seinen fest. *Merci, Khouya*, sagte er, indem er seine Sprache mit dem Französischen mischte. Ich weiß nicht mehr, worüber wir sprachen, und ich habe auch nicht mehr die geringste Ahnung, was wir tranken: vielleicht zwei oder drei Glas Bier, die der Kellner auf ein Zeichen von mir jedesmal schnell vor uns stellte, da ich die Absicht hatte, dieses zufällige und verheißungsvolle Gespräch fortzusetzen. Ich fürchtete schon, der Faden könne beim Bezahlen abreißen und jeder würde seiner Wege gehen; doch mein Nachbar strafte meine Befürchtungen Lügen, er wartete, bis der Kellner das Wechselgeld brachte, und ging mit mir hinaus. »Ich weiß nicht, wo ich heute nacht schlafen soll«, sagte er zu mir. »Kennst du einen Ort, wo wir die Nacht zusammen verbringen können?« Obgleich mir das Herz plötzlich bis zum Halse schlug, blieb ich nach außen hin ganz ruhig; ich sagte ihm, daß es im Viertel viele Hotels gebe: in einem von ihnen würden wir schon ein Zimmer finden. Wir gingen den Boulevard Rochechouart hinauf und stießen sofort auf ein Hotel, das am Anfang der Rue de Clignancourt lag. Das Zimmer war unwohnlich und armselig, mit einem Doppelbett, an dessen Kopfende eine lange Schlummerrolle lag. Während ich mich auszog, schlüpfte Mohamed unter die Decke, wobei er mich nicht aus den Augen ließ und mit seinen vollen Lippen unter dem struppigen Schnurrbart lächelte. Mein langsamer Untergang in die Lust war im bewegten Halbschlaf der Nacht von einer wiedergefundenen Heiterkeit begleitet.

Mohamed mußte früh aufstehen, und da wir spät wach geworden waren, brachte ich ihn im Taxi an die Porte de la Chapelle, wo er mit einer Gruppe nordafrikanischer Arbeiter für ein Bauunternehmen im ersten Teilabschnitt der zukünftigen Autobahn Nord eine Unterführung aushob. Beim Aufstehen hatte er mir ganz schlicht und einfach gesagt, er wolle gern mein Freund sein, und wir verabredeten, uns am selben Tag um sechs Uhr, nach Feierabend, zu treffen. Während einiger Tage, solange Monique abwesend war, brachte ich ihn morgens zu seiner Baustelle und traf ihn einige Stunden später in einem großen Café am Boulevard Ney, gegenüber dem Metroausgang, wieder. Wir tranken, aßen zu Abend, gingen zum Ficken in irgendein schäbiges Hotel im Schatten von Sacré-Cœur, und das alles in einem schlichten, fröhlichen Einvernehmen. Das Terrain, auf das ich mich begab, war trügerisch einfach: trotz der in einem rauhen, holprigen Französisch zum Ausdruck gebrachten Natürlichkeit und der Sympathie Mohameds standen die körperliche Unmittelbarkeit, die uns verband, und unsere nächtlichen Umarmungen auf einem unsicheren Fundament. Daß wir nicht das geringste voneinander wußten, schien ihn nicht sonderlich zu bekümmern; die besondere, verborgene Dimension seiner Welt jedoch, überdeckt von der Anziehungskraft, die sie ausstrahlte, ließ mir die Notwendigkeit, die Gründe für meine Verzauberung herauszufinden und besser zu verstehen, wie eine Herausforderung zwingend geboten erscheinen. Damals entstand mein späterer Wunsch, Schritt für Schritt die Sphäre zu erforschen, in der sich sein Leben abspielte, mich mit seiner Sprache und seiner Kultur vollzusaugen, die ungenaue Ausdehnung des Exotischen abzustecken. Die späte Berufung zum Linguisten und Ethnologen, der ich in den letzten Jahren dem Anschein nach unsinnig viel Zeit und

Energie gewidmet habe, um zunächst einmal maghrebinisches Arabisch und dann Türkisch zu lernen, entstand aus dem hartnäckigen Wunsch und dem Willen heraus, mich einem physischen und kulturellen Körpermodell zu nähern, dessen Glanz und Glut mich wie ein Leuchtturm leitete. Die Umwandlung des meiner Normabweichung innewohnenden Stigmas in eine fruchtbare Neugier für das Fremde wurde so zu einer Gnade, zu der ein in der konventionellen Starrheit seines engstirnigen Universums gefangener Bürger keinen Zugang hat. Indem ich unversehens Sexualität und Literatur miteinander verband, konnte ich mir im Gegenzug eine neue, gereinigte, durch die harte, quälende Erfahrung der Begierde geklärte Sprache erschaffen – ein langer, fruchtbarer Prozeß, dessen Ursprung in dieser zufälligen Erstbegegnung lag: Mohamed, mit seinem Päckchen Gitanes an der Theke einer Kneipe am Boulevard de la Chapelle stehend, in die ich eingetreten war, ohne ihn zu sehen.

Meine Unkenntnis seiner Welt, seiner Reaktionen, seines Charakters machte die Wahl einer Gefühlsstrategie notwendig: anstatt ihm die Fragen zu stellen, die auf mich einstürmten, ließ ich ihn, nachdem ich allmählich sein Vertrauen gewonnen hatte, von selbst die Antworten geben. War er verheiratet? Hatte er Kinder? Warum lebte er ohne festen Wohnsitz in den Tag hinein? Wer bewahrte seine Koffer mit der Wäsche für ihn auf, und wo zog er sich um? Nach und nach erklärte er mir, daß seine Frau und seine Kinder in einem kleinen Bergdorf bei Uxda lebten; in den letzten Monaten war er mit einer *kahba* zusammen, mit der er sich am Tag vor unserer Bekanntschaft zerstritten hatte; obwohl er mit der Vorstellung nach Frankreich gekommen war, das Los seiner Familie zu verbessern, hatte er doch ganz übel seine Zeit verplempert: er hatte nicht nur das Geld seiner Familie mit dieser verdammten Hure auf den Kopf gehauen, sondern war durch ihre Schuld auch in Schwierigkeiten geraten. Was für Schwierigkeiten? Mohamed erzählte mir eine verworrene Geschichte von einer Pistole, die ihm ein Polizeiinspektor, ein in den arabischen

Kreisen eingeführter Algerien-Franzose, verkauft hatte; allem Anschein nach hatte er sich ihrer in einem Akt der Notwehr bedient und dabei einen Rivalen leicht verletzt. Auf Grund dieser Geschichte saß er einige Tage im Gefängnis und lebte jetzt in ständiger Angst vor einem Prozeß, vielleicht einer Vorladung zur Polizei. Falls man ihm eine Geldstrafe aufbrummen sollte, würde er schon Mittel und Wege finden, sie zu bezahlen; wenn man ihn aber auswiese, was sollte dann aus seiner Frau und seinen Kindern werden?

Durch die Umstände zum guten Samariter geworden, half ich ihm, ein Dienstmädchenzimmer zu finden, seine Arbeitserlaubnis zu erneuern, auf die beunruhigten Briefe seiner Familie zu antworten. Meine damalige Naivität kannte keine Grenzen; doch wenn mich Mohamed mit einer bäuerlichen Mischung aus Unschuld und Gerissenheit auch oft belog, so wie man seine Frau belügt, nutzte er die Situation doch nie wirklich aus. Als ich nach Moniques Rückkehr aus Korfu wieder in der Rue Poissonnière schlief und ihn nachmittags in einer Kneipe oder in seinem winzigen Zimmer erwartete, entdeckte ich dort die untrüglichen Zeichen des Besuchs einer Unbekannten. Mohamed ließ sich von mir lieben und nutzte meine Ehesituation aus, um ebenfalls auszubüchsen und bis spät in die Nacht hinein durch die Cafés in der Gegend des Boulevard Barbès zu ziehen, wo er sich mit seinen Landsleuten traf. Gelegentlich nahm er mich mit, und an seiner Hand betrat ich diese finsteren, kompakten, ausschließlich männlichen Räume, besessen von einem plötzlichen, verzehrenden Verlangen nach Wissen. Langsam lernte ich die Gebärden und Bewegungen, die Grüße, die Höflichkeitsformeln, die gutturalen, mit subtiler Magie umgebenen Wörter kennen, die ich verstohlen hinkritzelte und in meinem Gedächtnis festzuhalten versuchte. Als einziger Europäer teilte ich mit einigen algerischen Prostituierten das Privileg der Ausnahme. Da Mohamed mich eingeführt hatte, konnte ich mir die diskrete Beobachtung erlauben, die ich suchte: nachdem der erste Augenblick der Neugier vorbei war, achtete niemand mehr auf meine Gegenwart. Trotzdem verwandelte mich meine kulturelle Überlegenheit, die in der Beherrschung der französischen Schriftsprache bestand, in eine Art öffentlichen Schreiber, dem Mohamed und seine Kameraden die Vordrucke der Sozialversicherung zum Ausfüllen gaben oder dem sie ihre Briefe an die Familie diktierten. Um Monique von meinen neuen Freundschaften fernzuhalten, hatte ich einen plausiblen Beruf für mich erfunden, nämlich den eines Drukkers, der oft in die Provinz fahren mußte: doch niemand außer Mohamed fragte mich je nach meinem Privatleben, meiner Arbeit oder meinem Wohnsitz. Für die Stammgäste des halben Dutzends Kaffeehäuser der Goutte d'Or, in denen ich während meiner Beziehung mit Mohamed verkehrte, bin ich wohl nur ein anonymer Spanier gewesen, der gebrochen ihre Sprache sprach und unentgeltlich ihre Briefe schrieb.

Monique erwähnt in ihrem Buch *Les cabines de bain* diesen »Spielraum der Perversität«, der mit der Tatsache zusammentrifft, daß ich mich als Schriftsteller mein ganzes Leben lang nur für Analphabeten oder für Männer mit rudimentärer Bildung interessiert habe. Diese Beobachtung trifft insofern zu, als die Sexualität von Emotionen, Phantasien und »perversen« Vorstellungen lebt. Doch ohne daß ich ihre Gültigkeit in meinem Fall zurückweisen will, war der wesentliche Faktor meiner Freundschaften mit Gebirgsbewohnern, Bauern oder Askaris, deren Bild in gewisser Hinsicht atavistischen Vorlieben entsprach, die Tatsache, daß sie durch ihre kommunikative und belebende Ungeschliffenheit das geistige Raffinement, das das Schreiben erforderte, kompensierten: besessen von ihnen und ihrer herben Lust, suchte ich instinktiv danach, wie ich meine physische Unterwerfung durch eine intellektuelle Beherrschung ausgleichen könne, die das Gleichgewicht zwischen den Waagschalen herzustellen vermöchte. Die Lust, die mir diese Entschädigung verschaffte – das heimtückische, verschwiegene Gefühl, Herr über ihr Schicksal und ihr Leben zu sein, wenn sie meiner Feder die an ihre nächsten Angehörigen gerichteten Worte anvertrauten –, war ebenso stark wie das Gefühl, welches ich in der Gemeinsamkeit mit ihrem Geschlecht empfand:

der Akt des Schreibens und des Wortergreifens an ihrer Stelle, der mit der gleichen Ausschließlichkeit geschah, mit der sie einige Stunden oder einige Minuten zuvor über meinen Körper verfügt hatten, sollte häufig das offensichtliche Wohlwollen des Schreibens mit dem geheimen Behagen der Erektion vermischen. Diese und andere Entdeckungen, die ich in jenem kurzen Zeitabschnitt meines Lebens machte, hatten dauerhafte Folgen: der Rahmen, das Szenarium, die Situationen und die Orte, an denen sich andere, mehr oder weniger kurzlebige Abenteuer abspielen sollten, wurden damals ein für allemal festgelegt. Nicht nur die beschwörende Macht mancher Gesichter, mancher Züge, von denen ich seit meiner Jugend geträumt hatte, sondern auch eine ganze Reihe von Elementen, deren Wiederholung den vorgeblich durch die Umstände bedingten Charakter Lügen strafen sollte. Jene, die neben mir saßen und mir ungeschickt ihre Briefe diktierten, wechselten im Verlauf der Jahre: doch der stets gleiche, als öffentlicher Schreiber getarnte Genießer dehnte seine Beherrschung eines konventionellen, approximativen Französisch geduldig auf die barbarische, frohlockende Aneignung der arabischen Schrift aus.

Meine Freundschaft mit Mohamed war von Anfang an bedroht. Seine Verurteilung hatte die Verwaltungsmaschinerie in Gang gesetzt, deren Räderwerk sich trotz meiner Bemühungen, diese Gefahr zu bannen und eine Aufhebung des Urteils zu erreichen, unheilvoll am Horizont abzeichnete. Mit einem Fatalismus, der mich manchmal aufregte, legte Mohamed sein Schicksal in meine Hände; während er sich dadurch von jeglicher Verantwortung für seine eigene Zukunft freigesprochen fühlte, fiel mir nun die ganze Last einer schwierigen moralischen Vormundschaft zu. Der Kampf mit der Verwaltung, von Niederlagen und Siegen markiert, sollte mehrere Jahre dauern; nachdem Mohamed gezwungen war, während meines Aufenthalts in Saint-Tropez das französische Staatsgebiet zu verlassen, bekam er dank der guten Dienste meines Anwalts eine Bewährungszeit zugebilligt, die 1969, lange nachdem unsere intimen Beziehungen beendet waren, ganz abrupt mit einem zweiten und diesmal endgültigen Ausweisungsbefehl endete. Um diese Zeit hatten sich meine Erfahrung und meine Kenntnis der islamischen Welt vergrößert und vertieft. Die Wahl der Freunde, mit denen ich mehr oder weniger dauerhafte Verbindungen hatte, hing nicht mehr wie früher von Zufallsbegegnungen ab: sie entsprach ferner zwanghaften und strengen Kriterien sowohl physischer als auch gefühlsmäßiger Art.

Das Eindringen der maghrebinischen Welt in mein Leben beeinflußte auf wohltuende Weise meine turbulente Beziehung zu Monique. Besänftigt, strahlend, selbstbewußt, gewann ich langsam meine Beherrschung und meine Selbstsicherheit zurück, die ich in krankhafter Abhängigkeit und Aggressivität ihr gegenüber verloren hatte. Obgleich mein Entschluß, das Vorgefallene zu verschweigen und das Geheimnis zu wahren, zum Scheitern verurteilt war, trat in unsere Beziehung zueinander Ruhe ein. Meine wirren, unkontrollierten Reaktionen verschwanden nach und nach. Zum erstenmal seit Jahren waren unsere Ferien in Venedig und an der dalmatischen Küste unbeschwert und glücklich. Das Geheimnis, das ich wahrte, verlieh meinem Leben zumindest vorübergehend eine außergewöhnliche Leichtigkeit. Der mit dem schändlichen Laster verbundene Fluch hatte sich plötzlich in Anmut verwandelt. Wie eine schlängelnde Kreuzotter glitt ich neuen Brunnen und Quellen entgegen, auf der Suche nach dem für die Häutung geeigneten Ort und Augenblick.

In dem sauberen, winterlichen Rahmen von Saint-Tropez stabilisierte sich unsere Beziehung. Wir hatten ein kleines Haus in der Rue de la Citadelle gemietet, doch einige Wochen später fand Monique ein bequemeres zweigeschossiges Appartement mit Blick auf den Hafen, das Dominique Éluard gehörte oder gehört hatte. Damit ich die kleine Küche nicht vermißte, die mir in der Rue Poissonnière als Arbeitszimmer diente, wählte ich als Büro eine Abstellkammer, in die kaum ein Tisch hineinpaßte, mit einer Dachluke, von der aus ich die roten Dächer sah. Dorthin, wo ich mich wie in einem Taubenschlag schwebend fühlte, zog ich mich zurück, um regelmäßig in den Morgenstunden zu arbeiten, während Monique am Strand las und die Aufzeichnungen ordnete, die sie während der Krankheit ihrer Mutter gemacht hatte und die sie dann in *Une drôle de voix* verarbeiten sollte.

Ihr Entschluß, Abstand zu gewinnen, ihre Stelle im Verlag aufzugeben, das literarische Milieu, in dem sie bis dahin gelebt hatte, zu fliehen, entsprach dem, was ich seit Monaten insgeheim von ihr erhofft hatte. Der Einbruch der Lust mit Männern in meine Welt verlangte eine Hingabe von Leib und Seele an den Abgrund des Schreibens; nicht nur eine Übereinstimmung oder ein Zusammenspiel zwischen Hingabe und Schreiben, sondern etwas Vielschichtigeres und Umfassenderes: persönliches Universum und Erfahrung der Welt sowie bis dahin verborgene Bezirke dergestalt in den Text des Werkes, das ich undeutlich vor mir sah, einfließen zu lassen, daß nicht nur sie, sondern ich selber als zusätzliche konstitutive Elemente integriert wurden. Der in meinem Leben vollzogene Wechsel drückte sich somit durch einen insgesamt befruchtenden Prozeß aus: meine Existenz sollte ihre autonome Entität verlieren und nur noch eine rein dynamische Funktion in einer als Schreibmöglichkeit begriffenen Welt innerhalb des alles verzehrenden Textganzen ausüben. Mein tägliches Ringen mit den vielen aufeinanderfolgenden Fassungen von *Identitätszeichen* unterschied sich qualitativ von meinen zurückliegenden Kämpfen mit der Literatur; was ich schrieb, sollte ein Text des Bruchs und ein Sprung ins Leere sein: ein schöpferischer, konstitutiver Text des Anfangs. Wie ich später, als ich den gedruckten Roman wiederlas, feststellen mußte, erreichte ich das Ziel nur unvollkommen. *Identitätszeichen*, die Rekapitulation und Überwindung des vergangenen Erzählstils, war am Ende eine Kreuzung zwischen der neu erworbenen Subjektivität und einem formalen Schema, von dem ich mich nicht völlig frei zu machen vermochte.

Monique und ich waren schnell an einem Ort heimisch geworden, der uns aus verschiedenen Gründen behagte, und wir erlebten diese Erfahrung nun mit sichtbarer Ausgeglichenheit. Die durch meine sexuellen Unsicherheiten hervorgerufenen Spannungen, die depressiven Perioden, die drohende Schizophrenie hatten sich in einer für die Intimität und die gegenseitige Annäherung günstigen Atmosphäre der Arbeit und der Ruhe aufgelöst. Die körperliche Angst und die Selbstmordanwandlungen, die mich quälten, verschwanden dort für immer. Wenn ich mit dem Schreiben aufhörte und das Wetter es erlaubte, legte ich mich mit ihr an den Strand; wenn es Abend wurde, machten wir einen Spaziergang durchs Dorf und setzten uns in eine kleine Kneipe, in der Fischer und Matrosen verkehrten. Wir hatten uns mit den Wirtsleuten angefreundet. Im Winter lagen zahlreiche Jachten im Hafen: die Wächter oder die mit der Wartung einiger dieser Jachten beauftragten Männer waren spanische Matrosen, und als sie feststellten, daß ich ein Landsmann war, machten sie es sich zur Gewohnheit, in unserer Lieblingskneipe einen mit mir zu trinken, oder sie kamen ins Haus, wenn sie sahen, daß im Eßzimmer noch Licht brannte. Der in Saint-Tropez herrschende Rhythmus mit seinen kleinen Riten verstärkte, gerade wegen des Kontrastes, noch unsere Abneigung gegen Paris und unseren Überdruß an dieser Stadt. Monatelang durchstreiften wir in Begleitung von Immobilienhändlern die Gegend: mit dem Eifer einer Neubekehrten schmiedete Monique schon Pläne, ihre Wohnung in Paris zu verkaufen, um sich an der Côte d'Azur niederzulassen, sich dort ein kleines Haus oder ein Grundstück zu kaufen. Der entsetzliche Todeskampf ihrer Mutter, über den sie noch nicht hinweggekommen war, trieb sie zu einem Bruch mit ihrem Refugium in der Rue Poissonnière, von dem sie glaubte, er sei endgültig. Carole ging in Saint-Maxime zur Schule und zeigte sich ebenfalls ganz und gar glücklich über den Wechsel.

Zu einem Zeitpunkt, als alles eine bestimmte Richtung zu nehmen schien und wir in unserer unbeständigen, zerbrechlichen Beziehung eine Zeit der Beruhigung durchmachten, erschütterte ein zwar vorhersehbarer, jedoch ungelegen kommender Faktor meine Absichten und Vorsätze und zerstörte dieses unsichere Glück. Als ich meine Verbindung mit Mohamed einem Monique und meiner Arbeit gewidmeten Lebensplan in der Provinz opferte, hatte ich etwas ganz Wesentliches nicht in Betracht gezogen: während die Anonymität und das bunte Chaos von Paris eine heimliche Sexualität möglich machten, die keinerlei Aufmerksamkeit erregte, verurteilte die gesellschaftliche Transparenz von Saint-Tropez, wo die nordafrikanischen Arbeiter in einem Getto lebten – zwar sichtbar, doch von der übrigen Bevölkerung an den Rand gedrängt –, jeden Versuch, mich ihnen diskret zu nähern, von vornherein zum Scheitern. Der alltägliche Rassismus der Einheimischen – der ebenso tief saß und ebenso verkappt war wie der, den sie gegenüber der Zunft der *Schwulen* oder *widerlichen Tunten*, zu der ja auch ich insgeheim gehörte, an den Tag legten – verfälschte nicht nur von Grund auf meine Beziehungen zu den anderen, sondern erlegte mir auch die Qualen homosexueller Keuschheit auf, was ich als Joch empfand. Wie schon in anderen Augenblicken meines Lebens, jedoch abrupter und tyrannischer, trieb mich eine blinde Macht zu denen, die dem auf geheimnisvolle Weise in meiner Kindheit entstandenen Bild entsprachen. In der kleinen Kneipe, in der wir uns mit unseren Nachbarn trafen, war mir eines Tages ein Seemann aufgefallen, »hochgewachsen, mit breiten Schultern und vom Wetter gegerbter Haut, dessen rein arabische Züge, energisches Kinn und energischer Mund«, im Rückblick eine außergewöhnliche Ähnlichkeit mit denen zeigten, die ich später in der Bildersammlung Sir Richard Burtons und in der detaillierten Beschreibung seiner Frau Isabel finden sollte. Obgleich aus Nordafrika stammend, war dieser Gast ein *nesrani*, verheiratet und Vater einer großen Kinderschar. Kaum waren wir einander vorgestellt worden, fühlten wir uns von einer starken Welle der Sympathie zueinander hingezogen: als guter Trinker nahm er gern meine Einladungen an, und an einem Tisch in Faßform sitzend, wurde es uns schnell zur Gewohnheit, täglich zwei oder drei Flaschen Wein zu leeren. Mein Freund war empfänglich für das Interesse, das ich ihm entgegenbrachte, doch in einem Milieu von *pieds-noirs*, Algerien-Franzosen also, aufgewachsen, die dieser Art Zuneigung feindlich gesinnt waren, ließ er sich zwar vor aller Augen halblaut den Hof machen, vermied aber, sobald wir allein waren, jede Gelegenheit, sich zu kompromittieren. Die Dorfbewohner nahmen an Zechgelagen und Plaudereien ohne den geringsten Verdacht teil: da wir beide verheiratet waren, rettete uns unser männliches Verhalten vor Verleumdungen. Der Alkohol begünstigte zwar die Annäherung, beschränkte sie aber auf eine Scheinangelegenheit. Der Tavel – dem Hemingway so übermäßig zugesprochen hatte – wirkte in meinem Fall als Surrogat und machte mich mutlos. Ich fing wieder an zu trinken, wie in der Zeit vor meiner Bekanntschaft mit Mohamed, und setzte die Leute aus Saint-Tropez durch meine Trinkfestigkeit in Erstaunen. Monique war die Zweideutigkeit der Situation natürlich aufgefallen. Sie erinnerte sie an meine früheren Besäufnisse im Varadero oder mit den valencianischen Arbeitern aus Vicentas Dorf bei den sonntäglichen Paellas in Rueil-Malmaison. Diese Seite meiner Persönlichkeit gefiel ihr, und manchmal kam es auch vor, daß sie das Thema anschnitt und mir Fragen stellte. Einige Monate später sollte sie mir die gröbsten Vorwürfe machen, daß ich diese Gelegenheit nicht genutzt hatte, um Klartext mit ihr zu reden, warf mir diese unentschuldbare Angst vor, die sich meiner angesichts der Wahrheit bemächtigte.

Oft tauchte im Verlauf einer harmlosen Unterhaltung unter Freunden oder sogar im Familienkreis mit greller Deutlichkeit ein Gefühl der Fremdheit und der Distanz für das auf, was mich umgab: die Gewißheit, anders zu sein als die anderen, innerlich tausend Meilen von ihnen entfernt zu leben, wie ein steinerner Gast ihren verlogenen, absurden Zeremonien beizuwohnen, wurde bisweilen fast körperlich greifbar. In einer Welt des schönen Scheins in einen Hinterhalt geraten, überkam mich plötzlich ein tiefes Bedürfnis nach Profanierung: der Wunsch, mit dem Messer das friedliche Bild zu zerfetzen, das mein Leben ausmachte, meine heftige innere Abneigung ihm gegenüber zu bestätigen. Die darauf folgende Absonderung, die geistige Taubheit, die fünfzehn Jahre vor meiner somatischen begann, zeigte und entwickelte sich damals; die Fähigkeit, mich mitten unter anderen Menschen in mich selber zu versenken, der gesellschaftlichen Komödie beizuwohnen und innerlich darüber zu lachen, in situ kompensatorische Phantasien auszutüfteln, die mit diesem Universum nichts zu tun hatten, wurde so zu feststehenden Merkmalen und Attributen meines Charakters. Mit der Zeit schweigsam und menschenscheu geworden, garantierten mir meine Distanz und meine Zurückhaltung sehr bald den gediegenen, verdienten Ruf, jemand zu sein, der im Schmollwinkel sitzt. Doch mehr noch als diese von meiner Umgebung beobachteten oder erduldeten Charakterzüge beunruhigte mich der häufige Bruch oder Kurzschluß, der bei den unvorhergesehensten Gelegenheiten in mir entstand. Ich erinnere mich, daß uns Roger Vailland einmal die Geschichte von dem Stammgast eines Bordells erzählt hat, der einmal wöchentlich kam und immer dieselbe Prostituierte nahm; sobald er mit ihr allein war, schnürte er ein kleines Päckchen mit einem Sauerkrautgericht auf, dessen verschiedene Zutaten er ihr hinhielt, damit sie sich diese eine nach der anderen in die Vagina einführe. Der Kunde wohnte der Szene bei, ohne zu masturbieren, packte das Sauerkrautgericht wieder ein und verabschiedete sich von der Prostituierten, nachdem er sie großzügig entlohnt hatte. Wie er ihr eines Tages gestand, ging er anschließend mit seinem Sauerkraut nach Hause, überreichte es seiner Frau und nahm mit einem unbeschreiblichen Lächeln am Liebesmahl der Familie teil. Die Anekdote, oder besser gesagt das Verhalten des Protagonisten, illustriert ganz deutlich die plötzlichen Ausfälle meines gesellschaftlichen Ichs und die höhnische Bewußtseinsspaltung, mit der es sich bei als angenehm oder ernsthaft angesehenen öffentlichen Situationen oder intimen Szenen einschaltete und sich manchmal immer noch einschaltet: ein Abend mit Nachbarn, der Besuch eines Verwandten, ein offizieller Empfang mit Staatssekretären oder Ministern, ein fröhliches Geburtstagsessen. Würde man mich bei solchen Gelegenheiten an einen Gedankendetektor anschließen oder an einen Detektor für umherschweifende Phantasien, würde ich auf der Stelle von dem Ort ausgeschlossen werden, an dem mein sichtbares und bauchrednerisches Ich mit Hintergedanken handelt, die denen des raffinierten Bordellkunden aus der Anekdote vergleichbar sind.

Die Konzentration, die meine Arbeit erforderte, trug sicherlich zu meiner Isolierung und zum Auftauchen dieses mutwilligen Ichs bei, das wie ein Teufel in einen Kasten gesperrt war. Vielleicht gehört dieses Phänomen wesentlich zu einer Berufung, die als fortgesetztes Verschlungenwerden erlebt wird; auf jeden Fall blieben die Wirkungen auch nach dem Wegfall der Ursachen weiter bestehen: liebenswürdige Gleichgültigkeit gegenüber allem, was nicht zu meinen persönlichen Zuneigungen, Obsessionen und Vorlieben gehörte; bedrükkendes Bewußtsein der Tatsache, daß nur die Liebeserregung, der Sex und das Schreiben wirklich sind, daß die gesellschaftliche bürgerliche Welt diese subjektive Echtheit stört oder unterbricht, die mich von nun an wie ein Abgrund ansaugen und in die privilegierten Untergründe des literarischen Schaffens, der persönlichen Kommunikation oder der bereitwilligen körperlichen Unterwerfung stürzen würde. Gegenüber diesen geduldig eroberten Bereichen war alles übrige – gesellschaftliche Bindungen, Einmischung im kulturellen oder literarischen Leben, Eitelkeit, Ruhm – ohne Bedeutung, rechtfertigte keine Energieverschwendung. Meine Moral erfuhr eine Veränderung und wurde pragmatischer: die Suche nach der Intensität in dem bereits erwähnten dreifachen Bereich sollte von nun an das fundamentale Ziel meines Lebens werden.

Doch ich greife den Ereignissen vor: in jenen ersten Monaten in Saint-Tropez wurde mir allmählich bewußt, daß es einerseits unmöglich war, die Gesetze des Leibes zu umgehen, und daß andererseits mein Leben mit Monique auf Verheimlichung und Lüge aufgebaut war, eine Tatsache, die schließlich mein mittelmäßiges Verteidigungssystem hinwegfegte. Die sublimierten Argumente, die ich vorgeschoben hatte, um nicht offen handeln zu müssen, erschienen mir nun falsch und sogar ungeheuerlich: sie waren ein schändlicher Tribut – wie ihn einst auch der Großvater hatte zahlen müssen – an die ruchlose katholische Moral. Was mich quälte, war nicht so sehr die Tatsache, den anderen die Wahrheit enthüllen zu müssen – schließlich war ich überzeugt davon, daß ich mich, wenn ich alles Zweideutige aus dem Weg räumte, von einer Last befreite, deren Gewicht von Tag zu Tag größer wurde –, als vielmehr das Risiko, die hiermit geschaffene Situation könne meine enge Verbindung zu Monique zerstören, ihr ein Ende bereiten. Ihr neues Glück mit mir, nach all den Stürmen und Spannungen in Paris und Havanna, beunruhigte und lähmte mich. Niemals seit unseren gemeinsamen Aufenthalten in Spanien hatte ich sie so strahlend und offen gesehen, ganz auf ihre Arbeit konzentriert, großzügig und herzlich zu ihren neuen und alten Freunden. Mehrmals im Verlauf dieses Frühlings, als wir uns bei mildem Wetter an einer der kleinen Buchten in Dorfnähe in die Sonne legten, hatte ich versucht, mich mit ihr auszusprechen und ihr zu gestehen, was mit Mohamed vorgefallen war. Doch aus dem einen oder anderen Grund kamen die Worte nicht aus meinem Mund, mein Herz schlug heftig, und nach einem ermüdenden Kampf mit mir selbst gab ich den Versuch jämmerlich auf. In meinem Innern hatte ich mir verschiedene Drehbücher zurechtgelegt, mit den jeweils für ein klärendes Gespräch günstigen Umständen und Örtlichkeiten: ein Spaziergang durch den Wald von La Garde Freinet; ein Abendessen zu zweit in einem Restaurant am Hafen; in der friedfertigen Nachsicht, die sich nach dem Beischlaf einstellt. Dennoch verlief alles ganz anders, sobald der Augenblick der Wahrheit gekommen war: nicht einmal dem Alkohol gelang es, meine Zunge zu lösen, mir Wut und Demütigung des Scheiterns zu ersparen. Das vertrauensselige Gesicht Moniques, die Verletzlichkeit ihres Lächelns, ihre sanfte Bindung an das Leben nach den Prüfungen durch die Krankheit ihrer Mutter machten aus meinem Vorsatz einen mitleidlosen Akt der Grausamkeit: die

Vorstellung, ihr einen solchen Schlag zu versetzen, war mir unerträglich und brachte alle Vorsätze ins Wanken. Seitdem weiß ich, daß ein Mensch in der Lage ist, aus reiner Feigheit die schlimmsten Betrügereien zu begehen oder sich der übelsten Extreme schuldig zu machen.

Heute treiben mir diese Unentschlossenheit und dieser Kleinmut die Schamröte ins Gesicht. Keine Frau konnte das Problem und das Dilemma, in dem ich mich befand, besser verstehen als Monique: der Welt Genets zugetan und Autorin des Romans *Les poissons-chats*, empfand sie echte Sympathie und Mitgefühl für die Homosexuellen, und ihre Reaktion wäre in keinem Fall bitter oder erbärmlich gewesen. Sie spielte oft im Gespräch mit mir auf dieses Thema an, als ob sie unbewußt meine Qualen erraten hätte und mir diskret die Hand reichen wollte. Wie sie später dann zu Recht sagen sollte, wäre es viel einfacher gewesen, die Gelegenheit beim Schopf zu packen und ruhig mit ihr unsere Zukunft zu erörtern. Eine hartnäckige, absurde, unerklärliche Angst ließ nacheinander alle günstigen Gelegenheiten vorübergehen, und obwohl ich mich dafür haßte, verschob ich die Entscheidung immer wieder auf später. In den Monaten Mai und Juni setzte ich mir feierlich ein halbes Dutzend endgültiger Termine, einzig und allein, um mir meine Ohnmacht zu beweisen und neue, noch kränkendere Mißerfolge anzuhäufen. War die Ursache für diesen heftigen Widerstand in meiner weit zurückliegenden spanischen Erziehung zu suchen, oder gehorchte er einer Ambivalenz, dem egoistischen Wunsch, mich zu waschen, ohne mir das Fell naß zu machen? Wie dem auch sei, das Warten belastete mich: von allen schwierigen Entscheidungen, die ich je in meinem Leben getroffen habe, sollte es gerade diese sein, die mich mit Sicherheit am meisten kosten würde.

Während ich mich mit meinen Widersprüchen und Ängsten herumschlug, hatte ich eine offizielle Einladung bekommen, mit meiner Familie die Sowjetunion zu besuchen. Der Plan, im Sommer, während Caroles Schulferien, dorthin zu reisen, reizte uns alle drei. Ich sollte Ende Juni wegen des Visums nach

Paris fahren und mich dort auch um die Fahrkarten kümmern. Um Monique und ihrer Tochter die vorhersehbaren und ermüdenden beruflichen Verpflichtungen zu ersparen, die mich bei meiner Ankunft in Moskau erwarten würden, beschlossen wir, daß sie zunächst einmal zu Hause bleiben und ich einige Tage vor ihnen das Flugzeug nehmen sollte. Nach den verschiedenen erfolglosen Versuchen, mein Gewissen zu erleichtern, kam mir die sorgfältig erwogene Idee, mich brieflich zu erklären, plötzlich wie ein Segen vor. Unter meinen zahlreichen gescheiterten Drehbüchern war auch das mit dem Briefumschlag, den ich in dem Augenblick, in dem ich das Haus verließ, um mit dem einen oder anderen meiner Landsleute in der Bucht zu angeln, deutlich sichtbar auf ihren Schreibtisch lege: doch verschiedene Gründe – Anwesenheit Caroles, die Gefahr, Monique könne nicht genügend Zeit zum Nachdenken haben, bevor sie mit mir über die Angelegenheit sprechen würde – führten schließlich dazu, daß ich von diesem Plan Abstand nahm. Schriebe ich hingegen meinen Brief in Paris, am Tag vor meinem Abflug in die UdSSR, wären die Nachteile einer plötzlichen, depressiven oder leidenschaftlichen Reaktion eher auszuschließen. Für eine Woche durch Tausende von Kilometern – und den Eisernen Vorhang! – von mir getrennt, hätte Monique sicherlich genügend Zeit, nachzudenken und sich eine Verteidigungsstrategie zurechtzulegen. Das Wissen um die brutale Quarantäne, die ich ihr damit auferlegte, brachte mich nicht von meinem Vorhaben ab. Durch die vorläufige, vorübergehende Trennung, dachte ich, würden Gefühle und Emotionen sich beruhigen, und wir hätten die Möglichkeit, dieses neue Kapitel unseres Lebens mit größter Rechtschaffenheit und Gelassenheit anzugehen.

Einen ganzen Tag lang schrieb ich in meinem Küchenbüro in der Rue Poissonnière an meinem Brief, aufgewühlt und verwirrt. Ich fürchtete, zu deutlich und zugleich nicht deutlich genug zu sein: der Gedanke, sie unnötig zu verletzen, quälte mich. Zu allem Überfluß gab es in letzter Minute noch eine Änderung, die die Dinge komplizierte und die Schwierigkeiten vergrößerte: mein Flugzeug ging am dritten Juli – vierundzwanzig Stunden bevor Monique mit dem Auto aus Saint-Tropez ankommen sollte –, doch in ihrer Ungeduld, nach so langer Abwesenheit ihre Pariser Freunde wiederzusehen, verlegte sie das Datum ihrer Abreise um drei oder vier Tage vor. Ihr unerwartetes Auftauchen brachte das sorgfältig und geschickt ausgearbeitete Drehbuch durcheinander und zwang mich zu einer letzten, erbärmlichen Pirouette: ich tat so, als verlegte auch ich meinen Abflug vor, damit sie bei ihrer Ankunft glauben sollte, ich sei in Moskau. Der neue Plan verlangte, daß ich umgehend die Wohnung verließ und mich mit meinem Gepäck für zwei Tage in einem kleinen Hotel in der Rue La Fayette, nahe der Gare du Nord, einquartierte. Nachdem ich meinen Brief mehrmals gelesen und korrigiert hatte, schien er mir schließlich akzeptabel, und nach einem melancholischen Spaziergang durch das anonyme Viertel, in dem ich mich wie ein Übeltäter versteckte, nahm ich mein nicht sehr rühmliches *alea iacta est* auf mich und warf den Brief in den Kasten.

Seit langem schon *habe ich die Absicht, Dir zu schreiben, um Dir etwas anzuvertrauen, das mich zutiefst berührt, doch das Gefühl, in eine Sackgasse zu geraten, sowie eine Mischung aus Angst und Scham führten dazu, daß ich meinen Entschluß von Tag zu Tag aufgeschoben habe. Auch befürchtete ich, bei einem Gespräch nicht die Ruhe zu bewahren, mich nicht klar und deutlich genug auszudrücken, nicht die notwendige Kaltblütigkeit zu bewahren, mich nicht richtig verständlich zu machen. Dennoch habe ich beschlossen, es zu versuchen, obgleich ich Deine echte Zuneigung zu mir kenne – ich bin mir ihrer jetzt gewiß – und um die starken und dauerhaften Bande weiß, die uns einen. Ich kenne Deine Gefühle, und auf eine gewisse Weise liebe auch ich Dich sehr viel mehr als vorher: mit einer Intensität, die ich nicht kannte und nie wieder kennen werde; und wenn ich sage, »auf eine gewisse Weise«, dann meine ich damit die moralische Liebe, die Wertschätzung Deiner Person und einiger zweifellos einmaliger Qualitäten, meine das, was Du für mich in diesen neun Jahren verkörpert hast und was Du heute in Deiner Art zu lieben so wunderbar verkörperst: Großzügigkeit, Zärtlichkeit, grenzenlose Freundschaft für die Menschen, die um Dich sind. Ich hätte gern noch »körperlich« hinzugefügt, auf die Weise, wie ich Dich jahrelang geliebt habe – obgleich ich Dich damals weniger liebte als heute –, doch ich kann in dem Augenblick nicht lügen, in dem ich mich bemühe klarzusehen und versuche, die Wirklichkeit und mein Verhalten Dir und den anderen gegenüber miteinander in Einklang zu bringen. Ich weiß, daß Du nicht erstaunt sein wirst, wenn Du diesen Brief liest: Du selbst hast das Thema gestreift, vor allem in den letzten Wochen im Hinblick* *auf ...* Dein Instinkt hat Dich nicht getrogen, was das tiefreichende Interesse angeht, das ich seit einiger Zeit einem bestimmten, klar definierten Männertypus entgegenbringe – ein eindeutiges Interesse, nehme ich an, trotz meiner verlegenen Ausflüchte. Die Gewißheit unserer Liebe und der Wunsch, sie zu bewahren, hinderten mich daran, mit Dir so zu reden, wie ich es gern getan hätte. In den letzten drei Monaten habe ich beschlossen, es zu tun, ohne jedoch eine Gelegenheit zu finden. Wirf mir bitte nicht vor, daß ich so lange gewartet habe. Ich habe lange gezögert, diesen Schritt zu tun, und ich habe dazu meinen ganzen Mut zusammennehmen müssen. Voller Angst geht mir immer wieder die Vorstellung durch den Kopf, ich könnte Dir weh tun. Es wird hart für Dich sein, aber es ist noch härter für mich. Ich fühle mich vollkommen an Dich gebunden, und mein Brief ist das Eingeständnis einer Niederlage, eines tiefen Unglücks. Es wäre mir lieber gewesen, ich hätte Dir nie schreiben müssen, aber ich kann so nicht weitermachen. Ich muß Dir erklären, warum und wie ich festgestellt habe, ohne daß es den geringsten Zweifel daran gibt, daß ich von Männern angezogen werde, und aus welchem Grund ich es Dir bis heute nicht gesagt habe.*

In Wirklichkeit hat ein bestimmter Männertypus, den Du inzwischen gut kennst, schon immer eine große Anziehungskraft auf mich ausgeübt, und ich glaube auch nicht, daß es reiner Zufall gewesen ist, daß ich mich in Dich verliebt habe. Ich fand in Dir das, was mir fehlte und was ich bei den anderen Frauen nicht fand: eine »Männlichkeit« und eine Unabhängigkeit, die unser gemeinsames Leben möglich machte. Meine früheren homosexuellen Erfahrungen sind negativ verlaufen, und seit wir zusammenleben, habe ich, bis vor einem Jahr,

* Die Gedankenpunkte und Klammern entsprechen Personennamen und Abschnitten, die aufgrund ihrer Nutzlosigkeit oder wegen ihres Wiederholungscharakters weggelassen worden sind. Das Original des Briefes ist französisch.

keine Beziehung zu einem Mann gehabt, ich habe nicht einmal daran gedacht – oder nur ganz flüchtig. Deine Liebe hatte mir ein Selbstvertrauen gegeben, das mir bis dahin fehlte, und lange habe ich geglaubt, meine Homosexualität gehöre der Vergangenheit an. Du zogst mich körperlich an, und ich fühlte mich selbstsicher. Mit der Geschichte von... nahmen die Dinge schließlich eine schlechte Wendung, damals, als meine Depressionen und meine Impotenzzyklen wegen meiner Eifersucht und des Verlusts meines Selbstvertrauens, trotz des ephemeren Charakters Deiner Abenteuer und der Gewißheit, daß Du mich den anderen vorzogst, ihren Anfang nahmen. Deshalb habe ich schwere Jahre durchgemacht und sie indirekt auch Dich durchmachen lassen. Vor allem aber glaube bitte nicht, daß ich Dir auch nur die geringste Verantwortung für das anlaste, was dann später geschehen ist: die Umstände, so will mir jetzt scheinen, haben nur dazu beigetragen, die Unsicherheit meiner körperlichen Beziehungen zu Frauen offen zutage treten zu lassen. Ich glaube eher, daß ich ohne Dich wahrscheinlich nie die erwiderte Liebe einer Frau kennengelernt hätte. Wir sind durch viele Höhen und Tiefen, durch Perioden der Ruhe und des Rückfalls gegangen. Die Eifersucht ist bei mir deshalb so schlimm geworden, weil ich nach einer ersten Depression große Mühe hatte, mit Frauen wieder Beischlaf zu haben, und in zwei von drei Fällen war ich impotent. Wie Du weißt, habe ich monatelang mit Prostituierten aus der Rue Saint-Denis geschlafen, bis ich das Experiment wegen der vielen Mißerfolge abbrach. Unter diesen Umständen war es für mich unerträglich, zu spüren, daß Du in einen anderen verliebt warst, wenn auch nur vorübergehend. Ich dachte allen Ernstes an Selbstmord, und ich verachtete mich, daß ich nicht den Mut dazu aufbrachte. Dann kam Kuba, das Bedürfnis, mich an etwas festzuklammern, eine Ausgangstür zu finden. Bei... war ich auf dem Höhepunkt der Eifersucht, der Depression, des Wunsches angelangt, alles aufzugeben. Die Frauen boten mir nicht die geringste Ausflucht, ich konnte mich nicht mehr kontrollieren: die einzigen Dinge, deren ich mich in meinem Leben schäme, haben mit dieser Zeit zu tun. Ich war nicht mehr Herr meiner selbst, und ich wohnte meinem eigenen moralischen Verfall bei. Dann hatte ich allmählich den Eindruck, Boden unter den Füßen zu finden, und ich habe geglaubt, daß ich von nun an nie wieder eifersüchtig auf Dich sein könne. Als ich dann mit Luis zusammengewesen bin, habe ich ihm die Situation erklärt und ihm gesagt, daß ich keinen anderen Ausweg sehe als irgendeine Form homosexuellen Lebens. Daraufhin hat er mit Dir gesprochen, und Du hast mit mir über die Angelegenheit reden wollen, doch ich war mir meiner Sache noch nicht sicher und konnte Dir nicht mit Bestimmtheit antworten.

Es ist nun etwa ein Jahr her, daß ich angefangen habe, mit Arabern zu verkehren. Ich brauchte nur einige Wochen, um mir darüber klarzuwerden, daß ich mein Gleichgewicht wiederfand und Dir von neuem näherkam; ich stellte aber auch fest, daß ich völlig, endgültig, unwiderruflich homosexuell war. Du hast sicherlich die Feststellung gemacht, daß sich unsere Beziehungen seit diesem Zeitpunkt verbessert haben. Ich habe angefangen, Dich noch mehr zu lieben als zuvor, wenn auch ganz anders, und ich habe eine Art Glück gefunden, das ich bis dahin nicht gekannt hatte. Ich fühlte mich heiter und gelassen, froh darüber, das Leben mit Dir zu teilen, Carole und Dich bei mir zu haben. Wie Du Dir denken kannst, hätte ich Dir gern erzählt, was geschehen war: doch unser Wohlbefinden schien so zerbrechlich, daß ich Angst hatte, es zu zerstören. Dann wolltest Du von Gallimard weg, wolltest über Deine Mutter schreiben: ich hatte den Wunsch, Dich in diesen beiden Punkten zu unterstützen, einer für Dein Leben so wichtigen Entscheidung keine Hindernisse in den Weg zu legen. Trotz meines Geheimnisses ist 1964 ein glückliches Jahr gewesen, ein Jahr, in dem sich unsere Beziehungen festigten und ich meine verlorene Ruhe wiedergefunden habe. Damals habe ich beschlossen, zu schweigen und Dir dabei zu helfen, die Taue zu kappen, um Paris und Gallimard zu verlassen, ich wollte Dich so unterstützen, wie Du mich unterstützt. Ich bin nach Saint-Tropez gezogen, bereit, auf das Leben zu verzichten, das ich gerade entdeckt hatte, froh darüber, mich ganz dem Schreiben, Dir und Carole zu widmen. Die gemeinsam verbrachten Monate haben mir gezeigt, wie ich mich Euch moralisch und gefühlsmäßig verbunden fühle (...) Sie haben mich aber auch gelehrt, daß ich nicht von meiner ganz realen Homosexualität absehen kann. Die (zweideutigen) Freundschaften, die ich anknüpfte, genügen mir nicht, und selbst wenn ich glücklich mit Euch bin, quält mich die Enthaltsamkeit gegenüber meinem Geschlecht. In Paris hätte ich das Geheimnis wahren können, ohne daß irgend jemand auch nur den geringsten Verdacht schöpfte; in Saint-Tropez ist das unmöglich, und wenn ich auch manchmal Lust hatte, mit (...) zu schlafen, habe ich diesen Gedanken allein schon Deinetwegen – wegen Deines Status im Dorf, des möglichen Skandals, den das hätte heraufbeschwören können, des Geredes der Leute – sofort verdrängt. Die Tatsache, dort zu leben, hat das sexuelle Doppelleben, das ich führte, unmöglich gemacht und mich dazu gezwungen, Dir die Wahrheit zu sagen (...)

Die Meinung der anderen ist mir gleichgültig. Seit ich mir meiner Homosexualität sicher bin, betrifft das einzige Problem, das ich habe, Euch, Dich und Carole – ich denke an die verhängnisvolle Wirkung, die diese Entdeckung jetzt auf sie hätte. Ich bin das Gegenteil eines Exhibitionisten: mein Schamgefühl und meine Neigung zur Heimlichkeit sind tief verwurzelt, doch ich habe keine Angst vor der Wahrheit, und die wenigen Personen, auf die ich zähle, sind Du, Carole und Luis. Ihm habe ich bei seinem letzten Besuch alles erzählt. Nun mußte ich nur noch mit Dir darüber reden.

Dieser Brief bringt meine Verwirrung zum Ausdruck. Ich weiß nur zu gut, welche Wirkung er auf Dich haben wird, doch trotz dieser Gefahr bin ich gezwungen, ihn zu schreiben (...) Ich bin vierunddreißig Jahre alt, ich liebe Dich, und ich liebe Carole, ich kann nicht ohne Euch leben, ich empfinde eine grenzenlose Zärtlichkeit für Dich. Was soll ich tun? Die Leere, in der ich mich befinden würde, wenn ich allein leben müßte, macht mir angst, doch ich werde sie akzeptieren, wenn Du es beschließt. Ich hätte von ganzem Herzen gewollt, die Dinge wären anders gewesen, es hätte mein normabweichendes Verhalten nicht gegeben (...) Doch was ich heute von mir weiß, nagt an mir; mitten unter den Freunden von Saint-Tropez sitzend, habe ich plötzlich den Eindruck eines Betrugs, ich sage mir, daß unsere Freundschaft fiktiv ist und auf der Lüge beruht, daß ich auf die Wertschätzung der Menschen verzichten müßte, weil sie Ekel empfänden, wenn sie die Wahrheit wüßten. Wie oft habe ich hinausgehen und die Tür hinter mir zuschlagen wollen, wenn sie von mir sprachen, als sei ich einer der Ihren, habe weit weggehen, ohne Freunde in einem Land leben wollen, in dem niemand mich kennen würde, in völliger Isolierung. Ich bin vom Schicksal Jeans (Genet) wie besessen. Manchmal werde ich nachts wach und möchte am liebsten schreien. Ich sage mir dann, daß dies meine Wahrheit ist, daß alles andere nur ein Kompromiß, nur Bequemlichkeit ist. Daß ich, will ich etwas tun, das moralisch Geltung haben soll, mit allem brechen muß.

Heute stecke ich in einer Sackgasse. Ich kann Dir nichts anbieten, Dir nichts versprechen. Ich habe Angst vor Deiner Reaktion, und doch wünsche ich sie mir insgeheim. Ich weiß, daß ich mein Glück, in Deiner Nähe zu sein, das so stark ist, zerstöre. Voller Beklommenheit habe ich diesen Brief immer wieder neu begonnen. Ich bete darum, daß Du ihn nicht als Bruch auffaßt, obgleich ich gegen diese Eventualität nichts tun kann. Ich habe Angst davor, ohne Dich zu leben: da sind Dein Gesicht, Deine Fähigkeit zu lieben, Deine Augen, Deine Zärtlichkeit. Ich bin nie jemandem so nahe gewesen wie Dir. Ich bin nie in der Liebe so weit gegangen wie mit Dir.

Du bist die ausschließliche Empfängerin dieses Briefes, Du kannst ihn aber denen zu lesen geben, die uns lieben und die wünschen, daß die Dinge zwischen uns gut stehen (...) Dabei weiß ich, daß die Vermittlung Dritter Dir nicht helfen kann und die Dinge nur unnötig komplizieren würde.

Mir bleibt nichts weiter, als den Wunsch anzufügen, daß Du die Liebe, das Glück, die Freundschaft und die Wertschätzung findest, die Du verdienst und von denen ich möchte, daß ich sie Dir immer geben kann.

Ich erwarte Dich am Zehnten in Moskau mit all meiner Liebe, und ich erwarte auch Carole. Ich küsse Dich ganz fest.

Endlich kam die voller Ungeduld erwartete Antwort. Ein ans Hotel Sowjetskaja adressiertes Telegramm, dessen knapper Text folgendermaßen lautete: Schreckliche Woche aber ich liebe Dich. Als ich Monique drei oder vier Tage später zusammen mit Irina, der Dolmetscherin, und Agustín Manso am Flughafen abholte, übergab sie mir einen während ihrer grausamen Quarantäne mühsam aufgesetzten Brief, der mit einem langen, im Flugzeug geschriebenen und datierten Postskriptum endete. Ihre Überlegungen, ihre Fragen, ihre Vorwürfe, in angstvoller, schwieriger Einsamkeit formuliert, zeigten sowohl ihre Stärke und Verletzlichkeit als auch ihre Noblesse, ihre Liebe, ihre Reinheit, ihre Großzügigkeit, ihre Zweifel, ihren Schmerz.

Das Wesentliche war gesagt: von nun an hing der Erfolg oder das Scheitern unserer Beziehung – ihre Anpassung an das, was sie gerade erfahren hatte – von unserem Willen ab, weiterhin zusammenzubleiben. Die Illusion, ein normales Paar zu sein, hatte Schiffbruch erlitten, und wir waren nun aufgefordert, etwas Neues zu schaffen. Doch genügten Liebe, Verständnis und gegenseitiger Respekt, womit wir zählten, um die Stärke einer Bindung aufrechtzuerhalten, die wir für grundlegend hielten? Bestand nicht die Gefahr, daß das abschüssige und schwierige Gelände, auf das ich mich vorwagte und zu dem sie keinen Zugang hatte, sich ausdehnen und unser gemeinsames Leben zu einer Scheinangelegenheit machen würde? Die Gefahr bestand, und wir waren uns ihrer voll bewußt. Der Entschluß, uns nichts zu verheimlichen, stieß in der Praxis auf ein entscheidendes Hindernis: den Wunsch, uns nicht zu verletzen und den anderen nicht unnötig leiden zu lassen. Nach und nach stellten wir die Regeln für ein Spiel auf, in dem die strenge Einhaltung dessen, was uns wichtig erschien, durch die von der Zuneigung bestimmte Zurückhaltung gemildert werden sollte. Obgleich wir noch für einige Jahre eine körperliche Intimität aufrechterhielten, verlagerte sich der Schwerpunkt unserer Gemeinsamkeit in die Sphäre gemeinsamer Werte und Gefühle. Monique wußte, daß meine arabischen Freundschaften meine Liebe zu ihr nicht in Gefahr brachten: Geschlecht und Wesensmerkmal meiner Gefährten schlossen jede mögliche Rivalität aus. Mein Leben verlief ohne Zusammenstöße und ohne Mißverständnisse auf zwei parallelen Ebenen: ohne Monique wäre meine Persönlichkeit auf die Hälfte zusammengeschrumpft. Die Befreiung von den Fußeisen, die mich gefangenhielten, veränderte so die Art unserer Bande. Ich hörte auf, der unsichere oder scheue Liebhaber der ersten Zeit zu sein, um ein völlig anderer und am Ende auch erträglicherer Mensch zu werden; ein Mensch, der entschlossen war, das Schreiben in sein Leben und sein Leben ins Schreiben einzubeziehen, und dessen Interessenkreis, dessen Zuneigungen sich nach und nach auf das Wesentliche beschränken sollten. Unser gemeinsamer Entschluß, das, was uns einte, vor den vorübergehenden Stürmen und Aufregungen zu schützen, siegte schließlich. Nur dunkel zwar, doch ohne daß ich mich darin irrte, dämmerte mir, welchen Fortschritt die Tatsache, daß ich keinen gesellschaftlichen Zwängen nachgab und mein Verhalten offenlegte, im Hinblick auf die damaligen Sitten bedeutete, wodurch meine Beziehungen zu Monique und zur übrigen Welt klargestellt wurden und an Wesentlichkeit gewannen. Angesichts der Schäbigkeit, Heuchelei und Frustration zahlreicher Ehepaare stellte das, was wir aufzubauen uns vorgenommen hatten, für uns beide einen bescheidenen Sieg über das Schicksal dar. Moniques frühe Faszination für das Universum Genets und ihre schnelle Reaktion, um mir aus dem Dilemma herauszuhelfen, mit dem ich zu kämpfen hatte, waren bei der Eroberung dieses neuen moralischen Territoriums entscheidend.

Am siebzehnten August 1978, dreizehn Jahre nach dem

Zeitpunkt, zu dem dieser Bericht spielt, schloß ich auf dem Bürgermeisteramt des Zweiten Arrondissements von Paris die Ehe mit Monique Lange.

VI

Die Zeitmaschine

Es würde mir schwerfallen, müßte ich genau den Geisteszustand beschreiben, in dem ich am dritten Juli 1965 auf dem alten, baufälligen Flughafen Le Bourget die Maschine nach Moskau bestieg. Ein Gefühl außerordentlicher Schwerelosigkeit, wie es sich bei einer plötzlichen Änderung des Drucks in der Kabine einstellt, hüllte die Formalitäten für den Flug in einen verschwommenen Nebel der Irrealität. Befreit von dem Gewicht, das mich erdrückte, hatte ich den Eindruck, unter dem subtilen Einfluß des Marihuanas zu handeln. Die Angst der letzten Tage, die dem leidvollen Schreiben des Briefes und den Reisevorbereitungen gewidmet waren, hatte sich von dem Augenblick an verflüchtigt, in dem ich mein Schicksal unwiderruflich dem Briefkasten anvertraut hatte. Die Streifzüge durch die Viertel um Barbès, La Chapelle und die Gare du Nord, in knapper Entfernung von dem Ort, an dem Monique bei ihrer Rückkehr aus Saint-Tropez den dicken Umschlag vorfinden und ein ums andere Mal die Seiten lesen würde, die die schwankenden Fundamente unseres Lebensgebäudes erschütterten, versetzten mich in einen Zustand des Schlafwandelns, fast der Levitation. Ich rechnete mir aus, um welche Uhrzeit sie mit Carole in der Rue Poissonnière ankommen würde – fröhlich, voller Vertrauen, sonnengebräunt, mit ihrer üblichen Last an Taschen und Koffern –, ich stellte mir voller Unruhe ihre Überraschung angesichts des Briefes vor, die unvorhersehbaren Reaktionen bei der Lektüre seines Inhalts, ihre Verwirrung oder Panik angesichts der Darlegung eines Problems, das, obgleich sie es dunkel geahnt hatte, plötzlich ihren Horizont verdüsterte und sich jäh zwischen uns stellte. Der unruhige Halbschlaf in meinem Hotel in der Rue La Fayette, als ich sie in so großer Nähe und doch in unerreichbarer Ferne wußte – ohne mich ihr mitteilen zu können, da sie mich bereits in Moskau wähnte –, hatte mich erschöpft und ausgelaugt. Da ich auf den Schatten oder das Gespenst des Reisenden zusammengeschrumpft war, der angeblich zwei Tage zuvor abgeflogen war, schlug ich die Zeit, so gut ich konnte, tot, lief durch die Straßen einiger vertrauter Viertel, in deren Anonymität ich Zuflucht fand, und wartete auf den Augenblick, in dem ich auf der sonnenbeschienenen Landebahn von Le Bourget eins mit ihm werden würde. Im Flugzeug der Aeroflot ließ ich mich von einer Art Fatalismus überfluten: dem Bewußtsein, die Brücken abgebrochen und die Schiffe verbrannt zu haben, in den Krieg gegen mein falsches Bild zu ziehen, mich auf eine schwierige Zukunft einzulassen, die aber voller Anregung und Neuheit war. Mit vierunddreißig Jahren, ohne genaue Identität, nur von dem Entschluß beseelt, dem Opportunismus und den Lügen von einst ein Ende zu machen, begann meine Wiedergeburt mit einer Phase fortgesetzter Brüche, in der der Kreis meiner Freunde immer stärker schrumpfen sollte: die vorhersehbare Einsamkeit, die auf mich lauerte, wäre einzig und allein, das wußte ich, mit der Unterstützung und dem Verständnis Moniques erträglich. Mit gemischten Gefühlen, erleichtert darüber, daß ich das Zweideutige der Situation verscheucht hatte, doch mit der Furcht vor einer unvorstellbaren Ablehnung, entfernte ich mich also von ihr und flog dem Ort entgegen, an dem wir uns einige Tage später im neuen, exotischen Ambiente des Landes der Zukunft verabredet hatten; in dieser Bastion des wissenschaftlichen Sozialismus, der Wiege der ruhmreichen Oktoberrevolution, Hoffnung und Mekka der Ausgebeuteten, der so gefürchteten, bewunderten und gehaßten UdSSR, Gegenstand vorübergehender Alpträume in meiner Kindheit und nicht minder flüchtiger Anhängerschaft als Erwachsener, in einem Moskau, dessen bloße Erwähnung meinen Vater hochschrecken ließ und das ich jetzt, mit der Freiheit, die ich durch meine Häutung erlangt hatte, endlich ohne irgendwelche Scheuklappen zu durchstreifen und zu beobachten mich anschickte.

Im Unterschied zu den Reisen, die ich einige Jahre zuvor nach Kuba unternommen hatte, reiste ich in einer offenen, geistig empfänglichen Verfassung in die Sowjetunion, ebensoweit von dem eingeimpften primitiven Antikommunismus meiner Kindheit entfernt wie von der Gläubigkeit und Naivität meiner vergangenen Hingabe an die Sache Fidel Castros. Die aus Havanna durchgesickerten Gerüchte und die bittere politische Erfahrung von 1964 trugen dazu bei, mich vorsichtiger und mißtrauischer zu machen: sowohl von rechts als auch von links angegriffen, von der Kommunistischen Partei und vom Franco-Regime, hatte ich meine einstige politische Unschuld verloren und bewegte mich ungeschützt in einem Niemandsland. Die Wirklichkeit war, wie mir der Fall meiner ausgeschlossenen Freunde zeigte, sehr viel komplexer und verfänglicher, als ich angenommen hatte. Die Parallelen und die Symmetrie der zur Disqualifizierung des Gegners von Freunden und Feinden angewandten Methoden erfüllten mich mit Entsetzen. Jahrelang daran gewöhnt, die Welt durch ein einziges Prisma zu betrachten und die Menschheit in zwei deutlich voneinander abgegrenzte, gegensätzliche Lager zu teilen, habe ich Augenblicke der Sprachlosigkeit und der Hilflosigkeit erlebt, bevor ich, als heilsame Reaktion hierauf, den Versuch unternahm, mich zu korrigieren: aufzuhören, mir alles weismachen zu lassen und alles zu schlucken, und in Zukunft ein größeres Unterscheidungsvermögen an den Tag zu legen und mit größerer Klarsicht zu handeln.

Ich mußte ohne Vorurteile und ohne vorgefaßte Meinungen in die UdSSR fahren und dabei nichts weiter mitbringen als das Interesse und die Neugier eines Zuschauers. Mich einer wenn schon nicht neutralen, so doch zumindest gleichmütigen und kühlen Haltung befleißigen. Mich in eine Filmkamera und ein Tonbandgerät verwandeln gegenüber dem, was ich hörte und sah. Fakten, Vorkommnisse, Unterhaltungen genau aufschreiben. Zum erstenmal in meinem Leben eine Art Tagebuch führen.

Weil ich diesen Entschluß dann doch nicht in die Tat umsetzte, übernahm es Monique für mich. In ihrem Notizbuch, in einer winzigen und fast nicht zu entziffernden Schrift, faßte sie Tag für Tag die Reiseetappen zusammen, und ihre Bemerkungen, selbst noch in ihrer knappen, telegrammstilartigen Kondensierung, erlauben mir heute, mich ohne Anachronismen oder Irrtümer wieder an die Szenen unseres geregelten bürgerlichen Lebens im Weltvaterland des Proletariats zu erinnern.

Die Aufregung der ersten Tage in Moskau war die Folge einer nagenden Unruhe: das Ausbleiben der Antwort Moniques auf mein Telegramm, in dem ich ihr meine Adresse mitgeteilt hatte, und die wachsende, drückende Angst meines Wartens. Entgegen meiner Annahme gingen die Zoll- und Paßformalitäten überraschend schnell über die Bühne. Da ich Gast des Schriftstellerverbandes der UdSSR war, zeigten die Beamten am Flughafen kein Interesse für den Inhalt meines Koffers. Am Passagierausgang erwarteten mich Agustín Manso, ein Sowjetbürger spanischer Herkunft, der mit einer Gruppe asturischer Kinder während des Bürgerkriegs als Flüchtling nach Rußland gekommen war und den ich einige Monate zuvor in Paris kennengelernt hatte, sowie eine leitende Genossin des Schriftstellerverbandes namens Irina, die von reizendem und gewinnendem Äußeren war. Mit ihnen begab ich mich ins Hotel Sowjetskaja, das damals, wie ich später erfuhr, für ausgewählte Gäste reserviert war.

Während Agustín mich mit seinem Freundeskreis und seinen Landsleuten bekannt machte, nahm sich Irina meiner an, um mich durch das Labyrinth der offiziellen und bürokratischen Welt zu führen: protokollarische Besuche bei ihren Kollegen und Vorgesetzten vom Verband, Begegnungen mit Autoren und Direktoren von Kulturzeitschriften, Auszahlung meiner beträchtlichen Autorentantiemen, Festlegung der Wege und Etappen unserer Reise. Um uns langweilige organisierte Besichtigungen von Kolchosen und Musterfabriken zu ersparen, wies ich auf unser leidenschaftliches Interesse an Kirchen und historischen Denkmälern hin, was zu dem paradoxen

Ergebnis führte, daß ich nie im Leben so viele religiöse Bilder, Tempel und Kapellen zu sehen bekam wie im Verlauf meines Aufenthalts in dieser angeblich atheistischen Welt. Da ich Moniques Liebe zu den Stränden kannte, setzte ich durch, daß auf die Liste der vorgesehenen Ausflüge auch einige Ruhetage auf der Krim hinzukamen. Wie es in den Ländern des »realen Sozialismus« die Norm ist, mußte sich ein *Perevodtschik* um uns kümmern und uns auf allen Wegen begleiten. Ich hatte Irina zwar Agustíns Namen vorgeschlagen, doch wie er schon vermutet hatte, war der Auserwählte ein anderer: ein junger Litauer, klein, lebhaft, eckig, der eine Brille trug und so aussah, als käme er aus Disneyland. Er hieß Vidas Silunas, und Agustín kannte ihn von der Universität her. Seine spätere Nähe zu uns war nicht nur leicht zu ertragen, sondern sogar angenehm. Vidas, Agustín und Irina machten mich mit den Redakteuren der *Zeitschrift für ausländische Literatur* bekannt, in der meine Werke erschienen waren; sie gingen mit mir in die Verlagshäuser, deren Spezialität die Übersetzung westlicher Romanciers und Autoren war, und nahmen mich mit zum Sitz des Redaktionskomitees von *Novy Mir*, wo mich Alexander Twardowski mit offenen Armen empfing, mich seinen Mitarbeitern vorstellte und mich durch die Ehrlichkeit und Offenheit seiner Fragen überraschte. Erster und einziger Verleger Solschenizyns in der kurzen Tauwetterperiode unter Chruschtschow, hob sich der Dichter, obwohl früher von Stalin ausgezeichnet und ein angesehenes Mitglied der Nomenklatura, damals durch seinen größeren Unabhängigkeitsgeist und eine bemerkenswerte Offenheit der Ideen von seinesgleichen ab. Ich erinnere mich, daß er, kaum war ich angekommen, meine Meinung über Neruda wissen wollte. Über den Dichter oder über den Menschen? Über beide, gab er mir zur Antwort. Ich sagte ihm, daß ich zwanzig Prozent seines Werkes großartig fände, sechzig Prozent eher mittelmäßig und den Rest abscheulich: was seine Person angeht, fügte ich hinzu, so könne ich nicht objektiv sein, denn er verkörpere in meinen Augen alles, was ich bei anderen und bei mir selbst verabscheute: den Opportunismus, die Egozentrik, eine mit lächelndem Fatalismus hingenommene lineare Geschichtsauffassung. Die Reaktion Twardowskis war unerwartet: er erhob sich von seinem Sitz, umarmte mich und klopfte mir liebevoll auf die Schultern. Solange er Direktor von *Novy Mir* sei, werde er nicht eine einzige Zeile von ihm veröffentlichen. Heftig erklärte er mir, daß Neruda in der Zeit der Säuberungen und der Macht Schdanows der internationale Bürge des Diktators gewesen sei, der freiwillige Wachhund seiner Ideologie. Dann überließ er seinen Mitarbeitern das Wort und wohnte den Fragen und Antworten über Themen der literarischen Aktualität in Spanien, Paris, Kuba und den lateinamerikanischen Ländern bei. Doch Twardowski war ein seltener Vogel in der offiziellen Sowjetwelt. In den übrigen Kulturzentren, zu denen ich Zugang hatte, nahm der Dialog mit den Verantwortlichen unweigerlich eine andere Wendung. Außerhalb des Bereichs der Weltklassiker offenbarten die literarischen Geschmäcker meiner Gastgeber eine Mischung von unglaublicher Ignoranz, schwachsinnigem Dogmatismus und selbstzufriedener, desolater Mittelmäßigkeit. Keiner oder fast keiner der modernen Schriftsteller, die ich am meisten bewunderte, verdiente, daß sie sich für ihn einsetzten: weder Proust noch Joyce, weder Kafka noch Svevo, noch Borges gab es auf russisch, und keiner von ihnen wurde zur damaligen Zeit übersetzt. Die Berater der spanischen Abteilung verbreiteten das Werk Celayas und Marcos Anas, nicht aber das Cernudas; das von Dolores Medio, aber nicht das von Martín-Santos. Ich erinnere mich, daß ich einen von ihnen fragte, warum sie nicht *Schweigen über Madrid* veröffentlichten. Die Antwort meines Gesprächspartners oder, um genauer zu sein, meiner Gesprächspartnerin erfüllte mich mit Verblüffung. Der Roman, sagte sie mir, sei zu vielschichtig und der sowjetische Leser würde ihn nicht verstehen. Ich hätte ihr antworten müssen – tat es jedoch nicht –, daß bei einem solchen Kriterium der intellektuelle und literarische Fortschritt unmöglich sei und das Publikum ihres Landes auch noch im Jahre 2000 in einem Zustand der Unmündigkeit verharre, abgeschnitten von den bedeutendsten und bereicherndsten Werken.

Wenn mir heute bei Lesungen oder kulturellen Veranstaltungen ein Teilnehmer die unvermeidliche Frage stellt, warum ich so sibyllinische und hermetische Texte schriebe wie *Don Julián* oder *Makbara*, die der Durchschnittsleser nicht verstehen könne, erzähle ich stets diese Anekdote, um darauf hinzuweisen, wie gering ich die Chancen auch nur der kleinsten Verbesserungsmöglichkeit des Publikumsgeschmacks einschätze, dem durchaus die demagogische, paternalistische Haltung jener entspricht, die eigenmächtig beschließen, das Niveau des künstlerischen Schaffens herabzudrücken, und sich das Recht anmaßen, darüber zu entscheiden, was das Volk auf dem Gebiet der Kunst und der Literatur versteht oder nicht versteht. Die Geschichte der Literatur besteht – wie alle Äußerungen des menschlichen Geistes – in einer Aufeinanderfolge schwieriger, zu Anfang häufig verkannter Unternehmen: um in seiner Tiefe und Vielschichtigkeit erkannt zu werden, verlangt jedes innovative und originelle Werk eine bisweilen große Zeitspanne, um sich seinen Weg zu bahnen. Der Fall der großen Poesie Góngoras, den Lesern erst drei Jahrhunderte nach ihrer Entstehung zugänglich, ist ein extremes Beispiel für das, was ich sage. Es würde jedoch genügen, das diskriminierende Kriterium, das die Bürokraten auf die Literatur anwenden, auf die Wissenschaft zu übertragen, um sofort die Verlogenheit ihres Standpunktes deutlich zu machen: da das Volk, wie anzunehmen ist, auch die Entdeckungen der Physik nicht versteht, sollte der Staat sie logischerweise ebenfalls verbieten. Wenn er es nicht tut, geschieht das natürlich ausschließlich aus Gründen der Rentabilität: die Wissenschaft kann er in ihren konkreten Anwendungen in seinen Dienst stellen, mit der Literatur hingegen kann er das nicht tun und wird es auch nie tun können. Das Prinzip der Nützlichkeit oder der politisch-gesellschaftlichen Funktion der Kunst bedeutet fatalerweise ihr Ende. Von allen literarischen und künstlerischen Lehren, die in den letzten zwei Jahrhunderten zum Ausdruck gebracht worden sind, unterscheidet sich der sozialistische Realismus in Wahrheit durch ein wirklich außergewöhnliches Charakteristikum:

daß er auf den Gebieten des Romans, der Poesie, der Musik oder der Malerei nicht ein einziges bedeutendes Werk hervorgebracht hat. Als mich die Mitarbeiter Twardowskis nach meinen Vorlieben in der modernen russischen Literatur fragten, mußten sie über die Liste der von mir erwähnten Autoren – Blok, Jessenin, Babel, Achmatowa, Mandelstam – lächeln: alle hatten ihr Werk außerhalb der offiziellen Lehre und sogar gegen sie geschrieben, und einige von ihnen hatten ihre Kühnheit mit dem Leben bezahlt. Die Ungeheuerlichkeit der Strafe und der jedem Akt der Herausforderung innewohnenden Gefahr macht erklärlich, daß in der UdSSR so viele Schriftsteller und so viele Leser die Literatur völlig ernst nehmen. Wenn die Schaffung eines Werkes, das sich vom staatlich verordneten Credo unterscheidet, für seinen Autor zum bürgerlichen Tod und zur Kaltstellung führt, wenn die meisten gedruckten Bücher nichts weiter sind als Plunder und eine Mischung aus Konformismus und Propaganda, dann verdeutlicht diese Situation die Gier einer aufgeweckten, aktiven Minderheit nach den selbst auf dem Schwarzmarkt sehr schwer erhältlichen Werken, die, wenn sie wirklich einmal verlegt werden, sofort aus den Regalen der Buchhandlungen verschwinden. Eine ganze Nacht lang im Freien Schlange zu stehen, um einen Band Gedichte zu kaufen, wie es einige Monate vor meiner Reise in die UdSSR mit einer kleinen, autorisierten Auswahl von Gedichten der Achmatowa geschah, ist ein Zeichen für den hohen Wert, den das literarische Schaffen für ein ausgehungertes Publikum hat, und umgekehrt für die berechtigte Angst der Zensoren angesichts von Gunstbezeigungen, die das Ergebnis ihrer blinden und absurden Politik sind. Der Statusunterschied des schöpferischen Menschen in der sowjetischen Welt und in den westlichen Ländern läßt sich an dem Respekt und der religiösen Bewunderung ermessen, mit denen die Leser die Figur des Schriftstellers umgeben, dessen Weg vom etablierten Kanon abweicht und der den literarischen und künstlerischen Anspruch mit einer unbestechlichen moralischen Strenge verbindet. Die Suche nach neuen Ausdrucksformen, die Erforschung jungfräulicher sprachlicher Gebiete mögen im Westen als Spiel gerügt werden; in der UdSSR haben sie in den Augen der Leser wegen der äußeren Sanktionen, die ihnen drohen, eine ungewöhnliche Bedeutung.

In der Zeit zwischen meiner Ankunft in Moskau und Moniques Eintreffen sah ich auch die Freunde Agustín Mansos sowie die Gruppe der Spanier, deren Adresse ich von Claudín bekommen hatte. Einige von ihnen waren KP-Mitglieder und mehr oder weniger in die starren, abgegrenzten Abteilungen der Parteihierarchie eingebunden; andere, wie der Theaterdirektor Ángel Gutiérrez, hatten ernsthafte berufliche Schwierigkeiten oder lebten völlig außerhalb dieser Hierarchie, wie etwa Dionisio García. Letzterer hatte sich gerade von einer Zigeunerin scheiden lassen; er hatte lange Zeit bei den Mönchen von Zagorsk gelebt, kümmerte sich um die Restaurierung von Ikonen und legte eine große Liebe zur Literatur und zur Philosophie an den Tag, obgleich seine Kenntnisse in der Philosophie sehr beschränkt waren: die Tatsache, daß er außer Spanisch und Russisch keine anderen Sprachen beherrschte, und die Schwierigkeit, sich in diesen beiden Sprachen Bücher über das Thema zu besorgen, schränkten die Möglichkeiten seiner Lektüre auf eine knappe, bunt zusammengewürfelte Liste von Autoren ein. Ich erinnere mich an seine Neugier und sein Interesse für die Werke Kierkegaards, Bergsons und Berdjajews, deren Lehren er nur vom Hörensagen kannte, sowie an sein radikales Mißtrauen und seine totale Verachtung gegenüber allem, was die Politik betraf. Durch ihn lernte ich einige Aspekte der sowjetischen Wirklichkeit kennen, die völlig verschieden und sogar gegensätzlich waren zu denen, die in den offiziellen Kreisen zur Schau gestellt wurden: die Wohnung, die er mit verschiedenen Familien oder Nachbarn teilte und in der er nur ein bescheidenes Zimmer voller Bücher hatte; die Existenz antisemitischer Gruppen, von denen er, weil er Spanier war – ein Bürger aus dem Land der Heiligen Inquisition und der Katholischen Könige –, eines Tages mit Glückwünschen und Schmeicheleien empfangen wurde. Obgleich gefühlsmäßig allem Russischen – Kultur, Sitten, Landschaften –

sehr nahe, stellten meine neuen Bekannten eine wirklich hoch einzuschätzende geistige Unabhängigkeit unter Beweis. Ihre Ansichten über die UdSSR waren unparteiisch und nuanciert: sie sprachen zwar zärtlich über sie, doch sie verschwiegen auch nicht ihre Fehler. Meine Autorenhonorare, die mir in nicht konvertierbaren Rubeln ausgezahlt wurden, mußte ich an Ort und Stelle ausgeben, so daß ich mir den Luxus erlauben konnte, sie in die teuersten Restaurants einzuladen. Zum ersten und wahrscheinlich einzigen Mal in meinem Leben verfügte ich über genügend Mittel, um freizügig eine Gruppe von Freunden zu bewirten, und während ich auf den Tag wartete, an dem Monique und Carole kommen sollten, genoß ich das kurze Vergnügen, mich wie ein Millionär aufzuführen.

Mit ihrem leichten weißen Regenmantel bekleidet, war sie endlich neben ihrer Tochter im Terminal für die ankommenden Passagiere aufgetaucht, nachdem sie zuvor die Paßformalitäten erledigt hatte. Meine Begleiter ahnten weder etwas von der tiefen Gemütsbewegung dieses Wiedersehens noch von den Veränderungen, die mein Brief in unserem Leben bewirkt hatte. Ihr warmes Lächeln, die Zärtlichkeit ihrer Gesten und Bewegungen verbargen in Wirklichkeit ihre Einsamkeit und ihre Unsicherheit angesichts des Rätsels, das ich ihr aufgab. An dem regnerischen, doch von einem Leuchten durchfluteten Nachmittag gingen wir zuerst ins Hotel Sowjetskaja, um dort die Koffer abzustellen, bevor wir einen Gang über den Roten Platz und an der Kremlmauer entlang machten. Irina und ihre Kollegen vom Schriftstellerverband hatten sich sehr bemüht, um mit Fingerspitzengefühl alle Probleme aus dem Weg zu räumen, so daß wir einen angenehmen Aufenthalt hatten. Das Reiseprogramm, meinen Wünschen entsprechend zusammengestellt, entzückte Monique. Die neue Umgebung – Freunde, Bauten, Lebensrhythmus – erleichterte eine vorsichtige Anpassung aneinander. Ohne den Reiz, diese extreme, weite, fremde Welt zu entdecken, wären die Dinge für uns beide anders und wahrscheinlich schwieriger gewesen.

Meine kurzen Aufzeichnungen über die UdSSR, die mit Hilfe von Moniques Notizbuch zustande gekommen sind, wollen lediglich – mit den unumgänglichen nachträglichen Reflexionen – die Frische meiner damaligen Eindrücke wiederherstellen. Ihre absichtliche Oberflächlichkeit, ihr voreingenommener Humor und ihre Ungeniertheit könnten sowohl die Verteidiger als auch die Gegner des Sowjetsystems verstimmen, doch sie geben die Sicht eines Beobachters wieder, der bemüht ist, sich von den Scheuklappen der Ideologie frei zu machen. Die Tatsache, daß ich den »realen Sozialismus« mit der Schlichtheit eines einfältigen Kindes betrachtete, war also nicht die Folge eines launigen Entschlusses oder einer willkürlichen Einstellung; sie stand im Zusammenhang mit den Umständen, die zu meinem Bruch mit der Vergangenheit geführt hatten, und meinem Wunsch, mit allem, was mich erstickte, Tabula rasa zu machen, um mir gegen alles und jeden – ob Freunde, Feinde oder Verwandte – eine neue Identität zu schaffen und so, im Kampf mit mir selbst, meinem Leben eine andere Richtung zu geben.

1

Im Eingang des *Hotels Sowjetskaja stößt Monique auf eine Freundin, mit der sie vor Jahren beruflich zu tun hatte. Sie ist ebenfalls gerade in Moskau angekommen, kennt niemanden in der Stadt und fragt uns, ob es uns etwas ausmachen würde, sie zum Abendessen mitzunehmen. Monique sagt ihr, daß es uns nichts ausmache, und wir vereinbaren, daß ich sie in ihrem Zimmer abholen werde. Dieses Zimmer liegt in einem anderen Stockwerk als das unsere, und zur festgesetzten Zeit gehe ich die Treppe hinauf, komme an einer korpulenten Frau vorbei, die gleichgültig hinter einem kleinen Tisch sitzt und auf die Zimmerschlüssel aufpaßt, gehe durch den Flur und klopfe an die Zimmertür mit der angegebenen Nummer. Doch aus einem mir unbekannten Grund ruft mein Klopfen bei der Wächterin einen Wutausbruch hervor: sie steht schreiend auf, läuft auf mich zu, schüttelt drohend die Arme. Als Moniques Freundin die Tür öffnet, bietet sich ihr ein Bild, das sie verblüfft: die Matrone sagt immer wieder* njet, njet *und zieht mich, damit nicht genug, brutal am Ärmel. »Was hat sie denn? Ist sie verrückt geworden?« Ich sage, daß ich es nicht weiß, doch die Botschaft scheint klar: ich habe, ohne es zu wissen, eine grobe Zuwiderhandlung begangen. Die Situation ist ungewöhnlich, wir können uns das Lachen nicht verkneifen. Um eine Kraftprobe zu vermeiden, bei der wir in jedem Fall den kürzeren ziehen würden, machen wir aus, uns in der Hotelhalle zu treffen. Als ich Monique und meinen Freunden den Zwischenfall erzähle, ist die allgemeine Heiterkeit groß. Etwas verlegen sagt mir Agustín, daß die Hausordnung bestimmter Hotels Besuche zwischen Gästen verschiedenen Geschlechts verbietet, um unmoralische Handlungen zu verhindern.*

Die Katholische Aktion Spaniens, wie ich sie in meinen Jahren an der Hochschule kennengelernt habe, wäre zweifellos stolz, ihre fromme Saat am fernen Ufer der Moskwa aufgehen zu sehen.

2

Das Essen in den Restaurants ist in der Regel ausgezeichnet, doch das Personal hat keine Zeitvorstellung und ist oft in geheimnisvolle Betrachtungen vertieft, bei denen es den nutzlosen Rufen und Zeichen des Gastes nicht die geringste Beachtung schenkt. Zwischen dem Augenblick, an dem er am Tisch Platz nimmt, und dem Augenblick, an dem man ihm die Karte bringt, kann unglaublich viel Zeit verstreichen, ohne daß, zumindest dem Anschein nach, irgendeine Beschäftigung oder Arbeit dies rechtfertigen würde.

Ich habe eine Vorliebe für das Usbekistan und das Tibilisi; dort sind die Kellner aufgeweckter und nehmen, ohne mit der Wimper zu zucken, das Trinkgeld an, das ich ihnen gebe. Doch die Schriftsteller ziehen es vor, sich in den für ihren Verband reservierten Lokalen zu treffen, wo Stars wie Jewtuschenko Anrecht auf einen eigenen Tisch haben und theatralisch den berühmten Besucher empfangen und dabei ihr Champagnerglas auf den Boden werfen können. (Der »berühmte Besucher«, der diese Zeilen schreibt, mußte diese Prüfung bei einer zweiten Reise über sich ergehen lassen, und vergebens suchte er nach einem Mauseloch oder einer Ecke, um sich dem großartigen und übertriebenen Gebärdenspiel des Barden zu entziehen.)

Meine Gastgeber feiern das Wiedersehen der Familie mit Toasts, die mit Wodka und Weißwein ausgebracht werden, und als es Zeit geworden ist, aufzustehen und die Salons des Künstlercafés zu verlassen, sind Monique und ich zwar fröhlich, doch auch etwas beschwipst.

Weniger glücklich als die Gäste des Restaurants, besaufen sich die kleinen Leute zu Fuß und allein. Bei unserem ersten

Streifzug durch Moskau zeigen uns meine Freunde eine Gruppe schweigender Menschen mit diesem für die Kunden der Heilsarmee typischen Ausdruck von Trauer und Verwahrlosung, die vor einem Getränkeladen Schlange stehen. Wie ich auch bei anderen Gelegenheiten feststellen konnte, teilen sich oft zwei oder drei Personen den Preis für eine Flasche Wodka, die dann auf der Straße an den Hals gehängt und getrunken wird, ohne daß dabei ein einziges Wort fällt. Das Gemeinschaftsgefühl, das der Alkohol verleiht, wird durch ein Ritual ersetzt, dessen Abkapselungstendenz mich verwirrt: die Trinker bewahren ihre Anonymität, und nach der kurzen Begegnung bei dem geteilten Getränk geht jeder mit unsicherem Schritt und stumpfem Blick seiner Wege. Der Preis des Wodkas ist für den Geldbeutel des Durchschnittsbürgers einigermaßen erschwinglich, und man hat mir gesagt, das System achte darauf, daß die Lieferung nie unterbrochen wird.

3

Vidas Silunas bietet uns eine Sightseeing-Tour durch Moskau an, mit Haltepunkten beim Kreml, auf dem Roten Platz, beim Lenin-Mausoleum, in der Gorki-Straße, beim Puschkin-Denkmal. Auf Dionisios Rat hin bitten wir darum, die in der Stalin-Zeit erbaute Metro zu sehen. Unser Führer geht mit uns zu einer imponierenden, kalten, bedrohlichen Metrostation mit Kristallampen an den Decken. Eine Rolltreppe bringt uns zu den Bahnsteigen, die mit den Statuen von Helden der Revolution geschmückt sind; es sind etwas überlebensgroße Bronzestatuen, die Soldaten, Matrosen, Kommissare und Milizionäre in ritterlichen, kriegerischen, erobernden Haltungen darstellen. Die Uniformen, die Koppel, die Stiefel sind sorgfältig nachgebildet, und einer dieser Tapferen schwingt sogar mit titanenhafter, inspirierter Wut einen echten Revolver. Wir beschließen, eine Fahrt zu machen, und steigen mit Vidas in einen der Metrozüge. Die Wagen scheinen geräumiger, bequemer und sauberer zu sein als die der Pariser Metro, und die Benutzer, um diese Zeit nur wenige, steigen gemächlich, ernst, geduldig und diszipliniert ein und aus. Wir setzen uns in einer Reihe nebeneinander, neugierig und selber Gegenstand der Neugier jener, die uns gegenübersitzen: Frauen mit Kopftuch, die aussehen wie Dorfbewohnerinnen; Männer mittleren Alters, mit sanguinischem Gesicht, fast immer einen Hut oder eine Mütze auf dem Kopf. Der starre, bittere Blick einer der Frauen in Moniques Richtung zieht plötzlich meine Aufmerksamkeit auf sich; als ich mich anschicke, sie darauf hinzuweisen, steht die Frau auf und zieht, ohne ein Wort zu sagen, an Moniques Rocksaum, um ihre Knie zu bedecken. Wir sind sprachlos über dieses Verhalten, und Vidas Silunas beeilt sich, uns zu beruhigen: die Bauern, sagt er, sind nicht an die Art und Weise gewöhnt, wie sich die Ausländerinnen anziehen; jede Anomalie, so unschuldig sie auch sein mag, schockiert ihr übertriebenes Schamgefühl.

Im Verlauf der folgenden Tage haben wir wiederholt Gelegenheit, diese beim russischen Volk verbreitete Mischung aus Härte, Herzlichkeit und Schroffheit zu beobachten: der Fahrer des Autos, mit dem wir nach Susdal unterwegs sind, bringt uns großes Interesse und viel Sympathie entgegen, er bombardiert uns über den Dolmetscher mit Fragen, lacht wie ein Kind über unsere Offenheit und dreht sich unaufhörlich nach uns um, so daß wir am Ende befürchten, daß er das Steuer vergißt und gegen einen Baum fährt; in dem großen Kaufhaus GUM, in das Monique mit ihrer Tochter zum Einkaufen geht, rempeln sich, wie sie mir sagt, die Kundinnen gegenseitig an und bahnen sich mit Hilfe ihrer Ellbogen einen Weg; später, auf der Krim, als sie in einer Apotheke oder einem Laden auf die Toilette geht, schlüpft eine Angestellte gleichzeitig mit ihr hinein und nutzt die Gelegenheit, um ohne Scheu ihre Unterwäsche zu betrachten, ihr Fragen zu stellen und Kommentare über die Herkunft und die Qualität ihres Büstenhalters abzugeben.

4

Reise nach Wladimir: die Stadt ist gerade erst für Ausländer geöffnet worden, und meine spanischen Freunde raten mir lebhaft zu einem Besuch. Wir fahren mit Vidas Silunas im Zug hin und kommen zwei oder drei Stunden lang durch eine Landschaft mit Eichen, Birken und Tannen. Als wir in den Bahnhof einfahren, erwartet uns, gut sichtbar, eine Gruppe von Männern und Frauen mit einigen Blumensträußen auf dem Bahnsteig. Meine Befürchtung, ich könne das Opfer dieses so ehrenvollen Empfangs sein, bestätigt sich sofort: von Moskau auf unsere Ankunft hingewiesen, waren die örtlichen Verantwortlichen des Schriftstellerverbandes herbeigeeilt, um mich geschlossen zu begrüßen. Monique, Carole und ich bekommen unter Lächeln und Bücklingen jeder einen kleinen Blumenstrauß. Ich vertraue den meinen Vidas an und frage ihn, ob sie mich nicht etwa mit Aragon oder Alberti verwechselt haben.

Fahrt ins Hotel, wo uns ein Bankett erwartet. Über eine Stunde lang sitzen wir mit unseren Gastgebern in einem kleinen Salon zusammen. Der übliche Wodka kommt mit unerklärlicher Verspätung, und bis dahin schweigen alle feierlich, in steifer, starrer Haltung. Um die Atmosphäre etwas zu lokkern, sehe ich mich gezwungen, Fragen zu stellen: Seit wann gibt es die Provinzdelegation des Verbandes? Wie viele Mitglieder hat sie? Welche literarischen Gattungen pflegt sie? Wie läuft das künstlerische Leben ab? Welches sind die Hauptaktivitäten? Die Antworten sind peinlich genau, mechanisch, langweilig, und als die Übersetzung abbricht und wieder Schweigen herrscht, werde ich von neuem zur Nichtigkeit gezwungen, zu willkürlichen, ungereimten Fragen: Wann wurde die Bibliothek eingeweiht? Wie viele Bände hat sie? Welche Art Bücher bevorzugt das Publikum? Zahlen wirbeln durch die Luft, nutzlos, unwirklich, absurd, und als ich mich gerade nach der Anzahl der Kulturzeitschriften – oder der Zeitschriften für Philatelie oder Finanzgeschäfte – erkundigen will, auf die sie abonniert sind, unterbricht die Ankündigung, daß wir uns zu

Tisch begeben können, glücklicherweise diesen Alptraum. Die vom Präsidenten angekündigte sibirische kulinarische Spezialität erweist sich als eine Art Ravioli. Doch endlich taucht der Wodka auf, und mit vollem Munde sieht niemand eine Veranlassung, den zusammenhanglosen Dialog fortzusetzen.

Nachdem wir uns von dieser sterbenslangweiligen Schriftstellergruppe verabschiedet haben, treten wir hinaus auf die Straße. Es ist ein Sonn- oder Feiertag, und die Bürgersteige sind voller Leute: ein in sich gekehrtes, düsteres, träges Publikum, das mir das, was Jovellanos in seinen überraschenden, unvergeßlichen Seiten über das Bedrückende, Schwermütige, Trostlose der kastilischen Dörfer so anschaulich beschrieben hat, wieder in Erinnerung bringt. Die Leute, denen wir begegnen, gleichen eher einem Haufen Soldaten, die plötzlich von ihren Vorgesetzten verlassen worden sind. Sie irren durch die Hauptstraße und drängen sich um einige riesige Plakatwände, auf denen die Namen und die Fotos der verdienstvollsten Arbeiter des Monats zu finden sind. Die Betrachtung dieser Wandtafeln ist allem Anschein nach der einzige Zeitvertreib, den die Stadt bietet, und ständig strömen neue Gruppen von Gaffern herbei. Niemand lacht, macht Witze oder spricht laut: das Schweigen ist allgemein üblich. Hin und wieder unterbricht die Musik eines Transistorradios vorübergehend die fast greifbare Dichte dieser Mischung aus Entfremdung, Erstarrung und Monotonie.

Die Kirchen sind prächtig und, da gerade Gottesdienst gehalten wird, voll von Gläubigen. Die Gesänge der Popen, der Geruch nach Weihrauch, das feierliche Ritual des Hochamts bilden einen seltsamen Kontrast zum Grau und zur Uniformität, die draußen herrschen. Der überaus gute Besuch der Kirchen spiegelt nicht unbedingt das religiöse Gefühl der Bevölkerung wider: wie ich feststellen kann, fehlt es in Wladimir an Kneipen, Kinos und anderen Freizeitmöglichkeiten. Unter diesen Umständen zieht jedes neue Ereignis die Blicke des Volkes an und erweckt, wie etwa unsere Kleidung und unser Aussehen, Neugier und bietet Abwechslung.

5

Wir setzen die Besichtigung von Kirchen und Klöstern der Gegend fort. Ihre Architektur ist vornehm und majestätisch, zugleich jedoch schlank und leicht in der Linienführung. Das Gold der byzantinischen Kuppeln hebt sich vor einem Himmel von gönnerhaftem Blau in seiner ganzen Reinheit ab.

In Susdal sehen wir von weitem eine Feldschlacht mit Hunderten von Reitern. Der Anachronismus überrascht uns nicht allzusehr; dennoch machen wir halt, um Näheres zu erfahren. Als wir aus unserem Fahrzeug aussteigen, knüpft Vidas mit einer Gruppe von Technikern und Fahrern, die an den Dreharbeiten des Films teilnehmen, ein Gespräch an. Wie man uns sofort mitteilt, handelt es sich um den inzwischen berühmt gewordenen Film Tarkowskis über das Leben Andrei Rubljows. Die Vorbereitungen zu den Szenen mit ihren riesigen Massenbewegungen und ihrem Heeresaufgebot fügen sich harmonisch in eine Landschaft ein, die sich seit der Zeit des berühmten Ikonenmalers kaum verändert zu haben scheint.

Diese flüchtigen Einblicke in das »innerste Rußland« zeigen jedoch auch die verwirrende Rückständigkeit des Landes: das Fortbestehen von Bedingungen und Lebensweisen, die in der Literatur seit Gogol, Turgenjew und Tolstoi beschrieben worden sind. Die kleinen Gemächer mit ihren Öfen, ihren Doppelfenstern und ihren Zimmerpflanzen würden sich wohl problemlos in das Dekor von Tarkowskis Film einfügen, und sie sind, fünfzig Jahre nach der Revolution, wahrscheinlich die gleichen geblieben wie Jahrhunderte zuvor. Als ich dann in Usbekistan und im Kaukasus bin, kommen mir diese Apathie und dieser Immobilismus, dieser fast an eine Versteinerung grenzende Zustand der Landbewohner, nur zwei Autostunden von der Hauptstadt entfernt, noch beunruhigender vor. Es wäre nicht nur ungerecht, sondern auch falsch, wollte man dem Sowjetsystem die alleinige Schuld daran zuschreiben: unter ihm hat sich nämlich der Lebensstandard der Georgier und der Usbeken geradezu spektakulär verbessert und liegt heute weit über dem ihrer ehemaligen Herren und Besatzer. Der russische Bauer macht weniger den Eindruck eines Kolonisators als vielmehr den, selber kolonisiert zu sein und in der Armut dahinzuvegetieren. Die besonderen Merkmale seiner Geschichte erklären vielleicht diesen so auffälligen Kontrast und dieses hartnäckige Festhalten zahlreicher – sowohl ländlicher als auch städtischer – Bevölkerungsschichten der Sowjetrepublik an traditionellen Normen und Gebräuchen.

Neigung, die Landschaft als einen Fluchtwert anzusehen: alle meine Bekannten, Spanier und Einheimische, sprechen in seliger Verzückung von den Lärchenwäldern, den Eichenwäldern, den Birkenwäldern, in die sie sich flüchten, wann immer sie können, und in denen sie die Quintessenz ihrer Identifizierung mit Rußland zu finden scheinen. Die Beschwörung von Tannen, Schnee und Schlitten erfüllt sie mit Rührung. Der Unterschied zwischen meinem Geschmack und dem ihren ist ebenso schroff wie extrem: wenn ich ihnen sage, daß ich ein Stadtmensch bin, dafür geschaffen, Dutzende von Kilometern durch die Straßen einer Stadt zu laufen, die mich fasziniert, jedoch unfähig, auch nur wenige Schritte in einer Landschaft zu machen, deren Ruhe mich langweilt, sind sie überrascht und ungläubig. Begünstigen denn Ruhe und Stille auf dem Lande nicht die Arbeit und die Inspiration? Ich erkläre ihnen, wobei mir jegliches Paradoxon fernliegt, daß für mich beides mit der Betriebsamkeit und dem Treiben der Stadt verbunden ist: während ihr Brausen und Toben mir kaum lästig sind, lenken mich das leichte Rascheln eines Blatts oder die Triller eines Vogels ab und hindern mich daran, mich zu konzentrieren. Gibt es also gar keinen Landschaftstypus, der mich anzieht? Die Wüste, gebe ich zur Antwort; der Überfluß an Vegetation erstickt mich, und ich schätze das Grün nur dann, wenn es knapp und spärlich ist, wenn es einen Gegensatz zur Pracht des Minerals bildet, wenn es das Ergebnis einer mühsamen Anstrengung ist. Ein paar Feigen-, Oliven- oder Mandelbäume in einer trockenen Gegend, das hartnäckige Sich-nach-oben-Schlängeln des Oleanders an einer Abflußrinne entlang rüh-

ren mich viel mehr an als ein sibirischer Naturpark von sechzigtausend Quadratkilometern. Am Ende müssen wir darüber lachen, wie wenig sensibel wir für unsere gegenseitigen Vorlieben sind. Dionisio sagt mir, unter Anspielung auf mein Buch Campos de Níjar, *das er kürzlich gelesen hat, daß ich zum unverbesserlichen Musterexemplar eines Almerianers geworden bin.*

6

Reise nach Leningrad: unermüdlich spazieren wir in der Umgebung des wunderschönen Winterpalasts umher, durch die uralten, abgelegenen aristokratischen Viertel, über die Brükken und Ufer der Newa, über den Quai, an dem immer noch die Aurora *festgemacht hat, gleich neben der düsteren, furchteinflößenden Peter-und-Paul-Festung.*

Wir genießen diese sanfte Aufhebung der Zeit, die subtile Schwerelosigkeit, die durchdringende Luminosität der in Begleitung zweier Leningrader Intellektueller durchwachten Nächte, beide Ex-Freiwillige der Internationalen Brigaden: Dr. Pritkere, Professor für Spanisch an der Universität und Larra-Spezialist, sowie Ruth Zernowa, eine jüdische Übersetzerin, die ebenfalls gut Spanisch und Französisch spricht und deren Mutter – die wir kurz in ihrer winzigen, aber zentral gelegenen Wohnung besuchen – eine alte Bolschewistin ist, die von Karl Radek geschieden wurde, bevor dieser einer Säuberung zum Opfer fiel und auf Befehl Stalins erschossen wurde. Sowohl Ruth als auch der Professor legen eine Spontaneität und Herzlichkeit an den Tag, die in der kleinen Welt der hartherzigen, mißtrauischen Intellektuellen ungewöhnlich ist, und wir empfinden sogleich gegenseitige Sympathie. Als wir sie über die Zeit des Terrors befragen, über den Spanienkrieg, über die Belagerung Leningrads und den Widerstand gegen die Nazis, sind ihre Antworten offen und direkt. Mit ihnen besuchen wir das als Museum eingerichtete Haus Puschkins; wir laufen durch die Gärten des Hauses von Yusopow, dem Henker Rasputins; wir folgen dem von Dostojewski sorgfältig beschriebenen Weg Raskolnikows. Das alte Petersburg, schön und dem Untergang geweiht, wie es Venedig bisweilen ist, liegt da in einer leichten, siechen, unwirklichen Atmosphäre; unsere Gegenwart scheint traumhaft und falsch. Schwach, blutleer, erschöpft, versteckt sich die Sonne um Mitternacht hinter einer Kulisse schlafender Paläste und verlassener, menschenleerer Plätze. Vom Fenster des Hotels aus sehen wir, wie sie zwischen gelben Streifen und Nebelschwaden um halb vier morgens wieder aufgeht.

7

Wie wir in Paris erfahren haben, halten sich zur gleichen Zeit auch Sartre und Simone de Beauvoir in Leningrad auf, begleitet von Lenina Zonina, einer jungen, attraktiven Frau, mit der Sartre einige Jahre lang ein diskretes Liebesverhältnis unterhielt. Monique, Carole und ich besuchen sie im Hotel Astoria, und wir essen mit Castor und Lenina in einem kaukasischen Restaurant zu Abend. Sartre ist verhindert, doch am nächsten Tag ißt er mit uns zu Mittag und erzählt uns sehr saftige Anekdoten über die russische China-Phobie: bei einer der Versammlungen des Weltfriedensrats, in dessen Präsidium er Mitglied ist, hat ihm einer der sowjetischen Gastgeber, allem Anschein nach schon etwas angesäuselt, fröhlich ins Ohr geflüstert, daß der Frieden sicherlich sehr wünschenswert ist, daß aber eine kleine Wasserstoffbombe auf Peking, direkt neben Maos Residenz, auch nicht ganz unangemessen wäre. Diese grimmige Animosität – die mein Vater so genau vorausgesehen hat – beschränkt sich nicht auf die ewige antiimperialistische Rhetorik der offiziellen Kreise, sondern betrifft auch die gesamte Bevölkerung, wie wir im Verlauf unserer Reise feststellen können. Wir bekommen eine unendliche Zahl von Witzen, Wortspielen und Histörchen zu hören: während der so-

wjetische Durchschnittsbürger den Amerikanern eine Mischung aus Neid, Bewunderung und Nachsicht entgegenbringt, verdienen die Genossen im Osten höchstens Verachtung, Sarkasmus und Abscheu. Als eine Romanfigur aus der Welt der Guermantes *in einem der mondänen Salons seufzend sagte:* La Chine m'inquiète *(China beunruhigt mich), konnte sie nicht ahnen, daß ihre Meinung ein halbes Jahrhundert später von einem riesigen Land geteilt werden würde, dessen offizielle Lehre nichts weniger war als der sogenannte proletarische Internationalismus.*

Zum Dessert bekommen wir unerwarteten Besuch. Luis Miguel Dominguín, der auf einer Geschäftsreise durch die UdSSR ist, hat von Dritten gehört, daß wir hier sind, und kommt kurz vorbei, um uns guten Tag zu sagen. Ich kenne seinen Bruder Domingo und seinen Schwager und Rivalen Antonio Ordóñez: damals, als ich mit Monique in Nîmes war, zu der Zeit, als wir mit Hemingway verkehrten, haben sie mich mit nach Spanien genommen, ohne daß die Grenzpolizei, die dem Torero einen herzlichen Empfang bereitete, sich danach erkundigte, wer mit im Auto saß, oder auch nur meinen Paß sehen wollte. Auf dem Weg nach Barcelona hatten Domingo und Ordóñez, vielleicht, um gegen den Schlaf anzukämpfen, eine amüsante politische Diskussion. Domingo, damals der Manager seines Schwagers, wollte ihn unbedingt zu seinen kommunistischen Ideen bekehren, doch der Torero ließ sich nicht überzeugen und ging mit Argumenten ad hominem zum Gegenangriff über: wenn er wirklich ein Roter sei, warum verlange er dann zehn Prozent Provision von ihm? Sei das etwa keine Form der bürgerlichen Ausbeutung? Natürlich ist es das! gab Domingo zur Antwort. Die einzige moralische Regel des Kapitalisten bestehe doch gerade darin, sich den Mehrwert der anderen anzueignen. Je ausbeuterischer er sei, um so mehr würde er dazu beitragen, die reformistischen Illusionen ad absurdum zu führen und objektiv ein revolutionäres Bewußtsein entstehen zu lassen. Die Zusammenarbeit der Klassen, die Kompromisse der Sozialdemokratie machten erst die revisionistischen Laster möglich, die

Lenin am strengsten verurteilt habe. Ohne klein beizugeben, schloß Ordóñez lachend: Was für ein lächerlicher Kommunist! Du bist nichts weiter als ein Opportunist. Die Haltung Domingos, die ich später sowohl im Verhalten als auch in der Sprache gewisser lateinamerikanischer Magnaten widergespiegelt sah, die unter dem leuchtenden Firmament von Mexiko oder Caracas unverzüglich den Regenschirm öffneten, wenn sie erfuhren, daß es in Moskau regnet, ist ein charakteristisches Produkt des Manichäismus und der Verwirrung jener Jahre und bringt genau die Widersprüche und Mängel unseres politischen und kulturellen Raums zum Ausdruck. Kaum ist Dominguín gegangen, erzähle ich Sartre die Anekdote, der darüber herzlich lachen muß. Monique erinnert mich hinterher daran, daß sowohl er als auch seine Freunde gewisse Einwände gegen Stierkämpfe haben, wenn sie sie nicht sogar aus moralischen Gründen diskret mißbilligen, wie das bei seiner Lebensgefährtin der Fall ist. Zum Glück schneidet keiner von ihnen das Thema an, und als wir uns verabschieden, machen wir aus, uns nach unserer Rückkehr von der Krim und aus Usbekistan in Moskau wiederzusehen.

8

Luis Miguel hat uns zum Abendessen eingeladen, und wir gehen mit Vidas und Ruth Zernowa ins Hotel Europa, wo er ein kleines Nebenzimmer reserviert hat. Der Torero reist mit einem kleinen Gefolge von Spaniern, zu dem auch Lucia Bosé gehört, elegant in Rot gekleidet und noch schöner als in ihren ersten Filmen. Trotz des Wodkas und des Kaukasus-Champagners plätschert die Unterhaltung träge dahin, doch Estela, eine sowjetische Dolmetscherin, die unsere sozialen Dichter übersetzt, sorgt unfreiwillig für eine Belebung des Gesprächs. Mit den guten Gefühlen, die Tschechows komische Figuren bisweilen an den Tag legen, fragt sie den Torero, ob das spanische Volk sehr unter dem Joch eines Unterdrückungssystems wie dem Francos zu leiden hat. Zu leiden hat? Warum zum Teufel sollte es leiden? Es ist höchst zufrieden! Zufrieden? ruft Estela. Ja, zufrieden, die Spanier bewundern Franco, und ich ebenfalls. Aber Franco ... hat doch viele Leute umgebracht, er ist sehr grausam und ungerecht ... Alle Regierungen bringen Leute um, und alle sind grausam und ungerecht: wenn das Volk ihnen gehorcht, was hat das dann für eine Bedeutung? Ich glaubte, daß die Massen in Spanien ... Schauen Sie, Señorita: die Massen folgen dem, der ihnen befiehlt, und sie haben recht: wer befiehlt denn hier, in Rußland? Die Kommunistische Partei? Estela sagt ja, aber sie kommt durcheinander und erläutert: Na ja, der Oberste Sowjet. Gut, wenn ich Russe wäre, würde ich den Obersten Sowjet unterstützen, da ich aber Spanier bin und in meinem Land Franco das Sagen hat, bin ich für das Franco-Regime. Das ist ja entsetzlich, murmelt Estela, ganz außer sich; Ihre Art, die Dinge zu sehen, ist egoistisch, ist zynisch ... Genau, pflichtet er ihr bei, das ist das richtige Wort: zynisch, ja, zynisch.

Dieser Dialog versetzt uns in gute Stimmung: das spöttische Auftrumpfen Dominguíns, die Bestürzung Estelas belustigen einen guten Teil der Gäste, vor allem jene, die gezwungen sind, den düsteren Ernst der offiziellen Reden und ihren unvermeidlichen Hinweis auf die humanistischen Werte zu ertragen. Das Lachen spielt eine befreiende Rolle, und dort, wo die erstikkende Orthodoxie einer politischen oder religiösen Doktrin herrscht, sind – wie Bakhtin mir einige Jahre später am Beispiel der Welt Rabelais' klarmacht – die Wahrheiten des Hanswurst ein belebender Lufthauch, das Ventil, das das Leben erträglicher macht.

9

Der Aufenthalt in Leningrad – die langen Spaziergänge durch die Straßen einer verschlafenen Dornröschenstadt, ein Klima von heiterer Ausgeglichenheit und einer diffusen Helligkeit –

kam uns äußerst kurz vor. Das in der Literatur so wunderbar beschriebene Petersburg oder Petrograd lebt in diesen schlaflosen, von Erinnerung und Nostalgie gesättigten Nächten wie ein Gespenst weiter. Der trostlose urbane Glanz, die unbestimmte nächtliche Klarheit tauchen den Spaziergänger plötzlich in das Ambiente des russischen Romans. Wir beschließen, Puschkin, Dostojewski, Tolstoi wiederzulesen. Belyi ist damals für mich kaum mehr als ein Name: der von Trotzki gegeißelte dekadente Schriftsteller. Doch meine Bemühungen, die Achmatowa zu sehen, sind nicht von Erfolg gekrönt: wie mir gesagt wird, erholt sie sich von einer langen Krankheit und ist zur Genesung für einige Wochen außerhalb der Stadt.

Nachdem wir auf dem Flughafen unser Gepäck aufgegeben haben, trinken wir mit Vidas noch ein Glas, während wir auf den Abflug warten. In eine Diskussion über die Sexualität der Sowjetbürger verwickelt, merken wir gar nicht, wie die Zeit vergeht, so daß eine Lautsprecherdurchsage, wir sollten uns sofort auf der Landebahn einfinden, unseren Reiseführer hochfahren läßt. Wir laufen bis zur Gangway hinter ihm her, wo bereits, wie angewachsen, ein Dutzend Personen steht, die alle auf die in letzter Minute frei werdenden Plätze warten. Unsere stürmische Ankunft ist für sie ein Grund zur Enttäuschung, und ein Chor dumpfer Stimmen und übellauniger Ausrufe erhebt sich. Um uns zwischen denen, die sich immer noch nicht geschlagen geben und vergebens auf ein Wunder hoffen, Durchlaß zu verschaffen, drängen zwei Milizionäre die Leute mit unnötiger Brutalität zurück; einige verlieren dabei das Gleichgewicht und fallen auf die Nase. Überraschenderweise ruft die rasche Intervention des Ordnungsdienstes keine Reaktion hervor. Die enttäuschten Fluggastanwärter weichen zurück, und wir schlängeln uns mit gesenktem Haupt und voller Scham zwischen ihnen hindurch. Die Szene würde in Kalkutta oder Bombay vielleicht nicht schockieren, doch vor dem Hintergrund, vor dem sie sich abspielt, ruft sie bei Monique und bei mir ein unbeschreibliches Unbehagen hervor, das noch lange anhält.

10

Bevor wir nach Taschkent weiterreisen, verbringen wir noch einen Tag in Moskau. Agustín, Ángel und Dionisio kommen ins Hotel, um uns zu besuchen, und Monique setzt ihre Untersuchung über die jungen Sowjetbürger fort. Wie verläuft das Leben der Ehepaare? Welches sind ihre moralischen Kriterien? Ist die in Presse, Fernsehen, Literatur und Filmen herrschende Prüderie ein Relikt der alten, bäuerlichen Tradition, oder spiegelt sie auch die gesellschaftlichen Sitten und Vorschriften wider?

Obgleich die Zensur jeden Hinweis oder jede Anspielung auf den Geschlechtsakt eliminiert, wie meine Freunde sagen, ist das Verhalten der Jungen und Mädchen ziemlich locker. Ihrer Meinung nach liegt das Haupthindernis für intime Beziehungen in der Wohnungsnot, der Überbelegung der Wohnungen, am fehlenden Raum. Im Sommer schlafen sie im Wald miteinander, doch im Winter kann sich nur der glückliche Besitzer eines Einzelzimmers den Luxus einer Liebesbeziehung mit seinem Partner erlauben; die anderen müssen sich damit begnügen, ihre Freunde, denen es besser ergeht als ihnen, um die Schlüssel zu ihrem Zimmer zu bitten. Jene, die Einfluß haben oder über die entsprechenden Mittel verfügen, benutzen auch die Kabinen der Wolgaschiffe oder die Schlafwagen der Züge nach Leningrad. Was die Homosexualität angeht – ein Thema, auf dem Monique schmerzhaft beharrt –, so kann die Antwort nicht enttäuschender sein: zwar haben alle schon einmal davon als etwas Ungehörigem und Unwahrscheinlichem gehört, doch sie behaupten, persönlich keinen »Abartigen« zu kennen.

Außer diesem Meinungsaustausch mit meinen spanischen Freunden und einigen außergewöhnlichen Persönlichkeiten wie Ruth Zernowa ist die Unterhaltung mit jenen sowjetischen Intellektuellen, zu denen man als Ausländer in Kontakt kommt, sehr bald rituell und mühsam. Da sie gezwungen sind, das Wesentliche zu verschweigen – ihre völlige Abhängigkeit vom System, das ihnen Wohnung, Kleidung und Nahrung gibt, eine Arbeit verschafft und ihnen im Falle guter Führung das Privileg einer Datscha, eines Autos und einer Reiseerlaubnis zugesteht –, bestehen ihre Gespräche mit Menschen aus dem Westen hauptsächlich aus Zurückhaltung, Ausweichen und Banalitäten. Weil sie wissen, daß sie nur das sagen können, was sie sagen dürfen, bemühen sie sich, ihre persönliche Verödung durch Bekundungen überschäumender Vitalität und unbestimmter allgemeiner politisch-humanitärer Betrachtungen zu kompensieren: ihre Neigung, plötzlich laut aufzulachen, in einem leicht über der Norm liegenden schrillen Ton, der Rückgriff auf rhetorische Floskeln und eine oberflächliche Sentimentalität, ihre Manie, zum Beweis für ihre illusorische Unabhängigkeit alberne Witze über das Regime zu erzählen, das Bedürfnis, jeden Versuch eines möglicherweise gefährlichen Gedankenaustauschs schnell im Alkohol zu ertränken, sind der Ausdruck für das Vorhandensein einer Selbstzensur, einer Schere im Kopf, die selbst ihren unbedeutendsten Gebärden und Bewegungen eine erzwungene Steifheit verleiht. Es genügt, einen einzigen von ihnen zu kennen, um das Syndrom auch bei den anderen auszumachen. Wie ich einige Jahre später feststellen konnte, lassen sich diese Zeichen sogar bei denen nachweisen, die den Mut gehabt haben, mit dem System zu brechen, und die, obgleich im Exil, immer noch die Spuren und Narben ihrer traumatischen Lehrzeit mit sich herumtragen, die ihnen Vorsicht und geheime Vorbehalte gebieten.

11

Erste Eindrücke, als wir aus dem Flugzeug steigen: buntes Treiben, Freundlichkeit, Sinnlichkeit, Unmittelbarkeit in den menschlichen Beziehungen: eine größere Vielfalt von Gesichtern, Kleidern und Trachten, Farben; jäher Temperaturanstieg; belebende Stereophonie der Stimmen.

Der Wal, das imposante Auto des Schriftstellerverbandes, rast wie der Blitz über eine staubige Landstraße, überholt un-

entwegt und läßt eine buntscheckige Kolonne von Wagen aller Art hinter sich. Der usbekische Fahrer, der eine Art Nachtmütze auf dem Kopf hat, scheint fröhlich nach dem Rhythmus der Radiomusik zu fahren: ein intensiver, warmtöniger Singsang, abgehackt wie im Türkischen, den ich damals allerdings zum erstenmal hörte. Das Steuer und die Windschutzscheibe sind wie bei seinen arabischen Kollegen mit Rosenkränzen, Fotos, Talismanen geschmückt. Manchmal grüßt er durchs Fenster oder ruft einem Freund einen Satz zu, oder er lacht allein vor sich hin, ich weiß nicht, ob über den Zufall der Begegnung oder über seine eigenen Geistesblitze. Unterwegs nehmen wir vertraute Bilder und Szenen wahr, von Weinlauben beschattete Straßencafés, Gäste, die faul auf Matten liegen. Einige kauern versunken vor einem Teetablett oder einem Damespiel. Der Müßiggang ist eine Lebensform. Ich habe das Gefühl, ein Teil der Landschaft zu sein, ich bin ein Teil.

Taschkent hat das Aussehen einer modernen Stadt mit funktioneller, reizloser Architektur; doch der Kontrast zwischen Temperament und Charakter der Taschkenter und dem ihrer russischen Genossen könnte nicht extremer sein. Die Aura der Schwermut und der Selbstaufgabe, die in den Straßen Moskaus und Wladimirs über den Massen liegt, löst sich hier unter der Wirkung des Islams und der Sonne auf. Das wirtschaftliche Niveau der Bevölkerung ist ganz offensichtlich annehmbar. Während es auch weiterhin den russischen Ethnozentrismus gibt, wie ich später feststellen konnte, kennt Usbekistan allerdings nicht das Räubersystem von Gewalt und Banditentum der ehemaligen Kolonien und Protektorate der westlichen Welt. Die Armut ist ein für allemal abgeschafft: die Menschen sind besser angezogen als in Moskau und vor allem abwechslungsreicher und phantasievoller. Kein Bettler belästigt die Besucher wie in anderen muslimischen Ländern. Die Trägheit ist nicht die Folge der Armut, sondern eines gewissen Wohlstands und eines gewissen Komforts. Als fast einziges Beispiel unter den einer capitis diminutio *unterworfenen Völkern können die Usbeken mit Stolz von sich sagen, daß ihre materiellen Lebensbedingungen denen der fernen, aber allmächtigen Metropole weit überlegen sind.*

Diese Beobachtung in einer Nation islamischer Kultur, die mit Gewalt von den Zaren annektiert und seitdem, gegen ihren Willen, dem multirassischen Konglomerat der UdSSR eingegliedert worden ist, erlaubte mir bei meiner Rückkehr nach Moskau, das eigentlich Sowjetische vom Russischen zu unterscheiden und nicht wieder in den Irrtum zu verfallen, den ich Jahre zuvor noch in Havanna begangen hatte, als ich fälschlicherweise der Revolution Züge und Elemente der Freude, der Spontaneität und der Unabhängigkeit zuschrieb, die in Wirklichkeit ein Wesenszug des kubanischen Volkes sind. Niedergeschlagenheit, Melancholie und Schweigen, die den Fremden in Tula oder Wladimir überkommen, sind nicht nur, wie man auf den ersten Blick glauben könnte, der Verschlossenheit und der Unbeweglichkeit des Regimes zuzuschreiben, sondern sie sind auch die Folgen einer Tradition und jahrhundertealter Erfahrungen: sie sind das Werk sowohl Iwans, Peters und Katharinas als auch Lenins und Stalins. Als wir nach einem Bankett im Freien mit Vidas und Valeri, dem usbekischen Fremdenführer, zwischen Pavillons, Wiesen und Teichen durch die Gärten eines Stadtparks spazieren, der voller Familien, Liebespaare, Badegäste, Schach- oder Damespieler ist, überkommt auch uns dieses unbestimmte Gefühl des Wohlbefindens, das in der Luft liegt und uns mit einem sanften, leichten Glück erfüllt.

Es herrscht eine äußerst trockene und sehr gesunde Hitze: Moniques hartnäckiges Rheuma, das sie sich zugezogen hat, weil sie im Winter in Saint-Tropez im Meer badete, verschwindet einige Stunden nach unserer Ankunft in Usbekistan. Zwar hindert uns die Temperatur nachts am Schlafen, doch nachdem ich ein dutzendmal geduscht habe, stürze ich mich schließlich wie Marat in die Badewanne und beiße dazu in einen Schnitz der Wassermelone, die wir vorsorglich auf einem Markt gekauft haben.

12

Dank des Takts und der Beflissenheit Vidas' beschränken sich unsere offiziellen Kontakte auf ein unerläßliches Minimum: dennoch bin ich, außer Alberti, der erste spanische Schriftsteller, der das Land besucht, und es läßt sich nicht vermeiden, daß um uns herum ein Gefühl natürlicher und freundschaftlicher Neugier entsteht. Die führenden Persönlichkeiten des Schriftstellerverbandes zeigen mir voller Stolz mehrere politisch-touristische Propagandabroschüren in kastilischer Sprache, und sie wollen sich durch Augenschein von der getreuen und sorgfältigen Übersetzung des Textes überzeugen. Höflich sehe ich mir die Seiten einer dieser Broschüren an – »Die Förderung der usbekischen Frau durch den Sozialismus« – und muß mich beherrschen, um nicht in lautes Lachen auszubrechen. Der Übersetzer scheint ein großer Bewunderer Ionescos und seiner Dialoge aus dem Stück Die kahle Sängerin zu sein. Sein Bienenfleiß – unbekannte, im Wörterbuch gefundene Wörter wie Zahlen hintereinanderzureihen – hat zu einer unverdaulichen, zweifelhaften Prosa geführt, die zwar auf einer grausamen Folterbank auseinandergerissen und verrenkt wurde, jedoch von unglaublicher Komik ist. In einem Abschnitt, bei dem es um den von den Sowjets abgeschafften Schleier geht, ist dem Übersetzer ein inspirierter Satz gelungen, der schon ans Sublime grenzt: »Sie gingen gehemmt von dichten Verschleierungen.« Als ich in Drei traurige Tiger das der Übersetzung gewidmete unterhaltsame Kapitel über Cervantes lese, erinnere ich mich an den anonymen, aber mutigen Nacheiferer Riné Leals und seiner unsagbaren Bearbeitung der Geschichte vom Stock und Mr. Campbell...

Etwas Ähnliches erlebe ich kurz darauf im Speisesaal des Hotels mit einem geschniegelten und gebügelten Sänger von lokaler Bedeutung, der ebenfalls den Wunsch hat, an mir die melodische Vollkommenheit seines Akzents auszuprobieren, von dem ich nicht zu sagen wüßte, ob er brasilianisch oder antillesisch ist. Wie ich im Verlauf meiner Reise feststellen *konnte, wissen zahlreiche Usbeken Bescheid über die diplomatische Mission von Ruy González de Clavijo, Botschafter Enriques IV. am Hof Tamerlans: die Worte* Spanien *und* Castilla *klingen somit in ihren Ohren exotisch und vertraut zugleich. Dennoch richtet einige Tage später ein junger Mann von bäuerlichem Aussehen im Flugzeug das Wort an mich, nachdem er sich neben mich gesetzt und mich ohne jegliche Diskretion betrachtet hat. Sein kurzer Dialog mit Vidas, den ich zu Hilfe rufe, ergibt mehr oder weniger dies:*

»Aus welchem Land kommt er?«

»Aus Spanien.«

»Woher, sagst du?«

»Aus Spanien.«

»Spanien, Spanien... In welchem Teil der Sowjetunion liegt das?«

13

Die Ankunft in Samarkand blendet uns: obgleich die Moscheen und Medressen größtenteils verfallen sind, ist der Stadtkern herrlich und bestätigt meine Ahnungen von Unmittelbarkeit, Vertrautheit und Übereinstimmung mit der alten muslimischen Kultur. Hoch aufgeschossene schlanke Minarette, vergoldete Kuppeln, Mosaikfassaden von herrlichem Blau fügen sich in schwereloser Harmonie ineinander, auf den Straßen herrscht dichtes, lebhaftes Treiben, der Anreiz, in diesem Labyrinth umherzulaufen, ist subtil. Wir gehen zu Fuß über verschiedene Märkte, die durch Planen oder Reisig vor der Sonne geschützt sind, betreten eine der seltenen Moscheen, in denen noch Gottesdienst stattfindet. Die wenigen Gläubigen sind in der Mehrheit ältere Leute. Valeri, unser örtlicher Fremdenführer, meint dazu, daß die Jungen in der Regel »aus Zeitmangel« nicht kommen können, was als Erklärung allerdings nicht sehr überzeugend ist. Außerdem wird er bald darauf von einem anderen jungen Usbeken korrigiert, der uns auf englisch ins Ohr flüstert: Die Gläubigen haben keinen Zugang zur Universität.

Wir besuchen einige von Tamerlans Palästen. Der Fremdenführer, der den Auftrag hat, uns mit seinen umfangreichen geschichtlichen Kenntnissen zu beglücken, ist eine russische Dame mittleren Alters, mißmutig und ausdruckslos, die einen Hut trägt, der schon fast einem Sonnenschirm gleicht, und deren Gesicht mit einer dicken Puderschicht bedeckt ist. Bei jedem Schritt bleibt sie stehen, um mit monotoner, öder Stimme unbedeutende Anekdoten über das Leben und die Sitten des mongolischen Herrschers herunterzuleiern, über seine Liebe zur Literatur und zur Astronomie, die Anzahl seiner Ehefrauen und Konkubinen, seine häufigen Tischgespräche in Gesellschaft der Astrologen. Die Hitze ist unerträglich, und ich suche vergebens nach dem Schatten eines Baums, in den ich mich flüchten kann. Die Dame fährt fort, ihre offensichtlich auswendig gelernte Rede herunterzuspulen, und unterbricht sich nur dann und wann, um Vidas eine langsame und todlangweilige Übersetzung zu gestatten. Eine Vorlesung über die verschiedenen türkischen Nuancen der zellijes *oder Kacheln dauert mehrere Minuten: zur Zeit Tamerlans gab es nur elf, heute gibt es dank des Fortschritts in der Sowjetindustrie dreiundvierzig. Oder hundertdreiundzwanzig. Einem Verbrechen nahe, betrachte ich diese weiße Medusenmaske, deren blutlose Lippen unaufhörlich gehaltlose, leere, unverständliche Wörter artikulieren. Wird sie irgendwann einmal aufhören? Sie scheint die Symptome meiner Ungeduld nicht zu bemerken und setzt jetzt zu einer weitschweifigen Geschichte über die Lieblingsfrau Tamerlans an, von der ich mich nur undeutlich an einige von Vidas übersetzte Vokabeln erinnere: Reh, Knöchel, Fall. Ich kann mich nicht mehr zurückhalten und zeige mit dem Finger auf das feierliche, unerbittliche Gesicht. Sag ihr, sie soll den Schnabel halten, sage ich zu Vidas. Vidas gehorcht und übersetzt offenbar wortwörtlich: die Russin starrt mich entsetzt an, und plötzlich durchfurchen zwei Tränenströme ihre Pappmachéwangen. Monique ist bestürzt und dreht sich empört nach mir um: ich habe diese arme Frau, die nichts anderes tut als ihre Pflicht, gerade gedemütigt, ich bin ein verabscheuungswürdiger spanischer Pinkel. Beschämt über mein Verhalten, verwirrt durch die Tränen, mache ich einen Rückzieher und bitte sie über unseren Fremdenführer Vidas inständig, mit ihrem netten Geplauder fortzufahren. Die Russin faßt sich sofort, trocknet sich das Gesicht mit einem Taschentuch und erzählt ihre Geschichte von der Ehefrau, die sich verletzt, als sie mit dem Reh spielt, genau an der Stelle weiter, an der sie sie unterbrochen hat. Der sonnige Platz ist ein ausgesprochener Glutofen; sogar die Luft scheint sich zu entzünden und zu brennen. Im Zustand fast völliger Auflösung ertrage ich den Vortrag, so gut ich kann, wobei ich mir das Hemd über den Kopf ziehe. Als wir uns schließlich von dem Monster verabschieden, sind wir alle erschöpft und mit den Nerven am Ende. Wieder im Hotel angelangt, wo uns das Mittagessen erwartet, benetze ich mir lange Stirn und Schläfen, um nachträglich die Wirkung der Sonneneinstrahlung zu mildern.*

14

Um in Buchara das zu vermeiden, was sich am Vortag in Samarkand zugetragen hat, gebe ich Vidas auf der Fahrt den Rat, er möge doch den Delegierten von Intourist auf dem Flughafen höflich wissen lassen, daß wir gern auf die Experten für örtliche Kunst und Geschichte verzichten. Kaum hat das Flugzeug aufgesetzt, eilt auch schon eine Personengruppe, Beamte oder Fremdenführer, herbei, um die Passagiere in Empfang zu nehmen. Vidas wechselt mit einem von ihnen ein paar Worte – einem hochgewachsenen, gutgekleideten Europäer, der aussieht wie ein Husar oder Offizier der Leibgarde des Kaisers, der sich aber, Gipfel des Mißgeschicks, als der Fremdenführer höchstpersönlich herausstellt. Ganz offensichtlich über die Botschaft unseres Dolmetschers verärgert, geleitet er uns schweigend zu einem Minibus, und nachdem wir die Stadt mit unnötiger Eile durchquert haben, setzt er uns vor der Tür des Hotels mit einem lächelnden und rätselhaften »Bis bald« ab.

Darauf fängt ein endloses Warten an: der Minibus hat sich mit dem Husar verflüchtigt, und alle Schritte, die Vidas unternimmt, um ihn ausfindig zu machen, erweisen sich als zwecklos. Der ganze Morgen vergeht mit Telefonanrufen bei Intourist und einer gespenstischen Delegation des Schriftstellerverbands. Bar und Salon des Hotels, in dem wir warten, sind geschlossen, wir haben keine Zimmer, in die wir uns zurückziehen könnten, und eine Temperatur, die bei fünfzig Grad liegt, schließt jede Möglichkeit eines Spaziergangs aus. Da wir nicht wissen, was wir tun sollen – Zauberlehrlinge einer Situation, die wir selber geschaffen haben –, lauern wir mit wachsender Mutlosigkeit auf das Ergebnis der fieberhaften Schritte, die Vidas unternimmt: sein aufgelöstes Gesicht – Profil, Winkel, Brille – eines Boten, der Waterloo ankündigt, bestätigt uns schon von weitem die raffinierte, genußvolle Rache des Husaren. Schiffbrüchige einer hartnäckigen, gnadenlosen Sonne, hoffnungslos in einem düsteren Flur gestrandet, sehen wir, wie sich die durch den Besuch geweckten Illusionen – Luftspiegelungen oder Gaukeleien gleich – in nichts auflösen. Das köstliche usbekische Mittagessen, das uns nach der Öffnung des Speisesaals serviert wird – eine kalte Suppe, die einer Gazpacho ähnelt, sowie ein Pilaw genanntes Reisgericht mit Fleisch –, tröstet uns nicht über den Anschlag hinweg, der auf uns verübt worden ist. Intourist hat versprochen, uns nach dem Essen einen Wagen zu schicken, doch als er ankommt, ist es schon fast fünf, und es bleibt uns nur eine Stunde, bevor wir zum Flughafen zurückmüssen. Wir steigen mit dem Fahrer und einer mürrischen Angestellten von Intourist in den Minibus. Beim Anfahren sage ich Vidas, daß sie uns schnell zu einigen Moscheen und Denkmälern fahren soll, die sowieso auf unserem Weg liegen. Unser Freund spricht mit der Frau, und aus der Lebhaftigkeit und der barschen Art des Dialogs schließe ich, daß sie ablehnt. Sie hat den Auftrag erhalten, uns zum Flughafen zu begleiten, sagt sie, und nicht, uns die Stadt zu zeigen. Ich bin am Ende meiner Geduld und sage ihr, daß wir das Flugzeug genommen haben, um Buchara zu besichtigen, nicht, um ihre schlechte Erziehung und ihr hysterisches Benehmen zu ertragen. Angesteckt von unserer Erregung, übersetzt Vidas meine Worte ohne Umschweife. Die Wirkung ist niederschmetternd: die Frau befiehlt dem Fahrer anzuhalten und steigt gestikulierend und schreiend aus dem Minibus. Wir schreien und gestikulieren ebenfalls, und während der Fahrer wieder anfährt und sie auf dem Bürgersteig stehenläßt, feiern wir diesen köstlichen Sieg mit einem Ausbruch allgemeiner Heiterkeit. Der usbekische Fahrer gibt zu verstehen, daß er unsere Kühnheit offenbar schätzt, und fährt uns lachend zu einem halben Dutzend verlassener oder verfallener Moscheen, deren aschgraue, verwelkte Schönheit mir nie wieder aus dem Gedächtnis gehen wird: eine reine, sehr starke Emotion, die ich Jahre später in Kairo wieder erleben sollte, in der symmetrischen und trostlosen Pracht von Ibn Tulun.

Die Rückkehr nach Taschkent wird fröhlich: Vidas, der daran gewöhnt ist, graue Funktionäre oder Sympathisanten zu begleiten, die alles schlucken, amüsiert sich zusehends und gesteht uns, daß er zuvor noch nie Schriftstellern begegnet sei, die so respektlos und undiszipliniert waren wie wir, ja, er habe nicht einmal vermutet, daß es das überhaupt geben könne. Verhalten sich alle Franzosen und Spanier so, oder sind wir eine Ausnahme? Naiverweise hatte er geglaubt, er begleite eine beispielhafte fortschrittliche Familie, und stellte nun plötzlich fest, daß wir sehr gefährliche Anarchisten waren!

Als das Datum unserer Abreise auf die Krim näherrückt, wird Valeri düster und melancholisch. Während unseres Aufenthalts hat er sich von der Schönheit Caroles fesseln lassen, die mit ihren dreizehn Jahren mit aufregender Anmut der Pubertät entgegengeht: er will bei uns um ihre Hand anhalten, uns zu sich nach Hause einladen, uns seiner Familie vorstellen. Als wir uns von ihm verabschieden, müssen wir ihn trösten.

Usbekistan hat uns gefangengenommen, und wir versprechen ihm, ein anderes Mal nach Buchara zurückzukehren, ohne die Eile und die Mißlichkeiten dieses ersten und verunglückten Besuchs.

15

Am dreiundzwanzigsten Juli fliegen wir auf die Krim und landen in Simferopol. Da es Nacht ist, schlafen wir in einem in der Nähe des Flughafens gelegenen Motel. Das Auto von Intourist holt uns früh am Morgen ab, und wir fahren durch eine grüne, üppige Landschaft, deren Bewohner sich mit der schmeichelnden Wärme der Sonne vollzusaugen scheinen, nach Jalta.

Jalta hat ganz das Aussehen einer alten Riviera-Stadt, mit seinen Villen und kleinen Palästen, die vor Ausbruch der Revolution von Aristokraten und reichen Bürgern erbaut wurden. Das Fahrzeug schlängelt sich an der Küste entlang über eine Landstraße, die von Gärten und Wäldchen gesäumt ist. Wir werden nicht im Hotel untergebracht, sondern wir kommen in die Sommerresidenz des Schriftstellerverbands, die prachtvoll auf einer Anhöhe mitten in einem Park gelegen ist. Kaum haben wir unser Gepäck in den Zimmern abgestellt, werden wir auch schon von zwei lächelnden Mannweibern in der Uniform von Krankenschwestern in Empfang genommen, die umgehend unser Gewicht kontrollieren und darauf bestehen, daß Monique und ich uns einer energischen therapeutischen Massage unterziehen. Wir lehnen höflich und bestimmt ab – wir sind bei bester Gesundheit, muß ihnen Vidas sagen – und machen einen Spaziergang durch die Gärten, bis es Zeit zum Mittagessen ist. Monique wollte sofort schwimmen gehen, doch der Autobus zum Strand fährt früh ab und wird bald schon wieder zurückkommen.

Wir gehen eine Weile durch den Park spazieren und erwekken die diskrete Neugier der anderen Pensionsgäste: wie wir später feststellen können, sind wir die einzigen Ausländer, und manchmal dreht man sich nach uns um. Die hier versammelten Schriftsteller haben kaum etwas von Intellektuellen an sich und sind oft von beunruhigendem Äußeren: korpulente Ehepaare mit hermetisch verschlossenen, unerforschlichen Gesichtern, in Shorts und Sandalen; ein großer, stämmiger Mensch in Sportleraufmachung; eine Art alter Japaner, sehr klein, gedankenversunken, eingehüllt in einen gestreiften Schlafanzug, ein Mensch, der aussieht wie jemand, der kürzlich aus einer Irrenanstalt oder einer Strafkolonie ausgebrochen ist. Als der Autobus mit den Badegästen kommt, schauen wir uns vergebens nach einem vertrauten Gesicht um. Ich hatte die schwache Hoffnung, hier den Romancier Viktor Nekrassow zu treffen, den ich bei einer Versammlung der Europäischen Schriftstellervereinigung COMES in Florenz kennengelernt und mit dem ich mich sofort angefreundet hatte; inzwischen scheint er in Ungnade gefallen zu sein; man hat mir gesagt, er habe sich dem Alkohol ergeben und schreibe »Dinge, die man nicht veröffentlichen kann«. In Moskau hat man mir erzählt, er sei zur Erholung in Jalta, doch wie ich von Vidas erfahre, hat er seinen Urlaub abgekürzt und ist nach Kiew zurückgekehrt.

Außer einem Ehepaar mit zwei Kindern, von dem ich später noch sprechen werde, gehören die Gäste, mit denen wir das nahrhafte, aber geschmacklose Essen einnehmen, ganz eindeutig zur allesfressenden, wuchernden Staatsbürokratie. Nach dem Augenschein zu urteilen, spricht niemand eine Fremdsprache, und die Lektüre der Pensionsgäste beschränkt sich auf die unverdaulichen Seiten der Iswestija *und der* Prawda, *nichts anderes als bedruckte Leichentücher. Meine Sondierungen fördern jedenfalls keine bekannten Namen ans Tageslicht. Ist die imposante Familienmutter mit den Zellulitisschenkeln, die sich auffällig auf dem Rasen niedergelassen hat, die Nase durch ein Plastikfutteral geschützt, eine Schriftstellerin oder die Frau eines Schriftstellers? Und der unerschütterliche Turner, der sich, die Arme in die Seiten gestemmt, seinen hartnäckigen Lockerungsübungen hingibt, schreibt er ebenfalls? Nach einer kurzen Unterhaltung teilt uns Vidas mit, daß es sich um einen Milizionär handelt. Was zum Teufel macht ein Milizionär in einem Erholungsheim für Schriftsteller? Es handelt sich um einen Austausch, klärt er uns auf: ein Romancier, der einen Roman über die Heldentaten der Miliz schreiben will, hatte darum gebeten, seine Ferien in ihrem Erholungszentrum zu verbringen, um sich im Milieu kundig zu machen; dafür schicken die Milizionäre im Geiste strenger, kleinlicher Symmetrie von Ingenieuren, Ideologen und Geometern einen der Ihren zu den Schriftstellern. Der im gestreiften Schlafanzug umherirrende Japaner ist hingegen das Musterexemplar einer seltenen Gattung: offizieller Barde der Jakuten, eines Volkes im fernen Sibirien, dessen Sprache noch nicht kodifiziert ist. Seit Jahren arbeitet er an einer Grammatik oder einem Wörterbuch und bereitet sich darauf vor, ein Gedicht von tausend Versen über die Mythologie und die Geschichte seines Volkes zu schreiben: seine* Odyssee, *seine* Ilias. *Erdrückt vom Gewicht dieser ungeheuren Verantwortung, irrt der jakutische Homer mit seinem anachronistischen Schlafanzug und der unheilbaren Melancholie eines Schlafwandlers über die Alleen des Parks. Sein ungewöhnliches Schicksal schüchtert mich ein, und wenn ich ihm begegne, denke ich an den blinden Dichter und seine ergreifende, unzeitgemäße Verkörperung in jenem liebenswürdigen Bühnendekor eines Tschechowschen Stücks, bei dem der Text, die Inszenierung und die Schauspieler uns, ohne es zu wollen, in das Universum Kafkas verweisen.*

16

Als schließlich der Nachmittagsbus kommt, um uns abzuholen, steigen wir mit etwa fünfzig anderen Schriftstellern ein, die sich sogleich auf die Sitze stürzen und laut miteinander scherzen, während das Fahrzeug keuchend und gemächlich eine kurvenreiche Straße hinunterfährt und am Ende an einem angenehmen, baumbestandenen Plätzchen haltmacht. Wir steigen aus, und ich mache mich mit Monique und Carole auf den Weg zum Strand, doch die vor uns gehenden Matronen machen mir mit den Armen Zeichen und bedeuten mir, daß ich nicht weitergehen soll. Die Stelle, zu der ich gehen wollte, ist ausschließlich den Frauen vorbehalten; um an den Strand für Männer zu gelangen, muß ich wieder zurück. Ich bin sprachlos über diesen unerwarteten Zwischenfall – ohne überhaupt die Gründe für diese strenge Geschlechtertrennung zu verstehen, die unserer ultramontanen Bischöfe würdig gewesen wäre –, doch es bleibt mir nichts anderes übrig, als mich von ihnen zu trennen und mich zu meinesgleichen an einen felsigen Strand zu legen, der mit einer einförmigen Masse dicker, nackter, plumper Badegäste bedeckt ist. Mehr noch als ein Konzentrationslager für Nudisten scheint der Ort eine Kolonie von Pinguinen mit vorstehenden Bäuchen, Brillen in schreienden Farben und Gummisandalen zu sein; der unebene Boden, die Felsen und die Kieselsteine machen ihre tolpatschigen Bewegungen noch ungeschickter; Glied und Hoden hängen traurig, schlaff, schutzlos und verlassen herab. Das Schauspiel erinnert an die Bilder Boschs und Dorés, geschmückt mit surrealistischen Details: während Dutzende von Männern in das klare Wasser tauchen und wie Walrosse wieder auftauchen, bleiben andere mit ihren Nasenschützern und ihren Plastikbrillen unbeweglich am Strand liegen, die Arme in einer Haltung der Hingabe oder der Anbetung der Sonne entgegengestreckt. Vorhölle, Alptraum, Halluzination, Vorwegnahme einer zukünftigen außerirdischen Gesellschaft von Mondbewohnern oder Marsmenschen? Wo sind die hoch aufgeschossenen jungen Leute, die sehnigen Athleten, die von Thomas Mann unsterblich gemachten Tadzios mit dem glorreichen Körper? Auf der anderen Seite des Drahtzauns entdecke ich Monique und Carole, die, halbtot vor Lachen, herangekommen sind, um mich zu trösten. Der Anblick ihres Badebereichs, sagen sie, ist auch nicht erhebender: die Sowjetbürger beiderlei Geschlechts ken-

nen keine Abmagerungskuren, und ist die Jugend einmal dahin, ist der körperliche Verfall allgemein.

Als wir wieder im Gästehaus sind, erzählen wir Vidas von unserem komischen Mißgeschick, und nach einigen Telefonanrufen und Beratungen bekommen wir einen Sonderausweis für den schwer zugänglichen und begehrten Strand der Künstler, an dem wir, wie uns versichert wird, gemeinsam baden können. Das Abendessen wird um sechs Uhr serviert, und ohne den geringsten Appetit finden wir uns mit derselben kräftigen und geschmacklosen Kost wie zu Mittag ab. Monique verlangt schüchtern nach Krimwein, doch man sagt uns, daß es keinen gibt. Wein aus Moldawien, vom Kaukasus? Das Etablissement schenkt keine alkoholischen Getränke aus, übersetzt Vidas: die Schriftsteller kommen ja gerade zur Entziehungskur hierher. Wir brauchen keine Entziehung, wenden wir ein. Unsere höflichen Bemerkungen nützen nichts: Vorschrift ist Vorschrift. Das Abendessen ist schnell vorbei, und da es noch Tag ist, gehen wir hinaus in den Garten. Der Homer im Schlafanzug, die Familienmutter, die Leser der Prawda, *der wackere Milizionär, sie sind bereits in die Landschaft integriert und gehen ihren üblichen Beschäftigungen nach. Da wir nicht wissen, was wir tun sollen – im Viertel gibt es keine Kneipen, und es ist noch zu früh, um sich zum Lesen ins Bett zu legen –, streifen wir ebenfalls durch den Park und diskutieren über Tschechow und Kafka. Ein Mann von angenehmem, distinguiertem Äußeren, einen Panamahut auf dem Kopf und mit einem schlichten weißen Anzug bekleidet, kommt am Arm seiner Frau aus der entgegengesetzten Richtung und grüßt uns, als er an uns vorüberkommt, mit einer leichten Neigung des Kopfes. Seine zurückhaltende Art und sein diskretes Benehmen – genau das Gegenteil von dem der übrigen Gäste der Ferienresidenz – rufen unsere Neugier hervor. Von Vidas erfahren wir dann, daß es sich um einen bekannten Übersetzer aus dem Französischen und Spanischen handelt, zu dessen Arbeiten nichts Geringeres als die russischen Fassungen des* Don Quixote *und der Werke Rabelais' gehören. Zur Bestätigung dieser Worte kommen seine beiden Kinder zu uns, um uns zu begrüßen, uns in seinem Namen willkommen zu heißen und uns zu sagen, daß er sich freut, uns hier zu sehen. Naiverweise glauben wir, seine Botschaft sei die Einleitung eines Besuchs, doch dem ist nicht so. Obwohl er unsere beiden Sprachen gut beherrscht, begnügt sich der Übersetzer damit, uns aus der Ferne zu grüßen und sich mit uns über seinen Nachwuchs zu verständigen. Boris, der Junge, ist so alt wie Carole und unterhält sich während unseres Aufenthalts mit ihr auf englisch über Bücher und Poesie. Durch diese Gespräche wissen wir, daß sein Vater* Auf der Suche nach der verlorenen Zeit *übersetzt hat, obwohl er genau wußte, daß kein Verlag das Manuskript zur Veröffentlichung annehmen würde. Aus verschiedenen Anspielungen des für sein Alter überraschend erwachsen redenden Jungen schließen wir, daß sein Vater »Probleme« gehabt hat, doch weder Carole noch wir wagen es, ihm Fragen zu stellen. Erst als in Moskau jemand darauf hinweist, daß er unter Stalin im Gefängnis saß, verstehen wir die Gründe für seine Vorsicht: da er wußte, daß ihn einer seiner Kollegen im Auge hatte, zog er es vor, uns von weitem zuzulächeln und damit dem Risiko einer Verbindung mit einem Ausländer, ohne die entsprechende Erlaubnis der Behörden, aus dem Weg zu gehen.*

17

Der Strand der Künstler bietet nicht das deprimierende Schauspiel wie der Strand vom Tag zuvor: die meisten Badegäste sind jung, und einige der attraktiven, schlanken Mädchen, allem Anschein nach Tänzerinnen, machen am Meer rhythmische Gymnastikübungen. Neben der Mulde, in der wir uns ausstrecken, lauscht eine Gruppe von Schauspielern schweigend einer Rede oder einem Leitartikel, die ein magerer, dunkelhaariger, mit Sonnencreme eingeschmierter Kollege ohne jedes Mitleid vorliest. Etwas weiter ab ist ein halbes Dutzend ägyptischer Kommunisten, die, wie mir Vidas erzählt, aus den Gefängnissen Nassers freigekommen sind: sie haben in ihren Strandtaschen eine Menge Bücher mitgebracht. Als ich an ihnen vorbeigehe, um mich ins Wasser zu stürzen, schaue ich verstohlen hin und erkenne mehrere Romane in Französisch.

Motorboote für den Transport von Passagieren, ähnlich den alten Barkassen im Hafen von Barcelona, fahren langsam an der Küste entlang und verbinden so die verschiedenen Badestationen miteinander; am nächsten Tag schiffen wir uns auf einem von ihnen ein, anstatt an Land zu bleiben, und legen mehrere Kilometer an der Küste zurück, wobei wir aus der Ferne die Menge der Sommerfrischler betrachten, die, wie eine Sardinenbank, im Wasser plätschern. Wie uns Vidas erklärt, haben die verschiedenen Gewerkschaften und Berufsverbände jeweils ihre eigenen Strände, die ausschließlich für sie reserviert sind. Es gibt nur wenige für das allgemeine Publikum bestimmte Strände, die ganz offensichtlich überfüllt sind. Zwischen zwei monumentalen Gästehäusern für Arbeiter erstreckt sich ein fast menschenleerer eingefriedeter Bereich, der hier und da mit Strandzelten und Sonnenschirmen gesprenkelt ist. Mit dem Fernrohr können wir kleine Gruppen von Badenden erkennen, die sich bequem über das Gestade verteilen: es ist der Strand der hohen Würdenträger der Partei und der ausländischen Ehrengäste, derselbe vielleicht, an dem sich zwei oder drei Jahre zuvor meine Freunde Claudín und Semprún, damals noch Mitglieder des Politbüros, in der Sonne über die Fehlschläge und Schwierigkeiten der Partei bei der Anpassung an die neuen, verblüffenden Realitäten des spanischen Strukturwandels hinwegtrösteten.

Der Aufenthalt im Erholungsheim der Schriftsteller wird indes unerträglich: die Diätvorschriften, die Essenszeiten, der mit Funktionären und Matronen überfüllte Park, die indirekte, fast verbotene Verständigung mit den Eltern von Boris flößen uns Tropfen für Tropfen ein unangenehmes Gefühl der Klaustrophobie ein, so daß Monique und ich beschließen, uns eine Luftveränderung zu gönnen, um mit der täglichen Monotonie zu brechen, ihr für einige Stunden zu entfliehen, mit einem Wort: zu atmen. In Flughäfen, Hotels und den Büros von Intourist hängen auffallende Werbeplakate mit der anregenden Aufforderung, Sewastopol, la ville héroïque (die heldenhafte Stadt), zu besichtigen. Obgleich sich unsere Begeisterung für patriotische Rundreisen in Grenzen hält, bitten wir Vidas, den Ausflug zu organisieren. Der Plan scheint einfach und stellt im Prinzip auch kein Problem dar, doch unser Freund kommt mit traurigem Gesicht von Intourist zurück: der Verkehr zwischen Jalta und Sewastopol ist wegen Arbeiten an einem Teilstück der Fahrbahn vorübergehend unterbrochen, so daß die Fahrt dorthin im Augenblick unmöglich ist. Etwas ungläubig ziehen wir andere Reisepläne in Betracht, als ich beim Studium einer Landkarte der Krim feststelle, daß eine andere Straße im Innern die beiden Städte miteinander verbindet. Ich teile Vidas meine Entdeckung mit und begleite ihn zu Intourist. Er diskutiert einige Minuten mit der Angestellten, bevor er dann mit gesenktem Haupt zurückkommt: die Straße im Innern ist ebenfalls unterbrochen. Dann nehmen wir das Schiff, sage ich: es gibt eine Verbindung mit Gleitbooten. Von neuem eine halblaute Unterhaltung mit der Angestellten: die Verbindung gibt es nicht mehr! Aufgebracht über diese unglaubliche Anhäufung von Hindernissen, bitte ich Vidas, er solle sie doch ohne Umschweife fragen, warum zum Teufel sie nicht will, daß wir nach Sewastopol fahren. Unser Freund übersetzt meine Worte, und als einzige Antwort verschränkt sie hochmütig die Arme mit einer beredten Mischung aus Zorn und Mißbilligung.

Einige Tage später, als wir in Moskau Sartre und Simone de Beauvoir von dieser seltsamen Episode erzählen, erfahren wir amüsiert, daß ihnen bei ihrer letzten Reise auf die Krim genau das gleiche passiert ist: trotz ihrer Beharrlichkeit kamen auch sie nicht nach Sewastopol. Wahrscheinlich verbietet eine neue Regelung Ausländern den Zugang zur Stadt: wenn das aber wirklich der Fall ist, dann können wir uns die Fülle mehrsprachiger Plakate, die zu einem Besuch der Stadt auffordern, nicht *erklären. Der Unterschied zwischen Wirklichkeit und Werbung trotzt jedem logischen oder rationalen Schema. Was für ein Bär ist in der Stadt vergraben? Was verbirgt sich hinter diesem absurden Widerspruch? Unter Sartres Hypothesen ist die einer geheimen Verladung von Waffen für Kuba oder ein anderes befreundetes Land wohl die plausibelste. Doch noch zwanzig Jahre nach den Ereignissen bleibt dieses »I never got to Sevastopol« eines der Rätsel dieser Reise, das ich nicht lösen konnte und, wie ich fürchte, auch nie lösen werde.*

18

Die Aussicht, einen Tag länger im aseptischen Gästehaus der »Schriftsteller« zu verbringen, führt dazu, daß wir neue Pläne und Kriegslisten zur Flucht ersinnen; eine Spazierfahrt mit dem Auto in die Umgebung von Jalta, Besichtigung der Gärten von Livadija, wo Roosevelt, Churchill und Stalin die Aufteilung und die Zukunft der Welt beschlossen haben. Zum Glück weist uns Vidas darauf hin, daß sich Nikolai Tomachewski, den ich zusammen mit Nekrassow in Florenz beim Kongreß der COMES kennengelernt hatte, in der Gegend aufhält: der junge Tomachewski, Sohn eines der Gründer der berühmten formalistischen Schule von Brik, Jakobson, Schklowski und Tinjanow, ist in Neapel Russischlektor gewesen und spricht fließend Spanisch; er ist ein Mann von überquellender Vitalität, der leidenschaftlich gern trinkt, von einer Spontaneität, einer Offenheit und einer Wesensart, die tausend Meilen von der Reserviertheit und der offiziellen Gespreiztheit seiner meisten Kollegen entfernt sind. Tomachewski verbringt den Sommer in einem Haus ganz in der Nähe und bricht in lautes Gelächter aus, als er erfährt, daß wir mit den äußerst gelehrten und intelligenten Funktionären der Literatur zusammenwohnen. Mit Ausnahme von Boris' Vater, sagt er, schreibt keiner der Pensionsgäste des Hauses etwas anderes als bürokratische Berichte oder ist auch nur am Lesen interessiert: was für ein bös-

williger trotzkistischer Agent ist auf die perverse Idee gekommen, uns dorthin zu schicken?

Er führt uns in eine schöne Berggegend, und wir setzen uns in eine Gartenwirtschaft, um etwas zu trinken. Der berühmte Weißwein von der Krim? fragt Monique. Den Krimwein gibt es nicht mehr, sagt er: früher haben ihn die Tataren angebaut, doch als nach ihrer Deportation Ukrainer an ihre Stelle kamen, ging das Geheimnis seiner Köstlichkeit verloren. Der Wein, der heute in der Gegend erzeugt wird, ist eher sauer, und er rät uns davon ab. Die Kenner trinken heute Wein aus dem Kaukasus, denn der, den man in den Zeiten des Zaren am liebsten trank, gehört ausschließlich der Legende an. Wir machen es uns in einer Lichtung des Wäldchens bequem und sprechen lange über Literatur. Tomachewski bewundert wie ich das Werk Svevos und Gaddas und spricht mit großer Begeisterung von zwei russischen Schriftstellern, die kürzlich aus dem langen Purgatorium kamen, in dem sie unter Stalin und Schdanow schmachten mußten; man beginnt gerade tropfenweise mit der Veröffentlichung ihrer Werke, die aber noch nicht übersetzt sind: Platonow und Bulgakow. Die Arbeiten seiner Zeitgenossen flößen ihm in der Regel keinen besonderen Respekt ein: Wosnessenski hat einige gute Verse geschrieben, doch er ist ein Opfer seines provinziellen Snobismus und seines Strebens nach Berühmtheit: die Poesie Bella Achmadulinas, Autorin einer empfindsamen Beschwörung Puschkins und Georges d'Anthès', deren in Les Lettres françaises *erschienene Übersetzung mich sehr beeindruckt hat. Sie gehört seiner Meinung nach zur besten russischen Lyriktradition, auch wenn sie nicht die Tiefe und Gebrochenheit Zwetajewas und Achmatowas erreicht. Mit gespielter Lässigkeit, ohne die geringste Ironie durchscheinen zu lassen, frage ich ihn nach Jewtuschenko. Nun, sagt er lächelnd, er ist so etwas wie unser kleiner Zorrilla. Ich zitiere die Bemerkung Eugenio d'Ors' über ihn aus dem Gedächtnis: »... ein Pianola, und beim Treten der Pedale macht er allein sich müde ...« »Oh«, ruft Tomachewski aus, »das schlimme ist, daß er sich überhaupt nicht müde macht! Seine Leser ja, aber nicht sich!«*

Das Gespräch und der Wein haben uns in gute Laune versetzt: keiner von uns hat Lust, nach Hause zu gehen, und Tomachewski schlägt einen Besuch auf einem alten Tatarenfriedhof vor. Wir nehmen einen Bergweg mit plötzlichen Ausblicken aufs Schwarze Meer und kommen in ein Dorf mit hübschen Bauernhäusern, die noch nicht von der Modernität angekränkelt sind. Der osmanische mezarlek *ist eine Miniaturausgabe von denen, die ich später in der Türkei sehen sollte: der Grabstein, ob mit Turban verziert oder nicht, zeigt das Geschlecht des Begrabenen an, und die symmetrische Anordnung der Gräber, alle nach Mekka hin ausgerichtet, bietet ein heiteres, von Ruhe und Milde gesättigtes Bild. Doch etwas von ihm verstärkt, neben der theatralischen List der Abenddämmerung, noch das Gefühl der Melancholie und fügt heimtückischerweise eine pathetische und trostlose Note hinzu: das völlige Fehlen der Lebenden. Die Tataren, vertrieben und Tausende von Kilometern entfernt lebend, können nicht mehr kommen, um an den Gräbern ihrer Vorfahren zu beten. Einsam und verlassen, mit Moos bedeckt und von Unkraut überwuchert, sind diese Gräber dem Verfall geweiht. Ihrer Gemeinde beraubt, aus der Erinnerung getilgt, erleben die Verstorbenen dort ihren zweiten und endgültigen Tod: keinem neugierigen Besucher gelingt es auch nur, ihre in arabischen Buchstaben eingravierten Namen zu entziffern.*

Zurück in Paris, fügte ich den während unserer Reise flüchtig hingekritzelten Zeilen die schlichten Verse Cernudas hinzu:

Noch ist das Urteil nicht gesprochen, ihr anonymen Toten.
Ruhet in Frieden, schlaft; schlaft, wenn ihr es könnt.
Vielleicht hat euch selbst Gott vergessen.

19

Obgleich wir diesmal in einem anderen Hotel absteigen, läuft unser dritter Moskauer Aufenthalt bereits in einem familiären Rahmen ab, nach den neuen, aber sehr vernünftigen Riten: fröhliche Abendessen in einem unserer Lieblingslokale, Abende mit Sartre oder Simone de Beauvoir im Restaurant Prag oder in den Salons des National, Spaziergänge mit Agustín, Ángel und Dionisio.

Agustín erzählt mir eine sehr bezeichnende Anekdote über den Richtungskampf, der kürzlich in den Führungsgremien der spanischen KP stattgefunden hat, und seine seltsamen Auswirkungen im Literaturbetrieb: vor zwei Jahren besuchte ein hoher spanischer Funktionär die Herausgeber einer Anthologie von ins Russische übersetzten spanischen Autoren, deren Berater Agustín war. Der Funktionär wollte die Liste der für die Veröffentlichung vorgesehenen Autoren einsehen. Nachdem er sie durchgelesen hatte, sprach er ihnen einen strengen Tadel aus: »Wie! Jorge Semprún steht nicht drauf? Dann muß er sofort eingesetzt werden!« Keiner der Herausgeber wußte damals, wer mein Freund überhaupt war, doch sie brachten es fertig, daß man ihnen aus Paris die Korrekturfahnen seines Romans schickte, übersetzten auf schnellstem Wege ein Kapitel aus der Großen Reise *und nahmen es in ihre Anthologie auf. Als das Buch nach einigen Monaten fertig war, tauchte derselbe Funktionär zum zweitenmal auf. Wieder sah er im Inhaltsverzeichnis nach, und auch diesmal spiegelte sein Gesicht Ärger und Überraschung wider. »Was zum Teufel hat denn Jorge Semprún hier zu schaffen? Der muß sofort raus.« Weder Agustín noch seine sowjetischen Genossen hatten diese absurde Aufeinanderfolge widersprüchlicher Anordnungen verstanden, bis sie durch Mitglieder der spanischen KP über die Identität des geheimnisvollen Federico Sánchez aufgeklärt wurden, der zuerst von seinen Genossen in den Himmel gehoben und dann mit derselben Überzeugung in den Abfalleimer der Geschichte geworfen wurde.*

Mit einer Gruppe von Spaniern machen wir einen Gang durch eine der Quergassen der Gorki-Straße, der Hauptgeschäftsstraße Moskaus, auf der sich mehr oder weniger heimlich die Verkäufer gebrauchter Bücher ohne das nihil obstat *der Behörden treffen. Mit den Gesichtern von Verschwörern laufen sie auf und ab, und wenn sie einem eventuellen Käufer begegnen, murmeln sie Titel und Autor ihrer Ware. Ich höre einen blonden, romantischen jungen Mann in einem abgewetzten Gabardinemantel, wie er mit leiser Stimme immer wieder* Pasternak, Pasternak *sagt. Die ganze Gegend macht einen seltsamen Eindruck, als handele es sich um eine Straße für Männerbegegnungen oder den heimlichen Verkauf von Drogen: doch Autoren, die Personae non gratae sind oder die der Nimbus des Verbotenen umgibt, ersetzen dort aufs vorteilhafteste das Marihuana. Wie man mir sagt, ist der begehrteste und teuerste Titel* Das geheime Leben *von Salvador Dalí. Eine Tatsache, die unsere zukünftigen spanischen Zensoren veranlassen sollte, über die Wunder und Imponderabilien ihres wohltätigen und stimulierenden Berufs nachzudenken.*

Wie wir an vielen Zeichen feststellen können, lebt das Land seit dem Sturz Chruschtschows in der Erwartung. Persönlichkeit und Ziele der neuen Führer sind noch unbekannt: die Schriftsteller, mit denen ich spreche, wissen nicht, ob das schüchterne Tauwetter, das von ihrem Vorgänger eingeleitet wurde, anhalten wird oder ob sie im Gegenteil härteren Zeiten entgegengehen. Während der Name Stalins seltsamerweise immer noch von einer Aureole der Furcht und des Respekts umgeben ist, überhäuft man seinen Nachfolger mit den überraschendsten und absurdesten Vorwürfen und Kritiken; man wirft ihm seine schlechte Erziehung vor, sein vulgäres Verhalten, als er mit dem Schuh auf die Tribüne der Vereinten Nationen loshämmerte. Fast niemand scheint ihm für die Befreiung Hunderttausender Gefangener dankbar zu sein oder für seine Verurteilung der Verbrechen und Verfolgungen Stalins, woraus ich wohl zu Recht schließe, daß der Wind, der von oben weht und die angeblich persönlichen Kommentare der mehr oder weniger »offiziellen« Kollegen, mit denen ich zu tun habe, inspiriert, eine Phase größerer ideologischer Strenge und eine Rückkehr zu den sakrosankten Prinzipien des Leninismus einleitet.

20

Je näher der Zeitpunkt unserer Abreise heranrückt, um so liebenswürdiger und aufmerksamer werden die Genossen vom Schriftstellerverband und von den anderen kulturellen Vereinigungen zu uns.

Tanya, die tatkräftige Beraterin der Zeitschrift für ausländische Literatur, *und Irina – immer herzlich und taktvoll –, die Hispanistinnen und Übersetzerinnen meiner Bücher, kommen ins Hotel, begleiten uns bei unseren Einkäufen, tun alles, um uns die Dinge zu erleichtern, während Boris mit Carole spazierengeht und sie in das Studium der russischen Sprache einführt.*

Die vier mit Monique verbrachten Wochen haben allmählich den Schlag abgeschwächt und gemildert, den mein Brief ihr versetzt hat, und im Verlauf der verschiedenen Episoden unserer Reise haben wir an den verschiedensten Schauplätzen die Gesten wieder erlernt, die wir vergessen und verloren glaubten, haben zur kommunikativen Zuneigung zurückgefunden, die körperliche Intimität mit der gleichen aufregenden Neuheit unseres ersten Zusammenseins in Barcelona erlebt. Die Sowjetunion – Beispiel und Schreckgespenst so vieler Schriftsteller – hat uns zwar keine Begeisterung, aber auch kein Entsetzen eingeflößt. Der Aufenthalt dort war stimulierend, herzlich und manchmal sympathisch. Auf jeden Fall haben uns die Einblicke in die Gesellschaft der Zukunft eine heilsame Skepsis gegenüber der staatlichen Programmierung des Glücks eingeimpft und, vielleicht unfreiwillig, unseren Sinn für Humor geschärft.

Vierzehn Monate später, am Ende des Sommers 1966, sollte ich diese Reise unter ganz anderen Umständen wiederholen. Ich war zu den Gedächtnisfeiern aus Anlaß des hundertsten Geburtstags eines kaukasischen Titanen der Poesie eingeladen worden, von dem ich bis dahin noch nie gehört hatte und dessen Namen ich anschließend auch nie wieder hören sollte. Ich gehörte zu einer Gruppe ausländischer Gäste, in der Mehrzahl Franzosen, die mit der Kommunistischen Partei sympathisierten oder Mitglied waren. Das gerade abgelaufene Jahr war reich an Ereignissen, die nicht nur mein Privatleben betrafen – erster Aufenthalt in Tanger, affektiver Abstand zu Spanien, Rückkehr nach Paris mit Monique –, sondern auch meine Beziehung zur Politik und meine gemischten Gefühle gegenüber der UdSSR: Sowjetisierung des kubanischen Revolutionsprozesses, Verhaftung der Schriftsteller Daniel und Sinjawski, jähes Ende der Hoffnungen auf ein allmähliches kulturelles Tauwetter. Im August hatte Carole einige Wochen in Tanyas Moskauer Wohnung zugebracht und dank Boris' und seiner Freunde große Fortschritte in Russisch gemacht. Anfangs wollte ich die Einladung höflich ablehnen, doch die freundschaftliche Beharrlichkeit der Sowjets sowie die kurze Dauer der Reise ließen mich unschlüssig werden. Zu Recht davon überzeugt, daß dies meine letzte Reise in die Sowjetunion wäre, wenn ich, wie beabsichtigt, eine Art Tagebuch über meinen vorigen Aufenthalt veröffentlichen würde, erschien es mir ein wenig unvernünftig, diese Gelegenheit auszulassen, meine Eindrücke mit der Wirklichkeit zu vergleichen, aus der heraus sie entstanden waren. Einige Monate später gab ich diesen Plan auf, zum einen, weil mich das Thema nicht mehr interessierte, zum anderen, weil ich fürchtete, meine kritischen Äußerungen und Anmerkungen könnten vom Franco-Regime ausgeschlachtet werden. Der Wunsch jedoch, meine bewußt subjektive Sicht der Dinge auf die Probe zu stellen, veranlaßte mich schließlich, die Einladung anzunehmen.

Meine Geistesverwandtschaft mit der entstehenden sowjetischen Opposition und die Verurteilung der militärischen Besetzung der Tschechoslowakei – wohin ich unmittelbar nach der Invasion auf Einladung des tschechischen Schriftstellerverbands fuhr, um einen Artikel zu schreiben, der in *Les Temps modernes* veröffentlicht wurde – setzten meinen etwas zweideutigen Beziehungen zur offiziellen Welt der UdSSR unweigerlich ein Ende. Die Gewißheit, daß die Niederwalzung des »Prager Frühlings« sich in nichts von der Entsendung der Marines nach Santo Domingo unterschied, verlangte mir in Zukunft ein doppeltes und komplexeres Eintreten für die Palästinenser und die Afghanen, für die Opfer der Castro-Diktatur und die der verbrecherischen Militärjuntas Mittel- und Südamerikas ab. Wie Maxime Rodinson sehr richtig gesehen hat, ist die wichtigste Entdeckung der letzten Jahrzehnte die, daß Revolutionen relativ sind und daß der Endkampf, von dem wir glauben, er komme näher, sich in dem Maße immer weiter entfernt, in dem der »real existierende Sozialismus« Ausbeutung und Unterdrückung nicht nur nicht abschafft, sondern sie verändert und bisweilen sogar noch verschlimmert; folglich müssen die Methoden, Ziele und Programme der wirklich oder angeblich revolutionären Staaten oder Bewegungen ganz genau und mit aller Vorsicht unter die Lupe genommen werden: »Die bedingungslose Anhängerschaft zwingt immer dazu, Irrtümer und oft auch Gewalttaten zu billigen.« Diese Erfahrung mit allen ihren Fehltritten, Enttäuschungen, Ohrfeigen und Stürzen führte mich nach und nach zu der Schlußfolgerung, die ich einige Jahre später anläßlich eines Kolloquiums vor den Studenten der Universität von Sevilla in Worte faßte: Lieber irre ich mich auf eigene Gefahr, als daß ich auf Befehl recht habe.

Seit meinem Abschied aus der Sowjetunion 1966 habe ich einige der Freunde, die in diesen Seiten vorgekommen sind, flüchtig wiedergesehen oder indirekt von ihnen gehört: Agustín Manso ist nach wie vor in Moskau, wo er als Übersetzer arbeitet; Dionisio führt mehr oder weniger eine Randexistenz und steht offenbar den von Alexander Sinowjew in seinen letzten und überraschenden Interviews aufgedeckten nationalistischen und antisemitischen ideologischen Strömungen nahe; Ángel ist nach Spanien zurückgekehrt und ist oder war zum überzeugten Antikommunisten geworden, Mitarbeiter bei Radio Freies Europa; Lenina Zonina ist ihrer alten Freundschaft zu Sartre und Castor treu geblieben und kam hin und wieder zu kurzen Aufenthalten nach Paris: die Nachricht von ihrem Tod, während ich diese Zeilen schreibe, erfüllt mich mit Trauer und Bewegung; Vidas arbeitet an der Universität und ist oft mit seinen alten Freunden zusammen; Ruth Zernowa emigrierte nach dem Tod ihrer Mutter nach Israel, und als Monique und ich mit ihr in Paris zu Abend aßen, setzte sie meiner Verteidigung des Rechts der Palästinenser auf Selbstbestimmung Argumente entgegen, die aus dem Mund einer ehemaligen Freiwilligen der Internationalen Brigaden in Spanien sehr merkwürdig klangen...

Ich habe in den letzten Jahren im Traum mehrmals die UdSSR wieder besucht; die Atmosphäre in diesen Träumen ist weder bedrückend noch beängstigend, und in der Regel verläuft alles in einem freundlichen und etwas irrealen Klima. Das unbestimmte Bewußtsein der Rückkehr in eine Vergangenheit, die tot ist und unwiederholbar, verleiht der Erinnerung an meine Reisen ihre Frische und läßt mich im nachhinein, unterschwellig und indirekt, das absurde Glück entdecken, das ich dort erfahren habe.

VII

Es ist nicht alles hold, was glänzt

Der Neuankömmling hat sich an die Hausmeisterin des Gebäudes gewandt, und sie haben ein paar höfliche Sätze gewechselt: sie, die Alte mit dem weißen, zu einem Knoten nach hinten gekämmten Haar und dem auffälligen meridionalen Akzent. Die gnädige Frau hat sie auf seinen Besuch vorbereitet und ihr die Schlüssel anvertraut. Die Wohnung liegt im ersten Stock; für einen jungen Mann wie ihn, sagt sie, ist die Treppe dem Fahrstuhl vorzuziehen. Sie entschuldigt sich, daß sie ihn nicht begleitet: sie kann ihre Hausmeisterloge nicht allein lassen, und der hypothetische, auf Mutmaßungen beruhende Geruch nach etwas Geschmortem weist vielleicht darauf hin, daß außerdem auch noch der Kohle- oder Gasherd der Alten in Betrieb ist.

Der Fremde hat die Entschuldigung mit einem verständnisvollen Lächeln angenommen: sogar mit einer diskreten Befriedigung, könnte sich der erinnerungslose Neuerschaffer der Szene, trotz des liebenswürdigen oder neutralen Ausdrucks seines Gesichts, vorstellen. Vielleicht ist es ihm lieber, daß niemand mit ihm den ersten Blick auf das teilt, was eine Zeitlang sein Zuhause sein wird: der ausschließliche Vorgenuß des Schauens. Vielleicht will er auch jene Gebärden für sich behalten, die auf seine Ungeschicktheit hinweisen, auf die schwierige Beziehung seiner Hände zu den unbedeutendsten Gegenständen des täglichen Lebens: das unvermeidliche Durcheinander der Schlüssel, bevor man das dazu passende Schlüsselloch findet, ein mögliches Stolpern über einen Gegenstand, während man tastend nach dem Lichtschalter sucht, das nicht sehr ruhmvolle Ringen mit dem Gurt einer von der Feuchtigkeit verzogenen Jalousie. Die Wohnung besteht, wie er feststellen kann, aus zwei geräumigen Zimmern, Küche und Bad. Das Mobiliar ist praktisch, aber unpersönlich: eine vielleicht grün bezogene Polstergruppe, eine Eßzimmergarnitur, ein großes Doppelbett, mehrere Stühle, ein Wandschrank, ein Kühlschrank, kleine Rahmen mit Zeichnungen und Graphiken, Stehlampen, ein Tisch, an dem sich schreiben läßt. Der Fremde inspiziert die Dinge, als wolle er sich ihnen anpassen, registriert ihre Form und ihre genauen Maße, bevor er sie in Besitz nimmt. Zum erstenmal in seinem Leben läßt er sich allein in einer Stadt nieder, die er nicht kennt und in der er ebenfalls unbekannt ist. Die Anonymität der Wohnung, die er einige Stunden später mieten wird, stellt ihn zufrieden: nach mehr als dreißig in der Familie verlebten Jahren erfüllt ihn die Vorstellung, in Möbeln zu wohnen, die für ihn keine Geschichte haben, mit Erleichterung: die Aneignung verläuft behutsam, sie erfolgt in Etappen: das Funktionieren des Warmwasserspeichers überprüfen, den Zustand der Steckdosen und Glühbirnen. Die Gegenstände und Kleider, die er mitgebracht hat, passen in einen mittelgroßen Koffer: noch bevor es Nacht wird, hängt er Jacken und Hosen über die Bügel, räumt Hemden und Unterwäsche auf die Schrankbretter; Tintenfaß, Füllhalter, Bücher, Papiere kommen auf den kleinen Tisch. Der Kühlschrank wird weder angeschlossen noch gefüllt: der neue Mieter kennt seine Grenzen, und der Gedanke, sich des Kühlschranks zu bedienen, kommt ihm nicht einmal in den Sinn. Geschirr, Töpfe, Gedecke bleiben ordentlich und sauber im Schrank stehen oder in einer Reihe am Küchenbrett hängen. Nachdem das oberflächliche Sich-Einrichten beendet ist, stellt er fest, daß die Wohnung ihre abweisende Kälte nicht verloren hat: seine Anwesenheit darin ist offenbar unbedeutend und nichtssagend, die eines vorübergehenden Gastes. Das Fenster im Eßzimmer, an der Vorderfront des Gebäudes, geht auf einen unansehnlichen Häuserblock im unverwechselbaren architektonischen Stil, der seine Kindheit in den vierziger Jahren geprägt hat; ein von verfallenen Mauern umgebenes und mit Schutt und Unkraut bedecktes Grundstück dient, wie er später feststellen wird, Lumpensammlern und europäischen und einheimischen Knaben als Lager oder Versteck; vom Balkon seines Schlafzimmers aus kann der Neuankömmling, zwischen zwei Gebäuden eingepreßt, ein kleines Stück des Hafens mit seinen Wellenbrechern und seinen Kränen erkennen und weit weg, wie eine verhüllte weißliche Narbe, die verschwommene Küste seines fernen und verfluchten Vaterlandes.

Auf den ersten Blick ist der neue Mieter ein Mann von zurückhaltendem Benehmen, übertrieben sorgfältig und gut gekleidet: er steht früh auf, duscht, rasiert sich und geht unmittelbar darauf aus dem Haus, um sich die Beine zu vertreten und sich für ein paar Centimes eine dünne esoterische Lokalzeitung zu kaufen. Etwa fünfzig Meter von seiner Wohnung entfernt hat er die Kneipe eines Landsmanns entdeckt und beschließt, sie in Erwartung einer besseren Lösung aufzusuchen. Gegen zehn Uhr vormittags stellt er fest, nachdem er einen langen Brief geschrieben und den Umschlag frankiert hat, daß alles seine Ordnung hat, und besorgt sich das, was er für sein geplantes Umherstreifen braucht: einen Sprachführer, den er am Kiosk des Flughafens kauft, sowie einen kleinen Reiseführer der Stadt. Obgleich der Sprachführer ihm keine große Hilfe ist und der Reiseführer keinen Stadtplan hat, in dem die Gäßchen des Viertels, das ihn interessiert, verzeichnet sind, beginnt er täglich seine Wanderungen, bei denen er sich die Sohlen abläuft, mit beiden Führern als zerbrechlichen, illusorischen Schutzschilden ausgerüstet. Ein Verhalten, das um so absurder ist, als der Verbannte – wie Jahre später seine Frau in Roscoff* – sich in Wirklichkeit vor nichts schützen will, sondern sich im Gegenteil mit stimulierender Verfügbarkeit dem Abenteuer hingibt. Zum erstenmal in seinem Leben hat er auch keinen Stunden-, keinen Arbeitsplan: sein Aufenthalt in der Stadt ist der eines Müßiggängers, angelockt, wie die Touristengruppen, denen er auf dem Weg zur Uferpromenade begegnet, von ihrem

* Siehe Monique Lange, *Les Cabines de bain*, Gallimard, Paris 1982.

typischen, sprichwörtlichen Lokalkolorit oder von der waghalsigen Suche nach einer spröden, gesättigten Luminosität. Gewöhnlich macht er auf der Terrasse irgendeiner Kneipe in der Nähe des Autobusbahnhofs halt, verlangt den gleichen aromatischen Kräutertee wie seine Nachbarn, lauscht diskret ihrer Unterhaltung und kritzelt dann und wann ein Wort auf seine Zigarettenschachtel oder an den Rand des Sprachführers. Später, als er seine Schüchternheit verloren hat und sich zu Hause fühlt, richtet er das Wort an die Einheimischen, doch nach einem elementaren Austausch von Sätzen über das Wetter, seine Nationalität oder seine Herkunft ist er schnell gezwungen, einen Rückzieher zu machen, es sei denn, was manchmal vorkommt, sein Gesprächspartner beherrscht seine Sprache oder antwortet ihm, zu seiner größten Demütigung, direkt auf französisch.

Im Rückblick macht der Verbannte wegen der Gründlichkeit, mit der er das Exotische zu domestizieren versucht, den Eindruck eines Topographen. Tag für Tag läuft er durch das Labyrinth der Gäßchen, schreibt sich die dreisprachigen Straßenschilder ab, zeichnet und korrigiert Pläne, legt immer wieder dieselben Strecken zurück, versichert sich ihrer Genauigkeit. Seine Stadtmärsche haben etwas zugleich Besessenes und Unsicheres, als folgte er den Schritten eines anderen oder würde umgekehrt von ihm verfolgt und versuchte nun, ihn irrezuleiten. In Wirklichkeit verhält er sich auf der Straße genauso umsichtig wie in der ersten Zeit in seiner Wohnung. Oft macht er den Eindruck, als habe er das dunkle Bedürfnis, den Raum, in dem er sich bewegt, einzugrenzen und auszumessen, um sich ihm einzuordnen: bevor er die kleinen Kneipen betritt, die ihn in der Stille und im Halbschatten der Gassen anlocken, erforscht er ihre Enge und ihre Geheimnisse, erwägt im voraus kurz das Für und das Wider. Die Hartnäckigkeit, mit der er gegen seine Unsicherheit und seine Schüchternheit ankämpft und sie besiegt, findet am Ende ihre Belohnung: die schwierigsten, uneinnehmbarsten Bastionen ergeben sich eine nach der anderen seiner Neugier. Nach und nach wird er bei ihnen heimisch, der Kellner oder der Wirt erkennt ihn wieder, er genießt seinen Kräutertee, raucht einige Pfeifen, liest oder macht sich Notizen, immer auf das achtend, was in seiner Umgebung geschieht. Da er die Sprache nicht so versteht, wie er gern möchte, konzentriert er sich wie ein Taubstummer auf die Beobachtung der Gesten und Bewegungen. Sein Ziel ist es, sich mit dem Milieu vertraut zu machen und in es einzutauchen, die Straflosigkeit und das Privileg des Chamäleons zu erreichen.

Die tägliche Beobachtung des Verbannten erlaubt es ihm, sich einen Stundenplan seiner Aktivitäten aufzustellen, der, obgleich er möglichen Veränderungen und Unwägbarkeiten unterliegt, dennoch seine angeborene Neigung zur Routine bestätigt: bevor er aus dem Haus geht, wartet er die Ankunft der Post ab, geht einige Minuten später zur Hausmeisterloge, und wenn die Alte ihm den erwarteten Brief hinhält, trennt er ihn von den anderen, an denen ihm weniger liegt, und verwahrt ihn in der Jackentasche, um ihn in aller Ruhe in einem der Lokale zu lesen, die an seinem Weg liegen und in die er sich zu setzen pflegt, bevor er den Hang hinaufsteigt und die steile Treppe angeht, die ihn zur Altstadt der Medina führt. Wenn die Antwort seiner Briefpartnerin auf sich warten läßt und der Briefträger ihm keine Nachrichten von ihr bringt, geht er, anstatt seine Post im Café zu lesen, zur Hauptpost, stellt sich in die Schlange vor der Telefonzelle und verlangt, sobald er an der Reihe ist, eine Verbindung nach Saint-Tropez. Außer diesen kurzen, sporadischen Streifzügen ins moderne Viertel, das zum großen Teil von Europäern bewohnt ist, führen ihn seine langen Fußmärsche ausschließlich in die kleinen Kneipen und auf die Kaffeehausterrassen, wo er inzwischen heimisch geworden ist: er ißt in einem kleinen Restaurant allein zu Mittag, grüßt den Kellner oder lächelt ihn schüchtern an, macht an einer Kreuzung des alten Viertels halt, um einen Kräutertee zu trinken, dringt in das Labyrinth der Gassen und Gänge ein, das er mit wachsender Sicherheit und Selbstvertrauen unbeirrt durchwandert. Sein Sprachführer mit der ungenauen und sogar irreführenden phonetischen Schreibweise ist jetzt voller Vokabeln, Korrekturen und Streichungen. Der Feuereifer, mit dem er die Landessprache zu beherrschen versucht, steht im Gegensatz zu seiner Langsamkeit oder seiner Schwerfälligkeit, jemanden kennenzulernen, mit dem er sie gemeinsam sprechen kann. Ob es sich um die Kneipen mit Blick aufs Meer handelt, die in die Stadtmauer eingepaßt sind, um die finsteren Bruchbuden, in denen er sich auf einen Teppich kauert, oder um ein Lokal, von dem aus er sich in die Betrachtung der Dachterrassen und der Kuppeln der Stadt verliert, immer geht er ohne Gesellschaft hinein und wieder hinaus, raucht schweigend einige Pfeifen, und oft versucht er, ohne auf die Stimmen der Glücksspieler oder auf die Geräusche der Dominosteine zu achten, einen vor kurzem einstudierten Satz oder die komplizierte Konjugation eines Verbs auswendig zu lernen. Ihm genügt die Neuheit von allem, was er sieht, hört, berührt, schmeckt, atmet. Im Gegensatz zu anderen Reisen, die er unternommen hat, sucht er nicht die Bestätigung einer Theorie oder seiner eigenen Kenntnisse. Der ideologische Monolithismus, in dem er lebte, hat der fruchtbaren Aufsplitterung der Taifas Platz gemacht. Ausdehnung und Veränderbarkeit dieser Welt schließen eine leichte Assimilierung aus, und er zieht es vor, sie langsam und allmählich zu erobern, wie jemand, der kletternd ins Innere einer Festung oder einer Zitadelle vordringt. Nur die geistige Aneignung dieser Welt kann ihm das Vergessen alter Fehler und das Erlernen neuer Fehler erleichtern, weil ihm nur dadurch gelingen wird, sich von einer erdrückenden Vergangenheit und Erfahrung frei zu machen, die bis dahin anderen gepredigte Selbsterforschung auf sich selber auszudehnen. Der Verbannte erholt sich langsam von einer Krankheit, deren Name nicht in den Wörterbüchern steht und gegen die kein Kraut gewachsen ist. Die Ablehnung all dessen, was ihm einst eine Identität gab, nimmt die Ausmaße einer Allergie an: die Nähe seiner Landsleute irritiert ihn, und nach Möglichkeit flieht er ihre Gegenwart. Wenn er nach Hause kommt, schreibt er das im Lauf des Tages erlernte Vokabular in ein Heft und bemüht sich, das Brodeln seiner Vorstellungen in den Briefen zum Ausdruck zu bringen, die er seiner Frau schickt.

Obgleich die Briefe nicht datiert sind, ermöglicht ihr Inhalt doch eine korrekte und genaue chronologische Zuordnung.

Da die Wohnung von der Sonne überflutet wird, ist es hier fast so heiß wie im Sommer. Ich bin glücklich, gehe zehn Stunden am Tag spazieren, sehe Haro [Tecglen] und seine Frau, schlafe mit niemandem und betrachte Spanien aus der Ferne, in einem Zustand intellektueller Erregung.
Es ist mir ein Bedürfnis, hier zu sein: ich kann nicht in Saint-Tropez bleiben, wo ich keine Ideen und keine Lust zum Schreiben habe, während ich spüre, daß ich das alles in Tanger wiederfinden werde. Und nur das ist für mich wichtig, nicht der Sex.

Eine Beobachtung, die Dich interessieren wird: während die europäischen Homosexuellen sich in der Regel dadurch zu erkennen geben, daß sie die Frauen nachahmen, geben sie sich hier übertrieben männlich. Und genau das fasziniert mich bei ihnen am meisten und hilft mir, sie zu erkennen, ohne mich zu irren, denn es gibt natürlich viele, die keine sind.

In einem arabischen Café habe ich vorhin das spanische Fernsehen (das hier zu empfangen ist) betrachtet und gehört. Sein hochgradiger Schwachsinn und die Verhunzung unserer Sprache haben mich unglaublich beeindruckt.
Ich komme um vor Lust zu schreiben, doch ich weiß nicht, worüber.

Es steht fest, daß Du mir fehlst, aber ich habe Angst, nach Saint-Tropez zurückzukehren und mich dort zu langweilen. Ich gebe zu, daß es schwer ist, mit mir zusammenzuleben, und Du hast seit Moskau einiges einstecken müssen; doch in Saint-Tropez, wo ich nichts Konkretes in den Händen habe, existiere ich ganz einfach nicht. Obgleich ich Spanien verabscheue, hat dieses Gefühl doch etwas Positives: es ist für mich nützlich, da es mir beim Schreiben hilft. In Saint-Tropez, und ich lege besonderen Nachdruck darauf, daß das nichts mit Dir zu tun hat, bin ich weder in Spanien noch Spanien gegenüber, ich kann es auch nicht wie hier auf eine ganz neue Art betrachten. Ohne zu arbeiten, altere ich ganz einfach in diesem milden Klima und mache weder intellektuelle noch moralische Fortschritte.

Gerade habe ich Deine drei Briefe gleichzeitig erhalten: ich liebe Dich ein wenig-sehr-vollkommen leidenschaftlich. Da ich sie in einem verliebten Crescendo gelesen habe, fühle ich mich glücklich. Hinterher habe ich jedoch gesehen, daß ihre richtige Reihenfolge genau umgekehrt war. Ansonsten hast Du recht, ich werde versuchen, ausführlicher zu sein. Du mußt mir glauben, wenn ich Dir sage, daß es nichts mit Dir zu tun hat, wenn ich hier noch ein wenig verweile. Du fehlst mir, die Zeit ohne Dich kommt mir lang vor, und dennoch will ich nicht nach Saint-Tropez zurück, um mich dort in die Enge getrieben, festgenagelt zu fühlen, mich zu besaufen und Dir dann die Schuld dafür zuzuschieben. Es ist mir lieber, Du bist wütend auf mich, als daß ich Dir böse bin. Meine Vorstellung von Arbeit ist entstanden in der Betrachtung der spanischen Küste von Tanger aus: ich will von diesem Bild ausgehen und etwas Schönes schreiben, etwas, was über das hinausgeht, was ich bis jetzt geschrieben habe. Tanger ist bei diesem täglichen Kampf mit einem noch unklaren Thema für mich unentbehrlich. [Im Augenblick] habe ich mich in die Literatur des Goldenen Zeitalters vertieft.

Ich habe gerade einen Brief von Luis bekommen. Eulalia starb vor drei Tagen und ist am zweiten Januar beerdigt *worden.* Sie haben es vorgezogen, daß ich nicht komme, weil sie sich an meine Anwesenheit erinnerte, als Papa und der Großvater im Sterben lagen, und sie meinen würde, wenn ich nicht käme, bedeutete dies, daß sie nicht ernsthaft krank sei und folglich noch nicht sterben müsse. Vielleicht ist es so besser gewesen, und obgleich ihr Tod vorhersehbar war, hat die Nachricht eine furchtbare Wirkung auf mich gehabt. Luis und ich haben nichts mehr hinter uns – was die Vergangenheit und die Familie betrifft – und auch nichts mehr vor uns – was den Tod angeht. Die Nabelschnur ist durchgeschnitten, wir stehen auf der Warteliste.*

Der Verbannte hat einen Freund gefunden. Ihre Blicke hatten sich am Tag zuvor in einem Café am Zoco gekreuzt, und als er die Straße überquerte, um zur Post zu gehen, ist er ihm wieder begegnet. Der Unbekannte hat ihn ohne Umschweife in seinem holprigen Araberspanisch gegrüßt: er trägt eine marineblaue Wollmütze auf dem Kopf und ist mit einer Hose und einer Jacke von derselben Farbe bekleidet. Er sieht aus, als sei er Fischer oder Seemann, ist es aber nicht; er hat mehrere Jahre mit Spaniern auf den Docks gearbeitet, erklärt er ihm, und dort hat er auch gelernt, sich in der Sprache Joselitos und Cantinflas' verständlich zu machen. Sie haben eine Tasse Tee zusammen getrunken, sich dann in einem jüdischen Laden Wein gekauft und sich seelenruhig in der Wohnung in der Rue Molière eingeschlossen.

Obgleich der Kerl ungefähr das gleiche Alter hat wie unser Mann, unterscheidet sich sein Äußeres völlig von dem seinen: sein derbes, grobes Gesicht, sein ungeschlachter, kräftiger Körperbau verleihen ihm das streitbare Aussehen eines Ruderers oder eines stämmigen, soliden Ringkämpfers. Seine Ungeschliffenheit und seine primitive Intelligenz schließen weder Humor noch Pfiffigkeit aus. Wenn er spricht, lacht er und zeigt

* Siehe *Jagdverbot*, S. 143–146. Der Brief war später datiert als das in Fes erhaltene Telegramm meiner Schwägerin.

dabei die Zähne unter dem dichten Schnurrbart; sein Ausdruck zwischen tückisch und verlegen erinnert den Verbannten an Alfredo, den verstorbenen Pächter in Torrentbó. Um ihm gegenüber alle Scham zu verlieren, versichert er, gibt es nichts Besseres als Wein: er behauptet, schon seit Monaten keinen mehr angerührt zu haben, und trinkt in langen Zügen, während er auf seine Fragen antwortet, auf deine Fragen, bereits nackt, jedoch ohne die Mütze abzunehmen.

Von diesem Tag an – Ende November – kommt der Bergbewohner oft in deine Wohnung und begleitet dich auf deinen Spaziergängen mit dem düsteren Aussehen eines Leibwächters: gewöhnlich geht er mit dir hinauf in die kleinen Cafés in der Kasbah, hilft dir, den Kif vorzubereiten und zu drehen, macht dich mit dem Maaxun vertraut, das dir fruchtbare Wege eröffnet: mit seiner Hilfe, beschützt durch seine robuste Gegenwart, hast du die verschlossensten Höhlen bezwungen und das Vergnügen entdeckt, in den hängenden Gärten der Khafita ein paar Pfeifen zu rauchen, wobei du von deinem Aussichtsturm oder Hochstand aus zur feindlichen Küste hinüberspähst. Nach dem Abendessen zieht dein Fremdenführer den Reiz der modernen Stadt und die durstigen Besuche in den englischen Bars vor; in einer dieser Bars war er vor langer Zeit einmal Portier oder genauer Rausschmeißer gewesen. Von seiner Maßlosigkeit und seiner besessenen Nachtschwärmerei angesteckt, mischst auch du Alkohol, Maaxun und Kif durcheinander, kompensierst die trügerische Strenge der ersten Tage mit der unermüdlichen Suche nach dem Abgrund. Du bist an den vollkommenen Induktor geraten, und du wartest nur auf die Gelegenheit, die ihn in Gang setzen wird. Die hartnäckige Schwerkraft, die dich anzieht, ist leuchtend und erkenntnisreich. Nur indem du ihr nachgibst, kannst du die Fülle der geistig erahnten Szene erreichen: Schroffheit, Brand, Vollendung, parallel zum Wort in seiner Askese zum Wesentlichen hin.

Es ist ein Abend wie alle anderen, nicht mehr und nicht weniger als die anderen, und er entspricht der unsteten Unruhe deiner Streifzüge: hinein in die Kasbah, zurück aus der Kasbah, gemeinsam gerauchte Pfeifen mit Kif, feierliches spanisches Fernsehen, rascher Imbiß bei Hammadi, nächtliches Umherkurven im Taxi, fröhliche Landung mit deinem Wächter und Mentor im üblichen Bezirk des Vergnügens: versteckte und zärtliche Schlupfwinkel, die Rolling Stones als Musikhintergrund, nachsichtiges Lächeln, wiegender Gang einer afrikanischen Königin, affektierte Tunten, Oxford-Englisch eines verkrachten Adligen oder aus dem Verkehr gezogenen Lords: heitere Trankopfer im Halbdunkel, nie gestillter Durst, mitteilsame Euphorie des kauderwelschenden Bergbewohners, obsessive Wiederholung alter Geschichten über den Nachzügler Nasreddin, über den letzten Abencerrage

marineblaue Mütze vielleicht, tief in die Stirn gezogen, dichte, borstige Augenbrauen, plumpe Nase, wilder Schnurrbart, gefräßige Lippen, energische, mahlende Kinnbacken, entschlossen, einem so verständnisvollen, guten Kerl für alle Zeiten zu dienen, schwört er mir unablässig, will ihn durch die Stadt führen, über seine Ruhe und seine Sicherheit wachen, Tag und Nacht jeden seiner Wünsche gewissenhaft erfüllen, seine Wäsche waschen und für ihn kochen, täglich auf den Markt gehen, ihn ins Bad begleiten, ihm jede Unannehmlichkeit aus dem Weg räumen, jeden Verdruß ersparen, ihn vor jeder Gefahr schützen, zu allem bereit, wenn sein Freund nur zufrieden ist: mit ihm stärkenden Wein trinken, ihm den Kif zubereiten, mit ihm durch die Kneipen ziehen, fern von Schmutz und Gesindel, von diesem Lumpenpack ohne Gott und Gebot, ohne Wort, das nichts anderes kann als stehlen und seinesgleichen in den Arsch ficken, ein Mann des Vertrauens, er, dessen Traum es ist, eines Tages Spanien kennenzulernen, diese verdammte Meerenge zu überqueren, für immer Tanger zu verlassen, mit all diesen Dieben und frei herumlaufenden Hurensöhnen, mit seinem Freund reisen, die so überaus netten Spanier begrüßen, die mit ihm im Hafen arbeiteten, Apfelsinen aufluden und abluden,

Kisten mit sechzig und sogar achtzig Kilo auf den Schultern, man braucht nur seinen Körper zu berühren, um zu sehen, daß es stimmt, daß er sich nicht brüstet und auch nicht lügt wie die andern

er hat jetzt lauter gesprochen, bereits angefangen sich auszuziehen, um das kräftige Muskelgeflecht seiner Arme zu zeigen, oder er wird es später tun, in einer anderen Umgebung oder wahrscheinlicher noch in der Wohnung?

du weißt es nicht und wirst es niemals wissen, weil alles verschwommen ist und unwirklich und die erdichtete Rede die ist, die du gehört hast und die du später von seinen Lippen hören wirst, stotternd wiederholt, je weiter die Nacht fortschreitet und die leeren Bulaúnflaschen sich ansammeln: fünfzehn Jahre im Dienst dieser Schweinehunde, von Sonnenaufgang bis Sonnenuntergang, alles über sich ergehen lassen, damit sie dann die Bude dichtmachen und ihn wie eine Kippe auf der Hurenstraße liegenlassen, ohne Entschädigung und ohne Prämien, nur mit einem Empfehlungsschreiben, schau es dir an, zwanzig Litern Öl, einem Paar neue Stiefel und einem Sack Mehl, wie zum Teufel soll er damit seine Mutter und seine Schwestern anständig über die Runden bringen, er beruhigt sich plötzlich, ernüchtert durch das in dieser Nacht Vorgefallene, nahe daran, zu weinen oder zu lachen, je nachdem, ob er über die Geschichte nachdenkt oder sie vergißt, ja, so ist das Leben, Bruder, die Zeit, sich noch einen Schluck zu genehmigen und ihn starr anzuschauen, am Rande des Lachens und der Tränen

immer noch in der Kneipe, im gedämpften Tohuwabohu der Kneipe, umgeben von abweisenden Anwesenden, unruhigen, lichtscheuen Geschöpfen, Buch führen, vielleicht um dich an etwas zu klammern, über die alarmierende Anzahl der Gläser Gin, Cognac oder Wodka? möglicherweise alles durcheinander, beide verirrt inmitten von dichtem, dunklem Laubwerk; schlichtweg ausgelöschten labyrinthischen Pfaden und Seitenwegen, keine Erinnerung an sie nach dem Sturm, der bläst und euch schüttelt, eure Blätter fortreißt, euch entwurzelt, euch von dort ausweist, zu Fuß oder im Taxi? doch endlich in der Wohnung, ohne zu wissen, wie ihr dorthin gekommen seid und warum ihr euch gestritten habt, hast du ihn provoziert? wie er später sagen wird, als er vor den Folgen der Szene steht, der heimliche Wunsch, seine Wut zu schüren, bis er aus der Haut fährt? zur nackten Wahrheit deines herben Gartens der Lüste zu gelangen? verschleierte Bilder, von den blendenden Blitzen der Gewalt unterbrochene Undurchsichtigkeit, zornsprühender Austausch eurer Energien, Gewalt des Schlags, Sturz, mühsames Aufrappeln, brutaler Befehl, dich aufs Bett zu legen, klares Bewußtsein mit Unterbrechungen, Benommenheit, Schwere, Schläfrigkeit, während er wie ein Raubtier im Käfig durchs Zimmer läuft, sich in der Küche Alkohol besorgt, aus der Flasche trinkt, Drohungen und dumpfe Beschuldigungen gegen dich ausstößt, gegen die Stadt, gegen das Hundeleben, stehenbleibt, dich, mißtrauisch und drohend wie ein Zerberus, minuten- oder stundenlang nicht aus den Augen läßt, dich, der du, langsam mit dem Kopf wackelnd, im Sessel sitzt, bis der Schlaf dich besiegt, euch besiegt, und beim Wachwerden siehst du ihn auf dem Boden liegen, reglos, alle viere von sich gestreckt, schnarchend, mitten im verwüsteten Zimmer, die Kleidung zerstreut, Stühle umgestürzt, das Bett schmutzig und ungemacht, allmähliche Wahrnehmung der Verwüstungen um dich herum, grausame Aggression des Tages, durcheinandergebrachter, anklagender Stundenplan, materielle und geistige Unordnung, mühsame Anstrengung, aufzustehen, ins Bad zu gehen, sich ungläubig im Spiegel zu betrachten und ein Gesicht zu entdecken, das nicht deins ist, im fürchterlichen nächtlichen Strudel ebenfalls verändert, noch unfähig, nachzudenken und zu begreifen, was geschehen ist, den zufälligen Funken dieses jähen Anfalls von Gewalt zu finden

sich waschen, rasieren, die verquollenen Augen hinter einer barmherzigen Sonnenbrille verstecken, das Fenster weit öffnen, damit die Luft hereinkommt und dein umnebelter Zerberus wach wird, sich ebenfalls erhebt, aufs Klo geht, um dort

lange zu pinkeln, mit bestürztem Gesicht, zerstrupptem Schnurrbart und zerknirscht wie ein Kind, das gerade sein Spielzeug kaputtgemacht hat, wiederauftaucht: Klagen und Entschuldigungen lispelnd, bestrebt, sich zu versöhnen und Frieden zu schließen mit dem so tollen und so guten Freund, ein wahrer Bruder, der auf ihn aufpaßt und ihm hilft, wenn er kein Geld hat, feiner als der feinste maurische Mantel, weicher als Watte, bereit, sich tiefer zu erniedrigen als der bei einem Fehltritt ertappte Geliebte, wie es Ibn Hazm so schön und witzig beschrieben hat
doch du willst allein sein, das Vorgefallene verdauen, Abstand gewinnen, die Demütigung in Sauerteig, die Wut in Beherrschung verwandeln: zu jenem Schmelzpunkt gelangen, an dem der gegen dich selbst begonnene Krieg symbolisch transzendiert, moralisch und literarisch zum Vorzeichen eines Unternehmens wird, den Grund der Schwierigkeit, der gesuchten und gefürchteten Katastrophe bestätigt: strenge Auflage des Schicksals, deren Preis das Schreiben, die Krebswunde oder die Gnade der Schöpfung sein wird.

Am selben Tag kamst du nach einem Flug, den ihr ursprünglich beide gemeinsam geplant hattet, den du aber allein gemacht hast, in Marrakesch an: verblaßtes Bild der Abenddämmerung im Palmenhain und von ockerfarbener Erde, in deinem damaligen Zustand bist du noch unempfindlich für Schönheit, Beredsamkeit und Ausstrahlung einer Stadt, die dir später das großartige Geschenk des Wortes machen sollte. Eingeschlossen in deinem Hotelzimmer zwischen der Kutubia und Xemáa el Fna, erlebtest du Augenblicke der Einsamkeit, der Exaltation und der Wut, und du warst dir bewußt, daß du die Schale durchbrochen hattest und zu deinem Brennpunkt vorgestoßen, zu den Eingeweiden gelangt warst, aus denen, dicke Blasen werfend, ein Schlackenmagma, ausgeglühte Materie hervorschoß. Der jähe, heftige Stillstand, der seit der Kindheit geahnte plötzliche, zerstörerische Schmerz waren keine geheimnisvolle, lauernde Vision mehr, sondern Wirklichkeit geworden: eine

Kraft, verbunden mit deiner besonderen Art, den Sex zu erleben, der animalische Schwerpunkt der Körper, den du auf dich nehmen und deinem Textganzen mit der gleichen ernüchterten Klarheit und ruhigen Fatalität einverleiben mußtest, auf die Fernando de Roja für seine Liebenden aus der Tragikomödie *Celestina* die versteckten Gesetze ihrer innigsten und substantiellen Vulkanologie gründete.
Im Unterschied zu dem, was Jahre zuvor in Madrid vorgefallen war, an jenem Abend, an dem du dich mit Lucho betrunken hast, ist hier der moralische Schaden zu einer vitalen Quelle der Erkenntnis geworden. Jenseits der persönlichen Atmosphäre werden hier die latenten Mechanismen der Gesellschaft aufgedeckt und transparent gemacht, wird aus dem Rückenmark die Energie gezogen, die der Antrieb sein wird für den Vandaleneinfall, den du planst: dieses in unserer Sprache – gegen sie, zu ihrem größeren Ruhm, zu ihrer Zerstörung und Huldigung, zu ihrer Profanierung und als Opfergabe – noch nicht geschriebene Buch, diese irre, traumhafte, schizophrene Aggression, vollständige Verbindung von Phantasie und Vernunft, wie Malraux, unter der verlogenen Erscheinung des Wahns, vom Großen Tauben sagt. In schwindelerregender Folge gefaßte Entschlüsse, seit deiner Flucht in die Stadt, in der du heute das Vorgefallene beschwörst und schriftlich festhältst: die echte Geschichte des Landes erforschen, von dem du dich unerbittlich geächtet fühlst; dich vollsaugen mit dem Lichtbad seiner Klassiker; die Gesamtheit seines literarischen *Körpers* mit der gleichen peinlichen Genauigkeit untersuchen, die dich täglich das Chaos von Tanger erforschen ließ; das humanistische Erbe der Epoche – Linguistik, Poetik, Historiographie – in den Dienst dieses Unterfangens stellen; zu den Wurzeln des bürgerlichen Tods gelangen, der dir zu leben erlaubt hat; die in der Tiefe deines Bewußtseins kauernden Dämonen und Ängste ans Licht zerren. Tage, Stunden, privilegierte Momente eines Reichtums und einer Kraft, die später nicht mehr erreicht wurden: du käust deinen Zorn wieder, die Beleidigungen, deinen Rachedurst auf diese Religion-Vaterland-Familie-Vergangen-

heit-Kindheit genannten Windmühlen oder Riesen. Das durch die übertrieben heftige Zurechtweisung deines Zerberus in Gang gesetzte geistige Diapositiv ist kompliziert und wuchernd: es enthält Umwege, Schattenbereiche, Unebenheiten, ein weites Feld des Auslotens und Erforschens. Für eine gewisse Zeit wird die Nähe deines Initiators unerläßlich sein, und sobald du wieder in Tanger bist, wirst du dich der magischen Anziehungskraft seines blinden, repulsiven Tuns unterwerfen.

Parallelitäten und Antagonismen: topometrische Aneignung des Stadtkerns, in den du dich flüchtest, und überseeische Entfernung des in perspektivischer Verkürzung gesehenen Landes; ungeschicktes, kindisches Erlernen der neuen Sprache und die unwiderstehliche Anziehung zur alten, der Ekstase ausgeliefert und für immer gefangen vom glühenden Glanz des Worts; Verzicht auf einen breiten, fremden Raum, allmähliches Eintauchen in die Schichten ihrer Geschichte und Kultur; Destillierkolben, Dekantieren, Läuterung einer diamantenen, extremen Sprache gegenüber dem sterilisierenden Monopol einer hochmütigen und allmächtigen Kaste.
Ritueller Streifzug, nachdem du vom Fenster aus ungeduldig auf die Ankunft des Botschafters mit den Nachrichten aus Saint-Tropez oder über Eulalias Krebs gewartet hast, begleitet diesmal nicht nur vom Sprachführer und dem allmählich berichtigten Stadtplan, sondern auch von einem bescheidenen und abgegriffenen Exemplar der *Soledades*. Die aufmerksame, fast besessene Lektüre des Textes, die ihn mit allen seinen Verzweigungen, Windungen und Krümmungen immer enger einkreist, wird vorteilhaft von Pausen und Kifträumen unterbrochen. In einem der Cafés sitzend, in die du öfter einkehrst, unterbrichst du die Belagerung des Gedichts, um dich in deine eigene Atmosphäre zu erheben, die Minarette, Dachterrassen und weißen Kuppeln zu betrachten, nach der blassen Narbe eines verschmähten, feindlichen Vaterlands zu spähen. Góngora, in deinem Gedächtnis unlöslich verbunden mit dem lau-

nischen Himmel von Tanger, wie Juan Ruiz Jahre später mit dem Treiben auf dem Marktplatz von Xemáa el Fna: Verse und Verse, wie Kirschen miteinander verbunden, Metaphern von luftiger und listiger Schönheit, Genuß, subtile Seligkeit. Um Mitternacht mit seinem Zitat auf den Lippen wach werden, als hättest du deinen Schlaf dem Dichter anvertraut: Unmittelbarkeit, Durchdringung, Imprägnierung eines Stils, der vorteilhaft die Welt verdrängt, ihr als Anhaltspunkt dient und dir, wie ein Leuchtturm, inmitten des Chaos ihre Signale sendet.

Später, erst sehr viel später, wirst du das Vorhandensein einer Kartographie und einer Speläologie feststellen, die dem Mystiker und dem Liebhaber gemeinsam sind, was dich zwar entschuldigt, weil es das, wovon du glaubst, es sei nur dir eigen, transzendiert und verallgemeinert, dich aber auch deiner kostbaren Seltenheit beraubt: Ähnlichkeit der Erfahrungen, übersetzt in identische Bilder und Triebe, Bedrängnis und Zwanglosigkeit, Schmerz und Genuß, Schroffheit, Flamme, Vollendung: allgemeines Gesetz des Untergrunds, Ergänzung der Entdeckungen Kants und Descartes', Marx' und Bakunins, Humboldts, Rousseaus durch San Juan de la Cruz und Mewlana, Meister Eckhart und Al Hallax, den Marquis de Sade und den düsteren Sacher-Masoch.

Wie Mademoiselle de Vinteuil in der Liebesszene neben dem väterlichen Foto nimmst du den gefürchteten, vorgestellten Todeskampf Eulalias in die Höhen, Unebenheiten und Klüfte deines perversen Rahmens auf: illuminierende Hinnahme des Zentrums und seiner feurigen Wirklichkeit: die Reibung bis zum Schwindel ausdehnen, fortsetzen, verstärken, sie mit dem ursprünglichen Knoten deiner Angst verbinden: Kontrapunkt gegensätzlicher Visionen, langsames Verschlingen mit offenem Schlund, eingefallenes, blutleeres Gesicht, geheiligt durch den Schmerz: rätselhafte Verbindung des eingedrungenen Bildes, das am Anfang der hartnäckigen Erforschung der glorreichen Sühne und der jähen, synkopierten Ekstase steht: Eruption des Magmas, glühender Vulkanschlacke, die aus deinem eigenen Gehenna hochwirbelt: Dualität, Ambivalenz, Zoroastrismus der Liebe und der Profanierung, zeugender Funke eines geheimen Wechselstroms.

An einem kurzen, knausrigen Januartag, an dem der Winter von neuem ausbrach, ist Eulalia gestorben, und der Verbannte hat die Nachricht auf seine Weise verdaut: er ist ohne seinen Zerberus in eines der Cafés in der Kasbah hinaufgegangen, hat eine anständige Portion Maaxun in einem Glas Eisenkraut aufgelöst, hat stundenlang im Wahn geredet, geschluchzt, geseufzt, sich aller Fehler beschuldigt, den tausendjährigen, menschenfresserischen Trauerritus der unterlassenen Schlußerklärung vollzogen. Der Aufenthalt in der Stadt geht seinem Ende entgegen, und er hat einige Zeilen nach Saint-Tropez geschrieben, um seine Ankunft mitzuteilen.* Seine Beziehung zur Umgebung ist bereits eine vertraute: er erkennt die Räume und die handelnden Personen wieder, fühlt sich seinerseits akzeptiert und wiedererkannt. Er legt täglich die mit ihren möglichen Varianten vorgezeichnete Strecke zurück, macht an den gleichen Orten halt, um ein Glas Tee zu trinken oder einige Pfeifen zu rauchen, liest einige Verse der *Soledades*, schreibt sich am Rand des Sprachführers Wörter oder Sätze auf.
Die Luft von Tanger, getränkt von zarter Luminosität, stimuliert ihn. Unter ihrer Liebkosung bekommen Personen und Dinge Lebendigkeit und Relief, das Straßengewirr spielt in einer Atmosphäre intensiver Plastizität. Eingehüllt in Burnusse oder Mantelschals, laufen Männer und Frauen im Halbdunkel einer Gasse umher, die aussieht wie ein Bühnenbild; die salzige Feuchtigkeit der Meerenge durchtränkt die getünchten Mauern, Lichter und Schatten berühren sich in geschickter, diskreter Harmonie. Der Müßiggänger kann Minuten oder Stunden in die Betrachtung der Wolken vertieft zubringen oder von seinem Aussichtspunkt aus in einem einsehbaren Hof

* Brief vom 10. 1. 1966.

oder auf einer Terrasse wie hypnotisiert die vorsichtigen Bewegungen einer in ein Tuch gehüllten alten Frau verfolgen. Der morgendliche Hauch der Brise bringt breit gestreut Stimmen und Botschaften herüber: Grüße, Schreie, Musikfetzen, Geräusche und Echos von Handwerkern, simultane Invokationen der Muezzins, die die Gläubigen zum Gebet rufen. Auseinanderstieben und Mobilität der Vögel, ihr unruhiges Hin und Her scheint geheimen, nicht entzifferbaren Losungen zu gehorchen: die Tauben, die auf dem Minarett der benachbarten Moschee saßen, verlassen es mit plötzlicher Entschlossenheit und fliegen in einer weißen Welle zu den verfallenen Stadtmauern. Ungreifbare Visionen, flüchtige Bilder, durchtränkt von Sonne und Nebel: Trompeten und Pauken von Berghochzeiten, Prozessionen von Laienbruderschaften unter traurigen Bannern, prächtige, polyglotte Herden, die dem roten Fez ihres Hirten folgen.

Der Verbannte hat seine Schritte zum Labyrinth der Kasbah gerichtet, die Gärten und Grünflächen des Marshans durchquert, den Platz der Mütterlichkeit erreicht, ist im Zickzackkurs bis zum hohen Aussichtsturm der Khafita gegangen. Eine nachsichtige, herzliche Sonne lädt dazu ein, sich an einen der Tische zu setzen, die am Hang an den blühenden Terrassen entlang aufgestellt sind: Nester von dichtem Grün, die vor jedem indiskreten Blick schützen und in denen Einzelpersonen, Gruppen, Paare rauchen, lesen, reden, Pfefferminztee trinken, lässig und untätig hingekauert. Die Steilküste fällt jäh ab, und von der Höhe aus kann er mit einem Blick das Panorama der Meerenge von Tarifa bis Djebel Tarik sehen, die kriegerische Aufeinanderfolge der Wellen, die nach einem langsamen, selbstmörderischen Ritt zusammenbrechen und sich schäumend am Fuß der Klippe totlaufen: wiederholte Überprüfung der Entfernung, die ihn vom anderen Ufer trennt, Anlaß und Grund seiner aggressiven Angst und seines heftigen Wunsches nach Verrat. Mit dem Buch seines Falkenmentors in der Hand, lauert er auf den jähen Blitz, dessen Glanz ihn verklärt; doch nicht von Góngora, sondern von Lermontow, dazu noch in

einer dürftigen Übersetzung, die er einige Monate zuvor zufällig gelesen hat, springt der schnelle Hase des Refrains in Form einiger Verse mit offensichtlicher Selbstverständlichkeit davon: *ade, schmutzige Rabenmutter, Land der Sklaven und der Herren: ade, Dreispitze aus Lackleder und du, Volk, das sie duldet.* Und augenblicklich bemächtigen sich seiner eine neue Fröhlichkeit und eine neue Erregung, stürzen ihn in die Trunkenheit dessen, für den das Rätsel gelöst ist. Das Gedicht, das er gerade seinem Seelenzustand für angepaßt hält, ist *das Morgenrot von etwas Neuem*: der fieberhaft hingeschriebene Satz lockert und gräbt die Furche um, die das Schreiben befruchtet.
Jener, der sieht, und jener, der gesehen wird, sind in dir ein und derselbe, sagt Mewlana; doch der Verbannte, von dem du dich jetzt verabschiedest, ist ein *anderer*, und als er seinen Koffer packt und aus der Stadt verschwindet, in der er in der vergänglichen Milde des Herbstes diskret angekommen ist, könnte er, wie Flaubert, in der Inbrunst seiner Arbeit, eng verschmolzen mit dem Treulosen aus der fernen Legende, sagen, Don Julián, *c'est moi.*

Das Gedächtnis kann den Fluß der Zeit nicht aufhalten, wie Walter Benjamin schreibt, sowenig wie es die unendliche Dimension des Raums umfassen kann: es beschränkt sich darauf, Szenenbilder neu zu schaffen, besondere Augenblicke zu beschwören, Erinnerungen und Bilder in eine syntaktische Ordnung zu bringen, die dann Wort für Wort ein Buch bilden wird. Die unüberwindliche Entfernung, die das Geschehene vom Geschriebenen trennt, die Gesetze und Erfordernisse des Erzähltextes werden hinterlistig die Treue zur Wirklichkeit in eine künstlerische Übung verwandeln, in den Vorsatz zur Aufrichtigkeit in der Virtuosität, zur moralischen Strenge in der Ästhetik. Keine Möglichkeit, dem Dilemma zu entkommen: die Vergangenheit zu rekonstruieren ist immer die sicherste Art und Weise, sie zu verraten, und zwar in dem Maße, in dem man ihr im nachhinein eine Kohärenz verleiht, sie bearbeitet, um ihr eine künstlerische Kontinuität zu geben. Die Feder fallen lassen und die Erzählung unterbrechen, um vorsichtig den Schaden zu begrenzen: das Schweigen, nur das Schweigen läßt eine reine und sterile Illusion von Wahrheit intakt bestehen.

Namenregister

Inhaltsverzeichnis